"十三五"江苏省高等学校重点教材（编号：2018-1-119）
"信息化与信息社会"系列丛书之
高等学校信息管理与信息系统专业系列教材

信息系统运行与维护

（第3版）

葛世伦　尹　隽　编著

電子工業出版社
Publishing House of Electronics Industry
北京 · BEIJING

内 容 简 介

本书共九章，分为三个部分。第一部分为基础概念篇，主要介绍信息系统运维及信息系统运维管理的基本概念，包括第 1 章信息系统运维概述和第 2 章信息系统运维的组织与管理；第二部分为核心内容篇，从信息系统设施、信息系统软件、信息系统数据和信息系统安全等方面论述信息系统运维的体系、流程、内容、工具及相关案例，包括第 3 章信息系统设施运维、第 4 章信息系统软件运维、第 5 章信息系统数据资源运维和第 6 章信息系统安全运维；第三部分为应用案例篇，主要介绍制造企业、商业银行和大型网站三类典型信息系统的运维技术和管理工作，包括第 7 章制造企业信息系统运维、第 8 章银行信息系统运维和第 9 章大型网站运维。

本书可以作为高等院校信息管理与信息系统、电子商务、计算机等相关专业的教材或者教学参考书，也可以作为信息系统运维技术人员和管理人员的参考用书。

图书在版编目（CIP）数据

信息系统运行与维护/葛世伦，尹隽编著. —3 版. —北京：电子工业出版社，2021.1
“信息化与信息社会”系列丛书之高等学校信息管理与信息系统专业系列教材
ISBN 978-7-121-40527-3

Ⅰ. ①信… Ⅱ. ①葛… ②尹… Ⅲ. ①信息系统－系统管理－高等学校－教材 Ⅳ. ①G202

中国版本图书馆 CIP 数据核字（2021）第 022486 号

责任编辑：徐蕾薇
文字编辑：赵 娜
印 刷：北京七彩京通数码快印有限公司
装 订：北京七彩京通数码快印有限公司
出版发行：电子工业出版社
北京市海淀区万寿路 173 信箱 邮编：100036
开 本：787×1 092 1/16 印张：23.75 字数：608 千字
版 次：2012 年 2 月第 1 版
2021 年 1 月第 3 版
印 次：2024 年 7 月第 6 次印刷
定 价：88.00 元

凡所购买电子工业出版社图书有缺损问题，请向购买书店调换。若书店售缺，请与本社发行部联系，联系及邮购电话：（010）88254888，88258888。

质量投诉请发邮件至 zlts@phei.com.cn，盗版侵权举报请发邮件至 dbqq@phei.com.cn。

本书咨询联系方式：xuqw@phei.com.cn。

第 3 版前言

信息经济时代，信息系统在各类组织中得到了广泛的应用，同时，组织对信息系统的需求也不断提升，信息系统故障、安全等问题层出不穷，如何保证信息系统稳定运行，是理论和实践中都需要解决的问题。信息系统运行与维护以信息系统为对象，以例行操作、响应支持、优化改善和咨询评估为重点，旨在使信息系统安全、可靠、可用和可控地运行，保障业务系统持续、正常、稳定，提升信息系统对组织的有效支持，实现信息系统的价值。

然而，在信息系统运维实践中，组织需求与人才培养相互脱节，一方面组织对信息系统运维专业人员需求旺盛、要求高；另一方面高校信息系统及相关专业教学更多的是强调信息系统的“造”，对信息系统的“用”缺乏应有的重视。编写信息系统运维教材，开设信息系统运维课程，是消除这种脱节的有效手段，这也正是我们编写本教材的主要目的。

本书从信息系统运维的基本概念入手，从信息系统设施、信息系统软件、信息系统数据和信息系统安全运维等方面展开，反映了信息系统运维的核心内容，并以制造企业、商业银行和大型网站为例，论述了信息系统运维的典型应用和行业差异。本书既可以作为高等院校信息管理与信息系统、电子商务、计算机等相关专业的教材或者教学参考书，也可以作为信息系统运维技术人员和管理人员的参考用书。

本书共九章，分为三个部分。第一部分为基础概念篇，主要介绍信息系统运维及信息系统运维管理的基本概念，包括第 1 章信息系统运维概述和第 2 章信息系统运维的组织与管理；第二部分为核心内容篇，从信息系统设施、信息系统软件、信息系统数据和信息系统安全等方面论述信息系统运维的体系、流程、内容、工具及相关案例，包括第 3 章信息系统设施运维、第 4 章信息系统软件运维、第 5 章信息系统数据资源运维和第 6 章信息系统安全运维；第三部分为应用案例篇，主要介绍制造企业、商业银行和大型网站三类典型信息系统的运维技术和管理工作，包括第 7 章制造企业信息系统运维、第 8 章银行信息系统运维和第 9 章大型网站运维。

本书具有以下特点：

（1）体系完整清晰，注重渐进性。本书包含基础概念、核心内容和应用案例三个部分，分别从管理角度、运维业务角度和运维应用场景角度逐层深入，整体脉络清晰，充实了信息系统运维阶段的整体知识体系。

（2）紧跟管理和技术前沿。信息技术日新月异，新的管理模式层出不穷，编写一本符合时代潮流的信息系统运维教材是本书的主要目标之一。在管理层面，本书突出了业务服务管理（BSM）、信息系统运维外包、信息技术基础架构库（ITIL）等信息系统运维的先进管理理念；在技术层面，一些新兴技术也在本书中得到关注与体现，如云计算、NoSQL 架构、信息系统运维工具等。

（3）注重业务与实践的结合。在系统地介绍信息系统运维的基本概念、具体内容和工作流程的基础上，精心挑选具有代表性的三类典型信息系统运维应用，通过比较反映由于业务特征不同而形成的运维管理及技术差异，以加深学生理解，提高其综合分析及实践能力，这也是本教材独具特色之处。

（4）注重技术和案例引导以提升运维能力。注重通过介绍具体的运维技术与运维案例，引导学生在整体运维思路的指导下，掌握运维技能，提高解决运维问题的能力，核心在于引导学生在实践中理解运维本质，并逐步具备主动掌控运维的能力。

本书由葛世伦、尹隽编著，参加编写的还有王念新、苗虹、王志英、欧镇、李正华、任南、王平、张浩，最后由葛世伦总纂、修改定稿。本书是团队全体成员共同努力的结果。在本书的写作过程中，研究生李路路、佘钧妮、李清香、吴秋尧等在资料收集和校对方面做了一些工作，在此表示感谢。本书的思想精髓来源于江苏科技大学信息管理系教师及镇江市金舟软件公司同仁长期理论研究与企业信息化实践而得的感知、感悟。

在本书的编写过程中，编著者查阅、参考、借鉴、引用了大量国内外公开、非公开的出版物与网络资料，其中大部分在参考文献中列出，还有部分材料限于篇幅与疏忽未能在参考文献中一一列出，在此谨向各位予以作者思想、借鉴、参考与启迪的学者、同仁表示由衷的敬意与感谢。由于作者水平有限及新兴课程的特殊性，加之时间紧迫，不当之处在所难免，恳请读者批评指正！

本书为任课教师提供配套的教学资源（包含电子教案和习题简答等），需要者可登录华信教育资源网（http://www.hxedu.com.cn），注册后免费下载。

编著者

于江苏科技大学

2020.11.1

第 2 版前言

信息经济时代，信息系统在各类组织中得到了广泛的应用，同时，组织对信息系统的需求也不断提升，信息系统故障、安全等问题层出不穷，如何保证信息系统稳定运行，是理论和实践中都需要解决的问题。信息系统运行与维护以信息系统为对象，以例行操作、响应支持、优化改善和咨询评估为重点，旨在使信息系统安全、可靠、可用和可控地运行，保障业务系统持续、正常、稳定，提升信息系统对组织的有效支持，实现信息系统的价值。

当前，各类组织都建立了信息技术部门负责信息系统的日常运维，或者将信息系统运维外包给专业的服务公司，或者全面依靠云计算服务。然而，在信息系统运维实践中，组织需求与人才培养相互脱节，一方面组织对信息系统运维专业人员需求旺盛、要求高；另一方面高校信息系统及相关专业教学更多强调的是信息系统的“造”，对信息系统的“用”缺乏应有的重视。编写信息系统运维教材，开设信息系统运维课程，是消除这种脱节的有效手段，这也正是我们编写本教材的主要目的。

本次再版修订，主要是希望针对云计算带来的运维理念的变化，融合更多基于云的信息系统运维管理的相关内容。本书从信息系统运维的基本概念入手，从信息系统设施、信息系统软件、信息系统数据和信息系统安全运维等方面展开，反映了信息系统运维的核心内容，并以制造企业、商业银行和大型网站为例，论述了信息系统运维的典型应用和行业差异。各类信息系统对运维管理的要求差别很大，其中用于事务处理和业务管理、决策的“管理信息系统”（Management Information System，MIS），其运维管理尤为复杂和重要，是本书分析讨论的重点。本书既可以作为高等院校信息管理与信息系统、电子商务、计算机等相关专业的教材或者教学参考书，也可以作为信息系统运维技术人员和管理人员的参考用书。

本书共九章，分为三个部分。第一部分为基础概念篇，主要介绍信息系统运维及信息系统运维管理的基本概念，包括第 1 章信息系统运维概述和第 2 章信息系统运维的组织与管理；第二部分为核心内容篇，从信息系统设施、信息系统软件、信息系统数据和信息系统安全等方面论述信息系统运维的主要内容和流程，包括第 3 章信息系统设施运维、第 4 章信息系统软件运维、第 5 章信息系统数据资源运维和第 6 章信息系统安全运维；第三部分为应用案例篇，主要介绍制造企业、商业银行和大型网站三类典型信息系统的运维管理，包括第 7 章制造企业信息系统运维、第 8 章银行信息系统运维和第 9 章大型网站运维。

相较第 1 版教材，本书通过对最新技术与运维管理模式的追踪，进行了较大幅度的修订，具有以下特点：

（1）理论和案例相结合。本书不仅系统介绍了信息系统运维的基本概念、具体内容和工作流程，而且还深入介绍了三类典型信息系统运维的具体案例，读者通过典型案例的学习，可以加深对信息系统运维内容的掌握。

（2）紧跟管理和技术前沿。编写一本符合时代潮流的信息系统运维教材是本书的主要目的。在管理层面，本书突出了业务服务管理（BSM）、信息系统运维外包、信息技术基础架构库（ITIL）等信息系统运维的先进管理理念；在技术层面，新兴 IT 技术带来的运维影响在本书中得到了关注与体现，如云计算、NoSQL 架构、信息系统运维工具等。

（3）突出不同组织系统的差异性。不同组织的信息系统运维特点和要求各不相同，本书在论述信息系统运维一般理论和方法的同时，深入分析制造企业、商业银行和大型网站三种不同组织类型信息系统运维的要求、技术架构及运维关键的独特性和差异性。

本书由葛世伦、尹隽编著，参加编写的还有王念新、任南、欧镇、王平、苗虹、王志英、张浩，最后由葛世伦总纂、修改定稿。本书是团队全体成员共同努力的结果。本书的思想精髓来源于江苏科技大学信息管理系教师及镇江市金舟软件公司同仁长期理论研究与企业信息化实践而得的感知、感悟。

在本书的编写过程中，编著者查阅、参考、借鉴、引用了大量国内外公开、非公开的出版物与网络资料，其中大部分在参考文献中列出，还有部分材料限于篇幅与疏忽未能在参考文献中一一列出，在此谨向各位予以作者思想、借鉴、参考与启迪的学者、同仁表示由衷的敬意与感谢。由于作者水平有限及新兴课程的特殊性，加之时间紧迫，不当之处在所难免，恳请读者批评指正！

编著者

于江苏科技大学

2013.11.1

第 1 版前言

信息经济时代，信息系统在各类组织中得到了广泛的应用，并为这些组织在工作效率提高、管理决策改善、竞争力提升等方面发挥了重要的作用。然而，组织对信息系统需求不断提升，信息系统故障、安全等问题层出不穷，如何保证信息系统稳定运行，是理论和实践上都需要解决的问题。信息系统运维以信息系统为对象，以例行操作、响应支持、优化改善和咨询评估为重点，旨在使信息系统安全、可靠、可用和可控地运行，保障业务系统持续、正常、稳定，提升信息系统对组织的有效支持，实现信息系统价值。

当前，各类组织都建立了信息技术部门负责信息系统运维，或者将信息系统运维外包给专业的服务公司，或者全面依靠云计算服务。然而，在信息系统运维实践中，组织需求与人才培养相互脱节，一方面组织对信息系统运维专业人员需求旺盛、要求高；另一方面高校信息系统及相关专业教学更多强调的是信息系统分析、设计与开发，缺少信息系统运维完整的知识体系与实践情境等。编写信息系统运维教材，开设信息系统运维课程，是消除这种脱节的有效手段，这也正是我们编写本教材的主要目的。

本书从信息系统运维的基本概念入手，从信息系统设施、信息系统软件、信息系统数据和信息系统安全运维等方面展开，反映了信息系统运维的核心内容，并以制造企业、商业银行和大型网站为例，论述了信息系统运维的典型应用和行业差异。各类信息系统对运维管理的要求差别很大，其中用于事务处理和业务管理、决策的“管理信息系统”（Management Information System，MIS），其运维管理尤为复杂和重要，是本书分析讨论的重点。本书既可以作为高等院校信息管理与信息系统、电子商务、计算机等相关专业的教材或者教学参考书，也可以作为信息系统运维技术人员和管理人员的参考用书。

本书共九章，分为三个部分。第一部分为基础概念篇，主要介绍信息系统运维及信息系统运维管理的基本概念，包括第 1 章信息系统运维概述和第 2 章信息系统运维的组织与管理；第二部分为核心内容篇，从信息系统设施、信息系统软件、信息系统数据和信息系统安全等方面论述信息系统运维的主要内容和流程，包括第 3 章信息系统设施运维、第 4 章信息系统软件运维、第 5 章信息系统数据资源运维和第 6 章信息系统安全运维；第三部分为应用案例篇，主要介绍制造企业、商业银行和大型网站三类典型信息系统运维技术和管理工作，包括第 7 章制造企业信息系统运维、第 8 章银行信息系统运维和第 9 章大型网站运维。

本书具有以下特点：

（1）理论和案例相结合。本书不仅系统介绍信息系统运维的基本概念、具体内容和工作流程，而且还深入介绍这三类典型信息系统运维的具体案例，读者通过典型案例的学习，可以加深对信息系统运维内容的掌握。

（2）紧跟管理和技术前沿。信息技术日新月异，新的管理模式层出不穷，编写一本符合时代潮流的信息系统运维教材是本书的主要目标之一。在管理层面，本书突出了业务服务管理（BSM）、信息系统运维外包、信息技术基础架构库（ITIL）等信息系统运维的先进管理理念；在技术层面，一些新兴技术也在本书中得到关注与体现，如云计算、NoSQL架构、信息系统运维工具等。

（3）突出不同组织系统的差异性。不同组织的信息系统运维特点和要求各不相同，本书在论述信息系统运维一般理论和方法的同时，深入分析制造企业、商业银行和大型网站三种不同组织类型信息系统运维的要求、技术架构及运维关键的独特性和差异性。

本书由葛世伦、尹隽编著，参加编写的还有王念新、任南、欧镇、王平、苗虹、王志英、张浩，最后由葛世伦总纂、修改定稿。本书是团队全体成员共同努力的结果。本书的思想精髓来源于江苏科技大学信息管理系教师及镇江市金舟软件公司同仁长期理论研究与企业信息化实践而得的感知、感悟。

在本书编写过程中，编著者查阅、参考、借鉴、引用了大量国内外公开、非公开的出版物与网络资料，其中大部分在参考文献中列出，还有部分材料限于篇幅与疏忽未能在参考文献中一一列出，在此谨向各位予以作者思想、借鉴、参考与启迪的学者、同仁表示由衷的敬意与感谢。由于作者水平有限及新兴课程的特殊性，加之时间紧迫，不当之处在所难免，恳请读者批评指正！

编著者

于江苏科技大学

2011.10.1

目　录

第一部分　基础概念篇

第二部分　核心内容篇

第三部分　应用案例篇

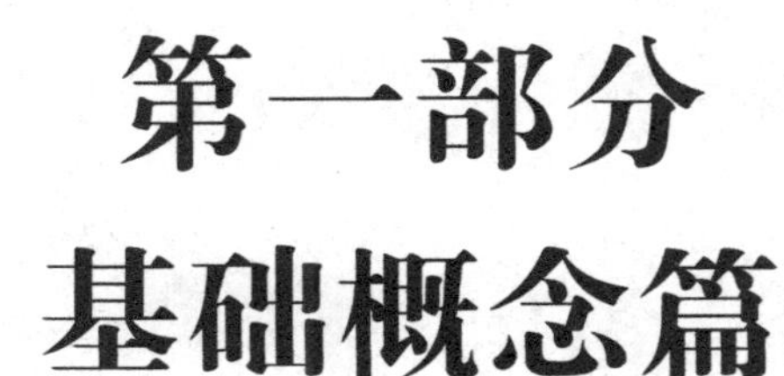

第一部分 基础概念篇

信息系统运维概述

本章介绍信息系统及其组成，影响信息系统的因素，从概念、框架和要求三个方面总体阐述信息系统的运行与维护，并就信息系统运维的发展现状、阶段和趋势进行总体介绍。

当今社会，信息系统无所不在，它已渗透到政府、商业组织和民众生活的方方面面：工作离不开各种根据自身业务特点而建立的信息系统；生活离不开信息查询系统、订票信息系统、银行系统；网上购物离不开电子商务系统、支付系统。信息系统为人们的工作、生活带来了无穷的便利与乐趣，现代社会一刻都离不开信息系统。

然而，信息技术也是一把“双刃剑”。随着人们对信息系统的日益依赖和社会经济发展与信息系统的日益融合，由于信息系统自身的复杂性和存在的不完善、不安全、不可靠、不稳定等因素，使得当今社会的各类业务系统显得比以往任何时候都更加脆弱，随时都会有意想不到的“主动”或“被动”风险发生。由于这些信息系统的运行失效、故障或直接宕机，大到会带来严重的灾难事故、经济损失或社会秩序的混乱，小到会影响企业的声誉，导致企业客户的流失，个人隐私信息的外泄或个人财产的损失等。

政府公共机构：2018年4月，美国国税局遭受了一次重大的税收停运一日事故，而澳大利亚的税务专员让企业停止抱怨有关机构的多税收系统中断事故，理由是“无法避免”；2018年5月，重庆有700余个政府机关网站被涉外黑客入侵并外挂黑链；2019年5月，俄罗斯多个政府网站泄露了超过225万名公民、政府雇员和高级官员的个人和护照信息；2019年9月，联合国信息和技术办公室共42台核心服务器遭到APT组织攻击，约400GB文件被盗，并引发多个系统的重建；2020年6月，激进组织（DDoSecrets）声称从美国执法机构和融合中心窃取了296GB包含美国200多个警察部门和执法融合中心的报告等，其中含有敏感的个人信息；2020年4月，德国西部北莱茵威斯特法伦州政府网站遭遇钓鱼攻击，黑客创建了官方网站副本，利用钓鱼电子邮件吸引用户注册手机详细信息，随后代表真实用户向政府提出援助请求并替换汇款银行账户，致使该政府损失至少3150万欧元。

金融领域：2014年7月1日，宁夏银行核心系统出现故障，故障时间长达37小时40分钟，影响全行业务存取款、转账支付、借记卡、网上银行、ATM和POS业务；2018年4月，英国TSB银行在将540万名客户的数十亿条客户记录迁移到萨瓦德尔银行的IT系统后，储户访问账户后出现了各种问题：储蓄凭空消失，支付费用记录要么很少要么很多，甚至登录进了别人的账户……致使数百万人无法取款，业务混乱数周，最终导致其首席执行官辞职；同在2018年4月，日本的三星证券遭遇了1050亿美元的股指误差，一些员工利用这个错误而获利，致使日本监管机构对证券公司展开调查；2018年10月，东京证券交易所遭遇重大计算机故障，暂时关闭其交易系统，影响了几家大型经纪公司，致其停止订单处理。

交通运输领域：2017年9月30日，全球超过100个机场的计算机登机系统因网络问题而发生故障，导致大量航班延误和旅客滞留；2018年9月，达美航空公司发生了3个小时的“物理设备问题”，造成全系统停机超过1个小时，并导致大约600个航班延误；2019年4月29日上午6点开始，澳大利亚所有国际机场的SmartGate护照检查机器宕机，所有入境的业务被迫中断；2019年11月21日，英国航空公司因飞行计划控制器故障，使飞行员无法获得飞行安排，导致航班大量延误，航空公司付出了数百万美元的赔偿。

电子商务领域：2015 年 5 月 27 日下午 5 点开始，我国全国范围支付宝崩溃，用户看不到余额宝的具体金额，持续了两个多小时；2015 年 5 月 28 日上午 11 点开始，携程旅行网官方网站突然显示 404 错误页，App 也无法使用，业务彻底中断，停止服务整整 12 个小时后，携程的服务才全面恢复；2017 年 5 月 22 日晚，淘宝、天猫均出现了系统繁忙提示、无法提交订单的 Bug，持续半小时左右；2019 年 1 月 20 日凌晨 1 点到 10 点，拼多多由于内部操作失误，使得已经过期的运营活动中分发的无门槛优惠券重新上线，整整 9 个小时内，“羊毛党”从拼多多领取 100 元无门槛优惠券，致使拼多多损失高达数千万元；2020 年 1 月 8 日，估计是误操作把京东自营小家电品类上到了 200 元无门槛券的适用区域里，时间长达 50 分钟，涉及 24 万笔低价订单，预估商品金额 7000 万元。

企业应用领域：某企业实施国外某著名公司的 ERP 软件，项目结项，实施方顾问撤走以后，经过一段时间运行，客户开始抱怨，投入了几百万元，却没什么效果，认为得了“富贵病”，原因是所实施的各模块之间没有集成，数据不能关联，某些模块的数据还需要手工录入。例如，财务模块中的产品成本计算，生产成本数据仍需要人工录入。同样，对于不少有了一定信息化基础的集团化企业，由于其业务多元化发展，并购的子公司之间，以及子公司与总公司之间因信息化建设不同步或同类信息系统产品来自不同供应商等原因，信息孤岛现象极为普遍，而其间的集成与改造成为该类集团化企业最为谨慎和高难度的运维工程：不整合意味着可能会使集团管理乏力，集团发展缺乏竞争力，而整合则意味着可能放弃前期的系统投入和既有收益，甚至成为集团发展的包袱。

互联网个人应用领域：2014 年 5 月，Uber 公司的一处数据库出现数据泄露，约 5 万名司机的姓名和驾驶证号信息被泄露；2017 年 6 月 17 日下午 4 点半开始，新浪微博突发大面积故障，用户无法打开微博，而且是 Web 端与移动端全面瘫痪；2019 年 3 月 22 日，据匿名内部员工透露，从 2012 年至今，有将近 2 亿～6 亿名 Facebook 用户的账户密码可能是以纯文本形式存储的（明文存储），并且可被 2 万多名 Facebook 员工搜索。

IT 基础设施运营机构：2019 年 3 月 3 日 0 点开始，阿里云华北二机房可用区 C 部分 ECS 服务器等实例出现 IO HANG，导致托管业务的所有服务器资源使用率达到 100% 且均无法登录，业务中断长达 3 个小时；2019 年 3 月 15 日，由于中国移动的物联网集中化系统（CMIOT）凌晨部署架构优化（第二批）割接上线，从 7 点 11 分开始影响全国大面积物联网卡的使用，于 7 点 30 分开始逐步恢复服务，但由于数千万张物联网卡排队接入，直至上午 11 点才缓解；2019 年 3 月 23 日 14 点 42 分左右，银联和网联（两个清算机构）与微信支付上海机房的物理连接被挖断，虽然他们快速切换了备用线路，但下游业务均受到了影响，所有交易（支付宝、微信支付、云闪付）都不顺畅。

迄今为止，我国信息化战略已取得了一些喜人的成果，但正所谓“创业难，守业更难”，如何巩固信息化建设的成果，运行和维护好各信息系统以深化其应用，提升其效益，如何最大限度地避免上述问题的发生，以及如何以最小的损失响应解决此类问题，已成为迫切需要关注和面对的重要问题，信息系统运行与维护的重要性开始凸显。

1.1 信息系统概述

1.1.1 信息系统

信息系统（Information System）是由计算机硬件、计算机软件、网络和通信设备、信息资源和信息用户组成的以处理信息为目的的人机系统。人们构造信息系统来采集、处理、存储和分发数据，为组织运营与决策服务。

作为一门学科，在我国，信息系统也指管理信息系统，是一个以管理科学、计算机科学、工程学、数学、控制论、系统论等为基础的综合性交叉学科，是以人为主导，利用计算机硬件、软件、网络通信设备及其他办公设备，进行管理信息的收集、传输、加工、存储、更新和维护，以提高组织效率、改善组织效益为目标，支持组织高层决策、中层控制、基层运作的集成化人机系统。

从上述定义中可以得知，构成信息系统的核心要素包括技术、人和组织等。

1. 技术

技术要素是保障信息系统得以运行的基本支撑，是信息系统的物理构成，通常泛指信息技术（Information Technology，IT）。在实际应用中IT已成为信息系统的代名词，本书中出现的“IT”与“信息系统”也可相互指代。信息系统的技术要素包括数据、硬件、软件、通信网络和基础设施几个方面。

1）数据

数据是信息系统处理的对象，是信息系统最基本的元素。

数据是指记录下来的各种原始资料，如文字、数字、声音和图像等。数据未经加工时不具备直接使用的价值。

（1）信息：将原始数据进行一定形式的格式化，经过加工、解释后成为对人们有用的数据即为信息。信息对接受者的决策和行为有现实或潜在的价值。

（2）知识：将数据加工、解释为信息的过程需要相关知识的支持。例如，对于反映某一企业某一时点资产状态的资产负债表，上面列出了企业净资产、负债、所有者权益方面的明细数据，但对于一个不具备企业会计知识的人而言，这张表里的各项数据仅仅是一串数字而已，他无法将这些数据转换、解读为企业资产状况的信息，更不能帮助其判断该企业运营是否正常。因此，知识蕴含了数据到信息的过程和规则，知识用来组织和使用数据，使之适合特定的任务。

（3）智慧：智慧是积聚的知识及对其灵活和创新的运用，它代表更加宽广、更加深刻的某个特定领域或多个领域的规则和模式。应用智慧常常可以把一个领域的概念应用于新的情况和问题。例如，理解了身份证号码这一唯一性标识的概念后，可以将其应用到特定的编程条件中，用来在数据库中挑选出该号码所代表的人的基本信息及相关信息（如工资信息、考勤信息等），这就是知识积累的结果。

信息系统中，以对某一领域知识的积累和理解，应用智慧创造性地使用信息技术，使数据经信息系统处理呈现并经领域经验和知识解读后形成信息，为管理及管理决策服务。

2）硬件

硬件是计算机物理设备的总称，也叫做硬件设备，通常是电子的、机械的、磁性的或光的元器件或装置，一般分为中央处理器、存储器和输入、输出设备。

3）软件

信息系统依靠软件帮助终端用户使用计算机硬件，将数据加工转换成各类信息产品。软件用于完成数据的输入、处理、输出、存储及控制信息系统的活动，一般分为基础软件和信息系统软件。

（1）基础软件：支持信息系统运行的系统软件，如操作系统、数据库系统、中间件等。

（2）信息系统软件：处理特定应用的程序，称为信息系统软件，又称为应用软件，如 ERP 软件、SCM 软件、CRM 软件、OA 软件、财务软件、图书馆管理系统等。

4）通信网络

通信网络是利用通信设备和线路，按一定的拓扑结构将地理位置不同、功能独立的多个计算机系统互连起来，以功能完善的网络软件（网络协议、信息交换软件及网络操作系统等）实现资源共享和信息传递的系统。

5）基础设施

基础设施是指包括机房供配电系统、机房 UPS 系统、机房空调系统、机房弱电系统、机房消防系统等在内的，维持机房安全正常运转，确保机房环境满足信息系统设备运行要求的各类设施。

2. 人

信息系统是以人为主体的人机系统，其中，人包括与信息系统相关的各种角色，他们开发、维护、管理或学习和使用信息系统。信息系统中的人员角色如表 1-1 所示。

表 1-1　信息系统中的人员角色

活动	典型角色	职责描述
建设	CIO	最高等级的信息系统经理，负责整个组织的信息系统战略规划和新兴 IT 技术的采纳
	信息系统总监	负责组织中所有的系统及整个信息系统部门的日常工作
	新技术经理	负责预测技术发展趋势，对新技术进行试验和评估
	项目经理	负责管理一个特定的信息系统项目
	信息中心经理	负责管理诸如客服、热线、培训、咨询等信息系统服务
	系统分析师	进行需求分析，提供基于信息技术的组织问题解决方案
	系统程序员	以某程序语言实现信息系统设计中的相关功能
	系统测试员	设计和开发测试过程及测试用例，并执行测试，分析测试结果
	系统咨询师	给组织提供建议，帮助其构造和管理信息系统
	系统实施员	帮助企业实现信息系统运行，并提供持续支持
	信息系统规划师	负责组织级的硬件、软件、网络的选型或某一云服务的选择，并负责规划系统的扩大和改变
	企业架构师	负责定义、测定和跟踪服务水平协议（Service Level Agreement，SLA）的机制
	应用程序架构师	负责服务交付和使用（非功能要求）的所有技术工作
	数据分析师	负责业务数据、客户数据、社交网络数据的挖掘、分析，寻求业务创新
	……	……

续表

活动	典型角色	职责描述
运维	信息系统审计师	对组织内部或外包服务供应商的信息系统的所有相关操作流程进行监控和审查
	数据库管理员	负责管理数据库和数据库管理软件的使用
	Web站点管理员	负责管理公司Web站点
	运营人员	负责监督所有数据或计算机中心的日常运行
	网络管理员	负责对网络中的底层设备进行监控，出现问题或即将出现问题时，能提出故障定位和报警并予以解决
	安全人员	负责组织信息系统的安全分析与规划、安全措施与制度的制定、安全审查等
	质量保证人员	负责开发、监督标准和过程，以确保组织内部的系统运行是准确和高质量的
	云服务关系治理人员	负责控制和管理云服务提供商向组织提供的各云服务的服务质量
	数据分析师	负责硬件设备日志、系统日志、用户操作日志的挖掘、分析，实现事先运维
	运维工程师	负责在开发实施前考虑好需求方案，规范数据格式，并能从业务的技术运营中提炼出智能化的需求点，会在前期通过仿真手法探索和验证方案可行性，拟订合适的算法方案
	运维开发工程师	负责进行运维平台相关功能和模块的开发，以降低用户使用门槛，提升用户使用效率，并将运维数据工程师交付的数据通过友好的方式展现给用户
	运维AI工程师	负责对运维工程师拟订的算法方案进行理解、梳理，充分考虑健壮性、鲁棒性、敏捷性，合理拆分任务，保障最终方案落地
	……	……
研究	大学教授、学者	对信息系统领域产生的技术性或非技术性学术问题进行研究与探讨
	非学术的研究者	负责主持面向应用与开发的前沿研究，多为商业用途而非学术性的研究
用户	业务处理人员	利用信息系统完成相关业务处理工作
	管理层	根据信息系统汇总生成的组织运营绩效指标进行战术层、战略层的相关业务决策

在新兴IT技术环境，如云计算环境下，信息系统建设与运维中的诸多角色将由云服务供应商担当。

3. 组织

组织是指信息系统隶属并服务的主体。系统帮助组织更加有效率地运作，获得更多的客户或改善对客户的服务，并获得更多的收益，最终赢得竞争优势。组织有各种类型，如政府、教育和医疗机构、企业、社团、宗教团体等。各类组织及其典型应用如表1-2所示。

表1-2　各类组织及其典型应用

组织	典型应用
制造业	EIS（经理信息系统）、DSS（决策支持系统）、BI（商务智能）、KMS（知识管理系统）；ERP（企业资源计划）、电子商务系统、TSP（交易处理系统）、SCM（供应链系统）、OA（办公自动化系统）、MES（制造执行系统）、PDM（产品数据管理系统）、CAD（计算机辅助设计）、CAPP（计算机辅助工艺设计）……
银行	会计核算系统、账户管理系统、客户信息系统、卡业务系统、投资业务系统、利率管理系统、在线支付系统、网上银行、ATM……
政府	政府门户网站、政务公开和查询系统、公文流转系统、网上行政审批系统；金宏、金卡、金税、金财、金关、金审、金盾、金保、金农、金水、金质、金旅、金卫、金土、金信、金贸、金智、金企……
电信	BSS（业务支撑系统）：计费与结算系统、营业与账务系统、客户服务系统；OSS（网管支撑系统）：传输网管系统、话务网管系统、数据网管系统、动力环境监控系统及信令监测系统；MSS（管理支撑系统）：OA（办公自动化系统）、财务管理系统、人力资源管理系统、客户关系系统……

续表

组织	典型应用
电力	电力营销管理系统、电力调度生产管理系统、电力地理信息系统、电网故障信息系统、变电站综合管理信息系统、远程办公系统……
交通	自动售检票系统、安检信息系统、班次信息管理系统、通信传输系统、调度系统、地理信息系统……
教育	一卡通管理系统、网上课堂、远程教育培训系统、多媒体教学系统、学籍注册管理系统、选课信息系统、教材管理系统、图书馆管理系统……
……	……

组织是信息系统的领域环境，由于组织的社会属性，使得信息系统不再单纯地只属于技术系统，而是融合成为更加复杂的社会-技术系统。信息系统与组织之间的关系如图 1-1 所示。

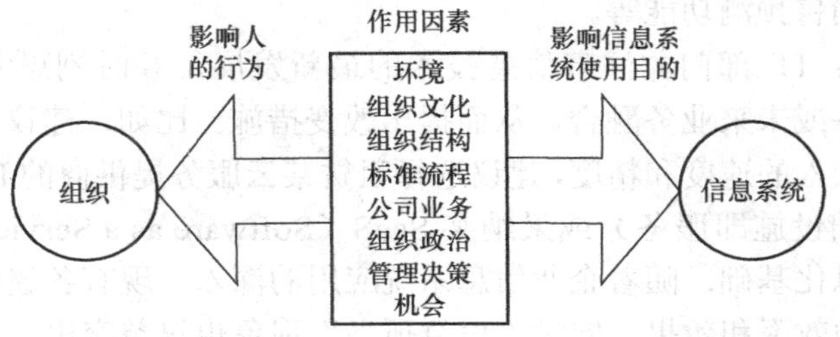

图 1-1　信息系统与组织之间的关系

1.1.2　信息系统的影响因素

信息系统服务于组织，同时也无一例外地受到来自组织内部和外部因素的影响，如图 1-2 所示。

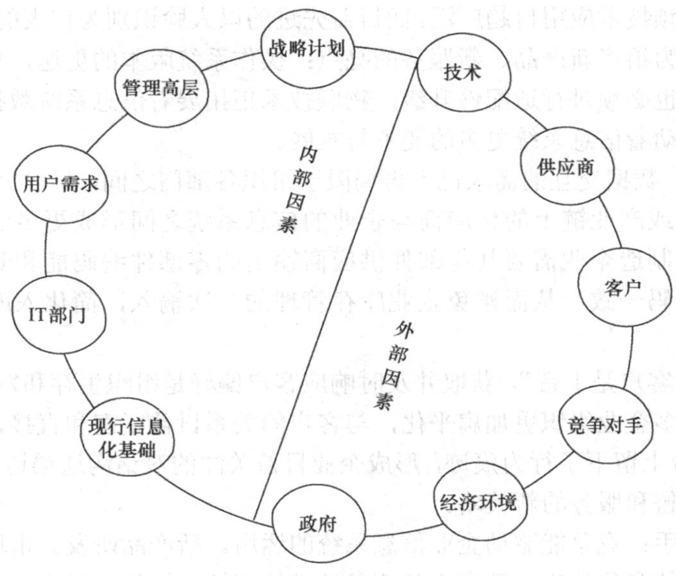

图 1-2　信息系统的影响因素

1．内部因素

（1）战略计划：组织的战略计划是关于组织长远发展的总体目标，需要有与该目标相匹配的信息系统来支持其运作与发展，因而也对组织信息技术使用、信息系统选择、建设和运维的优先顺序或权重产生必然的影响。

（2）管理高层：实践业已证明信息系统建设中“一把手”的重要性，同理，为支持高层管理所需的战略信息系统和为保障现行信息系统持续发挥作用所需的运维工作，也都需要管理高层的决心和关心。

（3）用户需求：用户在进行日常工作时越来越离不开信息系统，他们对信息系统从茫然到学习使用，再到熟练使用的过程中，经历了从“被动提高”到“主动提高”的过程，因此会提出越来越多的需求，如要求改进信息系统中现有的销售分析报表，或增加一个原来没有的销售预测功能等。

（4）IT 部门：IT 部门关注着信息技术的最新发展，并时刻思考着这些新技术能否与组织现行业务或未来业务融合，从而提出改变措施。比如，建议使用新的数据采集设备以提高数据录入的速度和精度，建议选择租赁某云服务提供商的 IaaS（Infrastructure as a Service，基础设施即服务）或采纳某 SaaS（Software as a Service，软件即服务）。

（5）现行信息化基础：随着企业信息系统应用的深入，现有各遗留系统建设的不同步，呈现出不同的效率和效果，同时“信息孤岛”现象也日益突出，尤其当组织变迁，如企业在进行集团化、业务多元化发展时，这样的问题更为突出，带来了大量的系统变更和集成问题。

2．外部因素

（1）技术：技术的飞速发展使信息系统出现了更多更广的应用场景，对信息系统的影响也最为显著。例如，扫描技术的发展使全世界所有的产品都能用条形码来标识，更高识别效率的射频技术应用日趋广泛，而日益先进的以人脸识别为代表的视觉智能输入、智能语音输入成为很多新产品、新服务的亮点；操作系统版本的更迭，使得开发于其上的信息系统软件也必须进行适配性升级；物联技术正拓展着信息系统数据采集、传输和处理的边界，驱动着信息系统更多的变革与发展。

（2）供应商：数据交互的需求已不再局限于组织各部门之间，早已突破了组织边界，随之要求供应链或产业链上的供应商与企业的信息系统之间形成更多的交互和集成。例如，某一汽车制造企业需要其零部件供应商输出的零部件编码能和其内部库存管理系统中的物料编码一致，从而避免企业库存管理的二次输入，简化入库手续，提高入库效率。

（3）客户：“客户是上帝”，获取并及时响应客户偏好是组织生存和发展的前提条件。信息系统使得众多企业组织更加扁平化，与客户的关系日益紧密和直接，而客户也在越来越多的 IT 平台上留下了行为痕迹，形成企业日益关注的对话沟通渠道和数据资产，以形成有关市场销售和服务的新策略。

（4）竞争对手：竞争能驱动企业信息系统的运用。新产品研发、市场营销、销售渠道和服务等方面的竞争战略，都离不开信息技术的支持。例如，建立电子商务平台拓宽销售渠道，建立呼叫中心或利用社交媒体响应客户咨询与投诉，通过网络让用户对新产品进行虚拟体验等。

（5）经济环境：经济环境对企业信息技术投入具有重要影响。在国际经济繁荣时期，组织也多采取业务扩张策略，因而信息系统也需要进行相应的扩展来应对增长的业务量和增加的数据量；当国际经济萧条时，很多企业则采取保守策略，减少投资，缩减预算，确保核心业务，对于信息技术的投入也更为谨慎。

（6）政府：行业、政府乃至国际组织等制定的规定、法律法规、产业政策等都会影响信息系统的开发与运行，如税率、行政区划、环保条款、国家战略性新兴产业计划及国家安全保障等。

信息系统在受到来自组织内外诸多因素影响的同时，也产生与制造了更加错综复杂的内外环境，使得组织面临更多的不可预见性、更激烈的竞争、更多高要求的客户、行业生态化及全球化的发展要求。因此，IT的运维与管理成为信息系统应用的关键。

3．新兴IT技术对信息系统的影响

我们正快速步入一个被云计算、移动互联和物联技术引爆的大数据时代。

云计算是一种按使用量付费的服务模式，包括软件即服务（SaaS）、平台即服务（PaaS）和基础设施即服务（IaaS）三类服务模式，通过互联网同时向众多用户提供多种满足用户需求的信息技术服务，具有资源配置动态化、需求服务自助化、网络访问便捷化、服务可计量化和资源虚拟化等特征。

移动互联网是一种通过智能移动终端，将移动无线通信技术与互联网技术、平台、商业模式和应用结合并实践的活动总称，包含终端、软件和应用三个层面，出现了移动社交、移动广告、手机游戏、手机电视、移动定位服务、手机搜索、移动支付、移动电子商务等新型的业务模式，具有用户体验至上、整合社会资源、营销自动化、社交商务的特点。

物联网是指通过各种信息传感设备，如射频识别（RFID）、红外感应器、全球定位系统、激光扫描器、气体感应器等，实时采集任何需要监控、连接、互动的物体或过程等各种需要的信息，与互联网结合形成的一个巨大网络。其目的是实现物与物、物与人，所有的物品与网络的连接，方便识别、管理和控制，开启了一系列以“智慧”为目标的应用战略。

云计算、移动互联、物联网的融合衍生出大数据技术。大数据是指所涉及的数据量规模巨大到无法通过目前主流软件工具，在合理时间内撷取、管理、处理，并整理成为企业经营决策有用的信息，具有数据体量大（Volume）、数据类型多样（Variety）、价值密度低、商业价值高（Value）、处理速度快（Velocity）等特点。

以上述技术为代表的新兴IT技术所带来的创新，迅速而又变革性地影响着社会的生产方式、人们的生活方式、企业的运作方式及信息系统的建设和使用方式。下面立足于信息系统的用户企业视角，分析如下。

1）转变了商业模式和理念

IT领域的商业模式从实体的软件或硬件产品销售转变为相应的软硬件服务的提供，在互联网上，将会有越来越多的服务出现。新兴的IT技术将带动整个商业模式的转变，

无论是在 IT 行业还是在其他行业，都将作为新的应用模式对各行业的产业链产生深远的影响，催生创新性的商业模式。

2）降低了信息系统建设的成本和风险

云计算技术推动着企业减持 IT 资产，企业将不再需要运营和管理大量的基础设施，也无须花精力去开发相应的软件或平台，更无须关注服务背后的运维支持，从而大大降低了企业信息系统的运营成本，减少了对 IT 供应商的依赖。

3）改变了信息系统建设的内涵

新兴 IT 环境下，硬件、基础设施、软件应用都成为公共资源服务，企业无须进行信息资源开发，其中的任何环节（咨询、方案、基础设施、硬件、开发、测试、业务应用、存储、运行监控、维护等）都可以从云端租用服务，信息系统的规划、分析、设计、开发、实施和运维过程转变成云服务的选择、迁移和治理。

4）改变了信息系统运维的职能

虽然在新兴 IT 环境下，各种 IT 服务可由第三方提供，但责任不能外包，还需要 IT 部门来管理和控制这些服务关系治理；此外，IT 部门及相关人员也从以往烦琐的业务中解放出来，将主要精力及大部分预算都用于更具战略意义的创新中，担负起对业务的引导和决策作用。

5）突破了时空的局限

新兴的 IT 环境是一个开放的服务环境，虚拟化的信息资源使得用户能够在任意位置享受信息技术服务，操作用户不再依赖某一台特定的计算机来访问及处理自己的数据或业务，只需要连上互联网，就能检索所需要的信息，为用户间、部门间、企业间协作共享带来了便利，加速了信息的处理与传递。

6）高度关注数据的安全与价值

新兴 IT 环境下，企业用户已失去了对数据绝对的控制权，数据在处理和使用过程中，涉及范围广、环节多、动态性强、泄露危害程度高，因此，企业用户对信息系统的安全管理从以系统安全为中心转向了以数据安全为中心。同时，数据已越来越被企业认为是可以“求证已知发现未知”的资源，无论是企业内还是企业外，线上还是线下，有关硬件设备的业务系统还是有关客户或用户操作的行为，数据都会给企业呈现出某种事实或规律，带来新的价值。

1.2　信息系统运维

运行与维护作为一项古老的职能，在国家安全、社会稳定、企事业发展和人民生活方面发挥着基本的保障作用。例如，为保卫国家安全，海陆空边防线上的监测与相关防御工事的维护；为保证铁路交通的安全畅通，铁路轨道和电务信号网络的定期检查与维护；为顺利完成企业生产任务，生产设备的定期检查与维修；为保障居民生活安全，各社区消防设施的检查与维修；为抵御各种自然灾害，进行建筑房屋的修缮与加固，等等。

信息系统运行与维护也肩负着同样的职责。随着信息系统建设与应用的深入，信息系统已渗透到社会的方方面面，信息系统的运行与维护已显得愈加重要，成为影响信息系统应用效果的重要因素和深入发展的主要瓶颈。

1.2.1　信息系统运维的概念

传统意义上，信息系统运行与维护是指网络管理员、系统管理员或数据库管理员所进行的工作，更多地是指信息系统软件的运行与维护（Software Operation & Maintenance），是指软件为应对变化的内外环境，在软件发布交付之后对其所做的修改、调整，以提高运行效率，减少执行错误等。

该定义以软件为主体，强调软件发布这个时间节点，同时将运维明确为信息系统生命周期的最后一个阶段，其内容包含以下观点。

（1）泛化的观点：指软件交付后围绕它所进行的任何工作。

（2）纠错的观点：指软件运行中错误的发现和更正。

（3）适应的观点：指为适应内外环境的变化。

（4）用户支持的观点：指为软件最终用户提供的支持。

随着信息技术的飞速发展和深入应用，信息系统运维工作受到了 IT 技术供应商和企业 CIO 的广泛关注，人们从各自不同的视角界定信息系统运维，使信息系统运维的概念更加广泛、专业。

1.“管理”的视角

IT 运维管理（IT Operation）：指企业内部 IT 部门或外部相关服务部门采用相关的方法、手段、技术、制度、流程和文档等，对 IT 运行环境（如软硬件环境、网络环境等）、IT 业务系统和 IT 运维人员进行的综合管理。

2.“服务”的视角

IT 服务管理（IT Service Management，ITSM）：Gartner 认为 ITSM 是一套通过服务级别来保证 IT 服务质量的协同流程，它融合了系统管理、网络管理、系统开发管理等管理活动和变更管理、资产管理、问题管理等许多流程的理论和实践；它以流程为导向，以客户为中心，通过整合 IT 服务于组织业务，提高组织 IT 服务提供和服务支持的能力及水平。

3.“安全”的视角

首先，安全是一种状态；其次，在信息化、网络化条件下，为达到该状态，其内涵得到了进一步的拓展，由通信保密、计算机安全、信息系统安全发展到信息保障乃至防御系统。可以看出，安全既是信息系统运维的主要内容——重在预防的事前运维，又是信息系统运维的主要目标。

4.“治理”的视角

IT 治理（IT Governance）：领导和控制当前及将来使用 IT 的体系，涉及评估和领导支持组织的 IT 的使用，并监视 IT 的使用以实现计划，包括 IT 使用的策略和方针。IT 治理是组织治理的一个重要方面，强调的是 IT 治理机制的建立及 IT 对业务一致性的支持，追求的是为组织建立一个长效均衡的治理结构，在风险可控的环境下帮助组织降低成本，提高收益，满足客户要求及建立良好的社会形象等。

5."实践"的视角

信息系统运维对有关 IT 的系统、架构、设计、网络、存储、协议、需求、开发、数据库、测试、安全，甚至 IT 成本投入收益分析、客户 IT 体验分析等各个环节都需要了解，并要求对某些环节熟悉甚至精通，解决组织中种种看似凌乱、与 IT 不相干甚至矛盾的问题。

综上所述，可以看出：

（1）信息系统运维作为知识本身已受到广泛的关注与重视。

（2）信息系统运维的对象已不再局限于软件本身，界定更系统化。

（3）信息系统运维于信息系统生命周期中的启动时间被前置，并贯穿于生命周期的始终。

（4）信息系统运维所需的知识体系比生命周期其他任何一个阶段都更综合、更精深。

（5）信息系统运维已不再是单纯的技术角色，而是上升到服务、管理的角色，越发强调与业务的融合，并积极向事前运维、主动运维转变，其影响与组织战略高度一致。

因此，本书认为信息系统运维是指基于规范化的流程，以信息系统为对象，以例行操作、响应支持、优化改善和咨询评估等为重点，使信息系统运行时愈加安全、可靠、可用和可控，提升信息系统对组织业务的有效支持，实现信息系统价值。

1.2.2 信息系统运维的框架

信息系统运维是运维服务提供方按照需求方的要求，基于一定的运维平台对相关信息技术资产进行服务活动，具体框架如图 1-3 所示。

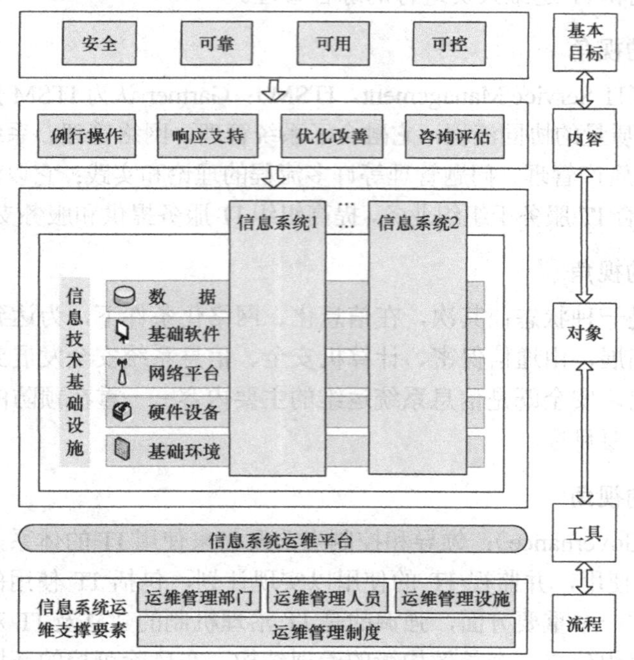

图 1-3 信息系统运维的框架

1．信息系统运维的目标

信息系统运维的目标是建立一个高效、灵活的信息系统运维体系，确保信息系统安全、可靠、可用和可控，进而实现对 IT 资源的充分利用。

（1）安全：安全是指信息系统使用人员在使用过程中，有一整套安全防范机制和安全保障机制，使他们不需要担心信息系统的实体安全、软件与信息内容的安全等。

（2）可靠：信息系统有足够的可靠性不会发生宕机、系统崩溃、运行处理错误等。

（3）可用：是指一个系统处在可工作状态的时间的比例，通常以几个 9 来量化表示。

（4）可控：是指信息系统 IT 资源的可管理、可优化，并应实现这些 IT 资产的价值提升。

2．信息系统运维的内容

根据信息系统运维的目标，运维工作内容可分为例行操作、响应支持、优化改善和咨询评估四个方面，具体如下。

（1）例行操作：运维提供方提供预定的例行服务，以及时获得运维对象的状态，发现并处理潜在的故障隐患。

（2）响应支持：运维提供方接到需求方运维请求或故障报告后，在双方达成的服务水平协议（Service Level Agreement，SLA）承诺内尽快降低和消除对需求方业务的影响。

（3）优化改善：运维提供方适应需求方业务要求，通过提供调优、改进等服务，达到提高运维对象性能或管理能力的目的。

（4）咨询评估：运维提供方结合需求方业务需求，通过对运维对象的调研和分析，提出咨询建议或评估方案。

3．信息系统运维的对象

信息系统运维的对象是运维服务的受体，主要包括基础环境、网络平台、硬件设备、基础软件、信息系统软件、数据等。

（1）基础环境：是指为信息系统运行提供基础运行环境的相关设施，如安防系统、弱电智能系统等。

（2）网络平台：是指为信息系统提供安全网络环境相关的网络设备、电信设施，如路由器、交换机、防火墙、入侵检测器、负载均衡器、电信线路等。

（3）硬件设备：是指构成信息系统的计算机设备，如服务器、存储设备等。

（4）基础软件：是指为应用运行提供运行环境的软件程序，如系统软件。

（5）信息系统软件：是指由相关信息技术基础设施组成，完成特定业务功能的系统，如 ERP、CRM、SCM 等。

（6）数据：是指应用系统支持业务运行过程中产生的数据和信息，如账务数据、交易记录等。

4．信息系统运维平台

将所有信息系统运维对象、内容及流程内嵌到一个统一的平台级软件中，究其规模，可以是综合的运维制度+运维系统，也可以是局部的主要制度+运维工具。

5. 信息系统运维支撑要素

信息系统运维支撑要素包括运维管理部门、运维管理人员、运维管理设施和运维管理制度四个方面，是支撑信息系统运维工作的软环境。

1.2.3　信息系统运维的要求

信息系统应用领域广泛，情态各异，对信息系统运维的要求也不尽相同。从行业发展情况来看，金融、电信等机构的信息化程度相对较高，信息系统运维起步相对较早，运维也更规范。下面以信息系统的几类典型应用领域为例，介绍其业务特点和运维要求。

1. 银行业

银行信息系统是指基于信息技术，以前后台处理、柜面服务和自助服务为主要功能，实现银行业务自动化处理的综合信息系统。

（1）可用性要求级别高。由于金融业务活动频繁，业务类型与业务量增长快，银行信息系统的功能需要不断地扩充、改进与完善，并同步集成到网上银行、自助银行、电话银行、手机银行。因此，银行业务系统的运维对持续性与稳定性方面的要求很高，如“5 个 9”（99.999%）或“6 个 9”（99.999 9%）级别的可用，即业务系统的非计划年度宕机时间不可超过 5 分钟或 30 秒。

（2）安全性要求级别高。银行业务的客户端应用已变得形式多样，在这些业务中预留了很多对外开放的接口，增加了黑客攻击的渠道；又由于银行的特殊性，银行信息系统自然成为黑客攻击的主要目标，对于各类应用尤其是 Web 类的应用，安全运维不可懈怠。

（3）数据运维责任重大。金融业正在加快实现全国数据集中处理，在提高管理效率和降低运维成本的同时，却由于技术风险的集中产生新的金融风险，如数据集中牵一发而动全身，数据处理响应的实时性、大规模数据处理的高并发性，使得数据中心的运维压力日益加大。

2. 大型网站

大型网站是指基于互联网，以信息交换为主要目的，满足某类需求的信息系统，如电子商务网站、社会网络（Social Network Site，SNS）、游戏网站、视频点播网站、资讯网站、搜索类网站等。

（1）线上稳定、业务连续。这是大型网站基本运维要求，因为大型网站无一例外是基于互联网运作的，由于互联网是 7×24 小时运行，同时，由于大多数网站都是边开发边运维的应用模式，在不影响原有线上应用的同时，修改原有架构、部署新的应用，都成为对网站业务稳定性和连续性的考验及挑战。

（2）客户体验优先。所谓客户体验，是指用户访问一个网站或者使用一项应用、一个产品时的全部体验，如印象、感觉、操作、黏性等。任何一个网站都从未停止满足不断变化的多元需求的应用创新脚步，并通过后期运维服务的管理创新为客户创造良好的体验，吸引网站用户成为忠诚客户，很多大型网站的成败即在于此。

（3）迫切要求解决峰值运维问题。大型网站面向全球越来越多的互联网用户，高并发、高流量、高访问量、高负载已是常规现象。当用户上线集中于某一特定时间或特殊时间时，如节日期间的网络商城、游戏网站，重大政治、社会或自然灾害事件后的 SNS 网站，此时网站的各项性能指标达到了运营过程中从未出现过的“峰值”，在此情况下，仍要实现高实时、低延迟、高速度、高可靠等高性能使得网站运维“难上加难”，因此，相应的应急运维、预防性运维必须做到未雨绸缪。

（4）自动化要求高。网站业务应用变更频繁。无论哪种类型的网站，每天关于各种业务应用的变更或创新开发、部署上线、升级的维护请求间隔不断，每一次请求的安装、部署、发布、升级或监控都成为相似度极高的重复劳动，加大了运维任务的强度和密度，对运维的效率提出了很高的要求，因此，自动化运维是大型网站的必然要求。

3．电信行业

电信行业是严重依赖信息系统生存的领域，其信息系统以电信业务运营支持系统（Business Operation Support System，BOSS）为核心，它融合了业务支撑系统（Business Support System，BSS）与运营支撑系统（Operation Support System，OSS），前者包括计费与结算系统、营业与账务系统、客户服务系统等，后者包括传输网管系统、话务网管系统、数据网管系统、动力环境监控系统及信令监测系统等，是一个综合的业务运营和管理的综合平台。

（1）“全程全网性”的基础设施运维。以网络为核心的基础设施在电信行业中的地位极为关键，除支撑自身业务与管理外，也是电信运营商的主要产品，如管线、信道等。它们分布在广大的地理空间，跨地域要求显著，再加之 3G 等各类新网的建设，其规模之大、结构之复杂，非计算机网络所能比，监控和管理的任务极其艰巨。从某种程度而言，这些基础设施的性能直接关系到整个社会的 IT 性能。

（2）数据利用与分析的需求强烈。对于电信运营商，底层运营高度依赖于从各监控管理工具中生成的监测数据而得到的分析报告，业务应用也高度依赖于从各业务信息系统中提取、整合数据而实现的管理分析，如差异化客户服务策略的制定等。但业务信息系统的分散建设、网络等基础设施的分离监控给该行业的数据利用与分析带来了困难，数据资源的整合利用亟待进行。

（3）运维成本压力大。技术的先进、超前与更新迅速在该行业得以集中体现，基础设施固定投资规模大，我国电信行业的运营成本高于国际平均值，运维是主要的成本中心，相当多的设备的后期运维投入远远大于前期的设备投入，因此运维过程中设备的优化利用至关重要。

4．政府

政府信息系统以电子政务为主要形式，是指政府机构在其管理和服务职能中运用现代网络技术打破传统行政机关的时间、空间和部门分隔的制约，使各级政府的各项监管更加严密，服务更加便捷，涉及政府机关、各团体、企业和社会公众，主要包括机关办公政务网、办公政务资源网、公众信息网和办公政务信息资源数据库几个部分。

（1）安全级别高。政务信息数据中，有些关乎国家、政府部门、地方政策和利益，比个人或商务信息更为敏感；有些属于大规模的基础设施，如档案、城建数据；有些具有服务特性，如医保、社保、公积金、房屋交易等信息；加之电子政务行使政府职能的特点易导致政府信息系统受到各种攻击，包括黑客组织、犯罪集团和信息战时期的信息对抗等国家行为的攻击，因此，其安全问题尤其是数据安全应被重点关注。

（2）业务的不间断运维需求高。政府信息系统面向社会提供外部服务，如出入境审批系统、身份证申领系统等，都必须在故障出现后以最短的时间恢复业务运行，否则将导致业务受理停止，大量人员等待，大量紧急任务无法处理，影响政府办事效率和形象。

（3）维外包且本土化外包趋势明显。随着政府数据中心的应用逐渐增多，技术变得日益复杂，政府机构开始采用外包方式代替自主运维；同时，相比其他行业，政府机构对运维的安全保障有着更高的要求，政府机构更倾向于本土的 IT 运维管理服务。

5. 制造业

制造业信息系统是利用信息技术帮助企业在设计、生产和管理等方面实现信息化的各类业务应用系统，如设计信息化中的计算机辅助设计（Computer Aided Design，CAD）、计算机辅助制造（Computer Aided Manufacturing，CAM）、计算机辅助工艺过程设计（Computer Aided Process Planning，CAPP）、产品数据管理（Product Data Management，PDM）等，生产信息化中的制造执行系统（Manufacturing Execution System，MES）、工作流系统（Workflow System）等，管理信息化中的企业资源规划（Enterprise Resource Planning，ERP）、客户关系管理（Customer Relationship Management，CRM）、供应链管理（Supply Chain Management，SCM）等，以共同提升企业运营效率。

（1）集成运维需求强烈。制造业信息化涉及技术设计、生产制造与管理三个方面，但并非同步进行，造成了信息孤岛这一离散式的 IT 结构，加之业务的多元化、企业组织的集团化发展，以内部信息系统的集成、上下游供应链之间的协同为主的 IT 运维变得最为迫切。

（2）运维管理亟待重视。相对于金融和电信行业而言，该行业的信息化水平一般，加之制造业中的 IT 部门相对生产、营销、财务等部门似乎略显非主流，因此，制造企业大多对运维不够重视，对运维部门的建设和运维人员的培养做不到优先重视，运维工作及运维的管理工作长期处于较低的水平，相关部门和人员缺乏进取和学习精神，只求维持现状，当有新技术应用后，出现了各种各样的技术的和非技术的问题，致使整个企业难以招架，应用效果差强人意。

（3）安全运维不可忽视。制造业网络呈现分散、多级、多节点的部署特点，应用人员素质水平参差不齐，以内网畅通、技术资料保密和知识产权保护为主的安全运维尤为重要。

综上所述可以看出，这些行业都迫切需要流程化、规范化的运维体系来提升 IT 的管理效率，确保组织内信息系统安全、稳定、可靠地运行，进而提升组织的效率和效益。但由于行业自身和主营业务的不同，甚至同一行业中应用间的差异，都会对信息系统运维提出不同的精度要求，如可用级别、可靠程度、业务中断的容忍时间、负载强度、响应时间等，选择相应的运维方式、运维策略和运维流程等。

1.3 信息系统运维的发展

1.3.1 信息系统运维的发展现状

随着信息技术应用的快速发展，一些组织的 IT 系统建设日益庞大而复杂，其信息系统运维的难度和压力不断加大。

1. 从具体工作场景来看

自称为“IT 民工”的运维人员“救火式”地奔波于组织中信息系统应用的不同情景，例如：

在办公室中安装系统，帮同事排除机器故障；

在机房干着插网线、搬机器、拆服务器箱体的体力活；

天天盯着多个监控屏幕，8 小时盯着流量图；

在主管、开发工程师、网络/系统工程师、数据库管理员中间跑来跑去进行沟通；

半夜三更收到服务器监控系统的警报，起床赶到机房。

……

即便如此，运维人员和 IT 部门却仍因经常无法满足运维服务时效性和稳定性的需求而被投诉和埋怨，例如：

被动响应式的工作方式，很难及时发现和预见问题的发生；

对于问题的“多米诺效应”缺乏快速系统化的追溯机制，多点的分散排查更是带来人力、物力的低效率；

问题出现后，很难快速、准确地找到根本原因，总是依赖于业务系统供应商、设备厂商，不能及时地找到相应的人进行修复和处理；

问题找到后，缺乏流程化的故障处理机制；

重复、丢失、忘记用户的请求和信息；

支持过程总是被打断和干扰；

关键人员的工作负载过重；

缺乏过程和变化的跟踪记录；

IT 支持部门面临不断改进服务和降低成本的压力；

资源和人力成本计算工具匮乏；

服务请求的响应时间和质量无法衡量；

决策基于“我认为”而不是“我知道”；

机器硬件设备的落后、陈旧总能成为“托辞”，购置更新后问题仍然层出不穷。

……

2. 从我国信息系统运维的总体现状来看

从总体上看，我国信息系统运维主要表现出对运维的重要性认识不到位，重视程度不够，与信息系统开发相比，呈现如下三个“二八现象”。

（1）从时间周期看：在信息系统的整个生命周期中，以应用为特点的运维阶段应占

80%的时间，而在我国，有人视信息系统开发交付使用时——仅占20%的时间节点为信息系统全部完成之时。

（2）从信息系统效益看：信息系统 80%的效益体现为信息系统的“用好”，即信息系统的高额投入转化成对组织核心业务的服务和对运营效益的支持，这也是信息系统投资的最终目的。一个好的信息系统开发本身却往往未必能实现这样的效益。这就离不开运维去为业务系统保驾护航，让业务应用高枕无忧。而我国信息系统的投资者和建设者往往过多地关注信息系统的实体形式，忽略信息系统的优化，信息系统缺乏可持续使用的价值和保障，因此，如何用好信息系统是关键。

（3）从资金投入看：我国信息系统的开发建设投入了大量的资金，但其中 80%的资金都投入到了信息系统的建设中，而运维资金的投入相对较少，“重开发，轻服务”现象严重。

3．从国内外信息系统运维的情形来看

国内的运维实践起步较晚，很多关于运维的理念、方法、标准、工具都来自国外，但运维与建设资金的投入比正好与国外相反。以信息技术设施库（IT Infrastructure Library，ITIL）概念为例，该概念于 20 世纪 80 年代开始出现，经过行业专家、顾问和实施者的共同努力，已经成为 IT 服务管理领域最佳实践的国际标准。1999—2004 年，ITIL 在国内才开始作为一个概念出现，并渐渐作为一个标准启用、传播和兴起；2004—2007 年，国内对 ITIL 经历了从“理念很好，落实很难”的观望阶段到“标准指导，摸索实践”的转变，至今 ITIL 还不能说在我国已落地成功。但近年来，随着我国互联网应用和移动应用的迅猛发展，以 BAT 为代表的互联网企业逐渐地以其创新应用的优势引领着我国企业 IT 运维管理进入了 IT 与业务融合的阶段。

4．从运维人才的需求与培养来看

优秀运维人才极度缺乏，需求量大。目前，大多数组织的运维处于初级阶段，虽有运维岗位，但受重视或重要程度不高，可替代性强；大多运维人员技术层次较低，处于技术探索与积累阶段，且很多工作依靠人力进行，没有体系化的运维理念、方法与技术。运维技术的交流、借鉴与共享还不够深入，限制了运维的发展。

因此，对信息系统运维重视的呼声渐起，是人们对信息化持续建设的理性回归。

1.3.2　信息系统运维的发展阶段

无论是国外还是国内，信息系统建设都经历了从无到有，从单机到联网，从简单的“应用电子化”到复杂的“管理信息化”的发展过程。在此过程中，信息系统的运维近些年来也经历了从网络系统管理（Network System Management，NSM）、IT 服务管理（IT Service Management，ITSM）和业务服务管理（Business Service Management，BSM）三个阶段，如图 1-4 所示，这是一个循序渐进的过程。

1．网络系统管理阶段

早期的信息系统运维主要表现为 IT 基础架构建设和以 IT 设备为核心的 IT 基础设施

管理两个任务。需要强调的是，IT 基础架构会有建设周期，同时随着技术的发展和需求的改变，即使建设完成也会存在淘汰更新、优化升级的过程。因此，这两个核心任务是并行且融合的。网络系统管理是 IT 服务管理和业务服务管理的实现基础和不可跳过的起点。

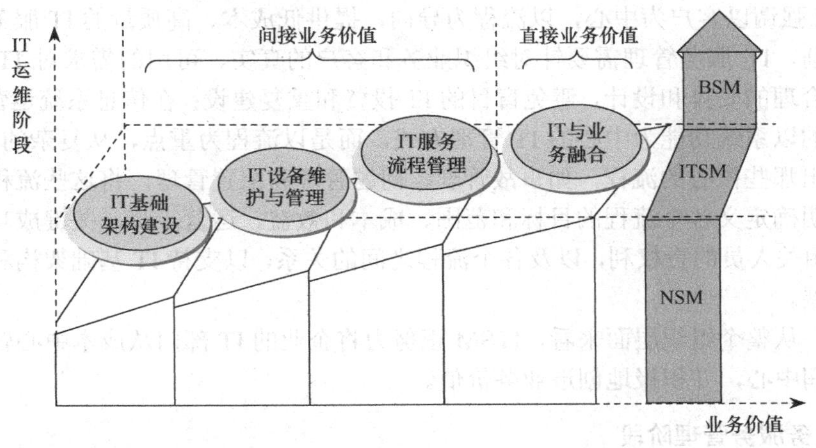

图 1-4　信息系统运维的发展阶段

IT 基础架构是对业务的支撑，包括网络、链路、路由、服务器、数据库等众多元素，组织对 IT 部门和 IT 管理的要求是硬件设备稳定，网络连通与顺畅，系统可用，最大程度地减少各种故障，消除混乱无序的被动响应局面，实现对 IT 基础设施的有效掌控和管理。因此，该阶段主要通过网络实现对所有软硬件设施的技术元素的监控、数据采集和分析，以获得从整个 IT 信息环境到底层每个实体元素的运行状态信息，保证能够在故障发生时或发生之前提出故障定位、报警并采取主动的管理操作，有效提高 IT 环境的运行质量，同时也包括利用相应的技术实现对企业 IT 设施的远程、批量等各种形式的管理与操作，降低 IT 管理的成本及效率。

2. IT 服务管理阶段

在完成网络系统管理并且实现了对 IT 设施的所有技术元素的全面监控以后，IT 基础设施的运行质量有了明显改善，但仍然会有各种各样的问题发生。例如，各种 IT 设施的管理是分立的，相应的管理工具是分离的，一个问题出现，可能就会产生多米诺效应，因为缺乏智能关联，对网络、应用、服务器、终端等开始逐一排查，都说不是自己的问题，互相推诿情况的发生带来了更大的资源浪费和效率低下；再如，全球范围内的调查表明，运维中超过 80%的问题是由于 IT 运维人员没有按照规范的操作流程来进行日常的维护管理，缺乏有效的协同机制造成的。也就是说，管理上的缺位远远多于基础设施和技术本身的问题，因此阻碍了 IT 部门工作效率与质量的提高，IT 部门不断地“救火”，业务应用上不断地“冒火”。此时，整个社会信息化进程不断深入和加快，企业用户对业务信息化的体会也愈加深刻，相应地，他们对 IT 运维管理也有了更高的需求。ITSM 作为一种新兴的 IT 运维管理理念开始深入人心。ITSM 是对业务信息化流程的梳理，它最大的变革点就是不仅依托于技术，还依托于标准和制度——关于 IT 资源本身的一整套管理逻辑。

ITSM 被形象地称为 IT 管理的“ERP 解决方案”，因为信息系统随着应用业务的深入而越来越复杂，像业务一样，需要有科学的管理机制和一套系统的管理 IT 本身的高质量方法来帮助组织对 IT 系统的规划、研发、实施和运营进行有效管理。

ITSM 强调以客户为中心，以流程为导向，提供低成本、高质量的 IT 服务。在信息系统建设前，IT 服务管理需要针对组织业务和客户的真实、可用的需求对 IT 基础架构配置进行合理的安排和设计，避免盲目的 IT 投资和重复建设；在信息系统运营以后，它不是传统的以系统功能为中心的 IT 管理方式，而是以流程为重点，从复杂的 IT 管理活动中梳理出那些核心的流程，如事故管理、问题管理和配置管理，将这些流程规范化、标准化，明确定义各个流程的目标和范围、成本和效益、运营步骤、关键成功因素和绩效指标、相关人员的责权利，以及各个流程之间的关系，以支持 IT 基础架构和组织业务的持续开展。

因此，从整个组织层面来看，ITSM 正努力将企业的 IT 部门从成本中心转化为服务中心和利润中心，并积极地创造业务价值。

3．业务服务管理阶段

ITSM 阶段的管理仍然是以 IT 业务为对象，针对业务提出的需求做被动式调整，随着 IT 服务管理工作逐渐理顺并有条不紊地开展起来，组织开始关心 IT 服务对业务带来的影响，关注整体业务的情况，强调从业务目标出发来优化 IT 服务，即 IT 与业务融合的阶段——BSM 阶段。

BSM 是基于业务确定服务目录，关注企业整体运营，定义出一个组织真正的核心竞争力，将 IT 战略与业务战略实现对接，以动态组织力量全面实现 IT 与业务动态关联和动态调整的一整套体系。

从 IT 到业务或者说从业务到 IT 会经历如下的环节：业务目标和成果的实现依赖于实现关键业务流程的自动化工具——业务信息系统软件，其故障或性能问题可能会导致严重的业务影响，而业务信息系统软件的性能还与其本身以外的许多因素相关，如网络组件、服务器、操作系统和其他基础设施等。因此，实现 BSM，首先需要组织进行业务的梳理，定义业务，包括每一个业务的所有资源、过程、收益、成本、状态和绩效指标等；其次需要定义业务信息系统软件的性能指标；再次需要获取 IT 基础设施运维的各项性能指标；最后需要将三类指标关联对应，深入研究和界定业务信息系统软件和基础设施问题将影响到哪些关键业务领域并如何对业务成果产生影响，完成业务关联分析，进行更佳的 IT 服务配置。

由此，BSM 可以实现三张图景：一张是业务蓝图，它展现了一个组织所有业务的构成情况；另一张是配置蓝图，它展现了一个组织 IT 架构的所有对象构成关系全景；最后一张是将业务蓝图与配置蓝图对接起来的全景图，它动态表达了当前架构的运行情况，并动态计算出当前的业务运行情况。

然而，真正实现 BSM 并非易事，它已不仅仅是 IT 部门的事情，在先进的 IT 平台之上，更需要强大的行政权力长时间地推进，已成为一项超越技术的系统管理工程。虽然市场上已开始出现以 BSM 为产品战略的软件或平台，描绘的是完全自动化的智能场景：

“当业务发生变化时，客户可以把业务变化的请求提交给 BSM 技术，通过这个技术可以对相应的基础设施做出动态的改变和配置，而且能对系统性能进行建模，实时地对系统性能进行跟踪和监控，以此动态地调整基础设施以适应业务的变化。”但是，如此完善的工具离普及还有很大的距离。在我国，大多数组织目前的管理层次仍然停留在 ITSM 初步阶段，甚至是更早的 NSM 阶段，若以这样的网络管理架构匆忙就上 BSM 技术是非常不利于管理的，可能不仅无法实现 IT 与业务的有效结合，而且还可能导致业务混乱。事实上，从传统的 IT 运维服务向 BSM 迁移这中间存在着许多技术和管理的改进细节，也是 IT 与组织业务的相互匹配、相互磨合趋向融合的过程。从某种意义上讲，BSM 是在理念层面引导大多数组织的美好愿景。

因此，一个信息系统运维的发展一般还是要沿着 NSM 阶段、ITSM 阶段、BSM 阶段按顺序地逐步推进。

1.3.3　信息系统运维的发展趋势

随着信息系统应用的深入，信息系统运维得到了前所未有的重视，信息系统运维的概念也不断地完善与发展。下面从三个层面讨论信息系统运维的发展。

1．理念层面——运维之道

信息系统运维的理念是 IT 运维管理发展中的思想，它是在实践中总结出来的并用于指导实践。人们持续关注的运维理念主要有“服务”和“敏捷”。

（1）服务：IT 管理经历了从资源管理到系统管理再到服务管理的转变，已突破了其原有的技术范畴，上升到为业务服务的范畴。同理于微笑曲线理论，无论是信息系统供应商还是信息系统用户，都意识到了信息系统产品的价值很大一部分在于信息系统产品后期的服务，即信息系统运维。因此，这两方都在寻求信息系统产品对业务服务的最佳实践：变被动为主动、变分离为相融。

（2）敏捷：敏捷运维作为一种新兴理念在引领着运维研发者与实践者的相关活动，并主要来自两个方面力量的驱动。

① 意识到部署已成为产品发布瓶颈的敏捷开发者。瓶颈表现为两个方面，一是运维人员的后期部署比较花费时间，甚至会有很大的延迟；二是开发和运维两个过程之间的脱节（职责、目标、动机、流程和工具等）及沟通的不足，开发者的意图在部署时经常被运维人员理解错位，从而导致冲突和低效。

② 来自数字化业务变更频繁、新业务需求大的企业。这些企业运维任务量非常大，如互联网企业，有时会在两个星期内增加上千台服务器，若试图手工完成，则所需的人力、时间和成本将无法想象，效果也会很差。因此，它们需要将架构纳入管理之中，将手工的操作转换为自动化的声明与执行，提高效率和效益。

敏捷运维实现的核心是 DevOps（Development+Operations），它不仅是一种软件的部署方法，更是一种全新的软件交付理念，是将开发与运维的过程打通，形成闭环，要求产品需求、设计、开发、测试和运维等角色共同参与、充分沟通，并落实为可行的协作与集成的流程、方法和自动化工具链体系。但恰恰又是这样的运维理念催生出了这些自动化工具、协作流程、方法和体系。

2. 管理层面——运维之略

信息系统运维管理层面是人们将思想理念落实以指导实际而形成的方法论。人们持续关注的运维管理主要有业务服务管理、IT运维成熟度及外包。

由于我国的信息系统运维管理绝大多数仍处于ITSM的初始阶段，甚至是NSM阶段，因此，业务服务管理仍然将是被持续关注以指导实践的运维方法论。

目前，业界关于IT运维管理的方法、理论、概念层出不穷，市场上关于IT运维管理的工具和软件产品为数众多，IT运维已成为企业信息化投入的一个新的成本点。但如何对企业自身的IT运维现状进行诊断和定级（如无序的被动服务、有序的被动服务、主动的预防性服务、可预期可承诺的服务、可财务计量的服务），如何根据企业自身情况去评估和规划其IT运维管理发展路径，仍然缺乏标准或相关的理论指导，不少企业在IT运维管理时重蹈了信息化建设初期的覆辙。因此，IT运维和成熟度极具实际意义。

由于IT运维所涉及的技术精、专、深，考虑到此方面的成本和对本身主营业务的专注度，众多企业或公司都会选择将其部分或整体的IT资源与IT业务外包，成为另一种IT运维管理的方式，这对企业发包方如何管理外包服务商及他们提供的服务，还有外包服务商如何管理IT资源、人员和服务都将成为考验和挑战，急需相关的理论指导。

3. 技术层面——运维之术

IT运维技术层面可谓是风起云涌，实现并发展着上述的理念和方法。运维技术的最新发展主要有自动化、虚拟化、数据化、智能化、SaaS平台化、绿色化（节能减排）等。

1）自动化

IT运维自动化是指通过将日常IT运维中大量的重复性工作（小到简单的日常检查、配置变更和软件安装，大到整个变更流程的组织调度）固化为规则，由过去的手工执行转为脚本程序自动化执行与操作，在IT应用不断快速扩张的情况下，减少人力成本，提高运维效率，减少乃至消除运维中的延迟，实现“零延时”的IT运维。

这要求基于流程化的框架，采用IT运维监控和诊断优化工具及运维流程自动化工具，预先将事件与IT流程相关联，一旦被监控到系统发生性能异常，会触发相关事件以及事先定义好的流程，可自动启动故障响应和恢复机制。

自动化是IT运维工作的升华，IT运维自动化不单纯是一个“监测、发现、处理及解决问题”的维护过程，更是一个管理的提升过程，是一种基于行业领域知识和运维场景领域知识的专家系统。

2）虚拟化

虚拟化技术是当前热门的IT技术之一，是指对各种各样的资源，如操作系统等软件资源，CPU、硬盘、路由器等硬件资源，进行抽象隐藏了一些细节性的维护后形成的逻辑资源，可不受物理资源配置、地域实现等因素影响而被访问和使用。

随着云计算时代的到来，用户企业都会首先选择虚拟化技术以节省硬件资源投资，集中管理，提高IT资源的利用率，降低IT运维成本，提升企业信息安全水平。虚拟化将在服务器和PC上变得更普遍，传统的物理环境将逐步迁移到一个与虚拟化混合的环境或完全虚拟的环境，如服务器虚拟化、存储虚拟化、网络虚拟化、桌面虚拟化等。但同时，虚拟资源具有不可见性，数量增长、位置变更具有动态性，因此，虚拟资源和业务应用程序的对应关系不再如虚拟化之前清晰明确，给运维带来了新的挑战。

3）数据化

数据化运维（DataOps）是以一切对象的数据化为前提，把所有系统运维数据采集起来、真正打通，深度挖掘运维数据的价值，为运维提供数据决策基础和依据。具体可以分解为运维的数据采集、运维的数据计算、运维的数据服务及运维的数据应用。这些产生于各应用行业（互联网、金融、物流、工业制造、智慧城市、电信、能源电力等）、各种运维场景目标（指标监控、异常检测、故障发现、容量规划、性能优化、成本优化等）的有关硬件的、有关系统的、有关业务的或是有关用户行为的多维度、多层次、实时的、关联的全域数据，经计算分析后可视化呈现给 IT 部门，供其应用于运维问题决策，以及评价 IT 绩效、业务绩效和员工绩效，形成对应用场景的精细感知，将异常变为可控，正常变为卓越。运维自动化为运维数据化提供了准备，也正是因为有了运维数据化，才可进一步实现运维的智能化。

4）智能化

在互联网业务急剧膨胀、服务类型复杂多样的情况下，“基于人为指定规则”的自动化已顶不住压力，智能运维（Artificial Intelligence for IT Operations，AIOps）开始出现，即在数据化的基础上，将人工智能应用于运维领域，通过机器学习的方式来解决自动化运维的上述瓶颈问题。

AIOps 是 DevOps 在运维（技术运营）侧的高阶实现，是在传统 DataOps 之上附加智能，取代人为指定规则，主张自动地从海量运维数据中基于应用行业领域知识、运维场景领域知识，运用各种算法进行不断地学习，提炼并总结规则，形成基于机器学习的大脑，做出分析、决策，并指挥自动化脚本去执行大脑的决策，从而达到运维系统的整体目标：通过 AI 调度的中枢管理，质量、成本、效率三者兼顾的无人值守运维，直接或间接增强 IT 业务的相关技术能力，力争所运营系统的综合收益最大化。

可以看出，AIOps 不仅打通了运维的数据化和自动化，更是将它们本身做到了智能化，即在运维问题感知、问题方案决策、问题解决执行每个阶段都运用算法、深度学习、神经网络等 AI 手段自动化进行，最终达到无人运维，如同无人驾驶一般。

5）SaaS 平台化

IT 服务的范畴已由原来局限于用户的自身环境延伸到覆盖公有云、私有云、外包服务商等，无论是对 IT 设备的管理、网络的性能和软件应用的可用性，还是对于自动化、数据化和智能化的运维需求，各类 IT 运维服务提供商都试图将运维服务本身管理起来，并将该管理过程实现到软件中，打造成一体化的软件平台。在互联网+和云计算等因素的影响下，这些运维管理服务功能应用也逐步结合 SaaS 应用趋势，满足用户不断进化的管理需求，转变为云端运维的模式。

SaaS 模式的 IT 运维服务平台，对于用户在使用效果上与企业自有 IT 服务运维平台基本没有区别，但节省了大量用于购买硬件设备、技术支持和维护运行的资金，同时使得原本分散在不同区域的多个机构孤立的运维信息有了共享的条件，没有了时间和空间的限制。同时，这样的平台也会兼顾移动化的需求，将复杂的配置、操作功能保留在 Web 端，而将查看、快捷远程操作及运维管理业务流程事务等重要功能拓展于移动终端，更好地实现数据的实时化及服务执行力、效率和业绩的提升。

6）绿色化

以数据中心为例，运行和冷却数据中心所需要的能源已经占到全球信息和通信产业能源总量的四分之一。节能减排已成为全社会的责任和目标，IT信息中心及其管理者和运维者责无旁贷，如进一步地通过技术进步降低磁盘转速，对使用硬盘与空量硬盘的配比、制冷设备与IT设备的组成、机房设计、电力分配、带宽分配、机柜使用率等多方面进行优化。能效问题正在成为信息系统运维的又一个基本要求。

新兴IT技术将对信息系统的基础架构建设、组织与IT合作的方式带来深刻的影响，进而影响到IT运维服务管理的流程、规范、知识与技能，同时带动IT运维系统软件产品市场的激烈竞争。

本章要点

1. 信息系统的定义、组成及影响因素；
2. 信息系统运维的概念、框架及要求；
3. 信息系统运维发展的现状、阶段及趋势。

思考题

1. 信息系统的组成要素包括哪些？

2. 调查某一组织中使用的信息系统，说明和讨论其对组织提供的服务功能、对组织产生的影响，以及长期使用中该信息系统受到的影响。

3. 结合你的理解，回答信息系统运维的概念和框架。

4. 通过调查某一组织的信息化建设、应用和运维情况，综合论述其IT运维存在哪些问题、处于哪个发展阶段，并给予相关意见和建议。

5. 请解释微笑曲线理论在信息系统运维中的具体内涵。

6. 结合你的理解，讨论云计算、社交、移动互联、物联、大数据，以及这些新兴技术对运维的影响。

7. 请谈谈自动运维、数据运维及智能运维间的关系。

第 2 章

信息系统运维的组织与管理

信息系统交付使用后，如何最大限度地保障其安全、稳定和可靠地运行就成了信息系统运维的中心工作。而组织对信息系统运维组织与管理工作的必要性和重要性认识不足，主要表现为：一是仅从硬件故障的角度考虑运维问题；二是信息应用意识不强；三是缺乏科学、规范的运维管理体系，信息系统运维处于无序状态。

本章首先介绍信息系统运维管理，包括运维管理体系、运维管理流程、运维管理制度和运维管理系统及专用工具等；接着分析信息系统运维的组织，包括任务、管理职责、人员管理及运维模式等；探讨信息系统运维外包的概念、模式、内容和风险；介绍运维管理标准，包括 ITIL、COBIT；在此基础上详述运维管理系统及专用工具；最后简要介绍了云运维管理的概念及功能。

2.1　信息系统运维的管理

信息系统运维的管理是指信息系统运维管理主体依据各种管理标准、管理制度和管理规范，利用运维管理系统和工具，实施事件管理、问题管理、配置管理、变更管理、发布管理和知识管理等信息系统运维管理流程，对信息系统运维部门、运维人员、信息系统用户、信息系统软硬件和信息技术基础设施进行综合管理，执行硬件运维、软件运维、网络运维、数据运维和安全运维等信息系统运维的管理职能，以实现信息系统运维标准化和规范化，满足组织信息系统运维的需求。

2.1.1　信息系统运维管理体系框架

信息系统运维管理体系框架包括运维管理主体、运维管理对象、运维管理职能、运维管理流程、运维管理制度、运维管理工具等。运维管理制度是规范运维管理工作的基本保障，也是流程建立的基础。运维管理主体遵照制度要求和标准化的流程，采用先进的运维管理系统与工具对各类运维对象进行规范化的运行管理和技术操作。信息系统运维管理体系框架如图 2-1 所示。

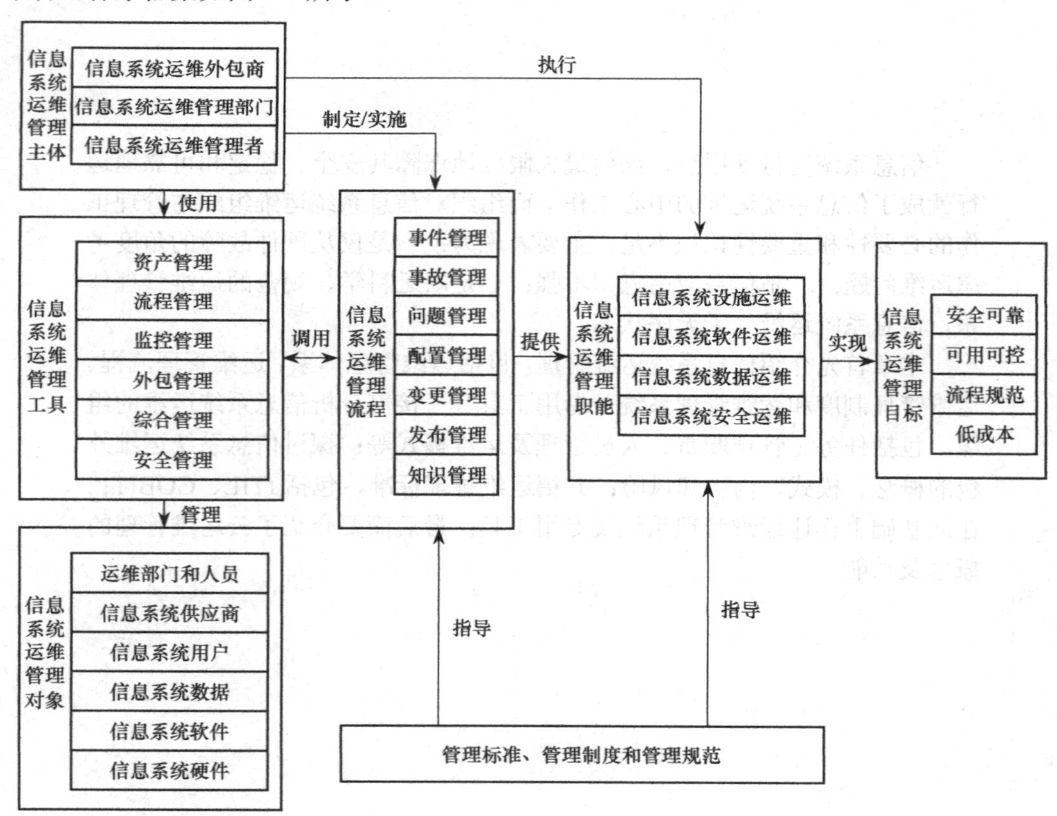

图 2-1　信息系统运维管理体系框架

1. 信息系统运维管理职能

信息系统运维管理职能是指在信息系统运维管理过程中各项行为内容的概括，是对信息系统运维管理工作一般过程和基本内容所做的理论概括。根据信息运维管理工作的内在逻辑，可以将信息系统运维划分为设施运维、软件运维、数据运维和安全运维等职能。

2. 信息系统运维管理流程

信息系统运维管理流程是指为了支持信息系统运维的标准化和规范化，以确定的方式执行或发生的一系列有规律的行动或活动，包括事件管理、事故管理、问题管理、配置管理、变更管理、发布管理和知识管理等。

3. 信息系统运维管理制度

在信息系统运维过程中，需要建立一整套科学的管理制度、管理标准和管理规范，如信息系统硬件管理制度、信息系统软件管理制度、数据资源管理制度等，以保障信息系统运维工作的标准化和规范化。完善的信息系统运维管理，不仅是运维体系稳定运行的根本保证，同时也是实现运维管理人员按章有序地进行信息系统运维，减少运维中的不确定因素，提高工作质量和水平的重要保障。

4. 信息系统运维管理工具

信息系统运维管理系统与专用工具能将所有信息系统运维对象、职能及流程通过统一集成的运维系统或一系列运维专用工具进行管理，实现对运维事件的全面信息采集、及时处理与合理分析。

随着信息系统运维管理工作的复杂度和难度的不断加大，将纯粹的人工操作变为一定程度的自动化管理是必然趋势，通过信息系统运维管理系统与专用工具能够辅助实现自动化运维，能够将零碎的运维工作集中化，复杂的工作简单有序化，从而实现运维工作的智能与高效。

2.1.2 信息系统运维管理主要流程

作为信息系统服务的一种管理方式，当前大部分信息系统运维管理是基于流程框架展开的。这里的流程是指信息系统运维管理的各种业务过程，运维管理流程将达到以下目标。

（1）标准化：通过流程框架，构建标准的运维流程。

（2）流程化：将大部分运维工作流程化，确保工作可重复，并且这些工作都能高质量地完成，提升运维工作效率。

（3）自动化：基于流程框架将事件与运维管理流程相关联，一旦被监控的系统发生性能超标或宕机，会触发相关事件及事先定义好的流程，可自动启动故障响应和恢复机制；此外，还可以通过自动化手段（工具）有效地完成日常工作，如逻辑网络拓扑图、监控、硬件备份等。

信息系统运维管理流程如图2-2所示。

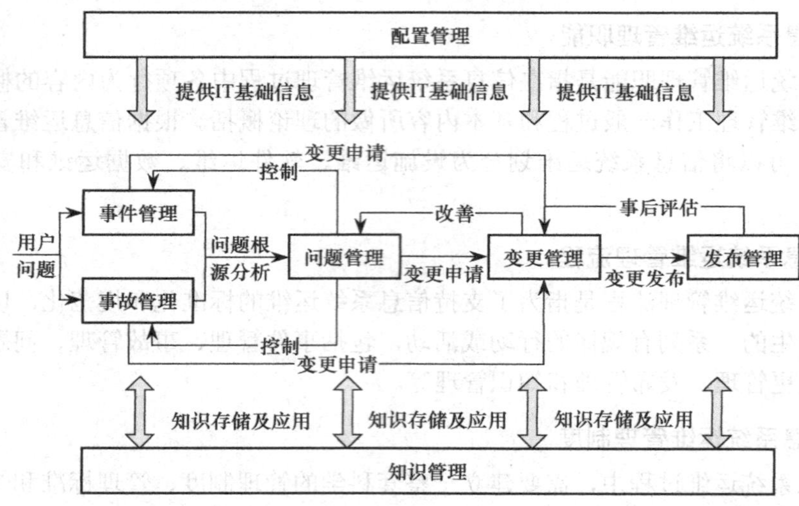

图 2-2　信息系统运维管理流程

1. 事件管理

事件管理负责记录、快速处理信息系统运维管理中的突发事件，并对事件进行分类分级，详细记录事件处理的全过程，便于跟踪了解事件的整个处理过程，并对事件处理结果进行统计分析。事件是指引起或有可能引起服务中断或服务质量下降的不符合标准操作的活动，不仅包括软硬件故障，而且包括服务请求，如状态查询、重置口令、数据库导出等，因此又叫事故/服务请求管理。

事件管理流程的主要目标是尽快恢复信息系统正常服务并减少对信息系统的不利影响，尽可能保证最好的质量和可用性，同时记录事件并为其他流程提供支持。事件管理流程通常涉及事件的侦测记录、事件的分类和支持、事件的调查和诊断、事件恢复及事件的关闭。事件管理基本流程模型如图 2-3 所示。

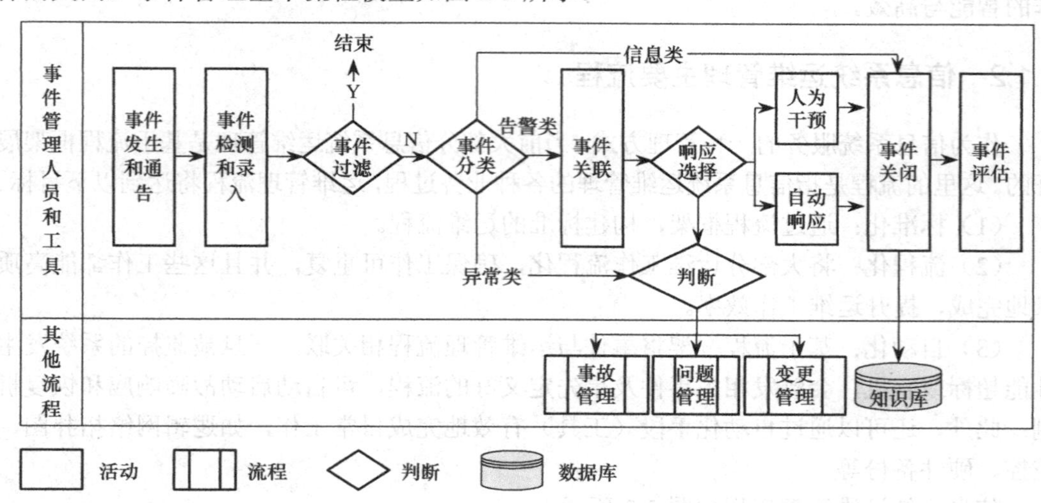

图 2-3　事件管理基本流程模型

（1）事件发生和通告。事件发生后，配置项以轮询和通知两种方式产生通告信息，其中轮询是通过管理工具的询问，配置项被动地提供相关信息；而通知是当特定状态满足后，配置项主动产生通告。

（2）事件检测和录入。事件发生后，管理工具通过两种方法对其进行检测，第一种是通过运行在同一系统之上的代理，检测和解析通告信息，并将其发送给管理工具；第二种是管理工具直接读取和解析通告信息的含义。

（3）事件过滤。当检测到事件后，应当对其进行过滤。过滤的目的是确定哪些事件应被通过，哪些事件可以被忽略。例如，连续产生的一系列相同事件通告，只通过第一个到达的通告，其余则可忽略。对于过滤掉的事件应当及时记录到日志文件中。

（4）事件分类。根据事件的重要性，将事件分为信息类、告警类和异常类。信息类事件通常存入日志文件中；告警类事件需要提交给事件关联做进一步分析，以决定如何处理；异常类事件需判定是否需要提交给事故、问题或变更管理中的一个或多个管理流程来处理。

（5）事件关联。事件关联是指通过特定的管理工具将告警类事件与一组事先规定的标准和规则进行比较，从而识别事件的意义并确定相应的事件处理行动。这些标准和规则通常被称为业务准则，说明了事件对业务的影响度、优先级、类别等信息。

（6）响应选择。根据事件关联的结果，可以选择自动响应，报警和人为干预，事故、问题或变更判定等方式处理告警类事件。如果告警类事件及其处理方法已被充分识别和认识，则可以为其定义合适的自动响应方式。如果告警类事件处理需要人为干预，则应该发出报警信息通知相关人员或团队。如果告警类事件处理需要通过事故、问题或变更管理的一个或多个流程完成，则需要启动相应的流程。当初始事件被判定为异常，或是在事件关联中管理工具将一类或一组告警类事件的发生定义为事故时，则应当启动事故管理；在故障尚未发生时，通过对事件进行完备成熟的评估和分析得出问题存在，则直接启动问题管理；当事件被判定为异常时，组织可能依据自身的事故管理和变更管理的策略确定启动哪个流程。

（7）事件关闭。不同类型的事件有不同的关闭形式。信息类事件通常不存在关闭状态，它们会被录入到日志中并作为其他流程的输入，直到日志记录被删除；自动响应的告警类事件通常会被设备或应用程序所自动触发的另一事件关闭；人为干预的告警类事件通常在合适的人员或团队处理完毕评估后关闭；异常类事件通常在成功启动事故、问题或变更管理流程后评估关闭。

（8）事件评估。因为事件发生频率非常高，不可能对每件事件都进行正式的评估活动。如果事件触发了事故、问题或变更管理，评估重点应当关注事件是否被正确移交，并且是否得到了所期待的处理；对于其他事件，则进行抽样评估。

2．事故管理

事故管理包括对引起服务中断或可能导致服务中断、质量下降的事件的管理，包括用户提交或由监控工具提交的事故。事故管理不包括与中断无关的正常运营指标或服务请求信息。事故管理的主要目标是尽快恢复正常的服务运营，并将对业务的影响降到最低，从而尽可能保证服务质量和可用性要求。

事故管理的流程包括事故识别和记录、事故分类和优先级处理、初步支持、事故升级、调查和诊断、解决和恢复、事故关闭等。事故管理基本流程模型如图 2-4 所示。

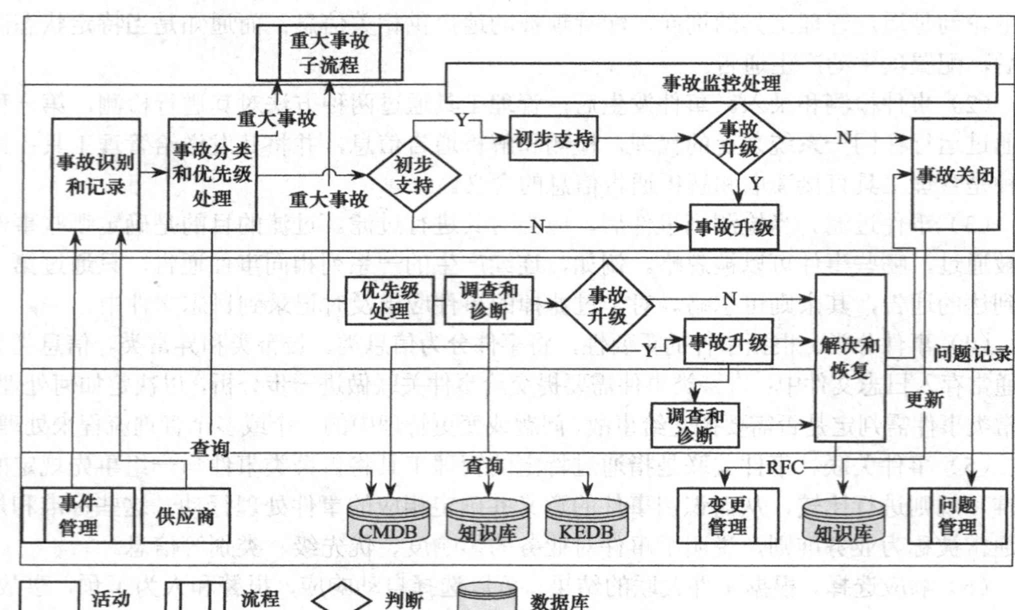

图 2-4　事故管理基本流程模型

（1）事故识别和记录。通过对所有组件的监控，及时、准确地检测出故障或潜在故障，尽可能在未对客户造成影响之前启动事故管理流程。事故记录包含事故基本描述、事故状态、事故类型、事故影响度、事故优先级等信息。

（2）事故分类和优先级处理。事故的分类通常采用多层次结构，一个类别包括多个子类。分类时将事故归入某一类别或某一子类中。分类时可以按事故发生的可能原因分类，也可以按相关支持小组进行分类。当同时处理若干事故时，必须设定优先级。优先级通常用数字来表示，通常根据紧急度和影响度确定。其中，紧急度指在解决故障时，对用户或业务来说可接受的耽搁时间；影响度是指就所影响的用户或业务数量和大小而言，事件偏离正常服务级别的程度。

（3）初步支持。初步支持是指服务台在与用户协商并达成解决时限后，依据自己的职责和能力优先尝试解决事故。如果用户对解决结果满意，则服务台关闭事故；如果无法解决事故或用户不满意，则应执行事故升级，转交给二线或三线支持处理。在初步支持过程中，可借助知识库提供帮助。

（4）事故升级。事故升级是指当前支持人员在规定的时间内不能解决或没有解决某个事故时，便转交给更有经验或更权威的其他人员处理，包括职能性升级和结构性升级两类。职能性升级又称水平升级，是指当前技术人员无法在规定时间内解决事故时，需要具有更多时间、专业技能或访问权限的技术人员参与解决事故；结构性升级又称垂直升级，是指当前机构的级别不足以保证事故能及时、满意地得到解决时，需要更多的高级别机构参与进来。

（5）调查和诊断。事故在提交给指定的支持小组后，支持人员应该对事故进行调查和诊断工作。具体活动包括确定事故发生的位置及用户需要的帮助；确认事故导致的所有影响，包括影响到的用户数量和规模；识别出由此事故触发的其他事件；通过搜索当前事故/问题记录、已知错误数据库、厂商/供应商错误日志或知识库等，整合相关知识。

（6）解决和恢复。通过对事故的调查和诊断，支持人员制订相关解决方案，并在对该方案进行必要的测试之后提交实施。根据事故性质的不同，实施的行为也有所不同，通常包括指导用户在他们的桌面或远程设备上实施解决方案；服务台实施解决方案，或是远程使用软件控制用户桌面实施解决方案；专业的支持小组实施恢复方案；供应商或厂商解决故障。

3. 问题管理

问题管理包括诊断事故根本原因和确定问题解决方案所需要的活动，通过相应控制过程，确保解决方案的实施。问题管理还将维护有关问题、应急方案和解决方案的信息，以减少事故的数量和降低影响。问题管理流程的目标是通过消除引起事故的深层次根源以预防问题和事故的再次发生，并将未能解决的事故影响降到最低。

问题管理的流程包括问题检测和记录、问题分类和优先级处理、问题调查和诊断、创建已知错误记录、解决问题、关闭问题、重大问题评估等。问题管理基本流程模型如图 2-5 所示。

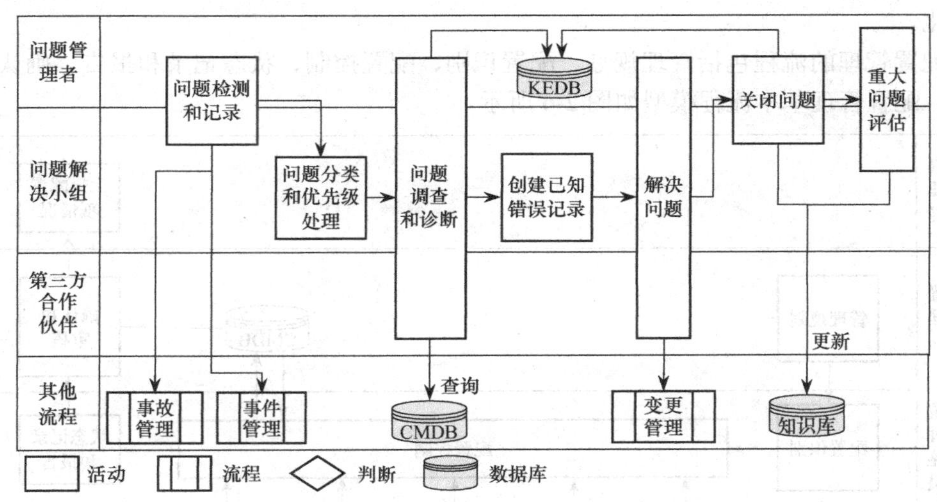

图 2-5　问题管理基本流程模型

（1）问题检测和记录。问题检测的方法包括：服务台和事故管理等提交的事故需要进一步查明潜在原因；技术支持小组在日常维护工作中发现有尚未对业务产生影响的潜在问题存在；自动化的事件/告警检测工具检测出 IT 基础设施或应用存在问题；供应商或承包商通告其产品或服务存在的问题；主动问题管理通过趋势分析提交潜在的问题。问题记录包含问题描述、问题状态、问题类型、服务信息和设备信息等。

（2）问题分类和优先级处理。问题的分类原则与事故管理中事故的分类原则相同。问题优先级处理与事故管理中事故的优先级处理方法相同。

（3）问题调查和诊断。问题调查的技术包括借助配置管理数据库定义问题的影响级别并调查故障点。问题调查和诊断常用的方法包括时序分析法、KT 决策法、头脑风暴法、石川图法、帕累托分析法等。

（4）创建已知错误记录。针对调查和诊断的结果及解决方案创建已知错误记录，并将其存放在已知错误库中，以方便下次发生同样问题时能够快速匹配出已知错误。

（5）解决问题。根据制订出的解决方案，问题管理者组织问题处理人员实施方案。如果解决方案需要对基础设施进行变更，则必须首先提交变更请求，启动变更管理流程。

（6）关闭问题。当变更完成并且解决方案成功实施使得问题解决之后，可正式关闭问题记录，更新已知错误库，将问题状态置成“已解决”。

（7）重大问题评估。重大问题解决之后应当召开重大问题评估会议，需探讨的问题包括工作中的经验和教训、改进方案、预防措施、第三方责任等。

4．配置管理

配置管理包括负责识别、维护服务、系统或产品中的所有组件，以及各组件之间关系的信息，并对其发布和变更进行控制，建立关于服务、资产及基础设施的配置模型。配置管理的目标是对业务和客户的控制目标及需求提供支持；提供正确的配置信息，帮助相关人员在正确的时间做出决策，从而维持高效的服务管理流程；减少由不合适的服务或资产配置导致的质量和适应性问题；实现服务资产、IT 配置、IT 能力和 IT 资源的最优化。

配置管理的流程包括管理规划、配置识别、配置控制、状态记录和报告、确认和审核等。配置管理基本流程模型如图 2-6 所示。

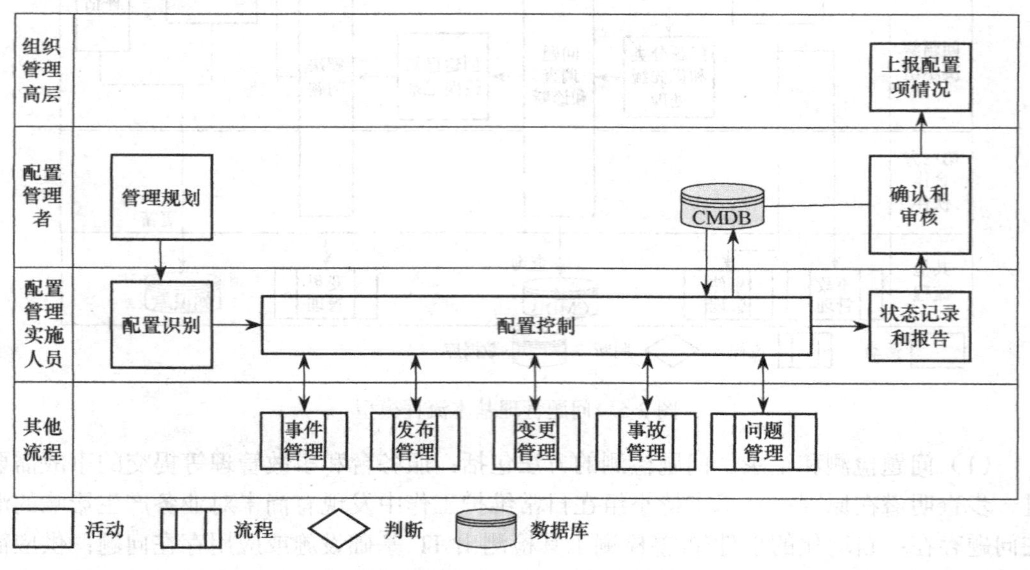

图 2-6　配置管理基本流程模型

（1）管理规划。确定配置管理流程的政策、标准和战略，分析现有的信息，确定所需要的工具和资源，制订并记录一份总体计划，其内容包括配置管理的目标和范围，识别相关需求，现行适用的政策和标准，组建配置管理小组，设计配置管理数据库

（Configuration Management Database，CMDB）、数据存放地点、与其他服务管理系统的接口和界面及其他支持工具等，实施配置管理活动的进度和程序，接口控制与关系管理，与第三方的接口控制和关系管理等。

（2）配置识别。配置识别活动是配置管理流程的基础，它确定了配置结构，定义了配置项的选择标准、命名规范、标签、属性、基线、类别及配置项之间关系等方面的内容。

（3）配置控制。配置控制活动负责对新的或变更的配置项记录进行维护，确保配置管理数据库只记录已授权和可识别的配置项，并且其配置记录与现实匹配。配置控制的政策和相关程序包括许可证控制、变更控制、版本控制、访问控制、构建控制、电子数据及信息的移植和升级、配置项在发布前制定基线、部署控制、安装控制等。

（4）状态记录和报告。配置项在其生命周期内有一个或多个离散状态，每一个状态的详细信息和数据都应该被记录。记录的细节包括服务配置信息、配置项实施变更的进展及质量保证检测结果等。配置状态报告是指定期报告所有受控的配置项的当前状态及其历史变更信息。

（5）确认和审核。配置确认和审核是指通过一系列评价和审核确认有且只有授权的、注册的、正确的配置项存在于配置管理数据库中的活动，对于监测出的未授权或未注册的配置项应及时通过变更管理登记注册或将其移除。

5．变更管理

变更管理负责管理服务生命周期过程中对配置项的变更。具体对象包括管理环境中与执行、支持及维护相关的硬件、通信设备、软件、运营系统、处理程序、角色、职责及文档记录等。变更管理流程的目标包括对客户业务需求的变化做出快速响应，同时确保价值的最大化，尽可能减少突发事件、中断或返工；对业务和 IT 的变更请求做出响应，使服务与业务需求相吻合。

变更管理的流程包括创建变更请求、记录和过滤变更请求、评审变更、授权变更、变更规划、协调变更实施、回顾变更和关闭变更等。变更管理基本流程模型如图 2-7 所示。

（1）创建变更请求。变更请求（RFC）由变更发起人负责创建并提交给变更管理者。变更请求可能涉及所有的 IT 部门，任何相关的人都可以提交一项变更请求。变更发起人虽然可能初步为变更分类和设定优先级，但最终的优先级必须在变更管理中确定。

（2）记录和过滤变更请求。变更管理者负责将接收到的变更请求按一套规范的形式记录成 RFC 文档。具体信息包括 RFC 标识号、相关联的问题/错误码、变更影响的配置项、变更原因、不实施变更的后果、变更的配置项当前的和新的版本、提交该 RFC 的人员/部门的信息、提交 RFC 的时间。

（3）评审变更。在接收到变更请求后，变更管理者、变更咨询委员会成员及 IT 执行委员会应从财务、技术及业务三方面对其进行审核，以确立变更的风险、影响度、紧急度、成本及利益等。

（4）授权变更。不同类别的变更有不同方式的授权。标准变更通常有预定的执行流程，不需要得到变更咨询委员会（Change Advisory Board，CAB）和变更管理者的授权，而直接转交“请求实现”处理；次要变更无须提交 CAB 而直接由变更管理者批准实施；

针对实质性变更，变更管理者根据变更风险、紧急度和影响度来决定是否事先征求 CAB 成员的意见或召开 CAB 会议；重大变更必须事先得到 IT 执行委员会的评审，再交由 CAB 讨论具体实施方案。

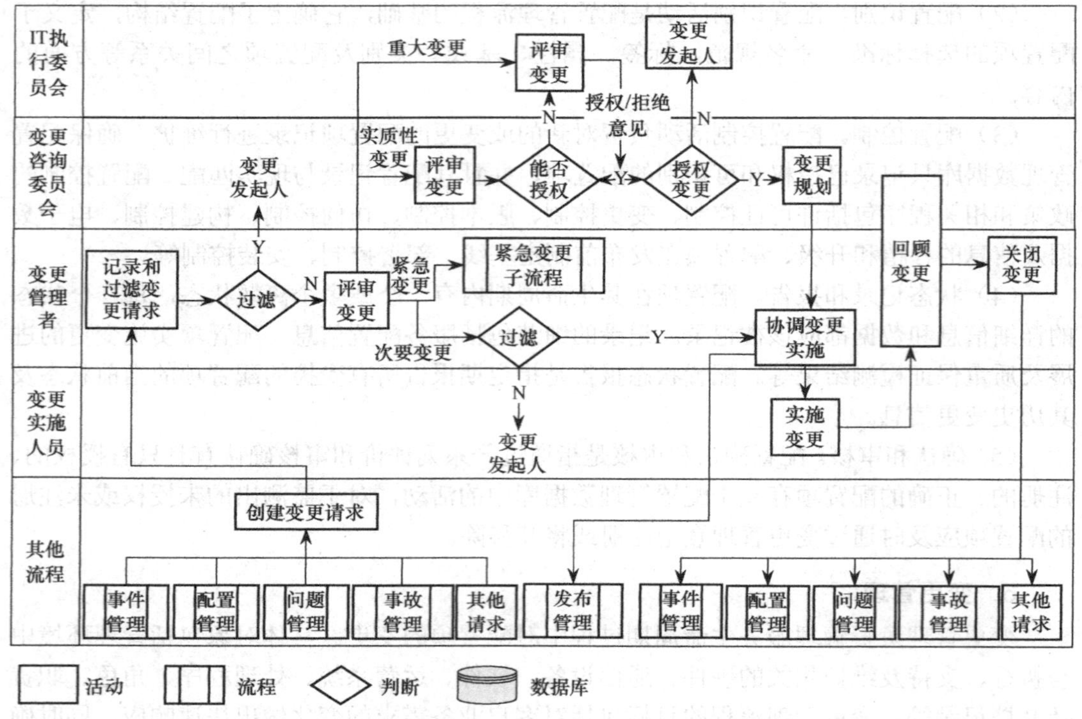

图 2-7　变更管理基本流程模型

（5）变更规划。得到变更授权后，变更咨询委员会成员应当对变更进行规划，同时制定变更进度计划表。变更规划和进度计划表的制定及发布是一个动态和持续的过程。此外，根据组织的变更策略，如果需要以发布包的形式将变更部署到生产环境中去，则应启动发布管理流程实施变更。

（6）协调变更实施。在得到变更授权并完成规划后进入变更实施阶段，具体包括变更构建、测试及实施。变更管理者在整个过程中起监控和协调作用。

（7）回顾变更和关闭变更。变更成功实施之后，变更管理者应当组织变更管理小组和 CAB 的成员召开实施后的评估会议。会议上要提交变更结果及在变更过程中发生的任何事故。

6. 发布管理

发布管理负责规划、设计、构建、配置和测试硬件及软件，从而为运行环境创建发布组件的集合。发布管理的目标是交付、分发并追溯发布中的一个或多个变更。

发布管理的流程包括发布规划，发布设计、构建和配置，发布验收，试营运规划，沟通、准备和培训，发布分发和安装等。发布管理基本流程模型如图 2-8 所示。

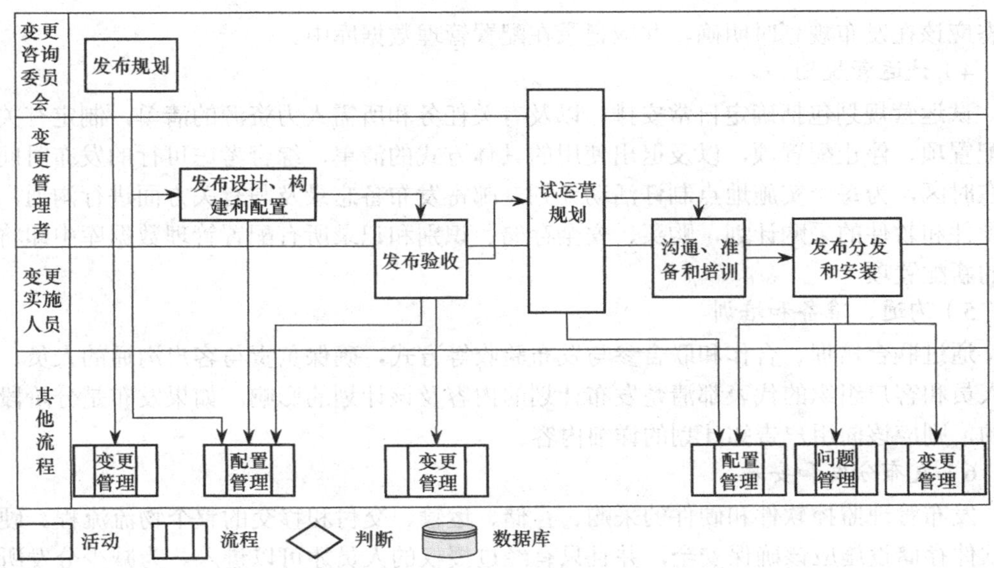

图 2-8　发布管理基本流程模型

1）发布规划

发布规划包括协调发布内容，就发布日程安排、地点和相关部门进行协商，制订发布日程安排、沟通计划，现场考察以确定正在使用的硬件和软件，就角色和职责进行协商，获取详细的报价单，并与供应商就新硬件、软件和安装服务进行谈判协商，制订撤销计划，发布制订质量计划，由管理部门和用户共同对发布验收进行规划。

2）发布设计、构建和配置

（1）设计。根据发布策略和规划，为发布进行相应的设计活动。这些活动具体包括明确发布类型，定义发布频率和发布方式。

（2）构建。一个发布单元可能会由多个发布组件构成，这些组件中有些可能是自主研发的，有些可能是外购的，发布团队应当整合所有发布组件，并对相关的程序进行规划和文档记录，并尽可能重复使用标准化流程。同时，发布团队也需要获取发布所需的所有配置项和组件的详细信息，并对其进行必要的测试，确保构建的发布包中不包含具有潜在风险的项目。

（3）配置。需要发布的所有软件、参数、测试数据、运行中的软件和其他软件，都应处于配置管理的控制之下。在软件被构建应用之前，需要对其执行质量控制审核。有关构建结果的完整记录也要求记录到配置管理数据库（Configuration Management Database，CMDB）中，以确保在必要时按照该配置记录重复构建。

3）发布验收

用户代表应对发布进行功能测试并由 IT 管理人员进行操作测试。在测试过程中，IT 管理人员需要考虑技术操作、功能、运营、绩效，以及与基础设施其他部分集成等方面的问题。测试还应该涉及安装手册、撤销计划。在试运营开始之前，变更管理应安排由用户进行的正式验收及由开发人员签发的开发结束标记。发布应当在一个受控测试环境中验收，并确保该项发布可以被恢复至一个可知的配置状态。这种针对该项发布的基线状态应该在发布规划时明确，并应记录在配置管理数据库中。

4）试运营规划

试运营规划包括确定日常安排，以及有关任务和所需人力资源的清单，制定有关安装配置项、停止配置项，以及退出使用的具体方式的清单，综合考虑可行的发布时间及所在时区，为每个实施地点制订活动计划，邮寄发布备忘录及与有关方面进行沟通，制订硬件和软件的采购计划，购买、安全存储、识别和记录所有配置管理数据库中即将发布的新配置项。

5）沟通、准备和培训

通过联合培训、合作和联合参与发布验收等方式，确保负责与客户沟通的人员、运营人员和客户组织的代表都清楚发布计划的内容及该计划的影响。如果发布是分阶段进行的，则应该向用户告知计划的详细内容。

6）发布分发和安装

发布管理监控软件和硬件的采购、存储、运输、交付和移交的整个物流流程。硬件和软件存储设施应该确保安全，并且只有经过授权的人员才可以进入。为减少分发所需的时间，提高发布质量，推荐使用自动工具来进行软件分发和安装。在安装后，配置管理数据库中的相关信息应立即进行更新。

7. 知识管理

知识管理贯穿于整个服务管理生命周期。广义的知识管理涉及知识管理策略，知识的获取、存储、共享和创新等多个环节。本书仅规定与运维知识识别、分类、提交、过滤、审核、发布、维护等相关的流程细节。知识管理的目标是确保在整个服务管理生命周期中都能获得安全、可靠的信息和数据，从而提高组织运维管理决策水平。

知识管理的流程包括知识识别和分类、初始化知识库、知识提交和入库、知识过滤和审核、知识发布和分享、知识维护和评估等。知识管理基本流程模型如图 2-9 所示。

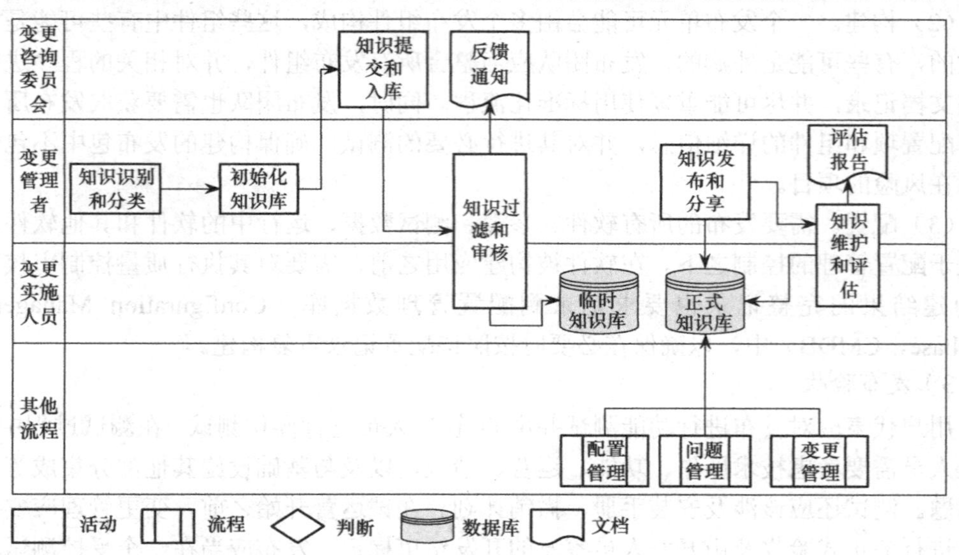

图 2-9 知识管理基本流程模型

（1）知识识别和分类。对于组织而言，知识的数量非常多且来源范围非常广。为准确地获取到对自身有价值的知识，组织必须事先对知识进行定义，以便清楚地识别哪些及哪类知识才是自己最需要的，同时也为知识分类做好准备。组织应当对知识来源进行归类。知识的来源包括内部来源和外部来源。知识所覆盖的范围非常广泛，为有效地管理知识，提高知识的使用效率，组织还应当对知识进行必要的分级和分类，以此建立知识目录。分级和分类的依据有很多，例如，按 IT 基础设施类别可将一级目录分为应用系统、业务操作、系统软件、网络通信、硬件设备、信息安全及其他等，然后再进一步划分二、三级目录；按知识用途将一级目录分为故障解决类、经验总结类、日常操作类等；按知识的使用权限将一级目录分为公共类、私有类、涉密类等。组织应根据自身情况合理选择和建立知识目录。

（2）初始化知识库。组织应当建立知识库来存储已获取的知识，并制定相应的管理策略对其进行维护。知识库是指用于知识管理领域的特殊数据库，它能够为知识管理提供电子化收集、存储和检索知识等功能，从而保证知识安全、可靠、长期地得到存储，同时也为组织成员分享知识提供帮助。

（3）知识提交和入库。知识提交人员可以来自组织中的任何部门。组织应当采取积极的政策和措施鼓励、帮助员工贡献出自己的知识，例如，提供 Web 录入、E-mail、电话通信、座谈会议及手工文档等方式。此外，组织还应制定统一的知识提交模板，以方便提交人员准确提交知识。知识库通常分为临时知识库和正式知识库。知识提交人员在提交知识时应对所提交的知识按照组织的知识目录结构进行初步的归类。所有提交的知识都应存入临时知识库，待知识审核人员进行审批。

（4）知识过滤和审核。知识管理者对临时知识库中的知识记录进行初步筛选和过滤，去除明显错误和完全无实用性的知识，之前已重复提交、已接受的或已拒绝的，以及仍处于评审状态的知识、不完善的知识。对于过滤的知识记录，知识管理者应当反馈相应的意见和理由给知识提交人员。之后知识管理者负责将临时知识库中的知识分配给相应的知识审核人员进行审批。知识审核人员应当综合考虑知识的正确性、准确性及实用性等因素，对知识进行严格的评审。对于通过审核的知识需进行进一步分类和权限设置等，最后待管理者发布；对于未通过审核的知识，应当给出相应意见和理由，而后由知识管理者负责将其反馈给知识提交人员。

（5）知识发布和分享。知识管理者将通过审核的知识转移至正式知识库并将其发布。发布后的知识可供组织内相应的人员分享。组织成员分享知识的方式有很多，通常可以借助科技手段（如网络检索、视频或语音通信、数字期刊和文档及多媒体会议等）来提高知识分享的效率。

（6）知识维护和评估。知识管理者负责对知识库进行日常维护，并定期对每条知识记录进行详细评定，具体方法包括收集来自用户对知识记录使用的反馈意见，调查和统计知识记录的利用率和解决问题的成功率，定期召开知识评估会议，召集组织内的知识审核人员及聘请各领域知识专家对知识库中的知识记录进行评估。组织应为知识制定合理而有效的评估标准（如优、良、合格、不合格等），以此对知识记录进行考核，并对不同考核结果的知识记录进行相应的处理，例如，对判定为优的知识的提供者进行奖励；对需要改进的知识进行修订；对未达到标准的知识进行删除等。

2.1.3 信息系统运维管理制度

组织启用新的信息系统后，便进入长期的使用、运行和维护期。为保证系统运行期正常工作，就必须明确制定信息系统运维的各项规章制度，建立和健全信息系统管理体制，保证系统的工作环境和系统的安全，只有这样才能保证信息系统为各层管理服务，充分发挥信息资源的作用。

信息系统运维管理制度主要包括网络管理、系统和应用管理、安全管理、存储备份管理、故障管理、技术支持工具管理、人员管理及质量考核等制度。各类制度具体内容因需而定，如网络管理制度需覆盖网络的准入管理、用户管理、配置管理及网络日常运行管理和应急处理等；安全管理制度需覆盖机房设施、网络、主机、数据库、中间件、应用软件、数据信息的安全管理、其他机密资源和人员的安全管理以及安全事件的应急处理等。

（1）网络管理制度：包括网络的准入管理制度、用户管理制度、网络的配置管理制度、网络的运行/监控管理制度等。

（2）系统和应用管理制度：包括对主机、数据库、中间件、应用系统的配置管理制度、运行/监控管理制度、数据管理制度等。

（3）安全管理制度：包括网络、主机、数据库、中间件、应用软件、数据的安全管理制度及安全事故应急处理制度等。

（4）存储备份管理制度：包括备份数据的管理制度和备份设备的管理制度等。

（5）故障管理制度：包括对故障处理过程的管理制度、故障处理流程的变更管理制度、故障信息利用的管理制度及重大故障的应急管理制度等。

（6）技术支持工具管理制度：包括对日常运行维护平台、响应中心、运维流程管理平台、运行维护知识库、运维辅助分析系统等的使用、维护的有关制度等。

（7）人员管理制度：包括对运行维护人员的能级管理制度、奖惩制度、考核制度、系统外部人力资源使用的管理制度等。

（8）质量考核制度：制定相关制度，对以上各类制度的执行情况进行考核。

随着组织信息化应用内容的不断发展，一些旧的运行管理制度势必不能适应新发展的要求，必须进行不断的改进，制定相适应的新的管理制度，逐步完善管理机制。

2.1.4 信息系统运维管理系统与专用工具

对于用户而言，IT 资源相对分散，如何将分散的资源进行集中化管理，是运维管理的核心问题，当前技术界和各硬件厂商都有许多优秀的运维专用工具，这些工具往往在一个方面有所专长，运维管理系统能将运维流程与工具集成在一起，属于一体化的运维解决方案，使得企业整体运维能力不断提升。

运维管理系统能够将所有设施运维要素进行统一的管控，通过系统掌控全局，对信息系统资源进行智能、关联的综合管理，避免分离式管理所带来的孤立现象。一般应包括资产管理、流程管理、监控管理、外包管理、安全管理、综合管理等。

信息系统运维专用工具一般用于辅助运维人员进行某一项或者几项具体的运维业务，如辅助进行系统的部署、配置、监控或者分析，这些工具能够在具体的运维业务过程中大大提高工作效率。

信息系统运维管理系统与专用工具能够及时发现故障隐患，主动告知用户需要关注的资源，以防患于未然。通过运维管理系统和专用工具的诊断，能最大限度地减少维修时间，提高服务质量。

2.2 信息系统运维的组织

2.2.1 信息系统运维的任务

1. 信息系统的日常运行管理

信息系统的日常运行管理工作量巨大，包括数据的收集、例行信息处理及服务工作、计算机硬件的运维、系统的安全管理四项任务。

（1）数据的收集。一般包括数据收集、数据校验及数据录入三项子任务。

如果系统数据收集工作不做好，整个系统的工作就成了“空中楼阁”。系统主管人员应该努力通过各种方法，提高数据收集人员的技术水平和工作责任感，对他们的工作进行评价、指导和帮助，以便提高所收集数据的质量，为系统有效地运行打下坚实的基础。

数据校验的工作，在较小的系统中往往是由系统主管人员自己来完成的。在较大的系统中一般需要设立专职数据控制人员来完成这一任务。

数据录入工作的要求是及时与准确。录入人员的责任在于把经过校验的数据送入计算机，他们应严格地把收到的数据及时、准确地录入计算机系统，录入人员并不对数据在逻辑上、具体业务中的含义进行考虑与承担责任，这一责任是由校验人员承担的，他们只需保证送入计算机的数据与纸面上的数据严格一致即可。

（2）例行信息处理及服务工作。常见的工作包括：例行的数据更新，统计分析，报表生成，数据的复制及保存，与外界的定期数据交流等。这些工作一般来说都是按照一定的规程，定期或不定期地运行某些事先编制好的程序，这是由软件操作员来完成的。这些工作的规程应该是在系统研制中已经详细规定好了的，操作人员应经过严格的培训，清楚地了解各项操作规则，了解各种情况的处理方法。组织软件操作人员完成这些例行的信息处理及信息服务工作，是系统运行中又一项经常性任务。

（3）计算机硬件的运维。如果没有人对硬件设备的运行维护负责，设备就很容易损坏，从而使整个系统的正常运行失去物质基础，这种情况已经在许多单位多次发生。这里所说的运行和维护工作包括设备的使用管理，定期检修，备品备件的准备及使用，各种消耗性材料（如软盘、打印纸等）的使用及管理，电源及工作环境的管理等。

（4）系统的安全管理。这是日常工作的重要部分之一，是为了防止系统外部对系统资源不合法的使用和访问，保证系统的硬件、软件和数据不因偶然或人为的因素而遭受破坏、泄露、修改或复制，维护正当的信息活动，保证信息系统安全运行所采取的手段。信息系统的安全性体现在保密性、可控制性、可审查性、抗攻击性四个方面。

上述四项程序性的日常运行任务必须认真组织，切实完成。作为信息系统的主管人员，必须全面考虑这些问题。组织有关人员按规定的程序实施，并进行严格要求和严格管理。否则，信息系统很难发挥其应有的实际效益。另外，常常会有一些例行工作之外的临时性信息服务要求向计算机应用系统提出，这些信息服务不在系统的日常工作范围之内，然而，其作用往往要比例行的信息服务大得多。随着管理水平的提高和组织信息意识的加强，这种要求还会越来越多。领导和管理人员往往更多地通过这些要求的满足程度来评价和看待计算机应用系统。因此，努力满足这些要求，应该成为计算机应用系统主管人员特别注意的问题之一。系统的主管人员应该积累这些临时要求的情况，找出规律，把一些带有普遍性的要求加以提炼，形成一般的要求，对系统进行扩充，从而转化为例行服务。这是信息系统改善的一个重要方面。当然，这方面的工作不可能由系统主管人员自己全部承担，因此，信息系统往往需要一些熟练精干的程序员。

总之，信息系统的日常管理工作是十分繁重的，不能掉以轻心。特别要注意的是，信息系统的管理绝不只是对机器的管理，对机器的管理只是整个管理工作的一部分，更重要的是对人员、数据、软件及安全的运行维护管理。

2．信息系统运行情况的记录

系统的运行情况如何对系统管理、评价是十分宝贵的资料。人们对于信息系统的专门研究还只是刚刚起步，许多问题有待探讨。即使从某一组织或单位来说，也需要从实践中摸索和总结经验，进一步提高信息处理工作的水平。而不少单位却缺乏系统运行情况的基本数据，只停留在一般的印象上，无法对系统运行情况进行科学的分析和合理的判断，难以进一步提高信息系统的工作水平。信息系统的主管人员应该从系统刚开始运行时就注意积累系统运行情况的详细材料。

在信息系统的运行过程中，需要收集和积累的资料包括以下五个方面。

（1）有关工作数量的信息。例如，开机的时间、每天（周、月）提供的报表的数量、每天（周、月）录入数据的数量、系统中积累的数据量、修改程序的数量、数据使用的频率、满足用户临时要求的数量等反映系统的工作负担、所提供的信息服务的规模及计算机应用系统功能的最基本的数据。

（2）工作的效率。即系统为了完成所规定的工作，占用了多少人力、物力及时间。例如，完成一次年度报表的编制用了多长时间、多少人力；又如，使用者提出一个临时的查询要求，系统花费了多长时间才给出所要的数据；此外，系统在日常运行中，例行的操作所花费的人力是多少，消耗性材料的使用情况如何等。

（3）系统所提供的信息服务的质量。信息服务和其他服务一样，应保质保量。如果一个信息系统生成的报表并不是管理工作所需要的，管理人员使用起来并不方便，那么这样的报表生成得再多再快也毫无意义。同样，使用者对于提供的方式是否满意，所提供信息的精确程度是否符合要求，信息提供得是否及时，临时提出的信息需求能否得到满足等，也都在信息服务的质量范围之内。

（4）系统的维护、修改情况。系统中的数据、软件和硬件都有一定的更新、维护和检修的工作规程。这些工作都要有详细、及时的记载，包括维护工作的内容、情况、时间、执行人员等。这不仅是为了保证系统的安全和正常运行，而且有利于系统的评价及进一步扩充。

（5）系统的故障情况。无论故障大小，都应该及时地记录以下情况：故障的发生时间、故障的现象、故障发生时的工作环境、处理的方法、处理的结果、处理人员、善后措施、原因分析。需要注意的是，这里所说的故障不只是指计算机本身的故障，而是对整个信息系统来说的。例如，由于数据收集不及时，使年度报表的生成未能按期完成，这是整个信息系统的故障，但并不是计算机的故障。同样，收集来的原始数据有错，这也不是计算机的故障，然而这些错误的类型、数量等统计数据是非常有用的资料，其中包含了许多有益的信息，对于整个系统的扩充与发展具有重要的意义。

对于信息系统来说，这些信息主要靠手工方式记录。虽然大型计算机一般都有自动记载自身运行情况的功能，但是也需要有手工记录作为补充手段，因为某些情况是无法只用计算机记录的。例如，使用者的满意程度，所生成的报表的使用频率等只能用手工方式收集和记录。而且，当计算机本身发生故障时，是无法详细记录自身的故障情况的。因此，对于任何信息系统，都必须有严格的运行记录制度，并要求有关人员严格遵守和执行。

为了使信息记载得完整、准确，一方面要强调在事情发生的当时、当地由当事人记录。另一方面，尽量采用固定的表格或本册进行登记，而不要使用自然语言含糊地表达。这些表格或登记簿的编制应该使填写者容易填写，节省时间。同时，需要填写的内容应该含义明确，用词确切，并且尽量给予定量的描述。对于不易定量化的内容，则可以采取分类、分级的办法，让填写者选择打钩等。总之，要努力通过各种手段，详尽、准确地记录系统运行的情况。

对于信息系统来说，各种工作人员都应该担负起记载运行信息的责任。硬件操作人员应该记录硬件的运行及维护情况，软件操作人员应该记录各种程序的运行及维护情况，负责数据校验的人员应该记录数据收集的情况，包括各类错误的数量及分类，录入人员应该记录录入的速度、数量、出错率等。

3. 系统运行情况的检查与评价

信息系统在其运行过程中除了不断进行大量的管理和维护工作外，还要在高层主管的直接领导下，在系统分析员或专门的审计人员会同各类开发人员和业务部门经理的共同参与下，定期对系统的运行状况进行审核和评价，为系统的改进和扩展提供依据。系统评价一般从以下三个方面考虑：

（1）系统是否达到预定目标，目标是否需做修改。

（2）系统的适应性、安全性评价。

（3）系统的社会经济效益评价。

对系统定期进行各方面的审计与评价，实际上是确定系统是否仍处于有效适用状态。如果审计结果是系统基本适用但需要做一些改进，则要做好系统的维护工作；一旦审计结果确认系统已经不能够满足各项管理需求和决策需求，不能适应组织或组织未来的发展，则说明该信息系统已经走完了它的生命周期，必须提出新的开发需求，开始另外一个新的系统生命周期，整个开发过程又回到系统开发的最初阶段。

2.2.2 信息系统运维人员的管理

1. 运维人员管理的内容

运维人员管理的内容包含三个方面，具体如下。

（1）明确各业务人员的任务及职权范围，尽可能确切地规定各类人员在各项业务活动中应负的责任、应做的事情、办事的方式及工作的次序。简单地说，要有明确的授权。

（2）对于每个岗位的工作要有定期的检查及评价，为此，对信息系统运维的每项工作都要有一定的评价指标。这些指标应该尽可能有定量的尺度，以便检查与比较。此外，这些指标应该有一定的客观衡量办法，并且要真正按这些标准去衡量各类工作人员的工作绩效。

（3）要在工作中对工作人员进行培训，以便使他们的工作能力不断提高，工作质量不断改善，从而提高整个系统的效率。

2. 运维人员管理的意义

由于信息系统运维所体现的运用先进信息技术为管理工作服务的特点，其工作中必然要涉及多方面、具有不同知识水平及技术背景的人员。这些人员在系统中各负其责、互相配合，共同实现系统的功能。因此，这些人员能否发挥各自的作用，他们之间能否互相配合、协调一致，是系统运行成败的关键之一。系统主管人员的责任就在于对他们进行科学的组织与管理。如果系统主管人员不善于进行这样的组织及管理工作，就谈不上实现组织信息管理的现代化和科学化。在这种情况下，整个系统的运行就会出现混乱。

3. 运维人员管理的意识

（1）服务意识：是指信息系统的运维人员在工作过程中所体现的热情、周到地为系统各类用户尽心尽力服务的愿望和意识，它可以通过培养、教育、训练而形成。只有增强和建立了服务意识，做好信息系统的运维和服务才有思想基础及保证。

（2）学习意识：对知识的渴望也是信息系统运维人员必备的素质之一。信息技术发展很快且竞争激烈，作为信息系统的运维人员，需要不断学习，扩充自己的知识宽度和深度，提高信息系统运维的技术水平和服务质量。如果不能随着信息技术的发展而同步提升自己，势必会在激烈的竞争中被淘汰。作为组织，应为员工提供各种培训及学习的机会，提升员工的工作技能；作为个人，应根据岗位所需和自己的具体情况，积极参加相关知识培训，并培养自学意识，不断拓宽自己的知识面，提高个人的专业水平和运维能力。

（3）创新意识：目前，国内在信息系统运维方面的经验还不是很丰富，而且国外的许多经验也不一定适合我国国情，因此更需在运维方式和方法等方面进行创新，并在创新过程中不断完善运维和服务。其中，从事运维的高端人才还应当积极在信息技术创新方面勇于探索，以免受制于人。

（4）专业意识：是指我们在职业生涯中不断提升自身专业水平的意识。信息系统涵盖的专业范围很广，而当前的信息系统运维人员的专业背景绝大部分为信息技术。要想理解专业用户的需求，更好地为其提供对口的技术支持，就需要运维人员不断学习，了解相关专业的基础知识和最新进展，这样才可能从用户的角度出发，更好地为用户服务。

（5）主动意识：是指运维人员自觉、主动地做好信息系统运维的观念和愿望。主要包括主动宣传、主动完善、主动预防、主动服务等几个方面。

（6）安全意识：信息系统管理的是组织重要的数据和信息资产，因此安全永远是第一位的，只有在保证安全的前提下，才谈得上应用和共享。要树立足够的安全意识，从管理、技术两大方面加强系统的安全。在管理方面要制定相应的规章制度，规范所有岗位人员的行为，获取应对突发事故的能力和经验，定期修改软件密码，做好日常备份。在技术方面应加强信息系统的防御（黑客、病毒等）、灾难备份等技术的研究和应用，在数据库管理软件、系统软件、应用软件中应具有根据不同的用户赋予不同权限的功能。

（7）团队意识：信息系统的运维涉及许多种硬件、软件，需要各岗位人员（包括管理、技术两大方面的人员）不仅要做好本职工作，更应加强团队协作意识。如果信息系统的管理部门没有建立一支高效、团结的运维队伍，运维人员缺乏团结协作意识，就很难保证系统的良好运行。

4．运维人员的学习培训

由于计算机技术的飞速发展，基于计算机的信息系统对很多员工来讲还是新生事物。因此，在信息系统运维管理过程中，对人员的培训工作是不可缺少的。从长远来看，这种工作将使系统具有不断发展、不断完善的巨大潜力。无论对管理人员还是对计算机技术人员来说，都必须把学习、培训和提高专业素质及业务能力作为自己工作不可缺少的一部分。

信息系统的主管人员应该鼓励并组织各类人员进行知识更新和技术学习，给予时间、创造条件使他们能够在完成日常工作的同时，在业务知识和工作能力上不断有所进步。

各类人员的知识更新或业务学习，无疑应该围绕信息系统运维工作的需要来进行。例如，了解所在系统的总体目标、处理特点、业务处理方式、业务处理需要等情况，这对于信息系统工作人员尤为重要。在银行工作的计算机技术人员应该逐步了解银行的业务工作，在工厂工作的信息系统工作人员则应该逐步了解所在工厂的生产及管理情况。另外，对于管理部门的工作人员，则应该逐步了解信息系统的基本构造、原理及使用方法。此外，对于各类人员都需要在工作中进行信息处理系统基本思想方法及工作方法的训练及培养。

总之，在信息系统运维管理中，对各类人员的管理及培养是一个不可忽视的重要问题。

2.2.3　信息系统运维管理的职责

明确信息系统运维管理的职责是划分信息系统运维管理职能和进行信息系统运维组织设计的前提。信息系统运维管理的职责可以从运维流程和运维对象两种角度分类，不同的分类视角下，信息系统运维管理的职责是不同的，因此信息系统运维管理职能的划分也不尽相同。

按照运维流程，可以从事件管理、事故管理、问题管理、配置管理、变更管理、发布管理和知识管理七个方面，归纳信息系统运维不同人员的职责，如表 2-1 所示。

表 2-1　流程视角下的信息系统运维管理职责

信息系统运维流程	人　员	职　责
事件管理	技术和应用管理人员	负责制定和设计事件监控机制、报警机制、错误信息及性能阈值、测试服务，以确保能够正常产生相关事件和适当的响应，确保控制事件管理等
	IT 运维管理人员	事件监控、事件响应和事故创建

续表

信息系统运维流程	人　员	职　责
事故管理	事故管理者	监控事故处理流程的效率和效果，管理事故支持小组（一线、二线）的工作，开发并维护事故管理系统，开发并维护事故管理流程和程序，生成管理信息报告，管理重大事故
	一线支持人员	接收客户请求；记录并跟踪事故和客户意见；对事故进行初步分类和优先级处理；负责与用户和客户沟通，及时通知他们其请求的当前进展状况；初步评估客户和用户请求；在需要短期内调整服务级别协议时及时与客户沟通；事故处理完毕与客户进行确认，在对方满意并同意的前提下正式关闭事故
	二线支持人员	验证事故的描述和信息，进一步收集相关信息；进行深入调查、研究和协调厂商支持，提供有效的解决方案；实施事故解决方案；更新事故解决信息，已解决的事故转回服务台
	三线支持人员	必要时提供现场支持和深入调查研究，提供有效的解决方案；提供设备相关信息，参与解决方案的实施
问题管理	问题管理者	定期组织相关人员对事故记录进行分析，发现潜在问题；联络问题解决小组确保在SLA目标内迅速解决问题；开发并负责维护已知错误数据库；负责维护已知错误及管理已知错误的检索算法；联络供应商、承包商等第三方合作伙伴，确保其履行合同内的职责，特别是有关问题解决及问题相关信息和数据的提供职责；正式关闭问题记录；负责定期安排和执行重大问题评估的一系列相关活动
	问题解决小组	根据事故处理和日常维护要求创建问题，启动问题管理流程；对问题实施分类和优先级处理；自行调查和诊断问题，制定解决方案；和第三方合作伙伴一同调查和诊断问题，制订解决方案；提交变更请求；给服务台或事故管理提供应急措施或临时性修复方案等方面的建议；回顾问题，整理解决方案并提交知识库
配置管理	配置管理者	执行组织的配置管理政策和标准；评估现有的配置管理方案；负责对配置管理流程的范围、功能及流程控制项等达成协议，记录相关信息，并制定配置管理的标准、计划及程序；开展宣传活动，确保新的配置管理程序和方法通过认证及授权，并在流程执行前负责与员工进行交流；招聘和培训内部职员；管理和评估配置管理工具，确保其满足组织的预算、资源及需求等；管理配置管理方案、原则、程序；为配置项制定统一的命名规范、唯一的标识符，确保员工遵守包括目标类型、环境、流程、生命周期、文档、版本、格式、基线、发布及模板等在内的相关标准；负责管理与变更管理、问题管理、发布管理等流程，以及与财务、物流、行政等部门的接口；负责提交报告，包括管理报告、影响度分析报告及资产状态报告
	配置管理实施人员	所有配置项的接收、识别、存储及回收等工作；提供配置项状态信息；记录、存储和分配配置管理问题；协助配置管理制订管理计划；为配置管理数据库创建识别方案；维护配置项的当前状态信息；负责接收新的或修正过的配置信息，并将其记录到合适的库中；管理配置控制流程；生成配置状态记录报告；协助执行配置审核

续表

信息系统运维流程	人　员	职　责
变更管理	变更管理者	与变更请求发起人联络，接收和登记变更请求，拒绝任何不切实际的变更请求；组织评估变更，为其分配优先级；组织召开变更咨询委员会会议；决定会议的组成，根据变更请求的不同确定与会人员和人员职责；为紧急变更召开变更咨询委员会会议或紧急变更咨询委员会会议；就任变更咨询委员会和紧急变更咨询委员会主席职务；分发变更进度计划表；负责与所有的主要合作伙伴联络和沟通，协调变更构建、测试和实施，确保其与进度计划表一致；负责更新变更日志；评估所有已实施的变更，确保它们满足目标；回顾所有失败或回滚的变更；分析变更记录以确定任何可能发生的趋势或明显的问题；正式关闭变更请求；生成正规的、准确的管理报告
发布管理	发布管理者	更新知识库；协调构建和测试环境团队与发布团队的工作；确保团队遵循组织制定的政策和程序；提供有关发布进展的管理报告；服务发布及部署政策和计划；负责相关通信、准备工作及培训工作；在执行发布包变更前后负责审核硬件和软件
	发布团队	负责发布包设计、构建和配置；负责发布包的验收；负责服务试运营方案；安装新的或更新的硬件；负责发布包测试；建立最终发布配置（如知识、信息、硬件、软件及基础设施）；构建最终发布交付；独立测试之前，测试最终交付；记录已知错误和制订临时方案；负责库存；负责与用户代表、运营人员进行沟通和培训，确保他们清楚发布计划的内容及该计划对日常生活的影响；负责发布、分配及安装软件
知识管理	知识提交人员	负责提交知识；对所提交的知识进行初步归类
	知识管理者	识别组织所需的知识，并建立知识目录对其分类；负责维护临时和正式知识库；负责过滤临时知识库中的知识记录；负责将临时知识库中的知识分配给知识审核人员进行审核；负责将审核通过的知识转移至正式知识库；负责将未通过审核的知识及来自审核人员的相关意见和理由反馈给知识提交人员；负责发布正式知识库中的知识；负责对知识进行评定和考核，并对知识记录进行相应处理
	知识审核人员	审核知识管理者分配的知识；对审核不通过的知识，应提出相应的意见和理由；负责定期参加知识评估会议，对知识库中的知识进行评估

按照运维对象，可以从系统管理、数据、软硬件等方面，归纳信息系统运维不同人员的职责，如表 2-2 所示。

表 2-2　对象视角下信息系统运维管理的职责

对　象	人　员	职　责
系统管理	系统主管人员	组织各方面人员协调一致地完成系统所担负的信息处理任务，把握系统的全局，保证系统结构的完整，确定系统改善或扩充的方向，并按此方向对信息系统进行修改及扩充
数据	数据收集人员	及时、准确、完整地收集各类数据，并按照要求把它们送到专职工作人员手中。是否准确、完整、及时，则是评价数据收集人员工作的主要指标
	数据校验人员	保证送到录入人员手中的数据从逻辑上讲是正确的，即保证进入信息系统的数据能正确地反映客观事实
	数据录入人员	把数据准确地送入计算机。录入的速度及差错率是数据录入人员工作的主要衡量标准
软硬件	硬件和软件操作人员	按照系统规定的工作规程进行日常的运行管理
	程序员	在系统主管人员的组织之下，完成软件的修改和扩充，为满足使用者的临时要求编写所需要的程序

2.2.4　信息系统的运维模式

对于各种复杂信息系统的运维，需要明确企业自身运维力量和外部运维服务提供商之间的关系，可以根据运维工作中运维外包的情况分为自主运维模式、完全外包运维模式和混合运维模式。

1．自主运维模式

自主运维模式是指企业自行负责对拥有的所有 IT 资源的运维工作。自主运维模式中运维人员容易管控，可根据企业自身需要进行能力培训，完成企业所需的各项相应工作。其缺点在于人员数量有限，对于并行的运维工作无法同时提供支撑，同时，由于运维相关各专业知识培养时间较长，无法满足企业运维工作的要求。

2．完全外包运维模式

完全外包运维模式是指企业通过与其他单位签署运维外包协议，将所拥有的全部 IT 资源的运维工作外包给其他单位，即外包单位为企业各单位提供 IT 运维服务。完全外包运维模式的优势在于充分利用外部经验，能够快速提供企业所有 IT 资源的运维能力；同时，运维人数扩充较为容易，易于应对大规模的运维需求。但是，完全外包运维模式也存在外部人员管控难度大、企业信息泄露风险高的问题。

3．混合运维模式

混合运维模式是指企业对所拥有的一部分 IT 资源自行运维；同时，通过与其他单位签署运维外包协议，将所拥有的另一部分 IT 资源的运维工作外包给其他单位。企业通过混合运维模式能够充分发挥自主运维和外包运维的优势。但是，由于存在两种运维人员，也增加了运维工作的复杂度，延长了运维流程；同时，也需要充分考虑内外部运维人员的职责划分和人员比例，在合理的运维成本下，既保证运维工作的顺利完成，又确保企业自有运维人员能够得到充分锻炼和提升。

信息系统 IT 运维模式的选择需要根据组织的发展战略、管控模式的特点进行针对性的评估，考虑到业务因素、人员因素、技术因素、安全因素、财务因素等多方面的因素，通过定性或定量分析，最终明确组织应该采取哪种 IT 运维模式。

2.3　信息系统运维的外包

信息系统运维的对象包括各种硬件和软件，对这些软硬件的运维工作涉及大量专业性很强的技术，而且这些运维技术更新很快。对信息技术运维人员而言，保持服务能力与技术发展同步，需要不断学习，组织内单一的信息技术运维环境，一般来说不利于信息技术运维人员的成长和发展；对组织而言，招聘或培养掌握复杂信息系统运维技术的专业人员也往往是非常不经济的。因此，为了控制人力成本，保证信息系统的质量和应用效果，信息技术运维全面或局部外包成了组织在有限资源条件下实现效益最大化的必然选择。

2.3.1　信息系统运维外包的概念

信息系统运维外包也称信息系统代维，是指信息系统使用单位将全部或一部分的信息系统维护服务工作，按照规定的维护服务要求，外包委托给专业公司管理。一般认为，外包可以带来成本优势，使信息系统使用单位保持长期的竞争优势。通过实行信息系统运维服务外包托管，可以利用专业公司的信息技术，提高使用单位信息管理的水平，缩短维护服务周期，降低维护成本，实现信息系统使用单位和信息系统运维服务专业公司的共同发展，还可以使信息系统使用单位信息中心管理工作简单化，将信息中心人员减至最少，使信息系统使用单位能够专注于自身核心业务的发展，提升自身的核心竞争力。

信息系统运维外包可以给组织带来众多好处，比如：

（1）提高组织竞争力。即利用专业化信息系统运维公司调试设备齐全、运维技术专业、规范、队伍相对稳定、运维人员从业经验丰富、对行业规范的熟悉程度高的优势，向业主方提供优质专业的服务，提高被服务单位的自身竞争力。此外，把日复一日的烦杂的信息系统日常运维外包出去，可以把精力集中在管理业主方最核心、最关键的工作上，由此提高业主方的核心竞争力。

（2）降低信息系统运维成本。即通过借助专业公司在信息系统管理工具和方法方面的优势来实现组织内部信息系统运维的信息化和规范化，使组织无须在信息系统运维的管理流程、管理工具和管理人员的培训方面进行大规模的投资，减少了业主方信息系统运维管理的投资成本。

（3）提高服务质量，降低故障率。由于信息系统运维服务成本从隐性成本转变为显性成本，信息系统运维服务外包公司提供的账单使组织能够了解信息系统运维服务成本的来源，进而采取有效的针对性措施来规避成本。另外，由于服务计费，信息系统运维服务公司为了自身生存需要，更希望降低单次服务成本，由此追求服务方式的标准化和规范化；同时，为了达到与客户约定的服务水平协议要求，提高客户满意度，不断追求自身服务品质的提高，这使客户的服务质量得到了有效保障。

（4）降低业务部门隐性成本。即通过降低故障率来提高业务部门信息系统的可用性，使其有更多的时间使用信息系统开展业务，大大降低了由于信息系统故障频繁可能引发的业务部门隐性成本。

2.3.2　信息系统运维外包的模式

在信息技术运维外包过程中，组织可能将信息技术运维工作全部或部分外包给其他信息系统运维外包服务公司，因此存在完全外包和部分外包两种信息系统运维外包模式。

1．完全外包模式

组织通过与其他组织签署运维外包协议，将所拥有的全部信息技术资源的运维工作外包给其他组织，即外包组织为本组织提供完全的信息系统运维服务，组织的信息技术部门负责运维外包的管理工作，完全外包模式如图 2-10 所示。

2. 部分外包模式

组织对所拥有的一部分信息技术资源自行运维；同时，通过与其他组织签署运维外包协议，将所拥有的另一部分信息技术资源的运维工作外包给其他组织。一般情况下，组织信息技术部门负责运维工作和外包管理，即组织的信息技术部门和外包组织共同向组织提供信息系统运维服务，部分外包模式如图 2-11 所示。在部分外包模式下，根据运维服务是否涉及各组织的核心业务、关键任务等因素，对外包服务管理的具体要求各不相同。对涉及核心业务或关键任务的外包服务，需要对外包服务的过程和结果进行精细化管理；对只涉及非核心业务和非关键任务的外包服务，只需要对外包服务的结果进行粗放型管理。

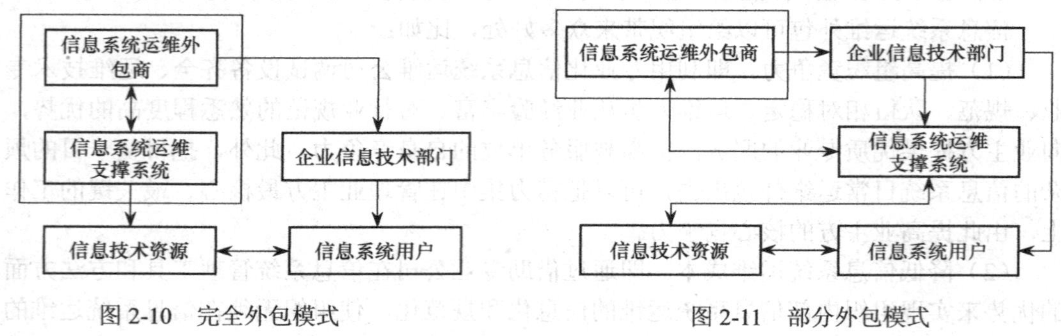

图 2-10　完全外包模式　　图 2-11　部分外包模式

2.3.3 信息系统运维外包的内容

根据具体的维护环节和所出现的大部分问题分析，信息系统运维外包主要包括桌面支持外包、基础设施外包和应用系统外包。

1. 桌面支持外包

目前，许多品牌计算机专业服务商的售后服务部门正日益摆脱从属厂家的地位，开始走商业利润最大化之路，发展成为专业服务商。部分技术服务公司从大型组织集团客户服务体系（提供售后维修服务等）的成本服务中心成功转型，成为面对各类行业客户的独立的第三方专业技术服务提供商，大力开展 IT 运维外包业务，这类公司的出现逐渐使硬件厂商把服务部门从成本中心转化为利润中心。

信息技术桌面指的是员工在工作场所使用的一系列用于信息处理、通信和计算的设备，包括计算机软硬件和其他的相关设备，对它们的管理是每个使用信息技术桌面的单位机构最日常的工作。具体地说，就是办公环境的维护，详细的工作包括：

（1）系统初始检查。在办公环境刚刚建立或准备建立之时，可提供对全局环境的检查，并得出最佳适合于单位的方案或找出不合理性、出现的问题。

（2）硬件故障解决。对计算机、打印机等办公设备的故障进行定位和处理。

（3）硬件扩容升级。对不满足于办公环境的设备进行升级或更换处理。

（4）软件系统支持。对系统软件、一般运用软件进行维护，如选型、安装、使用、优化等，进行技术指导和处理，并通过对系统的监控来实现维护的零距离。

（5）防病毒系统的支持。进行防病毒安全方面的技术处理，如查杀病毒、提出防病毒软件的解决方案、确定病毒防范安全策略等。

（6）网络系统的支持。对简单网络状况进行全局维护，并实现定制的优化和故障处理。

（7）日常维护管理。管理组织中各IT系统的资源资产情况，使组织的财务部门进行更加方便的数据交互；规范和明确运维人员的岗位职责和工作安排，提供绩效考核量化依据，提供解决经验与知识的积累与共享手段，实现完善的IT运维管理，为组织提高经营水平和服务水平。

（8）咨询服务。对于以上的服务环节提供相应的咨询服务，但在维护合同签署之后依据合同实行。

2．基础设施外包

基础设施所涉及的内容包括网络设备、组织通信系统（如邮件）、数据库系统、服务器设备及系统、安全设备及系统、存储设备及系统等系统化但又是基础化的系统平台及设备配件，是组织IT信息化所依赖的基础和根本。

基础设施即服务（Infrastructure as a Service，IaaS）是一种基础设施外包服务，即服务提供商提供服务器、存储和其他网络硬件，客户只需要租用一部分计算资源运行自己的应用程序即可。客户端无须购买服务器等网络设备，即可任意部署和运行处理、存储、网络和其他基本的计算资源。

首先，这类外包的业务以互联网数据中心（Internet Data Center，IDC）外包最为主要，市场的份额也是较大的。其次，重点行业用户对网络系统的运营维护外包服务的认知度和接受度明显上升，大型网络安全、存储系统外包也正在逐渐占据重要地位。将安全和存储外包给更专业和权威的机构，不但能使IT基础架构的外来危险、数据损失风险较低，还能简化内部人员的结构，节省人员费用。

这类业务包括以下几方面：

（1）系统、服务器维护支持。UNIX、Linux、Windows Server等较大型系统的安装、调试、维护、优化，并对小型服务器和SUN、IBM等高端服务器进行维护。

（2）软件、服务调试。对邮件系统、ISA、Exchange、Lotus、AD、Web、FTP等较常用软件和服务的维护及技术支持（需要对UNIX、Linux及平台下的各项服务也比较熟悉，因为很多组织所使用的系统不只是Windows平台）。

（3）网络系统维护。对整体网络环境进行检测并优化，简化网络管理，提高网络整体性能和办公效率。

（4）系统迁移。设备更新时，对系统、软件、数据进行迁移，实现简捷而安全的迁移，降低对业务的影响。

（5）数据库维护支持。对DB2、Oracle、SQL Server、MySQL等数据库的维护。

（6）数据存储和容灾管理。对系统和业务数据进行统一存储、备份和恢复，找到更符合组织的存储方案和存储安全策略，并实施全方位的服务。

（7）安全系统的支持。针对内外网安全隐患进行安全分析和安全处理，使组织内部安全性提高。

（8）网站支持。对组织进行量身定制业务网站、门户网站等一系列网站业务，并提供维护和升级支持。

（9）咨询服务。对于以上的服务环节提供相应的咨询服务，但在维护合同签署之后依据合同实行。

3．应用系统外包

应用系统外包与应用服务提供商（Application Service Provider，ASP）密切相关。ASP 的理念和模式与云计算的软件即服务（Software as a Service，SaaS）很接近，后者又是 ASP 理念的延伸，是集中为组织搭建信息化所需要的所有网络基础设施及硬件、软件运行平台，负责所有前期的实施、后期的维护等一系列服务，使用户集中式托管软件及其相关的数据，无须购买软硬件、建设机房、招聘 IT 人员，只需前期支付一次性的项目实施费和定期的服务费，即可通过互联网享用信息系统。中小组织用户通过采购服务，可减少 IT 硬件设备的采购，减少 IT 支持人员的雇佣成本，提高应用系统的灵活性和稳定运行能力。

2.3.4 信息系统运维外包的风险管理

信息系统运维服务外包作为一种新的信息系统服务业务运营模式，具有明显的优势。可以通过选择专业的运维服务商，运用不断更新的信息技术来满足自己的业务需求；可以将组织原本存在的信息管理部门委托给服务商，精简机构，节约成本等。

1．风险分类

业主方运维外包的风险主要来源于以下四个方面：

（1）外部环境不确定性，如政治风险、自然风险、市场风险等。

（2）运维外包决策的复杂性，如运维外包可行性的研究，运营方的选择，与运营方的权责界定等问题。

（3）运维外包双方的关系复杂性，如双方组织的文化差异、沟通不力风险、信息泄露及人力资源风险等运维外包特有风险。

（4）运维工作本身的复杂性，如技术风险、设备风险、安全风险、运维管理风险和验收风险等。

2．风险分析

运维服务外包是一个复杂的过程，存在许多风险，这些风险主要表现在：

（1）组织成本有可能增加。运维外包合同的价格相对固定，但在合同执行过程中，外包商可能会增加这样那样的附加服务，这些都是在合同中没有的，组织只好照单全收，从而导致组织运维成本增加。

（2）组织对服务商的依赖和外包合同缺乏灵活性可能降低组织的灵活性。组织之所以选择信息系统运维外包，就是希望将自己不擅长的业务交给专业服务商去做，从而达到专注核心业务、节约成本的目的。而组织一旦选择了运维服务外包，就有可能切断了组织学习所处商业领域技术的最新发展及应用途径的机会，形成对服务商的依赖。同时，外包合同通常是中长期的，外包时间越长，组织对服务商的依赖越大。

(3) 可能会泄露组织的商业机密。信息技术已经渗透到组织业务的方方面面，不仅非核心业务，而且核心业务也离不开信息技术的支持，服务商完全有可能通过运维外包而接触到组织的商业秘密。一旦外包服务商和组织之间的关系以合同形式加以固定，组织内部的信息技术业务或资源交由外包商管理之后，组织便无法对外包的内容进行直接控制，也得不到来自外包商服务人员的直接报告，加之合同中双方权利、义务的界定不清，失控的风险显而易见。因此，将信息系统运维业务外包出去势必会带来“信息安全”的风险，可能造成业务知识流失或商业秘密泄露。

(4) 对外包商缺乏恰当的监管。组织与外包商两者毕竟是相互独立的经济实体，没有任何的隶属关系，虽然组织可以在一定程度上影响外包商的人员调配、资金投入等决策，但仍不能完全保证组织对外包商的有效监管。

3. 风险评估

信息系统外包风险评估是在风险识别的基础上，按照一定的参数和方法对风险清单中的风险进行系统评估的过程，主要评估产生的风险的严重程度及给业主方可能带来的损失大小。信息系统运维外包的风险评估方面的方法很多，如风险矩阵法、层次分析法、蒙特卡罗法、关键风险指标法、压力测试法等。

4. 风险规避

在复杂的信息系统运维外包过程中，风险无处不在，存在风险并不可怕，只要我们有足够的风险防范意识并采用恰当的风险规避措施，就可以防患于未然。

1）核算外包成本，控制额外支出

组织实施运维服务外包成本核算，就可以清楚地了解外包是否能够降低成本，提高利润，以避免高成本风险。外包成本包括显性成本和隐性成本，其中由于隐性成本不好估计，往往造成外包成本大大高于最初的预计成本。因此，核算和控制外包的综合成本十分必要，这其中尤其要考虑到一些隐性成本。

外包执行过程中，由于情况的变化可能会要求外包商做一些原合同中没有规定的额外工作，这会产生额外费用。签订合同前，应充分考虑这些因素，在合同中加以体现，防止外包商漫天要价，从而控制组织外包的成本。

2）组织仍需不断学习

运维服务外包并不意味着组织可以“一包了之”，不再需要信息管理人员，不用学习相关知识。因为运维服务外包的目的并不是把一个运维项目包出去，而是为了让这个项目为组织的日常运作服务。选择了运维服务外包的同时，一定不能切断组织学习所处商业领域技术最新发展及应用的机会，不管外包项目的大小，都需要保留一部分原先信息管理部门的精英来应对外包后可能发生的各种情况。组织相关高层应该在组织内部倡导良好的信息技术学习氛围，以使组织更好地适应变化的信息环境。

3）选择合适的外包商

选择一个合适的外包商对于信息系统运维外包的成功与否至关重要。组织应通过各种途径，充分了解、评估和确定合适的服务商。主要从技术实力、经营管理状况、财务状况、信誉程度、文化背景等方面对服务商进行评估。

选择了合适的外包商之后，在合同执行期间，应该重视对外包商的管理。成立监管小组，定期、不定期地对合同的执行情况进行监督，及时补充修改组织的业务需求，及时与外包商进行谈判、磋商等。另外，在对外包商进行管理的同时，还需积极发展与外包商的关系。基于信任、交流、满意与合作的长期互动的关系对于运维外包的成功是非常关键的。

4）签订完整而灵活的外包合同

一份完整而灵活的外包合同是外包能否成功的基石，不同的外包目的和类型，需要不同的外包合同，但一般的外包合同主要包括规定的服务、合同的期限、费用、移交、绩效的标准、争议的解决、保证和责任、合同的终止、其他条款。除一般条款外，还要考虑保密条款、知识产权问题，这对防止商业泄密及知识产权的盗用是相当重要的。

在长期的外包合同执行期间，组织很可能会经历自己独特的增长和变化，所以合同条款应该具有一定的灵活性。需求分析应该对增长和变化做出分析，制定合同时可考虑加入以下内容使合同更灵活：需求变更、价格调整方法、争议解决机制、有关额外服务的条款、合同终止时双方的责任与义务。

2.4　信息系统运维管理标准

运维服务管理是对信息系统整个生命周期的管理，包括信息技术部门内部日常运营管理及面向用户服务的管理。因此，信息系统运维管理涉及人、组织架构、管理、流程及技术等诸多方面，是围绕着技术、人和业务流程三个基本元素展开的。业务目标是保证信息系统正常、可靠、高效、安全地运行，为业务部门提供优质服务。技术指各种管理手段；人员指信息技术支持部门各级员工及面向的用户；业务流程指信息系统运维的各种业务过程。因此，信息系统运维需要遵照一定的规范、标准对运维服务中的人员、技术、流程进行组织、量度和控制，这几方面互相协调、配合才能提高运维服务的效率和质量。当前较为典型的信息系统运维管理标准有 ITIL、ITSS、COBIT 等。

常见信息系统运维管理标准术语如表 2-3 所示。

表 2-3　常见信息系统运维管理标准术语

术　语	定　义
服务管理	服务管理是以服务的形式提供给客户的一整套的组织能力。这种组织能力以职能和流程的形式贯穿在战略、设计、转换、运营和持续改进整个生命周期过程中，反映了组织在行动上的能力及自信，将资源转换成有价值的服务的行动是服务管理的核心。缺乏这种组织运营能力，服务组织则只能提供给客户资源所固有的、相对较低的价值
服务	服务是在客户不承担特别的成本和风险的情况下，便捷地提供给客户想达到的结果，从而带给客户价值的方法
职能	职能是专门执行某种类型的工作，并对所产生的特定结果负责的组织单元。职能定义了角色和相关的授权，并对明确的绩效和结果负责。职能可以通过经验的积累拥有自己的知识，形成一个稳定的组织结构。职能之间的协调需要通过流程实现。流程模型有助于改进跨职能的协调和控制，从而避免职能层级的问题。设计精良的流程可以使职能内部和职能之间的工作效率提高
流程	流程是整合资源与能力进行实施的一组协调性活动，通过这些活动产生的结果直接或间接地为外部客户或利益相关者带来价值

2.4.1 ITIL

1. ITIL 的产生与发展

ITIL（Information Technology Infrastructure Library，ITIL）是英国政府中央计算机与电信管理中心（Central Computer and Telecommunications Agency，CCTA）在 20 世纪 80 年代中期开始开发的一套 IT 服务管理最佳实践指南。

ITIL 为组织的信息系统运维服务管理实践提供了一个客观、严谨、可量化的标准和规范，组织的 IT 部门和最终用户可以根据自己的能力和需求定义自己所要求的不同服务水平，参考 ITIL 来规划和制定其 IT 基础架构及服务管理，从而确保运维服务管理能为组织的业务运作提供更好的支持。

对组织而言，实施 ITIL 的最大意义在于将 IT 与业务紧密地结合起来，从而让组织的 IT 投资回报最大化，克服信息系统运维服务质量提升的阻力，提高运维资源利用率，降低成本，提高适应变化的灵活性，科学地管理运维风险，最终实现信息系统运维目标以支持组织战略转型。

ITIL 的应用价值已在许多公司的管理中得以证明和体现。例如，PRoCTOR&GAMBLE 公司采用 ITIL 模型后，曾在四年内节省了 5 亿多美元，其内部运作费用降低了 6%～8%。再如，加拿大的安大略省政府采用 ITIL，创建虚拟服务台，提高了对 1 000 个不同地方的 25 000 个用户的服务水平，支持费用也节约了 40%。

2. ITIL v3 核心架构

ITIL 经历的四个主要版本：ITIL v1、ITIL v2、ITIL v3 和 ITIL v4。ITIL v 4 是熟悉的 ITIL 框架的演进，而不是革命，它仍然使用先前版本的 ITIL v3 的许多基本元素，该版本于 2007 年首次发布，并于 2011 年更新（“ ITIL 2011”）。特别是，许多新的 ITIL v4 做法都对应于 ITIL v3 已知的过程。

ITIL v3 是一个巩固和提高 ITIL 最佳实践的过程，也是“当前最佳实践”的精髓。“当前最佳实践”规定了行业实践中的前沿信息，并且会随着客户需求的改变而不断变化。OGC 对 ITIL v2 中的重要内容加以精简，然后将其收录到 ITIL v3 中。ITIL v3 引入了“生命周期”这个概念，即 IT 服务从开始到结束的整个过程，就是服务管理的生命周期。当开展一项服务时，组织中不同的管理层和成员都参与到该服务的生命周期中，包括决策、计划、设计、开发、测试、发布、运行和改进等活动中。借助于“生命周期”的贯穿，ITIL v3 将 v2 中的各个流程有机地整合在了一起。严格说起来，v3 只是 v2 的加强版，它补充并解释了 v2 的不足之处，在前者的基础上增加了一些营销方法与流程，并解释 ITIL 在不同的行业该如何切入，使 ITIL 跟企业的关系更紧密。

ITIL v4 是一个服务价值系统（SVS）模型，用于说明组织的所有组件和活动如何协同工作以通过支持 IT 的服务促进价值创造，它涵盖 ITIL 服务价值链、ITIL 实践、ITIL 指导原则、治理、持续改进等组件。新的 ITIL v4 涵盖了最新的 IT 服务发展趋势，支持在相关的积极协作中共同创造价值的方法论，它不仅支持 IT 服务的管理，而且还支持其他领域，从而使 IT 与业务及其他支持领域的集成成为可能。ITIL 服务价值链是组织为了向其消费者提供有价值的产品或服务并促进价值实现而进行的一系列相互关联的活动。

它为服务提供商提供了涵盖计划、改善、参与、设计和过度、获取/构建、提供和支持六个关键活动的运营模型，并应用实践来不断提高已启用的价值。

2.4.2 ITSS

ITSS（Information Technology Service Standards）指的是信息技术服务标准，是在工业和信息化部、国家标准化委的领导和支持下，由 ITSS 工作组研制的一套 IT 服务领域的标准库和一套提供 IT 服务的方法论。

ITSS 是一个标准库，从基础评价标准、管理控制标准到咨询、集成实施、运维等实现了围绕信息技术服务各方面的系列标准，实现了从基础、治理、管理到行业应用的立体化体系融合。ITSS 能力核心要素在信息技术服务各个层面得到了充分、有力的表述和应用。即把能力体系建设贯穿于信息技术服务的各部分，实现信息技术服务体系化运营，其整体内容深度融合和一体化展现，从而便于企业在使用标准不同部分时，得到有效的统一和整合。在建设原则上遵循集中规划与统筹安排原则、管理层支持原则、全员参与原则和持续改进原则。

如图 2-12 所示，ITSS 的生命周期主要包含以下五个阶段：

第一个阶段是规划设计阶段，主要是负责对 IT 服务进行全方位的规划与设计。

第二个阶段是部署实施阶段，即根据第一个阶段的规划设计建立相应的管理体系，对 IT 服务的构成元素进行合理分配，并且提出服务解决措施。

第三个阶段是服务运营阶段，即通过全方位的过程管理，确保业务具备持续性，让客户的运营与 IT 服务的运营结合到一起。

第四个阶段是持续改进阶段，即定期进行检查和评审，及时发现 IT 服务过程当中出现的问题，及时进行改进，以便提升 IT 服务质量。

第五个阶段是监督管理阶段，即按照 ITSS 相关质量评价标准，进行相关 IT 服务的考核，评价在 IT 服务过程中的服务质量情况，监督服务交付的过程与结果，并且进行考核与评估。

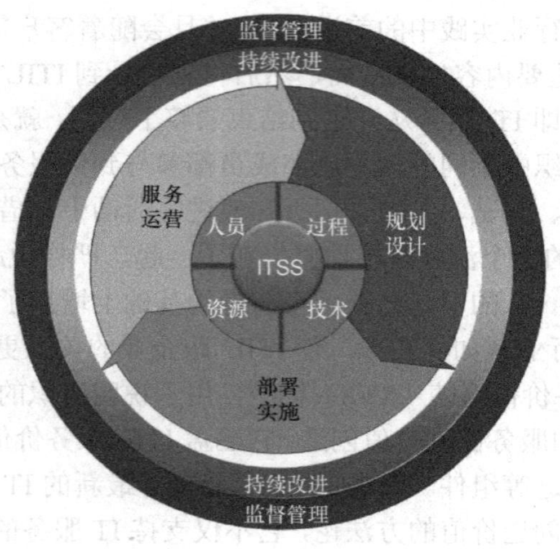

图 2-12　ITSS 框架

（资料来源：《ITSS 白皮书第二版》）

2.4.3　COBIT

信息系统和技术控制目标（Control Objectives for Information and Related Technology，COBIT）目前已成为国际上公认的 IT 管理与控制标准。该标准为 IT 治理、安全与控制提供了一个一般适用的公认框架，以辅助管理层进行 IT 治理。COBIT 是基于已有的许多架构建立的，如 SEI（Software Engineering Institute）的能力成熟度模型（Capability Maturity Model，CMM）对软件组织成熟度五级的划分，以及 ISO 9000 等标准。COBIT 在总结这些标准的基础上重点关注组织需要什么，而不是组织需要如何做。它不包括具体的实施指南和实施步骤，它是一个控制架构，而非具体过程架构。

COBIT 覆盖整个信息系统的全部生命周期（从分析、设计到开发、实施，再到运营、维护的整个过程），从战略、战术、运营层面给出了对信息系统的评测、量度和审计方法，起到了组织目标与信息技术治理目标之间的桥梁作用，在业务风险、控制需求和技术观点之间建立了一种有机联系。COBIT 框架如图 2-13 所示。

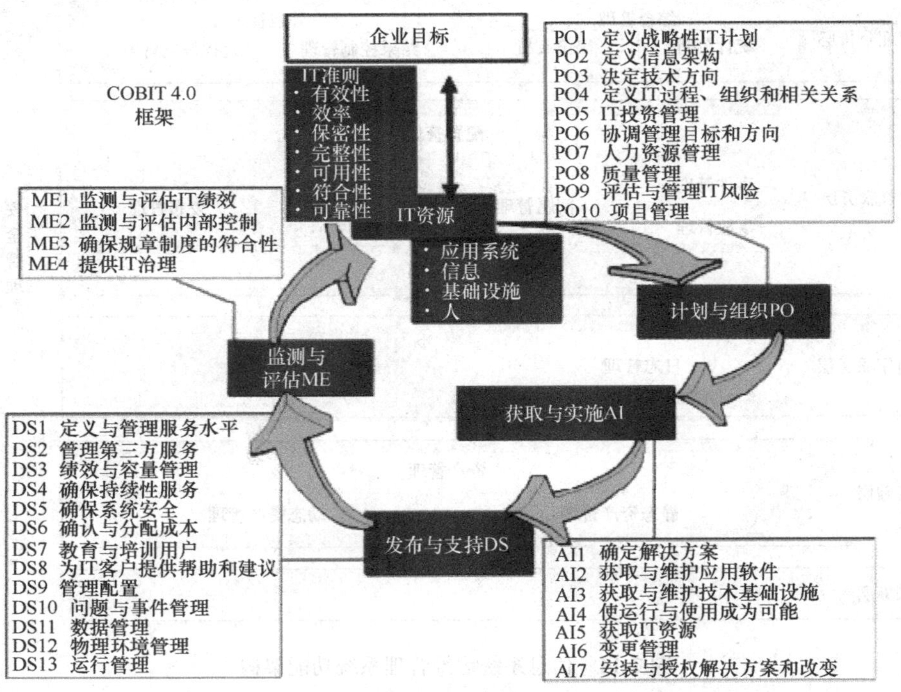

图 2-13　COBIT 框架

COBIT 完全基于信息技术准则，反映了组织的战略目标。信息技术资源包括人、应用系统、信息、基础设施等相关资源，信息技术管理则是在信息技术准则的指导下对信息技术资源进行规划处理。COBIT 将信息技术过程归并为四个控制域：计划与组织、获取与实施、发布与支持，以及监测与评估。在这四个方面确定了 34 个处理过程和 318 个详细控制目标，通过定义这些目标，可以实现业务对信息技术的有效控制。此外，每个过程还有相应的评审工具。

2.5　信息系统运维管理系统与专用工具

2.5.1　信息系统运维管理系统功能框架

信息系统运维管理系统是站在运维管理的整体视角，基于运维流程，以服务为导向的业务服务管理和运维管理支撑平台，提供统一管理门户，最终帮助运维对象实现信息系统管理规范化、流程化和自动化的全局化管理。

运维管理系统的架构一般分为采集层、基础层（资产管理）、通用服务层（监控管理等）、对象服务层（流程管理等）、管理分析层和表达层（管理门户），具体架构如图 2-14 所示，其产品功能涵盖了资产管理、监控管理、外包管理、综合管理等。

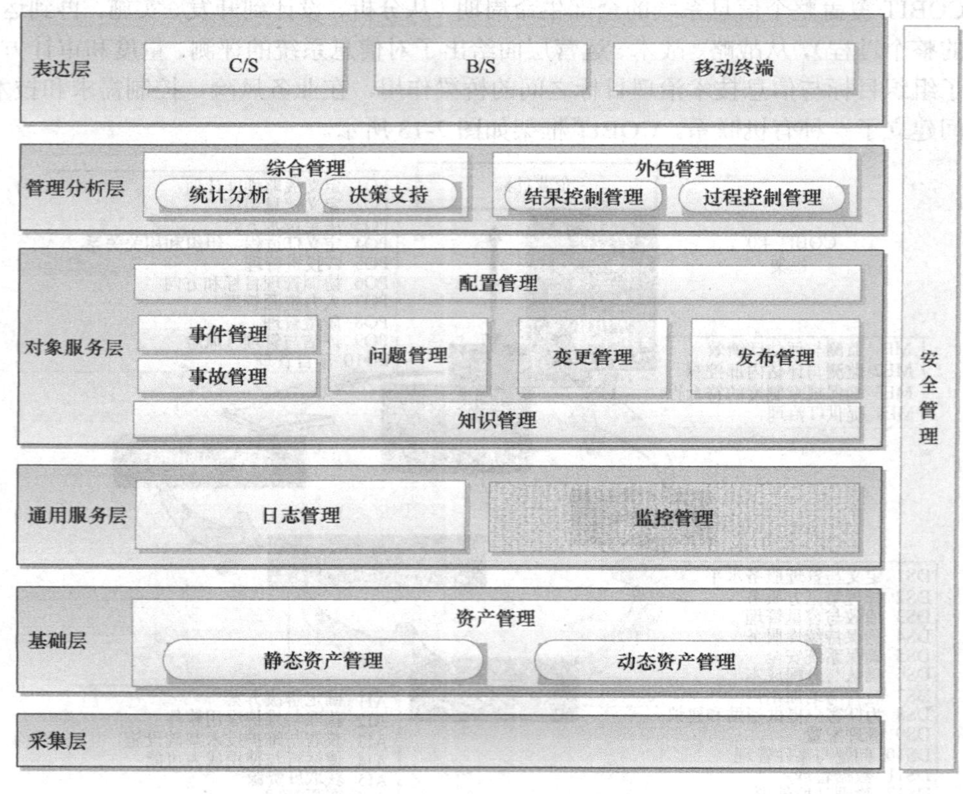

图 2-14　信息系统运维管理系统功能架构

1．资产管理

资产管理实现对网络设备、服务器、PC、打印机、各种配件（显示器、显卡、网卡、硬盘）、软件、备品备件等设备资产信息的维护、统计及资产生命周期管理。根据资产信息获取方式的不同，资产管理可分为静态资产信息管理和动态资产信息管理。

1）静态资产信息管理

（1）资产信息维护：包括资产信息的获取与更新、查询、导出和打印。

（2）资产信息分析统计：实现静态资产的统计分析，关键指标为设备利用率。

（3）资产生命周期管理：对资产的采购、入库、维修、借调、领用、折旧、报废等生命周期各阶段的管理功能。

（4）辅助决策：包括预警功能，如资产过保修期预警、资产报废预警等；同时包括基于规则的运维费用的计算，运维费用包括资产维护费用和相关的维护人员费用，能够灵活调整计算规则。

2）动态资产信息管理

动态资产信息管理是在静态资产信息管理的基础上实现资产信息的自动发现和采集，资产信息的自动同步和更新。

2. 流程管理

流程管理功能应实现 IT 运维管理中所要求的管理流程，并对其进行监控，确保运维服务质量。流程管理功能要实现两个目标，一是对运维流程进行管控，按照服务水平协议（Service Level Agreement，SLA）调用必要的资源，保证处理时限，确保服务质量，支持对故障和服务申请的跟踪，确保所有的故障和服务申请能够以闭环方式结束；二是利用运维管理系统固化运维服务的工作流程，提供标准的、统一的服务规范，并提供灵活的流程定制功能。

1）事件管理

事件管理负责记录、快速处理 IT 基础设施和应用系统中的突发事件。事件管理应支持自定义事件级别、事件分类，提供方便的事件通知功能，支持对事件进行灵活的查询统计，并可以详细记录事件处理的全过程，便于跟踪了解事件的整个处理过程。事件管理应支持以下功能：

（1）支持事件记录的创建、修改和关闭。

（2）支持向事件记录输入描述和解决方案信息，支持创建事件记录时自动记录创建时间、创建日期和事件流水号。

（3）支持将事件记录自动分派到相应支持组和个人。

（4）提供对事件记录的查询功能。

（5）支持灵活定制相关报表，可利用历史事件记录生成管理报表。

（6）支持与问题管理、配置管理、变更管理等其他管理流程的集成。

2）事故管理

针对所有事件中的事故事件，运维管理系统应对采集到的事故事件支持以下功能：事故查询、事故与客户信息关联、事故统计、事故确认、事故同步、事故升级、事故清除、事故通知、事故知识库关联等。

（1）事故查询。运维管理系统支持多种条件组合的基本事故查询和统计功能，查询和统计功能针对当前事故和历史事故进行，并且应能根据事故源、事故级别、状态、类型、发生时间等组合条件对事故信息进行过滤查询。

（2）事故与客户信息关联。运维管理系统应支持事故和客户信息的关联，根据事故对象自动获取客户的名称、联系人信息及 SLA 签约信息，并结合 SLA 签约信息确定事故的级别和后续处理策略。

（3）事故同步。运维管理系统应具有事故同步功能，当由于某些因素造成运维管理系统与IT资源的事故信息不同步时，可以启动同步功能，完成事故信息的同步。运维管理系统可以向被管系统主动请求网络的当前活跃事故信息，或者请求某一时间段的事故信息。

（4）事故确认。运维管理系统应提供事故确认功能。运维管理系统应能对单个事故或符合条件的一组事故进行确认。

（5）事故升级。对单位时间内频次过高或历时过长（门限可由用户设置）的事故自动提高事故级别，从而保证事故信息的有效性。运维管理系统应提供界面，可以由用户对事故升级的条件进行灵活配置。

（6）事故清除。运维管理系统应具有事故清除的功能。事故清除功能应支持两种清除方式：自动清除和手工清除。自动清除是指运维管理系统能自动将超过事故保存时间的历史事故记录删除，而手工清除是指运维管理系统能够对用户选定的事故进行清除。

（7）事故统计。运维管理系统应具有事故统计功能。运维管理系统应能以报表、图形等形式根据事故对象、事故类型、事故级别、事故产生的时间等条件对事故进行分类统计和比较。

（8）事故通知。运维管理系统提供事故通知条件的设置，包括事故时间范围、事故级别、类型、事故设备等。运维管理系统支持查询、增加、删除、修改事故通知条件的功能，允许创建多个通知条件；运维管理系统提供将事故通知条件关联到相关的运维人员的功能，一个事故通知条件应可以关联到多个运维人员，并提供对E-mail和短信通知方式的设置。当出现事故时，运维管理系统会自动根据事故通知条件通过特定手段（如E-mail或短信）通知相关的运维人员。

3）问题管理

问题管理流程的主要目标是预防问题和事故的再次发生，并将未能解决的事件的影响降到最低。系统应支持以下功能：

（1）支持问题记录的创建、修改和关闭，创建问题记录时自动记录创建时间、日期。

（2）支持对事件、问题和已知错误的区分。

（3）支持自动分派问题记录到定义的支持组或个人。

（4）支持对问题记录定义严重等级和影响等级。

（5）支持对问题记录的跟踪和监控。

（6）支持生成可定制的管理报表。

（7）支持向问题记录输入描述和解决方案信息。

（8）提供对问题记录的查询功能。

（9）支持与变更管理、配置管理、事件管理等其他管理流程的集成。

4）配置管理

配置管理负责核实IT基础设施、应用和用户终端环境中实施的变更，以及配置项之间的关系是否已经被正确记录下来，监控IT组件的运行状态，以确保配置管理数据库能够准确地反映现存配置项的实际版本状态。

配置管理相关的内容包括：分析现有信息，确定所需工具和资源，选择和识别配置构架，创建配置项，记录所有的IT基础设施组件及其相互关系（包含组件所有人、状态及可用的文档等)，通过认可记录和监控已授权及确认的配置项来确保配置数据库的及时更新，核实配置项的存在性和准确性，根据配置项的使用情况产生趋势和发展的报告，为其他管理流程提供可靠的信息等。

配置管理应追踪和监控基础设施及其状态，记录管理对象的相互关系，为事件、问题与变更管理等提供相关的设备系统信息，应能帮助事件管理、问题管理中的故障和问题正确、快速地解决，应能帮助评估变更影响并快速解决。

配置管理应确保客户所有配置元素及其配置信息得到有效完整的记录和维护，包括各配置元素之间的物理和逻辑关系。

配置管理子系统应支持以下功能：

（1）支持对配置项的登记和变更管理。

（2）支持对配置项属性的记录，如序列号、版本号、购买时间等。

（3）支持配置项间关系的建立和维护。

（4）支持配置项及其关系的可视化呈现。

（5）支持对配置管理数据库访问权限的控制。

（6）支持对配置项变更的历史审计信息的记录和查询。

（7）支持配置项的状态管理。

（8）支持针对配置项的统计报表。

（9）支持与事件管理、问题管理、变更管理等其他管理流程的集成。

（10）配置管理与其他流程的集成要求。

5）变更管理

变更管理实现所有 IT 基础设施和应用系统的变更，变更管理应记录并对所有要求的变更进行分类，应评估变更请求的风险、影响和业务收益。其主要目标是以对服务最小的干扰实现有益的变更。系统应支持以下功能。

（1）创建并记录变更请求：系统应支持信息的输入，并确保只有授权的人员方可提交变更请求。

（2）审查变更请求：系统应支持对变更请求进行预处理，过滤其中完全不切实际的、不完善的或之前已经提交或被拒绝的变更请求。

（3）变更请求的分类和划分优先级：系统应支持基于变更对服务和资源可用性的影响决定变更的类别，依据变更请求的重要程度和紧急程度进行优先级划分。

（4）系统应支持对变更请求的全程跟踪和监控，支持在变更全程控制相关人员对变更请求的读、写、修改及访问。

（5）系统应支持将变更请求分派到合适的授权人员。

（6）系统应支持对变更请求的审批流程，并支持对变更请求的通知和升级处理。

（7）系统应提供可定制的管理报表，方便按类型、级别对变更进行统计和分析，对变更实施的成功率、失败率等进行统计和分析。

（8）支持与事件管理、问题管理、配置管理等其他管理流程的集成。

6）发布管理

发布管理负责对硬件、软件、文档、流程等进行规划、设计、构建、配置和测试，以便为实际运行环境提供一系列的发布组件，并负责将新的或变更的组件迁移到运行环境中。其主要目标是保证运行环境的完整性被保护及正确的组件被发布。系统应支持以下功能：

（1）支持发布的分发和安装。

（2）支持与配置管理、变更管理、服务级别管理等流程的集成。

7）知识管理

知识管理流程负责搜集、分析、存储和共享知识及信息，其主要目的是通过确保提供可靠和安全的知识及信息以提高管理决策的质量。知识管理应支持以下功能。

（1）添加知识：提供支持人员提交经验和知识输入的接口或界面，支持 Word/Excel/TXT 等格式文档作为附件的输入。

（2）支持知识库的更新。

（3）查询知识：提供完善的查询功能，如查询关键字、知识列表等。

（4）提供模糊匹配、智能查询、点击统计等增强功能。

3. 监控管理

监控管理包括对信息系统相关设备的监控管理，实现视图管理、资源监控、故障管理和性能管理等。

1）视图管理

以图形方式呈现信息系统相关设施的信息。能够动态、实时地显示各类资源的运行状态，了解资源的分布与状态信息，以及对网络中的资源进行监控。系统一般支持网络拓扑图、机房平面图、机架视图、设备面板图等视图。

2）资源监控

系统实现设备资源、应用、人员和供应商等各类资源信息的维护和分析统计，以及配置信息的下发等功能。具体包括：

（1）资源信息维护：对动态资源信息的自动采集，以及方便的静态资源信息手工录入，并支持对资源信息的更新、同步等维护手段。

（2）资源模型编辑：通过模型的编辑工具，快速实现管理功能的调整。

（3）可视化监控：实现直观的可视化管理，通过形象的展现方式直观展现设备工作情况。

（4）配置信息下发和配置文件管理：对可配置资源管理信息进行下发控制。通过一个按钮即可快速批量设置整个信息系统环境的工作模式。能够对网络设备配置文件进行管理，包括配置文件上传、配置文件下载及配置文件比较等功能。

（5）资源信息统计分析：能够对资源信息进行灵活查询与统计，报表统计的结果以图形（如直方图、曲线图、饼图等）或表格方式显示。

3）故障管理

包括告警信息采集、处理、显示、清除和故障定位等功能。具体包括：

（1）实时采集告警信息，对设备资源的运行状态进行任务化的监视，支持设置不同的任务执行策略，完成不同监测粒度的需要。

（2）实现告警的过滤、升级和压缩，并能够对告警过滤、升级和压缩条件进行灵活设置。

（3）系统将用户关心的告警信息以列表、视图、颜色等形式呈现给运维人员，并支持对告警显示过滤条件的灵活设置。

（4）系统将事件信息通过电子邮件和短信息的方式及时告知相关运维人员，并支持信息发布规则的灵活设置，包括设置首次前转条件、间隔前转条件、延时前转条件、升级前转条件等。

（5）系统提供故障原因分析手段，能够准确定位网络故障的原因，能够自动压缩重复告警，记录告警的重复次数。

（6）系统提供自动和手动的告警清除功能，支持灵活设置自动清除的周期和清除时保留的告警时间窗口。

（7）系统记录故障发生的现象和处理的方法，为管理人员提供故障处理经验库。当故障发生时，能够方便地查看该类故障的处理经验。

4）性能管理

性能管理包括性能数据采集、处理、统计分析和性能门限管理等功能。具体包括：

（1）可采用任务方式对设备进行性能数据采集，性能数据能反映设备的运行情况和运行质量，能够对性能数据采集任务进行灵活的设置。

（2）支持对不同的性能指标进行阈值设置，提供相应的阈值管理和越限告警机制，能够按照对象类型和针对具体对象两种方式设置性能门限。

（3）性能数据可保存到数据库中，实现统计、分析和比较功能，统计、分析和比较的结果能够以图形方式呈现，能生成性能趋势曲线；能够同时选中多个对象，在同一坐标系中进行性能趋势对比，对比曲线应支持直接存为图片。

（4）性能数据趋势分析具备性能门限提醒功能。在性能趋势分析图中，能绘制出该对象的性能门限阈值线。

4. 外包管理

运维管理系统的外包管理功能是面向信息系统管理者，实现对外包的信息系统运维服务的结果控制管理和过程控制管理。

1）结果控制管理

结果控制管理应支持对外包信息系统运维服务质量和效果的控制。具体包括：

（1）系统应支持对服务水平协议的查询。

（2）系统应支持基于服务水平协议中规定的内容定制并提交服务质量报告。

（3）系统应支持服务水平违例报告。

2）过程控制管理

过程控制管理应实现对信息系统运维服务提供过程的控制。具体包括：

（1）系统应支持查询外包运维工作的详细情况，如事件和问题处理情况、变更执行情况等。

（2）系统应支持服务水平违例相关的服务质量恢复和处理情况的查询及报告。

（3）系统应支持对外包单位和外包运维人员的工作量及绩效进行查询、统计和定期报告。

5. 安全管理

通过信息化手段实现安全管理支撑能力，安全管理应包括但不限于通信及操作管理、访问控制、信息安全事件管理及风险评估和等级保护。在具体实施中会依据信息安全管理体系和信息系统安全等级保护的相关国家标准。安全管理功能一般应与事件管理和问题管理相关联。

（1）通信及操作管理。支持防范恶意代码和移动代码；支持依据既定的备份策略对信息和软件进行备份并定期测试；能对网络进行充分的管理和控制，以防范威胁，保持使用网络的系统、应用程序和信息传输的安全；支持对可移动媒体的管理；支持对通过物理媒体、电子消息及业务信息系统交换的信息进行安全控制；具有审计日志、管理员和操作者日志、错误日志等日志功能，并提供对日志信息的保护、分析和呈现。

（2）访问控制。系统支持对网络访问的控制，包括远程用户的鉴别，网络设备识别，诊断和配置端口的物理及逻辑访问控制，网内隔离，网络连接控制和网络路由控制等；支持对应用系统和信息的访问控制，进行统一集中的身份认证、授权和审计。

（3）信息安全事件管理。系统能发现并报告信息安全事件，并对安全事件做出响应；跟踪、记录安全事件及其处理过程；支持对安全事件的统计分析，能够量化安全事件的类型、数量、成本，并支持统计分析结果的输出。

（4）风险评估和等级保护。支持安全风险的评估及评估结果的上报，支持依据评估结果生成相应的等级保护方案，等级保护方案应可映射到环境、资产、设备、网络、系统等安全系统运维的各个方面，支持等级保护方案的上报。

6. 综合管理

运维管理系统应在资产管理、监控管理、安全管理、流程管理和外包管理功能的基础上，实现信息系统整体运维信息统计分析，并支持管理决策。

（1）统计分析。运维管理系统应能在收集到的各种事件信息和配置信息的基础上进行综合分析，帮助运维人员进行故障问题的定位。同时，系统应支持在各类管理信息的基础上建立综合分析指标，来反映 IT 环境的总体运行趋势。运维管理系统应支持通过界面、邮件和短信等多种方式发布分析结果。对分析结果发布的规则可以灵活设置，能够为信息系统运维的不同角色提供不同界面和分析结果。

（2）决策支持。决策支持应该包括数据、模型、推理和人机交互四个部分。系统应支持管理者就信息系统运维相关的人员、费用及资源配置等管理关注的方面制定决策目标，通过建立、维护并运行决策模型，利用综合资产、监控、安全、流程及外包管理的特征数据，借助知识推理功能，以人机交互方式进行半结构化或非结构化决策。

2.5.2 运维管理系统

当前完整的运维管理系统产品尚未形成产业，在国际和国内市场上比较少见，很多大型信息系统运维部门普遍采用自行研发或集成多种运维工具形成工具链的方式。

就国外厂商来说，IBM、CA、HP、BMC 是目前市场上最为活跃的运维管理系统厂商，占据了大部分市场份额，开源市场上则是 Genome 目前备受关注。

（1）CA 公司的 USPSD（Unicenter Service Plus）。USPSD 是一个综合的、集成的智能服务台解决方案，它可以接收通过 Call Center 或 Web 界面手工提交的问题，也可以自动接收事件管理平台转发的问题，并且按照规范的处理流程完成问题请求、变更管理、资产管理、知识管理及服务水平管理，科学、自动地完成人力资源分配，确保每个问题及时解决。

（2）HP 公司的运维管理平台。HP 公司作为业界领先的著名 IT 公司，从一开始就作为 ITIL 的积极参与者和倡导者，首先开发制定了具有知识产权的 HP ITSM 参考模型。HP Open View 凭借其 HP Open View Service Desk 解决方案提供了领先的支持标准。Service Desk 能组合各种集成支持过程，包括与 IT 基础设施完美管理相关的运作、性能和业务智能性。服务管理解决方案将电话管理、意外管理和问题管理等过程与配置、变更、工作流程和服务水平管理等质量管理过程集成。这种方法使支持机构和 IT 机构能一起工作，共享信息，保证目前和将来都能顺利执行关键业务服务。

（3）北塔的运维管理系统 BTIM。北塔 BTIM 是以业务价值管理为核心，强调企业对 IT 的全方位管理，并集北塔软件多年 IT 管理实践精髓于一体的综合管理系统。北塔 BTIM 产品设计思路从企业 IT 业务服务管理角度出发，切合行业的最新技术发展将业务管理与 IT 管理进行有效融合。采用符合 ITIL 理念的设计思路，形成紧密贴合业务的综合一体化协同管理平台，平台通过直观的事前管理呈现、先进的根源定位和智能联动分析，为用户 IT 管理提供全面、综合的管理解决方案。

（4）开源运维管理系统 Genome。在开源软件领域，由红帽资助的 Genome 项目也属于集成运维管理系统范畴，Genome 集成了一系列用于维持云架构的工具，可以部署多层次的网络应用，包括 Apache 反向代理层、JBoss 应用服务器层及 PostgresSQL 数据库层。

2.5.3 运维管理专用工具

信息系统的具体运维工作包括系统安装配置、工具软件安装配置、系统检查及信息收集、系统监控与处理、版本补丁管理、数据备份管理和灾备环境管理等，为提高工作效率，在各运维业务工作中都有相应的运维专用工具。例如，预备阶段的部署分发工具；过程阶段的流程管理工具、自动化工具、配置管理系统工具、监控工具，以及过程阶段中针对具体运维对象的运维专用工具（如硬件运维中的资源视图管理工具、数据运维中的运维备份工具、安全运维的密码安全运维工具等）；优化改善中的日志分析工具、数据化运维工具等。

本节将介绍典型的流程管理工具、自动化管理工具、配置管理工具产品，其他运维专用工具将在后续章节中针对具体运维对象展开阐述。

1. ITIL 流程管理平台 Remedy

以 Remedy 为首的服务管理类产品融合了 ITIL 业界最佳经验，可以优化业务流程。BMC Remedy IT Service Management 套件包括业界领先的资产与配置管理、软件许可管理、变更与发布管理、服务台及服务级别管理应用程序。Remedy 套件包括以下六大应用程序：

（1）BMC Remedy Service Desk。能够实现事件和问题管理流程的自动化，使服务台能够快速、高效地对中断业务服务的情况做出响应。BMC 通过一个适合所有 IT 服务支持职能的统一架构实现了无可匹敌的集成性，可通过与单一配置管理数据库（Configuration Management Database，CMDB）的集成，以及与其他服务支持流程的开箱即用的工作流自动化，提供直接的业务优先级可见性。这些开箱即用的工作流能够捕捉和跟踪各种关系，从用户自助服务请求到事件发起、问题关联、根源调查、已知错误及最后通过变更请求进行的纠正。

（2）BMC Remedy Change and Release Management。提供全面的策略、流程管理和规划功能，能够帮助提高实施变更的速度和一致性，同时可以最小化业务风险和业务中断时间，具备定义和执行标准化的变更与发布流程的功能，在变更请求的整个生命周期提供指导——从提交到规划、实施和最后验证。BMC Remedy Change and Release Management 能够根据用户自动定制视图，因而增强了可用性和生产效率。通过定义独特的多阶段审批流程，可以确保受某个环境变更影响的所有人员提前得到通知，并能进行必要的准备以最小化风险。上报、核查记录和其他自动化功能（如冲突检测、变更影响分析、变更仪表板和变更日历）可使变更核准过程保持快速、顺利进展，同时最小化与组织变更流程相关的内在风险。

（3）BMC Remedy Asset Configuration Management。通过 IT 资产生命周期、清单、合同和成本控制的运营方法来帮助用户降低 IT 成本、管理合规和增加投资回报。通过确保 IT 资产和 ITIL 运营流程围绕相同的 CMDB 数据协调流程，可以更好地洞察和控制事件、问题、变更、配置及 SLA 对企业资产的影响，反之亦然。

（4）BMC Service Level Management。可以帮助客户使关键 IT 基础架构和服务支持流程与业务优先级保持一致。BMC Service Level Management 能够自动执行、监控和管理整个服务水平协议流程，实现 IT 对其支持的业务部门或客户的承诺。除了监控服务支持指标（如事件解决时间）外，BMC Service Level Management 还从基础架构管理数据源收集数据，包括 BMC Performance Manager、BMC Transaction Management 和 SNMP。其结果是针对业务目标实现对业务服务支持和交付性能的统一管理。另外，该应用程序还针对 BMC Atrium CMDB 中包含的配置项（Configuration Item，CI）跟踪服务水平协议（Service Level Agreement，SLA）。

（5）BMC Discovery。为填充和动态维护有关资产、配置、应用拓扑甚至业务用户的准确 CMDB 数据提供了一个可扩展、可重复的解决方案，因此可以帮助了解资产的相互依赖性及给业务用户提供的服务。

（6）BMC Configuration Management。主要用于管理软件资产，它基于策略的自动化，提供和维护客户端和服务器资产的软件配置。与 BMC Remedy Change Management 和 Definitive Software Library 一起，BMC Configuration Management 能够通过可重复的闭环流程（从授权到执行到验证）自动执行配置和软件许可策略。

2. 自动化运维操作管理平台 Opsware

Opsware 是一个实现服务器、网络、存储、可视化应用管理器、流程等的自动化系统，能够帮助企业实现服务器和应用程序的统一的安装、变更、合规和配置管理等工作。

Opsware 有三大子系统，分别是服务器自动化系统（Server Automation System，SAS）、网络自动化系统（Network Automation System，NAS）和过程自动化系统（Process Automation System，PAS）。其中 SAS 具备变更的执行与控制，自动化合规/策略管理，服务器与应用排障，提高服务器的安全性，安装、部署和配置操作系统和软件等功能；NAS 能够实现网络设备全生命周期的自动化管理，包括网络设备的变更管理、合规管理和安全性管理等；PAS 能够通过流程自动化处理信息系统运维事件，内置数百个现成可用的流程/子流程，通过简单的拖曳操作，即可实现自动化的 IT 操作流程。

3. 配置管理数据库 CMDB

配置管理数据库（Configuration Management Database，CMDB）是一个逻辑数据库，包含了配置项全生命周期的信息及配置项之间的关系，包括物理关系、实时通信关系、非实时通信关系和依赖关系等。

CMDB 工具中至少包含这几种关键的功能：整合、调和、同步、应用映射和可视化。

（1）整合是指能够充分利用来自其他数据源的信息，对 CMDB 中包含的记录源属性进行存取，将多个数据源合并至一个视图中，生成连同来自 CMDB 和其他数据源信息在内的报告。

（2）调和是指通过对来自每个数据源的匹配字段进行对比，保证 CMDB 中的记录在多个数据源中没有重复现象，维持 CMDB 中每个配置项目数据源的完整性；自动调整流程使初始实施、数据库管理员的手动运作和现场维护支持工作量降至最低。

（3）同步指确保 CMDB 中的信息能够反映联合数据源的更新情况，在联合数据源更新频率的基础上确定 CMDB 更新日程，按照经过批准的变更来更新 CMDB，找出未被批准的变更。

（4）应用映射和可视化，举例说明应用间的关系并了解应用和其他组件之间的依存关系，了解变更造成的影响并帮助诊断问题。

2.6　信息系统运维管理的发展——云运维管理

2.6.1　云运维管理概述

在云计算技术体系架构中，运维管理提供 IaaS 层、PaaS 层、SaaS 层资源的全生命周期的运维管理，实现物理资源、虚拟资源的统一管理，提供资源管理、统计、监控调度、服务掌控等端到端的综合管理能力。云运维管理与当前传统 IT 运维管理的不同表现为：集中化和资源池化。

云运维管理需要尽量实现自动化和流程化，避免在管理和运维中因为人工操作带来的不确定性问题。同时，云运维管理需要针对不同的用户提供个性化的视图，帮助管理和维护人员查看、定位和解决问题。

云运维管理和运维人员面向的是所有的云资源，要完成对不同资源的分配、调度和监控。同时，应能够向用户展示虚拟资源和物理资源的关系和拓扑结构。云运维管理的目标是适应上述变化，改进运维方式和流程来实现云资源的运行维护管理。

2.6.2 云运维管理的功能

云运维管理具有如下功能。

1. 自服务门户

自服务门户将支撑基础设施资源、平台资源和应用资源以服务的方式交付给用户使用，并提供基础设施资源、平台资源和应用资源服务的检索、资源使用情况统计等自服务功能，还应根据不同的用户提供不同的展示功能，并有效隔离多用户的数据。

2. 身份与访问管理

身份与访问管理提供身份的访问管理，只有授权的用户才能访问相应的功能和数据，对资源服务提出使用申请。

3. 服务目录管理

建立基础设施资源、平台资源和应用资源的逻辑视图，形成云计算及服务目录，供服务消费者与管理者查询。服务目录应定义服务的类型、基本信息、能力数据、配额和权限，提供服务信息的注册、配置、发布、注销、变更、查询等管理功能。

4. 服务规则管理

服务规则管理定义了资源的调度、运行顺序逻辑。

5. 资源调度管理

资源调度管理通过查询服务目录，判断当前资源状态，并且执行自动的工作流来分配及部署资源，按照既定的适用规则，实现实时响应服务请求，根据用户需求实现资源的自动化生成、分配、回收和迁移，用以支持用户对资源的弹性需求。

6. 资源监控管理

资源监控管理实时监控、捕获资源的部署状态、使用和运行指标、各类告警信息。

7. 服务合规审计

服务合规审计对资源服务的合规性进行规范和控制，结合权限、配额对服务的资源使用情况进行运行审计。

8. 服务运营监控

服务运营监控将各类监控数据汇总至服务监控及运营引擎进行处理，通过在服务策略及工作请求间进行权衡进而生成变更请求，部分标准变更需求并转送到资源供应管理进行进一步的处理。

9. 服务计量管理

服务计量管理按照资源的实际使用情况进行服务质量审核，并规定服务计量信息，以便在服务使用者和服务提供者之间进行核算。

10. 服务质量管理

服务质量管理遵循云计算服务水平协议要求，按照资源的实际使用情况而进行服务质量审核与管理，如果服务质量没有达到预先约定的服务水平协议要求，自动化地进行动态资源调配，或者给出资源调配建议由管理者进行资源的调配，以满足服务水平协议的要求。

11. 服务交付管理

服务交付管理包括交付请求管理、服务模板管理、交付实施管理，实现服务交付请求的全流程管理，以及自动化实施的整体交付过程。

12. 系统管理

系统管理指云运维管理自身的各项管理，包括账号管理、参数管理、权限管理、策略管理等，并对云运维管理提供周期性统计报表支持。

13. 管理集成

管理集成负责与 IaaS 层、PaaS 层、SaaS 层的接口实现，为服务的交付、监控提供支持。

14. 管理门户

管理门户面向管理维护人员，将服务、资源的各项管理功能构成一个统一的工作台，来实现管理维护人员的配置、监控、统计等功能需要。

云运维管理的最终目标是实现 IT 能力的服务化供应，并实现云计算的各种特性：资源共享、自动化、按使用付费、自服务、可扩展等。

本章要点

1. 信息系统运维管理的定义、体系、主要流程、管理制度等；
2. 信息系统运维的任务、职责、人员管理及运维模式；
3. 信息系统运维外包的概念、模式、内容及风险管理；
4. 信息系统运维管理的主要标准；
5. 信息系统运维管理系统及专用工具；
6. 云运维管理的概念及功能。

思考题

1. 信息系统运维的具体流程是什么？
2. 信息系统日常运维管理的内容有哪些？
3. 简述信息系统运维的组织构成及相关职能。
4. 信息系统运维外包的概念是什么？信息系统运维外包的动因是什么？
5. ITIL v4 核心架构包括哪些内容？

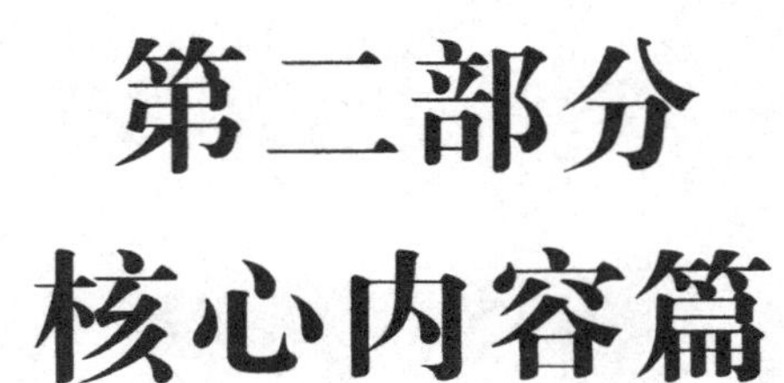

第二部分
核心内容篇

第3章

信息系统设施运维

信息系统设施是指支撑信息系统业务活动的信息系统软硬件资产及环境。信息系统设施运维属于信息系统基础运维，是整个信息系统运维的前提和保证，其核心任务是有效地管理信息系统的设施资源，对相关设施进行日常运行维护、综合监控管理，保障信息系统稳定、可靠地运行，从而保障信息服务的质量。

本章主要介绍信息系统设施运维的对象、运维的内容、运维平台和辅助工具、常见设施故障分析与诊断方法，以及云环境下信息系统设施运维的挑战和要求。

3.1　信息系统设施运维的管理体系

信息系统设施运维的范围包含信息系统涉及的所有设备及环境，主要包括基础环境、硬件、网络、基础软件等，如图 3-1 所示。

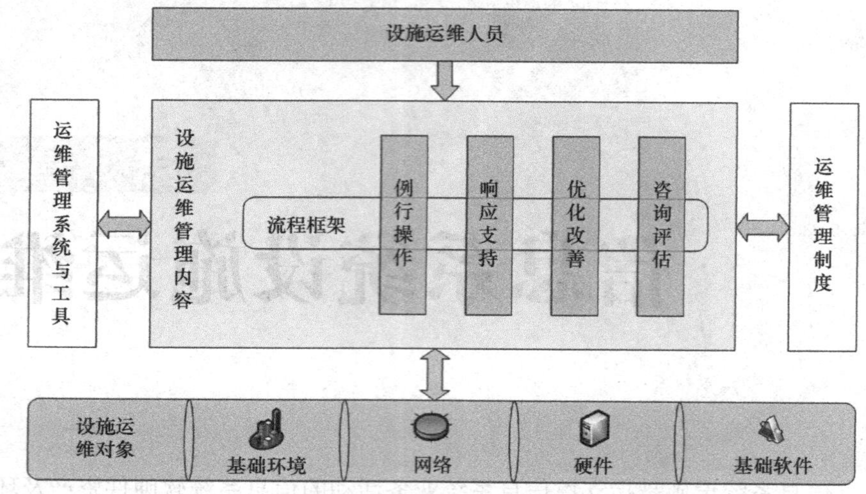

图 3-1　信息系统设施运维的管理体系

1. 信息系统设施运维的对象

信息系统设施运维的对象主要包括基础环境、网络、硬件和基础软件等。

（1）基础环境：主要包括信息系统运行环境（机房、设备间、配线室、基站、云计算中心等）中的空调系统、供配电系统、通信应急设备系统、防护设备系统（如消防系统、安全系统）等，能维持系统安全正常运转，确保机房环境满足信息系统运行要求的各类基础设施。

（2）网络：主要包括通信线路、通信服务、网络设备及网络软件。其中，通信线路即网络传输介质，主要有双绞线、同轴电缆、光纤等；通信服务即网络服务器，网络控制的核心是通过运行网络操作系统，提供硬盘、文件数据及打印机共享等服务功能；网络设备即计算机与计算机或工作站与服务器连接时的设备，主要包括网络传输介质互连设备（T 型连接器、调制解调器等）、网络物理层互连设备（中继器、集线器等）、数据链路层互连设备（网桥、交换机等）、网络层互连设备（路由器等），以及跨层的入侵检测器、负载均衡器等；网络软件是指支撑网络设备运转的软件。

（3）硬件：主要包括服务器、安全设备、存储备份设备、音视频设备、终端设备及其他相关设备等，其中最为关键的是服务器设施，一般包括 Web 服务器、应用服务器、邮件服务器、文件服务器、FTP 服务器、DHCP 服务器、DNS 服务器、打印传真服务器、数据库服务器及域服务器等。对于不同规模的信息系统其服务器的分布也不尽相同，例如，小型企业可能将 Web 服务器和应用服务器合二为一，大中型企业可能采取多个服务器集群完成文件服务器的任务或采用基于云计算的分布式服务器管理模式。

（4）基础软件：主要包括操作系统、数据库系统、中间件及其他支撑系统。《信息系统技术服务规范》中将硬件设备又划分为计算机系统设备和外围设备，其中计算机系统设备是指一套可独立完成信息处理的自动化数据处理系统（这里将网络专用服务器的计算机系统纳入网络设备范畴），外围设备指的是信息系统中除计算机主机外的其他设备，包括输入和输出设备，如打印机、磁盘驱动器、外置大容量存储设备等。

2. 信息系统设施运维的内容

信息系统设施运维主要包括信息系统设施的例行操作运维、响应支持运维、优化改善运维和咨询评估运维等内容，具体内容参见 3.2 节。

3. 信息系统设施运维的制度

信息系统设施运维应建立健全的制度体系并依照执行，具体制度按照运维对象主要有机房管理制度、网络基础设施管理制度、子网管理制度、数据存储设施管理制度、基础软件管理制度等；按照运维过程管理主要有设施运维人员和岗位职责管理制度、外来维护人员管理制度、运维记录管理制度、设备巡检、维护作业计划管理制度等。

4. 信息系统设施运维的人员

信息系统设施运维的人员包括管理人员、技术支持人员和具体操作人员，对各类人员的岗位要求如表 3-1 所示。

表 3-1　信息系统设施运维人员的技术要求

运维对象	管理人员	技术支持人员	具体操作人员
基础环境	具有丰富的运维服务项目管理经验，并有 IT 服务管理相关的中、高级培训认证证书	熟练掌握机房基础设施相关设备的安装、调试、配置和维护，拥有相关设备系统的中、高级培训认证证书	熟练掌握相关设备系统的操作文档，并经过相关专业系统的操作培训和资格认证
网络		熟练掌握相关网络设备、系统的安装、调试、配置和维护，拥有相关设备系统的中、高级培训认证证书	熟练掌握网络及网络设备相关操作文档，并经过培训考核
硬件		熟练掌握相关服务器、存储器的安装、调试、配置和维护，拥有相关设备系统的中、高级培训认证证书	熟练掌握服务器及存储器相关操作文档，并经过培训考核
基础软件		熟练掌握相关软件的安装、调试、配置和维护，拥有相关软件的中、高级培训认证证书； 熟悉数据产生、处理的关键环节，并了解数据输入、输出、处理的相关步骤	熟练掌握基础软件相关操作文档，并经过培训考核

3.2　信息系统设施运维的内容

信息系统设施运维的内容可分为例行操作运维、响应支持运维、优化改善运维和咨询评估运维。

3.2.1 例行操作运维

例行操作运维是指设施运维人员通过预定的（如巡检、监控、备份、应急测试、设备保养等）例行服务，以及时获取运维对象状态，发现并处理潜在的故障隐患，保证信息系统设施的稳定运行。例行操作运维过程中需要关注的要素及内容如表 3-2 所示。

表 3-2 例行操作运维过程中需要关注的要素及其内容

	关注的要素	要素内容
1	例行服务范围、内容	根据运维对象的特点，制定例行服务的周期、范围、人员、内容和目标
2	例行服务指导手册	编制例行服务的指导手册，并指定专人负责更新和完善。指导手册包括： （1）例行服务的任务清单 （2）各项任务的操作步骤及说明 （3）判定运行状态是否为正常的标准 （4）运行状态信息的记录要求 （5）制定异常状况处置流程，包括角色定义、处置方法、流转过程和结束要求 （6）例行服务的报告模板
3	与其他服务内容的接口	必要时创建与响应支持、优化改善和咨询评估服务的接口

例行操作运维过程将形成无形和有形两种形式的成果，如表 3-3 所示。

表 3-3 例行操作运维过程中的成果

	成果类型	成果内容
1	无形成果	（1）运维对象当前运行状态（正常、异常、存在潜在风险等） （2）运行状态从异常到正常的状态恢复 （3）对潜在风险的消除
2	有形成果	（1）运行状态信息记录 （2）运行状态异常处理记录 （3）趋势分析及可能的风险消除建议 （4）例行操作交付过程中的其他报告

例行操作作业包括设施监控、预防性检查和常规操作三种类型。

1. 设施监控

设施监控是指通过各类工具和技术，对设备的运行状态进行记录和分析，从而及时发现故障，以便进行故障的诊断与恢复。设施监控的内容主要包括设备状态、运行状况和变化情况等。

1）基础环境的监控

基础环境监控的内容如表 3-4 所示。

表 3-4 基础环境监控的内容

系统	监控内容
空调系统	环境温度、湿度、出风温度、回风温度及告警情况等
供配电系统	电流、电压、功率因数、有功功率、无功功率等

续表

系　　统	监 控 内 容
发电机	启停情况，电流、电压、负载率、控制系统供电情况等
UPS 系统	输入电流/电压、输出电流/电压、频率、功率因数、负载率、温度、告警情况等
消防系统	告警情况等
安全系统	告警情况、监控录像等

2）网络的监控

网络监控的主要内容如下。

（1）网络拓扑监控：在网络运维工作中，如果对网络的监控只是单点地针对设备进行观察及排错，或者仅有静态的逻辑拓扑图，均不利于运维人员对网络进行整体有效的认识或监控。网络运维需要能够反映网络中所有设备的工作状态、线路流量状态并能进行智能告警通知的拓扑图，我们称之为物理拓扑图。通过物理拓扑图能真实地反映网络设备的物理运行状态，运维人员可以及时地了解网络中的故障点和压力点，并对网络中的所有设备进行快速的浏览及配置，提高工作效率。

（2）网络设备监控：监控网络整体运行状态、网络设备各硬件资源开销状况、网络设备 CPU 利用率、内存利用率、电源系统和通风系统运行状况、控制面主备工作状况、网络设备端口状况等，当设备的运行状态信息超越阈值时，监控工具可以产生告警。其中，以端口监测最为关键，主要监测端口的数据流量，包括入速率、出速率、入丢帧速、出丢帧速、单播入帧速、单播出帧速、非单播入帧速、非单播出帧速、入错误帧速、出错误帧速等，如图 3-2～图 3-4 所示，通过监测及时发现异常的网络流量。

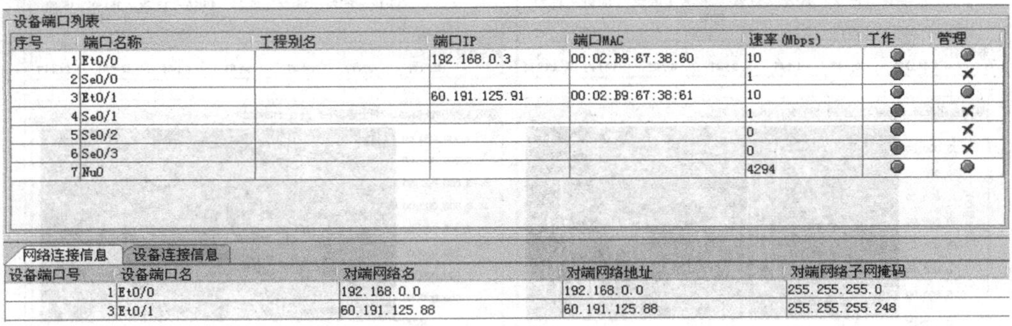

设备端口列表

序号	端口名称	工程别名	端口IP	端口MAC	速率(Mbps)	工作	管理
1	Et0/0		192.168.0.3	00:02:B9:67:38:60	10	●	●
2	Se0/0				1	●	×
3	Et0/1		60.191.125.91	00:02:B9:67:38:61	10	●	●
4	Se0/1				1	●	×
5	Se0/2				0	●	×
6	Se0/3				0	●	×
7	Nu0				4294	●	●

网络连接信息　设备连接信息

设备端口号	设备端口名	对端网络名	对端网络地址	对端网络子网掩码
1	Et0/0	192.168.0.0	192.168.0.0	255.255.255.0
3	Et0/1	60.191.125.88	60.191.125.88	255.255.255.248

图 3-2　网络设备端口分布管理情况

通过网络端口丢包率监测能够监测端口通信链路的稳定性、抖动率，及时发现系统隐患，保证业务正常。

（3）网络链路监控：对物理链路连接状态进行监视和管理，监控链路的带宽、速率、错误率、丢包率、端到端时延变化、链路端口工作稳定性、链路负载百分比、部署路由策略情况下端到端链路变化（见图 3-5）。通过监控工具可对指定链路设定告警阈值，如链路带宽占用率阈值、链路速率阈值等。在链路连接发生故障或达到告警阈值时，链路以颜色的改变提醒运维人员，并产生相关告警。

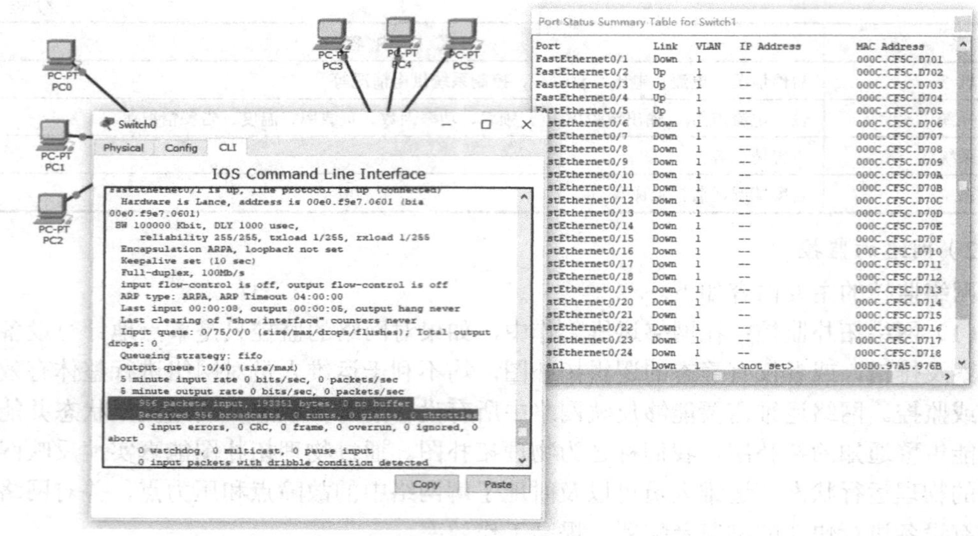

图 3-3　网络设备端口的数据流

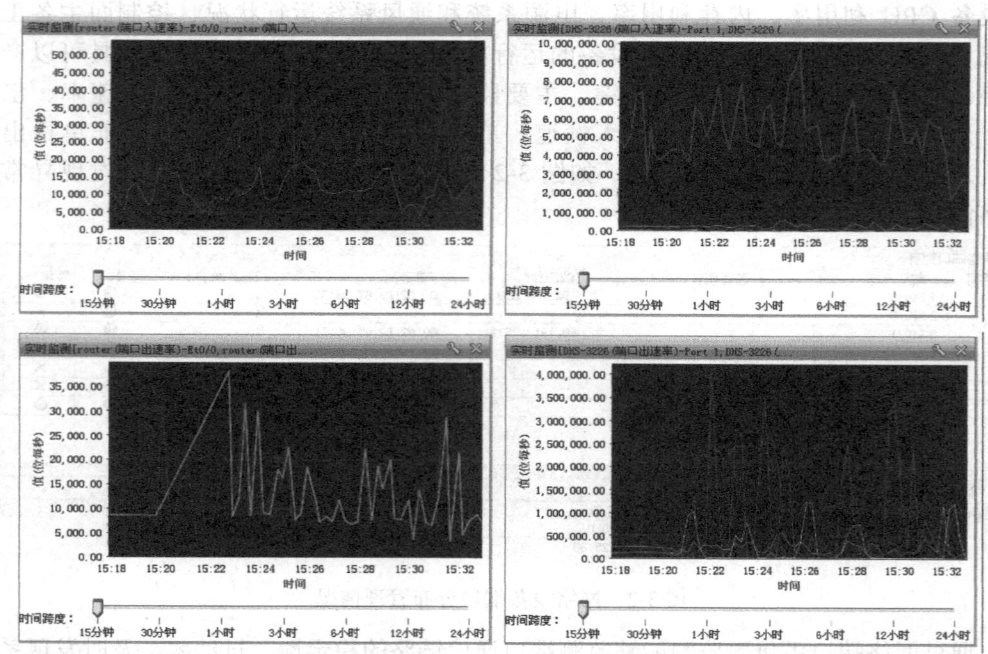

图 3-4　网络设备端口的实时流量图示例

（4）网络设备日志监控：通过 syslog、trap 等协议采集设备的日志信息，并支持对日志的过滤、存储和统计。

3）硬件的监控

硬件监控的重点是服务器及存储设备的运行状态、性能、资源使用分配情况，以便了解其是否满足运行要求。

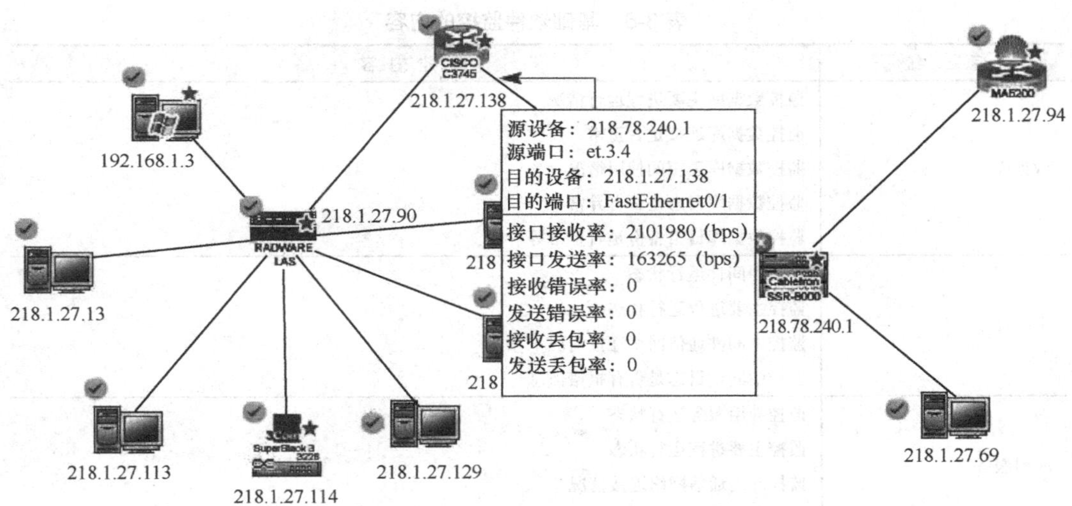

图 3-5 信息系统链路及相关参数显示示例

监控的类型主要分为状态监控、性能监控和可用性监控。

（1）状态监控：主要监控和管理服务器状态，如风扇转速、湿度、电压、CMOS 电池容量及电源与硬盘状态等。

（2）性能监控：主要监控服务器 CPU 负载、内存和磁盘使用量、并发会话数、网卡性能等指标和运行状态参数等。

（3）可用性监控：如对于 Windows 操作系统，可通过对 WMI 的支持监控 Windows 服务器的事件日志、MS Exchange Server、SQL Server、LDAP、IIS 等服务的可用性。

硬件监控的内容如表 3-5 所示。

表 3-5 硬件监控的内容

系 统	监 控 内 容
服务器及存储设备	监控主机服务器 LED 面板运行错误码 监控服务器电源工作状态指示灯 监控服务器硬盘工作状态指示灯 监控服务器 CPU 使用比例情况 监控操作系统重要文件系统空间使用情况 监控服务器内存使用情况等

4）基础软件的监控

基础软件监控的重点是对基础软件的运行状态、运行性能、资源使用分配情况进行监控，以便了解其是否满足运行要求，监控内容如表 3-6 所示。监控应当采用合适的装备与手段，分配专门的人员定期或全时段进行手动或者自动监控，可以通过一些数据指标（如服务器的响应速度）来提前预知服务异常。

表 3-6　基础软件监控的内容

系　统	监 控 内 容
数据库	监控数据库主要进程运行情况 监控数据库连接是否正常 监控数据库表空间使用情况 监控数据库日志是否有异常 监控数据库日常备份是否正常等
中间件	监控中间件运行状态 监控主要进程运行状态 监控中间件通信网络连接情况 监控中间件日志是否有报错信息
应用服务	监控应用服务运行状态 监控主要进程运行状态 监控应用通信网络连接情况 监控应用服务日志是否有报错信息

对于数据库监控、中间件监控和应用服务监控而言，具体的监控内容应包括下列几项。

（1）数据库监控：数据库监控主要监控数据库系统的性能、事务、连接等方面的数据，如数据库工作状态、数据库表空间的利用情况、数据文件和数据设备的读/写命中率、数据碎片的情况、数据库的进程状态、数据库内存利用状态等，如表 3-7 所示。

表 3-7　数据库监控的具体内容

监 控 内 容	监 控 说 明
基础监控	数据库是否装载，指定表或视图是否存在，制定指定表空间的使用率
基本信息采集	监测数据库服务器的基本信息，包括实例状态、主机名、DB 名称、DB 版本、位长、并行状态、例程名、例程开始时间、限制模式、归档模式、归档路径、只读模式、是否使用 Spfile 启动及启动路径
表空间监测	监测数据库服务器指定表空间的使用量、使用百分率、PSFI 值、读/写时间、扩展次数、Next 扩展大小
数据文件监测	监测指定文件大小及状态
回滚段监测	监测数据库服务器指定回滚段命中率、大小、压缩次数
系统全局区（System Global Area，SGA）配置监测	监测数据库服务器 SGA 性能、高速缓冲区大小、重做日志缓冲区大小、共享池大小、数据字典缓存大小、共享库缓存大小、SQL 缓存大小
链接会话监测	监测数据库服务器中会话的 CPU 时间、内存排序次数、提交次数、占用游标数、缓冲区命中率
安全访问监测	监测表空间使用率、连接会话数等
资源锁定监测	监测数据库服务器中指定资源的锁定时长
命中率监测	监测数据库服务器的高速缓存区命中率、共享库缓存区命中率、共享区字典缓存命中率、回退段等待次数与获取字数比率、磁盘排序与内存排序比率
数据空间监测	监测指定数据空间
数据库大小监测	监测数据库实例当前大小

（2）中间件监控：中间件监控主要应监控中间件的各项运行状态参数，包括配置管理、连接池、线程队列、负载监测、通道情况监测等，具体如表3-8所示。

表3-8 中间件监控的具体内容

监 控 内 容	监 控 说 明
系统信息采集	监测中间件的基本信息，包括操作系统、操作系统版本、当前可用堆栈及大小、当前目录、重启次数、开启线程数
JVM 使用监测	监测 JVM 的堆栈大小和使用率
JDBC 连接池监测	监测 JDBC 数据连接池资源分配情况
JTA 事务监测	监测中间件中数据处理事务的活动情况
线程池监测	监测指定线程类的线程平均数、空闲线程平均数及线程吞吐量
Servlet 监测	监测指定 Servlet 的执行和调用情况
EJB 监测	监测指定 EJB 激活次数、钝化次数、缓存个数、事务提交次数、事务回滚次数、事务超时次数、访问次数
通道情况监测	监测 MQ 的通道情况，包括每秒接收字节、每秒发送字节、通道状态、发送间隔、事务数
队列深度监测	监测 MQ 服务的消息队列的队列深度
Web 应用监测	指定 Web 应用中 Session 的当前个数、最大值及累积个数
JMS 队列深度监测	监测中间件中 JMS 消息队列的活动情况
Tuxedo 负荷监测	监测 Tuxedo 的机器状态是否被激活、每秒处理的队列服务数、每秒入队的队列服务数、当前客户端数、当前 WorkStation 客户端数
TongWeb 数据连接池	监测国产中间件 TongWeb 数据库连接信息，如最大、最小连接数，可用、创建、关闭、等待连接数等
TongWeb 应用性能监控	主要监测系统线程情况、请求队列情况、吞吐量、发送/接收字节数等信息

（3）应用服务监控：应用服务监控通过对信息系统基础应用平台（如 IIS、Apache 等）的基础信息、连接测试、基本负载等重要信息的监测，有效、实时地分析 HTTP/HTTPS、DNS、FTP、DHCP、LDAP 等常见通用服务的运行状态和参数，深入分析服务响应速度变化的技术原因和规律，从根本上解决服务响应性能的问题。

应用服务监控具体应包括的内容如表3-9所示。

表3-9 应用服务监控的具体内容

监 控 内 容	监 控 说 明
Web 服务器可用性监测	监测 HTTP、HTTPS 和 Web Service 服务器是否连接及是否正常运行，可以监测指定 HTTP 的 URL 路径是否包含或不包含指定内容
标准邮件服务器监测	监测 IMAP、POP3、SMTP 邮件服务器是否连接及是否正常运行，可以监测具体的邮箱邮件数及邮箱使用量
Active Directory（AD）服务监测	监测 AD 服务运行情况、请求的响应情况及服务复制列表情况等
基础服务监测	主要是对 DNS、FTP、LDAP 服务的监测，内容包括监测相关服务器是否连接，是否正常运行，以及连接时间等
通用资源监测	主要对 TCP 端口和 SNMP 进行监测，包括监测多个 TCP 端口，采集连接时间，可指定端口开启或关闭时告警和监测多个 SNMP 表达式（支持四则运算、时间差值运算等）对应的采集结果，并可设定告警阈值

2．预防性检查

预防性检查是在信息系统设施监控的基础上，为保证信息系统设施的持续正常运行，运维部门根据设备的监控记录、运行条件和运行状况进行检查及趋势分析，以便及时发现问题并消除和改进。主要包括性能检查和脆弱性检查两个方面。

（1）基础环境的预防性检查：内容如表 3-10 所示。

表 3-10　基础环境的预防性检查

系　　统	性能检查内容	脆弱性检查内容
空调系统	高压压力、低压压力（风冷系统），冷冻水压力、温度，冷却水压力、温度（水冷系统），风机运行情况等	机房热点情况、室内机漏水检查、室外风机运转情况、加湿罐阳极棒检查、过滤网检查等
供配电系统	接地电阻、零序电流、器件发热情况等	导线、器件发热情况，防浪涌器件情况等
发电机	转速、发热情况等	油位，吸气、排烟通道等
UPS 系统	器件发热情况、电池情况（外观、液位、接线柱）等	器件、导线发热情况，电池放电时间等
消防系统	钢瓶压力、有效期、探头污染等	启动瓶、管道开关、气体压力等
安全系统	器件灵敏度、画面清晰度（不同照度情况下）	器件灵敏度、监控死角问题等

（2）网络的预防性检查：内容如表 3-11 所示。

表 3-11　网络的预防性检查

系　　统	性能检查内容	脆弱性检查内容
网络及网络设备	检查网络设备非业务繁忙期 CPU 使用峰值情况 检查网络设备非业务繁忙期内存使用峰值情况 检查设备板卡或模块状态使用情况 检查设备机身工作使用情况 检查主要端口的利用率 检查链路的健康状态（包括 IP 包传输时延、IP 包丢失率、IP 包误差率、虚假 IP 包率）	检查设备链路的冗余度要求 安全事件周期性整理分析 设备生命周期与硬件可靠性评估 备件可用性、周期性检查

（3）硬件的预防性检查：内容如表 3-12 所示。

（4）基础软件的预防性检查：内容如表 3-13 所示。

表 3-12　硬件的预防性检查

系　　统	性能检查内容	脆弱性检查内容
服务器及存储设备	检查服务器非业务繁忙期 CPU 使用峰值情况 检查服务器非业务繁忙期内存使用峰值情况 检查操作系统重要文件系统空间使用情况 检查服务器、存储 I/O 读/写情况 检查数据流网络流量情况等	检查服务器、存储关键硬件部件是否满足运行冗余度要求 检查当前操作系统版本是否安装相关风险补丁 检查重要业务数据文件或操作系统文件空间使用是否达到预定阈值 检查关键机密系统数据安全防护设置是否满足要求 检查系统使用资源是否超过预定阈值

表3-13　基础软件的预防性检查

系　统	性能检查内容	脆弱性检查内容
数据库	检查数据库业务CPU使用情况 检查数据库业务内存使用情况 检查数据库业务锁情况 检查数据库业务会话数和操作系统进程数情况 检查数据库buffer等命中率情况 检查数据库业务等待事件情况	检查当前数据库版本是否安装相关风险补丁 检查表空间的使用是否达到了预定阈值 检查数据库关键文件是否做了镜像 检查数据库备份策略是否合理 检查数据库是否存在异常用户
中间件	检查中间件服务器业务CPU使用峰值情况 检查中间件服务器业务内存使用峰值情况 检查中间件服务器业务会话连接数情况	检查中间件服务器、存储关键硬件部件是否满足运行冗余度要求 检查当前中间件版本是否安装相关风险补丁 检查中间件的数据库连接密码配置文件是否存在明码 检查相关重要运行程序是否保留备份 检查操作系统配置是否符合中间件运行的要求 检查系统使用资源是否超过预定阈值等

3．常规操作

常规操作运维是对信息系统设施进行的日常维护、例行操作，主要包括定期保养、配置备份等，以保证设备的稳定运行。

1）基础环境的常规操作

内容包括基础类操作、测试类操作和数据类操作三类。

（1）基础类操作：根据有关规定，执行基础环境的日常运行、维护和保养操作。

（2）测试类操作：根据有关规定，对基础环境各系统功能、性能进行测试。

（3）数据类操作：按事先规定的程序，对基础环境运行日志、记录等数据进行操作。

基础环境常规操作的主要内容如表3-14所示。

表3-14　基础环境常规操作的主要内容

系　统	基础类操作	测试类操作	数据类操作
空调系统	启/停机，清洗、更换滤网，清洗、更换加湿系统，清洁冷凝器等	漏水报警测试等	运行日志备份，告警记录备份、清除等
供配电系统	除尘、合闸、分闸等	互投测试等	—
发电机	更换三滤（燃油滤清器、机油滤清器、空气滤清器）、清洁等	空载测试、带载测试、切换演练等	运行日志备份，告警记录备份、清除等
UPS系统	旁路、清洁等	旁路测试、电池放电测试等	运行日志备份，告警记录备份、清除等
消防系统	探头清洗等	启动测试、探头测试等	告警记录备份、清除等
安全系统	门禁授权等	器件灵敏度、画面清晰度(不同照度情况下)、云台运行等	出入记录导出、备份，监控图像记录备份、清除，告警记录备份、清除等

2）网络的常规操作

网络的常规操作主要包括网络设备操作系统软件备份及存档、网络设备软件配置备份及存档、监控系统日志备份及存档、监控系统日志数据分析与报告生成、网络配置变更文件的审核、网络配置变更的操作、网络配置变更的记录。

3）硬件的常规操作

硬件常规操作的主要内容如表 3-15 所示。

表 3-15　硬件常规操作的主要内容

系　统	常规操作内容
服务器及存储设备	检查设备是否正常启动 检查硬件设备是否有运行告警灯或故障灯 检查设备运行日志是否有报错信息 检查业务系统运行是否正常（交易是否正常） 检查应用系统是否有运行错误日志 检查系统关键进程是否运行正常等

4）基础软件的常规操作

基础软件常规操作的主要内容如表 3-16 所示。

表 3-16　基础软件常规操作的主要内容

系　统	常规操作内容
数据库	检查数据库服务是否正常启动 检查数据库网络侦听是否正常 检查数据库运行日志是否有报错信息 检查数据库定时执行任务是否正常 检查数据库备份是否正常
中间件	检查中间件相关进程是否已正常启动 检查中间件运行日志是否有报错信息 检查业务系统交易运行是否正常

3.2.2　响应支持运维

响应支持运维是运维人员针对服务请求或故障申报而进行的响应性支持服务，包括变更管理、故障管理等。响应支持运维过程中需要关注的要素如表 3-17 所示。

表 3-17　响应支持运维过程中需要关注的要素

序　号	关 注 要 素	要 素 内 容
1	明确响应支持受理的渠道	如电话、传真、邮件或 Web 方式
2	对响应支持的实施过程进行记录，甄别响应请求是否为有效的申请；对有效申请进行分类，并根据紧急程度、影响范围和重要程度判断优先级，然后分发给相应人员进行响应支持	响应支持优先级一般划分为： （1）紧急程度——响应支持处理的时间要求，如不紧急、紧急和非常紧急 （2）影响范围——响应支持涉及的运维对象规模，如个别对象、部分对象和全部对象 （3）重要程度——响应支持涉及的运维对象在信息技术或业务系统中的重要性，如不重要、重要和非常重要

续表

序　号	关注要素	要素内容
3	在响应支持处理过程中设置预警、告警机制及升级流程	（1）预警——当响应支持在承诺时间即将到达时尚未结束，应提前预警或升级，以引起相关人员的关注，确保按时解决问题 （2）告警——当响应支持在承诺解决时间到达时尚未结束，应给予告警和升级，以通知相关人员关注，确保尽快解决问题 （3）升级——响应支持处理的升级，包含将初始设定的优先级上调；通知预先设定好的上级管理者，以调动更多资源解决该事件；通知预先设定好的高级专家，以调动更专业的人员解决该事件
4	在响应支持处理过程中的各个关键环节	将进展信息及时通知供需双方相关人员
5	与其他服务内容的接口	必要时创建与例行操作、优化改善和咨询评估服务的接口

响应支持过程将形成无形和有形两种形式的成果，如表 3-18 所示。

表 3-18　响应支持过程中形成的主要成果

序　号	成果类型	成果内容
1	无形成果	（1）运行状态从异常到正常的状态恢复 （2）运维知识的传递
2	有形成果	（1）响应支持记录 （2）响应支持关键指标数据记录（响应事件量、问题数、故障时间/次数） （3）重大事件（故障）的分析改进报告 （4）满意度分析 （5）响应支持交付过程中的其他报告

响应支持作业根据响应的前提不同，分为事件驱动响应、服务请求响应和应急响应。

1．事件驱动响应

事件驱动响应是指由于不可预测原因导致服务对象整体或部分功能丧失、性能下降，触发将服务对象恢复到正常状态的服务活动。事件驱动响应的触发条件包括外部事件、系统事件和安全事件三种。外部事件指为信息系统设施运行提供支撑的、协议获得的、不可控、非自主运维的资源，如互联网、租赁的机房等由服务中断引发的事件。系统事件指运维标的物范围内的、自主管理和运维的系统资源服务中断引发的事件。安全事件指安全边界破坏、安全措施或安全设施失效造成的安全等级下降和用户利益被非法侵害的事件。

1）基础环境的事件驱动响应

主要包括以下内容。

（1）空调系统：故障排查，关闭部分机组以维持机房最低温/湿度指标等。

（2）供配电系统：故障排查，投入备用电源回路，关闭非重要回路等。

（3）发电机：启动发电机，补充油料。

（4）UPS 系统：故障排查，切换旁路系统，关闭非重要输出等。

（5）消防系统：故障排查，系统启动，报警联动，疏散警示等。

（6）安全系统：手动开启或关闭门禁系统，检查告警或监视记录等。

2）网络的事件驱动响应

主要包括按预定义级别的网络通信相关故障发生所启动的响应支持，特定事件或时间所驱动的响应支持，信息系统变更所驱动的响应支持，信息系统故障所驱动的响应支持，灾难性事件所驱动的响应支持。

3）硬件的事件驱动响应

主要包括针对硬件设施故障引起的业务中断或运行效率无法满足正常运行要求等，例如：

（1）设备电源硬件故障导致设备宕机。

（2）服务器通信模块故障导致业务通信中断（如网卡损坏）。

（3）服务器文件系统异常导致操作系统运行缓慢，从而引起业务交易超时。

（4）数据库软件异常导致数据库停止，从而引起业务交易中断。

（5）主机、存储光纤卡异常引起数据无法读/写，导致业务无法正常执行等。

4）基础软件的事件驱动响应

主要包括针对基础软件故障引起的业务中断或运行效率无法满足正常运行要求，例如：

（1）数据文件坏块引起数据库异常。

（2）设备电源硬件故障导致数据库异常。

（3）主机、通信模块或网络设备故障导致数据库连接中断。

（4）主机硬盘、光纤卡或存储异常引起数据无法读/写，导致数据库宕机。

（5）主机 CPU、磁盘、数据库表空间等资源耗尽导致数据库系统运行缓慢。

（6）数据库产生死锁。

（7）数据库配置变更导致数据库系统异常或运行缓慢。

（8）主机通信模块或网络设备故障造成软件异常。

（9）操作系统原因导致中间件软件异常。

（10）数据库原因导致中间件软件异常。

2．服务请求响应

服务请求响应是指由于各类服务请求引发的针对服务对象、服务等级做出调整或修改的响应型服务。此类响应可能涉及服务等级变更、服务范围变更、技术资源变更、服务提供方式变更等。

1）基础环境的服务请求响应

主要包括以下内容。

（1）空调系统：调整温度、湿度参数等。

（2）供配电系统：增减回路，增减供电类型（如直流、110V）等。

（3）发电机：为指定负载供电等。

（4）UPS 系统：旁路操作，为指定负载供电等。

（5）消防系统：增减终端设备，检查及提供告警和监控记录，备份或清除记录等。

2）网络的服务请求响应

指对网络及网络设备的操作作业请求，如增加或降低网络接入的数量或速度，更改网络设备配置等进行的响应服务。

3）硬件的服务请求响应

指对硬件设施的操作作业请求，如启动、关闭端口或服务；更换、更新或升级设备硬件等进行的响应服务，如设备搬迁、设备停机演练、设备清洁维护、系统参数调整和文件系统空间扩容等。

4）基础软件的服务请求响应

指针对基础软件，根据信息系统软件运行需要或相关方的请求而进行的响应服务，如数据库版本升级、数据库灾难恢复、数据库调优、数据库数据移植、数据清理、中间件服务器更换、中间件参数调整和软件版本升级等。

3．应急响应

应急响应是指组织为预防、监控、处置和管理运维服务应急事件所采取的措施和行为。信息系统设施运维应急事件是指导致或即将导致信息系统设施运行中断、运行质量降低或需要实施重点时段保障的事件。当出现跨越预定的应急响应阈值的重大事件，或由于政府部门发出行政指令或对运维对象提出要求时，应当启动应急处理程序。

应急响应是信息系统设施运维中的一个重要组成部分，针对突发公共事件，国家和地方政府出台的各项总体预案和专项预案，从整体或专业角度，对预防与应急准备、监测与预警、应急处置与救援、事后恢复与重建等方面进行了规定。但在信息技术运维领域，与之相对应的应急响应规范尚未建立起来。

应急响应的管理是为了避免无序运维，提升应急状态下的运维响应能力，提前发现和解决问题，降低突发事件造成的不良影响，以合理的投入创造更大的效益。

应急响应过程包括应急准备、监测与预警、应急处置和总结改进四个主要环节，如图 3-6 所示。

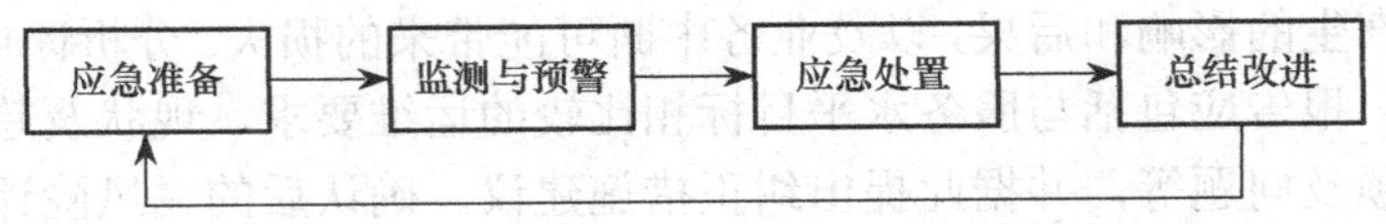

图 3-6　应急响应过程

每个环节中包括若干重点任务，这些任务覆盖了日常工作、故障响应和重点时段保障等不同类型的活动。应急响应的活动与任务如表 3-19 所示。

表 3-19　应急响应的活动与任务

主要环节	重点任务	日常工作	故障响应	重点时段保障
应急准备	建议应急管理的组织和制度	√		
	风险评估与改进	√		
	应急事件级别划分	√		
	预案制定	√		
	培训与演练	√		
监测与预警	日常监测与预警	√	√	
	记录与报告	√		√

续表

主要环节	重点任务	日常工作	故障响应	重点时段保障
监测与预警	核实与评估		√	√
	预案启动		√	√
应急处置	应急调度		√	√
	排查与诊断		√	
	处理与恢复		√	
	升级与信息通报			
	持续服务与评价		√	√
	事件关闭		√	√
总结改进	事件总结		√	√
	应急管理体系的保持		√	√
	应急准备工作的改进	√	√	√

1）应急准备

（1）建立应急管理的组织和制度：确保组建合适的组织以满足日常运维和应急响应的服务要求，明确应急管理组织中的角色及关系。应急管理组织建立后对应的应急管理制度包括负责制定应急响应方针（应急响应原则、范围等），明确应急响应的范围、要求、等级等。

（2）风险评估与改进：风险评估与改进的目的是系统地识别运维服务对象及运维活动中可能出现的风险并提前改进，包括风险识别与评估、风险应对。

运维人员从系统的角度识别风险要素，如运维对象、运维内容、组织及流程接口等。根据风险要素，应急管理组织按照一个确定的方法和流程来实施风险评估，明确其在运维过程中的关键活动、所需资源、限制条件及组织面临的各种威胁，明确当威胁演变为应急事件时所产生的影响和后果，以及业务中断可能带来的损失。分析评估后应形成《风险评估报告》，报告应包括与服务水平目标相比较的运维要求、现状及趋势信息、风险要素、不符合项及问题等，并据此提出纠正措施建议，确认后的《风险评估报告》将作为风险应对预案。

对于识别出的各种风险，制定明确的应对策略，包括风险规避、风险转嫁、风险降低、风险接受等。根据《风险评估报告》，形成《系统改进方案》以降低风险，包括降低风险转变为应急事件的可能性，缩短应急事件的持续时间，限制应急事件的影响范围。

（3）应急事件级别划分：应急事件分级的主要参考要素为信息系统的重要程度、紧急程度、系统损失和社会影响。相关责任人按照以上要素对可能发生的事件进行评估，确定应急事件的级别。包括以下内容。

灾难事件（Ⅰ级）：指由地震、火灾、恐怖袭击等原因造成主要 IT 设施毁灭性损坏，或者由于系统平台或业务数据遭受严重破坏，无法在短时间内恢复系统服务，造成核心业务服务中断超过 48 小时。

重大事件（Ⅱ级）：指造成核心业务服务中断超过 24 小时，或重要业务数据丢失，或业务数据需要后退到上一备份状态。

严重事件（Ⅲ级）：指造成核心业务服务中断超过 12 小时，或少量业务数据丢失。

一般事件（Ⅳ级）：指造成核心业务服务中断超过 4 小时，或管理支撑系统服务中断超过 24 小时。

（4）预案制定：预案制定的目的是提供应对运维应急事件的操作性文件。

根据风险评估和事件级别划分制定《应急响应预案》。预案可以分为总体预案和针对某个核心系统的专项预案及其附则。预案中应该考虑到各种应急资源的调配和预置，主要包括人员、备品备件、资金、系统工具等。《应急响应预案》的内容包括应急响应预案的编制目的、依据和适用范围，具体的组织体系结构及人员职责，应急响应的监测和预警机制，应急响应的启动，应急响应的处置，应急响应的总结，应急响应的保障措施，应急预案的附则等。

经过评审确认的应急响应预案，由责任者或授权管理者负责预案的分发，同时建立预案的版本控制。

（5）培训与演练：培训需要制订应急响应培训计划，并组织相关人员参与，将应急响应预案作为培训的主要内容。培训应使相关组织及人员明确其在应急响应过程中的责任范围、接口关系，明确应急处置的操作规范和操作流程。

应急响应演练的目的，一是为了验证预案是否能够真正满足实际的需求，二是为了检验应急响应小组成员之间相互配合的默契程度和对运维事件应对步骤的熟练程度。演练的方式分为工具测试演练和场景模拟演练。

为了检验预案的有效性，同时使相关人员了解运维预案的目标和流程，熟悉应急响应的操作规程，应急响应的演练应做到：预先制订演练计划，在计划中说明测试工具或演练的场景；演练的整个过程有详细的记录，并形成报告；演练不能对业务运行造成负面影响；按照约定周期，进行完整演练（可以有被委托的第三方机构参与），周期建议可以设定为一个季度、一年或三年。

2）监测与预警

（1）日常监测与预警：日常监测与预警负责保障运维服务的可用和连续，及时发现运维服务应急事件并有效预警。结合运维服务水平协议和应急响应预案，开展日常监测与预警活动，主要包括设立服务台并保持运营，确定监测项、监测时间间隔与阈值，确定活动中的人员、角色和职责。可以采用运维工具与人工相结合的方式开展日常监测与预警活动。

（2）记录与报告：建立监测、预警的信息登记和报告制度。对日常监测的结果进行记录，发现运维服务应急事件时，应提交单独的报告，报告内容应包括故障或预警发生及发现的时间和地点、表象及影响的范围、原因初步分析、报告人等。对运维应急事件要保持持续性跟踪。

（3）核实与评估：核实与评估负责对出现的运维服务应急事件进行有效识别。其中核实是指接到报告的责任者应对报告内容进行逐项核实，以判别运维服务应急事件是否属实；事件级别评估是指责任人应参照应急准备活动中的事件级别划分，确定应急事件所对应的事件级别，同时将事件级别置于动态调整控制中。

（4）预案启动：确保以规定的策略和程序启动预案，并保持对应急事件的跟踪。

建立、审议预案启动的策略和程序，以控制预案启动的授权和实施。对预案启动可能造成的影响进行评估，在相关方之间就启动何种类型预案达成一致，过程包括一旦事件升级，与之相对应的预案调整的方式，同时记录预案启动的过程和结果。

信息通报内容包括预案启动的原因、事件级别、事件对应的预案、要求采取的技术应对措施或处置的目标、实现目标所应采取的保障措施（人员、物资、环境、资金等）、对应急处置过程及结果的报告要求（报告程序、报告内容、报告频率等）。信息通报的方式可以是电话、邮件、电视、广播和文件等。相关方对收到的通报信息需要进行确认和反馈。

应急响应人员根据调整后的状态开展监测与预警活动，并按一致约定的程序和监测范围及监测频率提供报告。

3）应急处置

（1）应急调度：在应急调度中明确应急调度手段，规范应急调度过程。在调度安排下，相关人员实施应急处置，责任者根据应急处置要求，对应急处置经费、应急处置人员、应急处置设施等进行统一调配和管理，并完成调度明细说明的整理和归档。应急调度的工作流程包括在规定时间要求内，迅速组织人员勘察、分析。通过网络、媒体、广播等多种手段快速获取应急事件的相关信息。及时组织并协调相关部门及人员召开应急处置工作会议；根据应急处置要求，对涉及应急处置组织下达调度命令；组织人员保护可追查的相关线索。

（2）排查与诊断：排查与诊断是基于已经启动的预案而开展的，在排查与诊断中，应建立多渠道的应急处置支持模式，如建立由服务商、供应商、生产制造商构成的应急处置支持模式。故障排查与诊断的流程包括：应急处置责任者调配处置人员进行现场故障排查。现场处置人员进行故障排查和诊断，必要时可寻求外协人员以现场或远程方式进行支持，在此过程中可借助各类排查、诊断、分析工具，如应用软件、电子分析工具、故障排查知识库等。现场处置人员则随时向处置责任者汇报故障排查情况、诊断信息、故障定位结果等，对排查与诊断的过程和结果信息进行整理与归档。

在实施应急处置过程中，各级责任者需要及时与相关利益方进行沟通，沟通的内容主要包括应急处置故障点、造成故障的原因、排查诊断等，及时完成对沟通信息及对应组织人员的核实与确认，同时对确认信息完成归档、上报、审批等事项。

（3）处理与恢复：负责对故障进行有效、快速的处理与恢复。应基于预案和知识库进行故障的处理与恢复，处理与恢复的原则应在满足相应服务水平协议要求的前提下，尽快恢复服务。采用的方法、手段不应造成新的事件发生。必要时可启用备品备件、灾备系统等，对过程及结果信息进行记录，并及时告知相关方面和人员。此外，责任者应组织对处理与恢复的结果进行初步确认。

（4）升级与信息通报：应急响应组织通过实施有效评审，实现对应急处置的升级与通报，故障处置责任者应组织相关人员对故障处置过程及结果情况进行评审。在评审中，参考服务水平协议中对事件处置内容情况的设定，同时结合应急故障处置的现场情况进行分析和比较。当应急故障现场处置的情况超过原应急预案中的事件处置级别要求时，应作为应急事件升级。建立、审议应急事件升级的策略和程序，以控制应急事件升级的授权和实施，就应急事件升级可能造成的影响进行评估。升级过程包含预案调整、人员调整、资金调整及相关设施调整，需要对应急事件升级的过程和结果信息进行整理与归档。信息通报内容包括事件升级的原因，事件升级后的级别，事件升级后与之对应的预案，根据升级事件处置的要求和目标，确定所需的技术应对措施，实现目标所应采取的保障措施（如人员、物资、环境、资金等），对升级事件处置过程及结果的报告（如报告程序、报告对象、报告内容、报告频率等），信息通报的范围和涉及接收者。信息通报的方式有电话、邮件、电视、广播和文件等形式。

（5）持续服务与评价：在完成对应急事件故障的处置后，应组织运维人员提供持续性服务，同时应对持续性服务的效果进行评价。

（6）事件关闭：规范并明确应急处置的关闭流程，即关闭申请、关闭核实、关闭通报。

关闭申请：建立、审议事件关闭的策略和程序，以控制事件关闭的授权和实施；对应急事件处置的过程文档和各评审/评价报告进行整理，由明确的责任者或授权管理者提出事件关闭申请，并提交相关文档资料。

关闭核实：接到事件关闭申请的责任者应逐项核实报告内容，以判别应急事件处置过程和结果信息是否属实。

关闭通报：建立、审议应急事件关闭通报制度，应急事件关闭的责任者向相关利益方通报信息，内容应包括应急事件的级别，事件对应的预案信息，应急事件处置的过程情况，事件的调整升级情况，持续性服务状况信息，事件处置评价信息，事件关闭申请的处理意见，关闭通报的范围和涉及接收者。

4）总结改进

（1）应急事件总结：在事件关闭之后，组织相关人员对本次事件的原因、处理过程和结果进行分析，总结经验教训，并采取必要的后续措施。事件总结应包含事件发生的原因分析，应急事件的处理过程和结果，评估应急事件造成的影响，降低事件发生频率、减轻损害和避免再次发生的方法。

（2）调查和收证：当一个事件涉及责任认定、赔偿或诉讼时，应收集、保留和呈递证据。证据可用于内部问题分析，用做有关可能违反合同或规章要求的法律取证，与供应商或其他组织谈判赔偿事宜。

（3）应急体系的保持：为保证应急体系的有效性和时效性，需要对应急体系进行不定期及定期的维护和审核，以确保组织具有足够的应急响应能力。

体系维护主要是指当组织战略、业务流程、客户要求等发生重大变化时，对现有的应急体系，尤其是风险评估和应急预案进行修改。体系维护应该是不定期进行的，是由事件驱动的。组织需要建立明确的应急体系维护计划，确保任何影响到组织应急管理的重大变更都能被识别出来，同时采取必要的措施对这些变更进行分析，并对应急管理体系做出相应调整，这种调整可能涉及应急管理的方针策略、流程、应急预案和资源配置。

体系维护流程的结果应包括关于应急体系维护活动的文档记录，确保应急响应的相关人员都已经明确应急体系的调整内容，并接受必要的培训，当需要对风险评估、组织架构、人员配备进行调整时，保留必要的文档记录。

体系审核主要是指对组织当前的应急响应能力和管理模式进行评审，以确保它们符合预定的标准和要求，同时明确组织在应急响应方面的主要不足和改进方向。体系审核应该是定期进行的，组织应该至少一年进行一次体系审核。体系审核的输入信息主要包括相关利益方的要求和反馈，组织所采纳的用于支持应急响应的各种技术、产品和流程，风险评估的结果及可接受的风险水平，应急预案的测试结果及实际执行效果，上次体系评审的后续跟踪活动，可能影响应急体系的各种业务变更，近期在处置应急事件过程中总结的经验和教训，培训的结果和反馈。体系审核的输出结果主要包括应急体系的改进目标；如何提升应急体系的有效性和效率；所需的各种资源，包括人员、软硬件、资金等。

（4）应急准备工作的改进：应急事件总结、体系维护和体系审核的结果将作为应急准备阶段的重要输入信息，组织应根据应急事件总结报告中给出的建议项和体系评审结果来调整应急准备及风险应对的策略。

3.2.3 优化改善运维

优化改善运维是指运维人员通过调优改进，达到提高设备性能或管理能力的目的。优化改善运维的相关要素如表 3-20 所示。

表 3-20 优化改善运维的相关要素

序 号	关 注 要 素	要 素 内 容
1	优化改善方案	方案中应包含优化完善的目标、内容、步骤、人员、预算、进度、衡量指标、风险预案和回退方案等
2	对优化改善方案进行必要的评审	包括内部、外部评审
3	安排试运行观察期	—
4	对遗留问题制定改进措施	—
5	在优化改善完成后进行必要的回顾总结	—
6	与其他服务内容的接口	必要时创建与例行操作、响应支持和咨询评估服务的接口

优化改善运维过程将形成无形和有形两种形式的成果，如表 3-21 所示。

表 3-21 优化改善运维形成的主要成果

序 号	成 果 类 型	成 果 内 容
1	无形成果	（1）设备或系统等运行性能的提升 （2）组织或流程等管理水平的提升
2	有形成果	（1）优化方案及相关评审记录 （2）变更和发布报告 （3）优化改善交付过程中的其他报告

优化改善运维包括适应性改进、纠正性改进、改善性改进和预防性改进四种类型。

1. 适应性改进

优化改善运维中的适应性改进是指为了保证在已变化或正在变化的环境中可持续运行而实施的改造。

1）基础环境的适应性改进

主要包括以下内容。

（1）空调系统：调整温度、湿度参数等。

（2）供配电系统：回路调整等。

（3）发电机：调整启动方式等。

（4）安全系统：调整授权模式、告警模式、云台运转周期等。

2）网络的适应性改进

主要包括路由策略调整，设备或链路负载调整，安全策略调整，监控对象覆盖范围调整，局部交换优化，局部可靠性优化等。

3）硬件的适应性改进

针对服务器及存储设备而言，主要包括服务器交换区 SWAP 容量调整，操作系统内核参数调整，存储 RAID 保护级别调整，文件系统使用空间调整划分等。

4）基础软件运维的适应性改进

指根据信息系统软件的特点和运行需求，对软件进行调整，如相关操作系统参数调整，中间件参数配置优化，数据库参数调整，临时表空间、用户表空间调整，数据库重命名，数据库日期格式调整等。

2．纠正性改进

1）基础设施的纠正性改进

主要包括以下内容。

（1）空调系统：调整温度、湿度参数等，调整机组位置等。

（2）供配电系统：更换开关、导线以适配负载容量等。

（3）安全系统：调整终端位置，更换终端设备型号等。

2）硬件的纠正性改进

指根据应用系统的特点和运行需求，分析服务器及存储设备的运行情况，调整服务器及存储设备不合理的初始容量配置、参数配置等，以满足信息系统的运行需求，如调整网卡通信速率模式，调整数据库表空间大小，调整数据库相关参数，调整操作系统相关内核参数等。

3．改善性改进

优化改善运维中的改善性改进是指根据信息系统或相关设备的运行需求或设计缺陷，采取相应改进措施，以增强安全性、可用性和可靠性。

1）基础设施的改善性改进

主要包括以下内容。

（1）空调系统：增减机组、APU 单元等。

（2）供配电系统：增加回路、ATS 设备等。

（3）UPS 系统：增加主机数量、电池数量等。

（4）安全系统：增加告警联动、终端数量、存储容量等。

2）网络的改善性改进

主要包括硬件容量变化（如网络设备硬件、软件升级、带宽升级等），整体网络架构变动，网络架构容量变化（如网络子系统的增减等），系统功能变化（如新增功能区、安全系统、审计系统等），路由协议应用及部署调整，整体安全策略收紧，交换优化，可靠性优化等。

3）硬件的改善性改进

指根据应用系统的特点和运行需求，通过对服务器及存储设备的运行记录、趋势的分析，对服务器及存储设备进行调整、扩容或升级等，包括存储磁盘容量增加，服务器CPU个数增加，服务器内存容量增加，服务器本地磁盘容量增加，网卡升级等。

4）基础软件的改善性改进

指根据应用系统的特点和运行需求，通过对数据库的运行记录、趋势的分析，对数据库进行调整、扩容或升级，主要包括软件版本升级、打补丁；由于主机CPU个数、内存容量增加而调整软件相应的参数；由于主机存储设备的增加而调整数据库表空间容量等。

4. 预防性改进

优化改善运维中的预防性改进是指监测和纠正系统运行过程中潜在的问题或缺陷，以降低系统风险，满足未来可靠运行的需求。

1）基础环境的预防性改进

主要包括以下内容。

（1）空调系统：调整机组位置，调整出/回风方式等。

（2）供配电系统：更换开关，更换导线，调整回路等。

2）网络的预防性改进

主要包括以下内容。

（1）配置参数优化［如关闭不必要的服务，打开默认的增强功能（CEF 等），加快三层网络路由收敛速度，加快二层网络生成树收敛速度等］。

（2）安全优化（如密码加密，Telnet 控制等）。

（3）提高软件配置命令可读性。

3）硬件的预防性改进

根据对服务器及存储设备的运行记录、趋势的分析，结合应用系统的需求，发现服务器及存储设备的脆弱点，有针对性地进行改进性作业，如删除垃圾数据，释放数据空间；增加数据文件空间使用范围；增加电源供电模块冗余；调整存储RAID数据保护级别等。

4）基础软件的预防性改进

根据信息系统的特点和运行需求，分析软件的运行情况，调整软件的不合理初始配置、参数配置等，以满足应用系统的运行需求，如连接池参数调整，关键配置文件定期备份，调整数据库备份策略，数据库配置参数调整，数据库资源使用调整，数据库执行SQL调整，主机操作系统内核参数调整。

3.2.4 咨询评估运维

咨询评估运维指运维人员根据系统运行的需求，提供服务器及存储设备的咨询评估服务，并提出存在或潜在的问题和改进建议。咨询评估运维过程中需要关注的要素如表 3-22 所示。

表 3-22　咨询评估运维过程中需要关注的要素

序　　号	关 注 要 素	要 素 内 容
1	在咨询评估开展前，制订咨询评估计划	包括目标、内容、步骤、人员、预算、进度、交付成果和沟通计划等
2	编写咨询评估报告	包括现状评估、访谈调研、需求分析、咨询建议等
3	制定报告的评审制度	包括组织内部评审和外部评审，并进行记录
4	持续跟踪咨询评估的落地执行情况	咨询评估的落地执行具体情况

咨询评估运维过程将形成无形和有形两种形式的成果，如表 3-23 所示。

表 3-23　咨询评估运维过程中形成的主要成果

序　　号	成 果 类 型	成 果 内 容
1	无形成果	（1）运维对象的衡量评价 （2）运维对象的规划建议
2	有形成果	（1）咨询评估计划 （2）咨询评估的方案和评审记录 （3）咨询评估交付过程中的其他报告

具体来讲，咨询评估作业包括被动性咨询服务、主动性咨询服务。被动性咨询服务是根据需求，对服务对象进行现状调研和系统评估，识别出服务对象的运行健康状况和弱点，并提出改进建议；主动性咨询服务是根据应用系统的特点和运行需求，对服务对象的运行状况、运行环境进行分析和系统评估，提出改进或处理的建议和方案。

1．基础环境的咨询评估

主要包括以下内容。

（1）空调系统：机房环境指标分析及改进建议，机房热点分析及布置改进建议，机房送风、回风方式改进建议，辅助制冷单元配置建议等。

（2）供配电系统：机柜供电分析及改进建议，机房回路调整分析、调整建议，机房扩容建议等。

（3）发电机：发电机负荷分析及调整建议等。

（4）UPS 系统：UPS 运行分析及扩容建议等。

（5）安全系统：图像监控系统分析及改进建议（如增加存储设备、增加摄像头等），报警系统运行分析及改进建议等。

2．网络的咨询评估

主要包括以下内容。

（1）网络实际负荷与承载能力分析。

（2）网络预期负荷与承载能力分析与建议。

（3）网络架构变动分析与建议。

（4）网络路由策略变动分析与建议。

（5）网络安全策略变动分析与建议。

（6）网络配置调优分析与建议等。

3．硬件的咨询评估

指通过对服务器及存储设备的运行记录、趋势分析，发现服务器及存储设备存在或潜在的问题，提出改进或处理的建议和方案。

3.3　信息系统设施运维技术——故障诊断与修复

设施故障是一个令人头痛而又不得不面对的难题，也是运维人员直接面对的问题，需要做到快速定位问题、合理分析故障成因、找出排查方案。本节主要介绍信息系统设施的常见故障排除过程、诊断方法及故障诊断的原则和注意事项。

信息系统设施常见故障按照区域大致可以分为机房内故障和机房外故障。机房内故障主要包括网卡断线或降速故障、网线断线或降速故障、交换机整体故障/单口故障或 VLAN 故障、机柜级联故障等，机房外故障主要包括区域性网络故障和 DNS 解析故障等。按照故障性质则可分为链路故障、配置故障、协议故障和服务器故障四类。链路故障通常由接插件松动或设备硬件损坏所致，而其他故障则往往由人为的设置所致。在检查和定位故障时，必须认真考虑可能出现故障的原因，以及应当从哪里开始着手，一步一步进行追踪和排除，直至最后恢复设施的正常运行。

3.3.1　主要故障原因与现象

虽然故障现象千奇百怪，故障原因多种多样，但总的来讲都可以归纳为硬件问题和软件问题，即网络链路问题、配置文件和选项问题、网络协议问题及服务故障等。

1．网络链路

网络链路是故障发生后首先应当考虑的原因。链路的问题通常是由网卡、跳线、信息插座、网线、交换机等设备和通信介质引起的，其中任何一个设备损坏，都会导致网络连接中断。

链路通常可采用软件和硬件工具进行测试验证，如当某一计算机不能浏览 Web 时，首先想到的就是网络链路的问题。到底是不是呢？这要通过测试进行验证——FTP 可以登录吗？看得到网上邻居吗？可以收发电子邮件吗？用 Ping 命令可得到网络内同一网段的其他计算机吗？只要其中一项回答为“Yes”，那就不是链路问题。当然，即使回答为“No”，也不能表明链路肯定有问题，而是可能会有问题，因为如果计算机网络协议的配置出了毛病也会导致上述现象的发生。另外，看一看网卡和交换机的指示灯是否闪烁及闪烁是否正常。

当然，如果排除了由于计算机网络协议配置不当而导致故障的可能之后，接下来要做的事情就比较麻烦了，需要查看网卡和交换机的指示灯是否正常，测量网线是否通畅，检查交换机的安全配置和 VLAN 配置，直至最后找到影响网络链路的原因。

2．配置文件和选项

所有的交换机和路由器都有配置文件，所有的服务器、计算机都有配置选项，而其中任何一台设备的配置文件和配置选项设置不当，都会导致网络故障。例如，路由器的访问列表配置不当会导致Internet连接故障；交换机的VLAN设置不当会导致VLAN间的通信故障，彼此之间都无法访问，更不用说访问Internet了；服务器权限设置不当，会导致资源无法共享或无法获得足够权限的故障；计算机网卡配置不当，会导致无法连接的故障等。因此，在排除硬件故障之后，就需要重点检查配置文件和选项的故障了。

当某一台计算机无法接入网络，或无法与连接至同一交换机的其他计算机通信时，应当检查接入计算机的配置；当某台接入层交换机无法连接至网络时，应当检查该交换机级联端口及汇聚层交换机的配置；当同一VLAN或几个VLAN内的交换机无法访问时，应当检查接入、汇聚或核心交换机的配置；当所有交换机都无法访问Internet时，就应当检查路由器或代理服务器的配置；当个别服务无法实现时，应当检查提供相应服务的服务器配置。

3. 网络协议

网络协议是在网络设备和计算机网络中彼此“交谈”时所使用的语言。网络协议的配置在网络中有着举足轻重的地位，决定着网络能否正常运行。任何一个网络协议配置不当，都有可能导致网络瘫痪，或导致某些服务被终止，从而出现网络故障。

4. 服务故障

服务故障主要包括三个方面，即服务器硬件故障、网络操作系统故障和网络服务故障。所有的网络服务都必须进行严格的配置或授权，否则就会导致网络服务故障。例如，服务器权限设置不当，会导致资源无法访问；主目录或默认文件名指定错误，会导致Web网站发布错误；端口映射错误，会导致无法提供某种服务等。

因此，当排除硬件故障之后，就需要重点检查配置文件和选项；当网络内所有的服务都无法实现时，应当检查网络设备的配置，尤其是连接网络服务器的交换机的配置；如果只有个别服务无法实现，则应当检查提供相应网络服务的相关配置。

3.3.2 故障排除步骤

在开始动手排除故障之前，应当养成一种良好的习惯，即进行故障排除时就开始做好记录，而不是在事情做完之后才做记录。认真而翔实的记录不仅有助于一步一步地记录问题、跟踪问题并最终解决问题，而且也为自己或其他运维人员以后解决类似问题提供了完整的技术文档和帮助文件。

1. 识别故障现象

识别问题是排除故障的关键。运维人员在排除故障之前，必须确切地知道网络上到底出了什么毛病，是不能共享资源，还是不能浏览Web页，或是不能使用QQ等。对一名优秀运维人员的最基本要求，就是能够对问题进行快速定位。

为了与故障现象进行对比，必须非常清楚网络的正常运行状态，即了解网络设备、网络服务、网络软件、网络资源在正常状态下的表现方式，了解网络拓扑结构，理解网络协议，掌握操作系统和应用程序，都是故障排除必不可少的理论和知识准备。识别故障现象时，应该询问以下几个问题：

（1）故障的表现是什么？有无响应？报错吗？

（2）故障是什么时候发现的？

（3）故障是否可重现？

（4）有没有出现的规律（如每小时出现一次）？

（5）故障影响的特定用户群是什么样的（已登录的、退出的、某个地域的……）？

（6）最后一次对整个平台进行更新的内容是什么（代码、服务器等）？

（7）当被记录的故障现象发生时，正在运行什么进程？

（8）这个进程以前运行过吗？

（9）以前这个进程的运行是否成功？

（10）这个进程最后一次成功运行是什么时候？

（11）基础架构（物理的、逻辑的）的文档是否能找到？

（12）是否有监控平台？是否可用？

（13）是否有日志可以查看？

2. 对故障现象进行详细描述

在处理由用户报告的问题时，对故障现象的详细描述显得尤为重要。例如，运维人员接到用户电话，说无法浏览 Web 网站，那么仅凭这些信息，恐怕任何人都无法做出明确的判断。这时，就要亲自到现场去试着操作一下，运行一下程序，并注意出错信息。例如，在使用 Web 浏览器进行浏览时，无论输入哪个网站都返回“网页无法显示”之类的信息；或者使用 Ping 程序时，无论 Ping 哪个 IP 地址都显示超时连接信息等，诸如此类的出错消息会为缩小问题范围提供许多有价值的信息。注意每一个错误信息，并在用户手册中找到它们，从而得到关于该问题更详细的解释，是解决问题的关键。另外，亲自到故障现场进行操作，也有机会检查用户操作系统或应用程序是否运行正常，各种选项和参数是否被正确地设定。如果在操作时没有任何问题，那就可能是操作者的问题了。不妨让用户再试一次，并认真监督用户的每一步操作，以确保所有的操作和选项都被正确地执行和设置。

当然，在亲自操作时，应当对故障现象做出详细的描述，认真记录所有的出错信息，并快速记录所有有关的故障现象，制作详尽的故障笔记。分析这些故障现象究竟表明了什么，这些故障现象是否相互联系，在寻找问题答案的过程中，很有可能又导致更多的故障现象产生。所以在开始排除故障之前，应按以下步骤执行：

（1）收集有关故障现象的信息。

（2）对问题和故障现象进行详细的描述。

（3）注意细节。

（4）把所有的问题都记下来。

3. 列举可能导致错误的原因

接下来要做的就是列举所有可能导致故障现象的原因了。运维人员应当考虑，导致无法用 Web 浏览器的原因可能有哪些，是网卡硬件故障、网络设备故障，还是 TCP/IP 协议设置不当等。在这个阶段不要试图去找出哪一个原因就是问题的所在，只要尽量多地记录下自己所能想到的，而且是可能导致问题发生的原因就可以了，也可以根据出错的可能性把这些原因按优先级别进行排序，不要忽略其中的任何一个细节。

4. 缩小搜索范围

运维人员必须采用有效的软硬件工具，从各种可能导致错误的原因中一一提出非故障因素。对所有列出的可能导致错误的原因逐一进行测试，而且不要根据一次测试就断定某一区域的网络是运行正常还是不正常。另外，当确定了一个错误后也不要自以为是地停下，而不再继续测试。因为此时既可能是搞错了，也可能是存在的错误不止一个，所以，应该使用所有可能的方法来测试所有的可能性。

除了测试之外，还要注意以下几件重要的事情。

（1）检查网卡、交换机和路由器面板上的LED指示灯。通常情况下，绿灯表示连接正常；红灯表示连接故障；不亮表示无连接或线路不通；长亮表示广播风暴；指示灯有规律地闪烁才是网络正常运行的标志。

（2）检查服务器、交换机或路由器的系统日志，因为在这些系统日志中往往记载着产生的错误及错误发生的全部过程。

（3）利用网络管理软件检查问题设备。例如，CiscoWorks、HP OpenView 等网管软件，具有图形化的用户界面，交换机各端口的工作状态可以一目了然地显示在屏幕上。更进一步地，许多网络管理软件还具有故障预警和告警功能，从而使运维人员在缩小搜索范围时省下不少的力气。

当然，在这一步骤中要及时记录下所有观察及测试的手段和结果。

5. 定位错误

运维人员经过反复的测试，明确故障源，假设可能是计算机出错，则首先检查该计算机网卡是否安装好，TCP/IP 协议是否安装并设置正确，Web 浏览器的连接设置是否得当等一切与已知故障现象相关的内容。然后就是排除故障。在排除之前需要对发生的故障有充分的了解，这样故障排除也就变得简单了。但是，不要就此匆忙地结束工作，因为还有更重要的事情——故障分析。

6. 故障分析

故障处理完之后，作为运维人员必须搞清楚故障是如何发生的，是什么原因导致故障的发生，以及如何避免类似故障的发生，应拟定相应的对策，采取必要的措施，制定严格的规章制度。

对于一些非常简单明显的故障，上述过程看起来可能会显得有些烦琐。但对于一些复杂的问题，这却是必须遵循的操作规程。

最后，记录所有的问题，保存所有的记录。另外，经常回顾曾经处理过的故障也是一种非常好的习惯，这不仅是一种经验的积累，便于以后处理类似故障，而且还会启发思考许许多多与此相关联的问题，从而进一步提高理论和技术水平。

3.3.3 故障诊断方法

信息系统设施的故障多种多样，不同的故障有不同的表现形式。在分析故障时要透过各种现象灵活运用诊断方法，如排除法、对比法、替换法等。在实际应用中，要根据不同的故障现象使用不同的方法，或者几种方法综合使用。

1. 排除法

排除法主要是根据所观察到的故障现象，尽可能全面地列举出所有可能导致故障发生的原因，然后逐一分析、诊断和排除。

使用排除法虽然可以应付各种各样的设施故障，但要求运维人员拥有深厚的理论功底、丰富的实践经验和较强的逻辑思维能力，并且全面了解、掌握和灵活运用各种网络测试工具与管理工具软件，善于分析问题和解决问题。同时，由于导致故障现象发生的因素比较复杂，往往是一因多果或一果多因，因此，在解决和排除故障时会耗费较多的时间。由此可见，应当仔细观察故障现象，并根据经验依次排列可能的故障原因，先从最可能导致故障的原因开始调查，从而缩短故障定位和解决问题所用的时间。归根结底，其他所有故障排除方法都是从排除法演变而来的，包括对比法和替换法，只是对比法和替换法在某些场合中比排除法更具有针对性而已。

2. 对比法

顾名思义，对比法就是对比故障设备和非故障设备之间的“软”“硬”差异，从而找出可能导致故障的原因。可用于对比的内容包括网络设备、端口、线卡、系统配置和系统映像。

使用与所怀疑发生故障的网络设备完全相同的设备进行替换，或者使用相同的端口、插槽或模块进行替换，并对两台设备或端口的不同连接进行对比，在对比结果中找出故障点并进行排除。这种方法虽然简单有效，但有时可能出现故障的设备不止一台，那么排除起来就可能非常麻烦了。

3. 替换法

“替换法”从某种意义上来说与“对比法”是相同的，都是使用已知正常的设备或设备部件进行替换，并找出故障的部件进行排障。替换法主要用于设备硬件故障的诊断，需要注意的是，替换的部件必须是相同品牌、相同型号的同类网络设备。同时，替换法还是平时维修计算机的一种方法，该方法在硬件维护方面的应用非常广泛。

3.3.4 故障诊断与修复原则

在排除设备故障时，决不能没有目的地乱碰运气，而应当遵循应有的规则和策略，只有如此，才能有条不紊地以最快速度定位和排除故障。

1. 先易后难

排除网络设备故障应当和平时工作一样，先从最简单、最有可能导致故障的原因开始，逐一进行排除。运维人员应将导致某种故障的所有原因一一列出，然后从中挑选出发生概率最大、可能性最高且最易于诊断和排除的原因，并由此入手，这样才能提高故障排查的速度。

例如，当某个端口所连接的计算机发生通信故障时，应当先使用网络管理软件，或者远程登录至该网络设备，查看故障端口的工作状态，或许故障原因就是端口由于某种原因宕掉了。这样，只需“enable”该端口，即可恢复该端口的连接。

当使用“enable”无法解决问题时，再查看网络设备的配置，看是否有访问列表或其他设置影响到该计算机的访问。

确认配置没有错误后，到发生故障的网络设备处，将发生故障的跳线连接到其他同类型和配置的端口，查看故障是否修复。

如果故障仍未修复，再查看用户计算机网卡工作状态是否正常，驱动是否正确安装，IP 地址信息设置是否正确。

如果客户端确认无误，再测试故障计算机整体链路（包括水平布线、信息插座至计算机的跳线、配线架至网络设备的跳线）的连通性。

2．先软后硬

所谓“软”，是指应当先借助网络管理工具软件，远程查看设备的各种配置（包括三层路由配置、访问列表配置、端口属性配置、VLAN 和 VLAN Trunk 配置等）、客户端的 IP 地址信息、端口的工作状态、网络设备的性能（CPU 和内存占用情况等）和运行状态，确认是否由系统软件和系统配置等“软”因素导致了网络设备故障。然后，再用视图修改系统配置文件，升级系统软件，重新激活端口或 VLAN 的方式，修复网络设备的“软”故障。

所谓“硬”，是指在“软”的手段不能奏效，进而怀疑端口、模块、板卡甚至网络设备本身，以及网络链路发生故障时，以替换相应硬件或链路的方式，修复网络设备的“硬”故障，恢复正常通信。

3．先边缘后核心

所谓先边缘后核心，是指在诊断和隔离网络故障时，应当先从最边缘的客户端开始，向接入层、汇聚层和核心层进行，进而定位发生故障的位置，判断发生故障的设备，分析发生故障的原因。

4．先链路后设备

通常情况下，网络设备发生故障的可能性比较小。与之相对应，网络链路由于接插件比较多，而任何一个接插件的松动或故障都可能导致物理链路的中断。因此，在发生网络故障时，如果确认是物理硬件故障，则应当先检查链路的完整性，然后再查看端口或设备是否发生故障。

3.3.5　故障诊断与修复注意事项

故障排查是一项压力极大的工作，但完成之后却能帮助 IT 运维团队积累宝贵的处理经验。相对于日常运维来说，故障排查会给运维人员带来极大的恐慌感。此外，压力的存在还可能导致愚蠢的低级失误，这就更加需要运维人员以有条不紊的方式逐一开展尝试。故障诊断与修复工作还应特别注意以下两个方面。

（1）应保证所有修复操作可恢复：为了保障全部具有潜在价值的数据，需要备份当前配置、保存虚拟机或 SAN 快照、留存也许会丢失或被覆盖的日志文件副本等，将可能受到影响的数据复制到正常系统当中，以便应对故障修复工作可能带来的进一步恶化的情况，或在故障修复成功后进一步针对原始故障数据进行研究分析，从而找出故障的深层次原因。

（2）重视记录：运维人员需要详细记录故障观察结果及尝试过的故障排查操作步骤，这样能够防止运维人员一再尝试无效的修复工作，或便于进一步针对故障现象和修复措施进行统计分析。

3.4 信息系统设施运维系统与运维工具

3.4.1 信息系统设施运维管理系统功能

设施运维管理系统的功能一般包括资源管理、监控管理及故障预警管理，具体功能如下。

1. 资源管理

1）设施快照

运维人员通过设备快照功能以图形化的形式实时获取设备当前的基本管理信息，包括设备名称、IP 地址、网络掩码、类型、分类、系统描述、所运行的服务名称、服务的状态、服务占有的端口、服务响应的时间、接口的基本信息及主机资源参数的基本信息等，如图 3-7 所示。

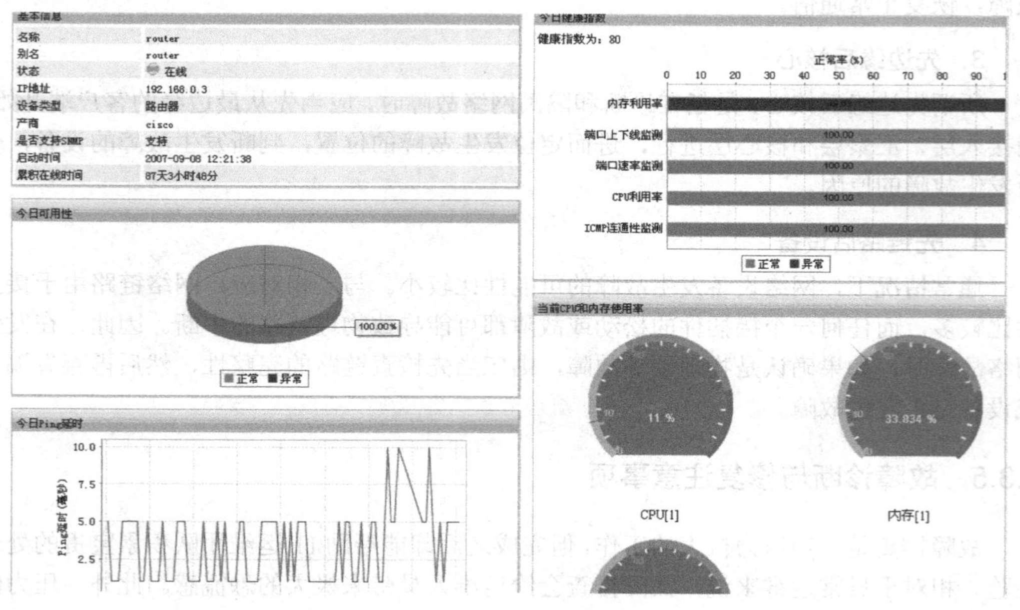

图 3-7　路由设备快照

2）设施视图

设施视图以图形方式呈现信息系统相关设施的信息，能够动态实时显示各类资源的运行状态，便于运维人员了解资源的分布与状态信息，以及对网络中的资源进行监控，如图3-8所示。系统一般支持以下几方面的视图。

（1）机房平面图：提供机房内设备物理摆放位置的视图。

（2）网络拓扑图：以地理视图、层次图等方式显示物理、逻辑网络拓扑结构。

（3）机架视图：提供设备在机架上物理摆放位置的视图。

（4）设备面板图：对被管理的设备应以与设备同样的物理构成直观地进行显示，设备面板图应同时可以显示正面面板和背面面板。

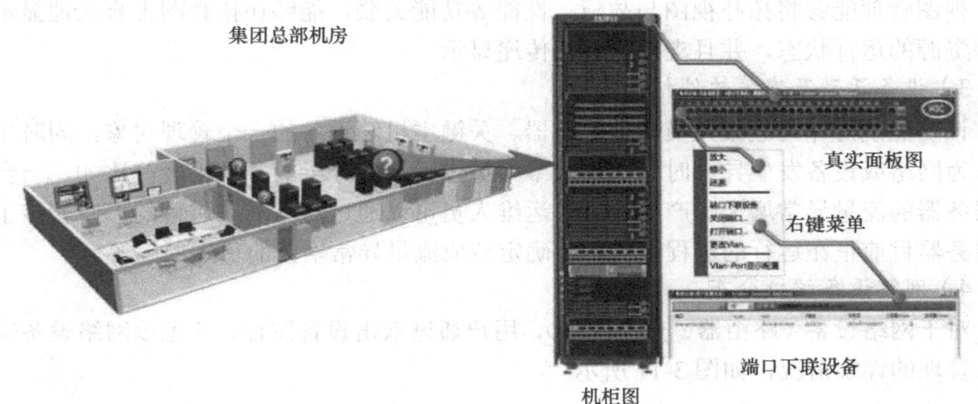

图3-8　设施视图

通过设备面板管理实现对交换机运行状态、端口流量、端口丢包率等性能参数的监视与管理，以及对交换机端口的操作，如交换机端口的管理与取消管理，对端口的开启和关闭等。

设备面板图包括真实面板和仿真面板两种视图方式，分别如图3-9和图3-10所示。

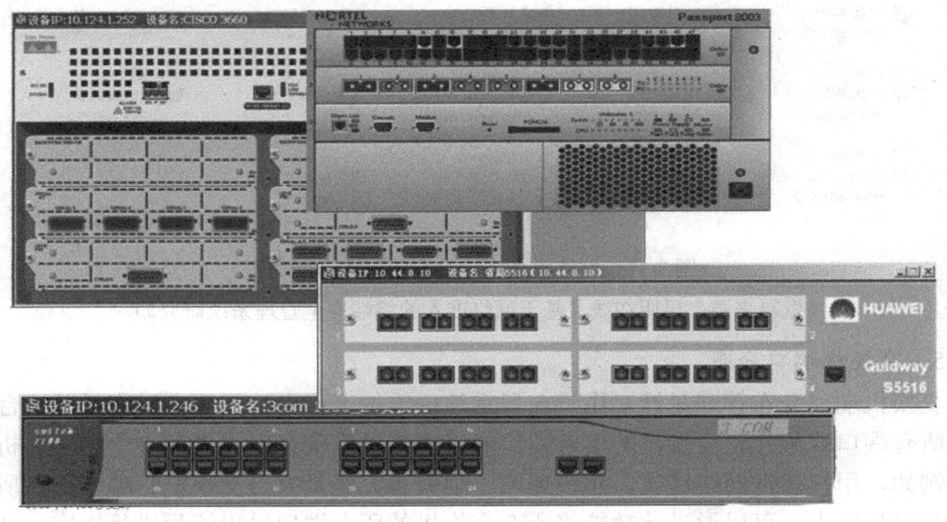

图3-9　设备面板图——真实面板

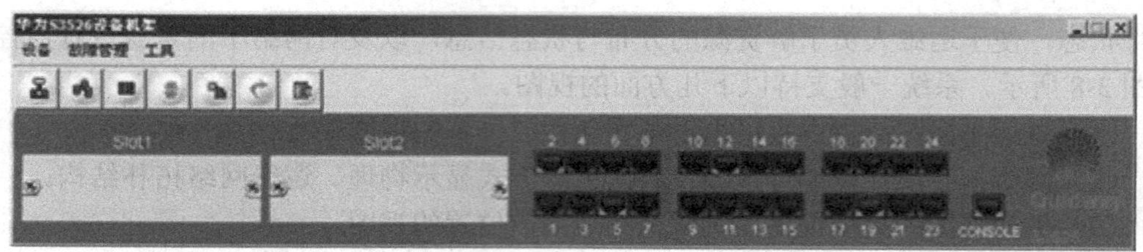

图 3-10　设备面板图——仿真面板

视图管理能够将拓扑视图与故障、性能等功能关联，能够在拓扑图上直观地显示被管理资源的运行状态，并且支持告警的传递显示。

3）设备活动及安装软件信息

该功能既可作为运维人员管理服务器、关键主机等设备的一个管理对象，同时也可以作为网络或设备发生异常时，辅助运维人员进行故障分析的一种手段。比如，一台关键服务器的流量异常增大，产生告警，运维人员可以通过对其活动进程的查看初步了解该服务器目前正在运行的进程，以初步确定造成流量异常增大的可能原因等。

4）网络设备端口分布

对于网络设备（路由器、交换机等），用户通过双击设备图标，获悉该网络设备端口分布管理的详细情况，如图 3-11 所示。

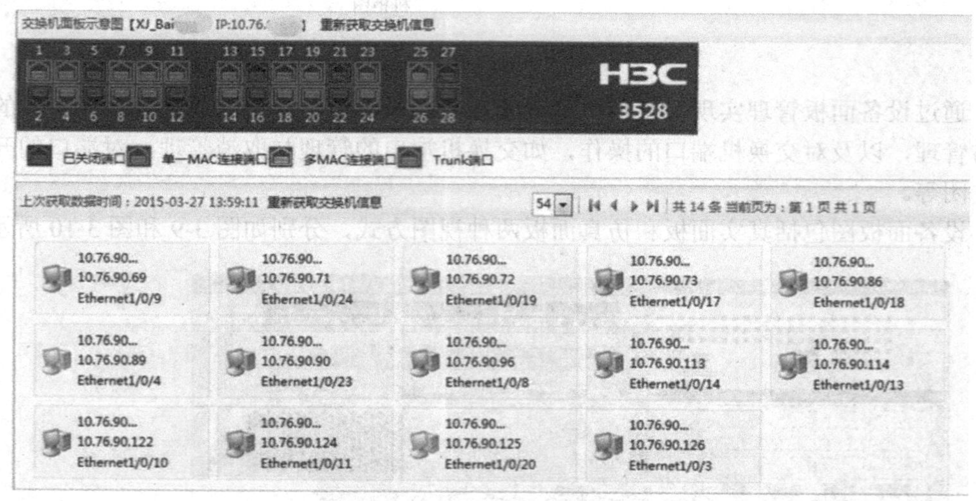

图 3-11　网络设备端口分布管理的详细情况

（资料来源：昆明在线《基于网络准入的终端安全管理系统研究》）

5）交换机端口分布

交换机端口分布管理是针对用户在日常管理维护工作中，需要实时查看某一台交换机的所有端口或某几台交换机的所有端口的进出流量等信息而提供的一个参考分析的功能。例如，用户感觉网络堵塞，想快捷明了地获悉究竟是哪台交换机、哪个端口所连接的设备流量较大，可以通过此功能将所有交换机的所有端口进出流量进行排序，从而及时、准确地得到一个结果，如图 3-12 所示。

类型：端口 刷新周期： 30秒 刷新 导出 打印

端口索引	说明	类型	MTU	带宽	物理地址	管理状态	工作状态	改变时间	入字节累计	入单播包…	入广播包…	入丢包
1	RMON Unit…	other	1500	100000000	00:05:5d:…	启用	上线	2007-10-20	4039196707	837491090	10822063	
2	RMON Unit…	other	1500	100000000	00:05:5d:…	启用	上线	2007-10-18	3597160762	22256397	18806	
3	RMON Unit…	other	1500	100000000	00:05:5d:…	启用	上线	2007-12-3	241599347	230746683	5640980	
4	RMON Unit…	other	1500	100000000	00:05:5d:…	启用	上线	2007-11-22	3552675257	6904565	10594	
5	RMON Unit…	other	1500	100000000	00:05:5d:…	启用	上线	2007-10-31	655825939	709111273	20151146	
6	RMON Unit…	other	1500	100000000	00:05:5d:…	启用	上线	2007-11-7	1061138763	6216206	51398	
7	RMON Unit…	other	1500	100000000	00:05:5d:…	启用	上线	2007-10-18	807283601	21397691	17617	
8	RMON Unit…	other	1500	100000000	00:05:5d:…	启用	上线	2007-12-4	5938015	50260	8357	
9	RMON Unit…	other	1500	100000000	00:05:5d:…	启用	下线	2007-11-21	0	0	0	
10	RMON Unit…	other	1500	100000000	00:05:5d:…	启用	上线	2007-12-4	1601447350	50839305	374934	
11	RMON Unit…	other	1500	100000000	00:05:5d:…	启用	上线	2007-10-18	957298229	7711828	10698	
12	RMON Unit…	other	1500	100000000	00:05:5d:…	启用	上线	2007-10-18	790004237	105157350	15046	
13	RMON Unit…	other	1500	100000000	00:05:5d:…	禁用	下线	2007-10-20	3171768769	235110987	7626940	
14	RMON Unit…	other	1500	100000000	00:05:5d:…	启用	下线		0	0	0	
15	RMON Unit…	other	1500	100000000	00:05:5d:…	启用	上线	2007-10-18	1549329563	6079524	3352	
16	RMON Unit…	other	1500	100000000	00:05:5d:…	启用	下线	2007-10-19	1231382	6766	656	
17	RMON Unit…	other	1500	100000000	00:05:5d:…	启用	下线		0	0	0	
18	RMON Unit…	other	1500	100000000	00:05:5d:…	启用	下线		0	0	0	
19	RMON Unit…	other	1500	100000000	00:05:5d:…	启用	上线	2007-12-2	1384294467	77898878	6698701	
20	RMON Unit…	other	1500	100000000	00:05:5d:…	启用	上线	2007-12-4	2707130330	5804487	21758	
21	RMON Unit…	other	1500	100000000	00:05:5d:…	启用	下线		0	0	0	
22	RMON Unit…	other	1500	100000000	00:05:5d:…	启用	下线		0	0	0	
23	RMON Unit…	other	1500	100000000	00:05:5d:…	启用	上线	2007-10-18	662456992	8594938	3452	
24	RMON Unit…	other	1500	100000000	00:05:5d:…	启用	上线	2007-10-21	2169308772	172800959	7014	
131073	virtual l…	other	1500	1000000000	00:00:00:…	启用	上线	2007-12-4	0	0	0	

图 3-12 交换机端口详细信息查询

2. 监控管理

通过设施的监控及数据的采集和分析，能够及时地对影响设施运行性能的故障事件发送告警，并采取相应的故障处理措施，保证设施的正常安全运行。

1）基础环境监控

主要包括空调工作状态、供配电系统状态、UPS 监控等，如图 3-13 所示。

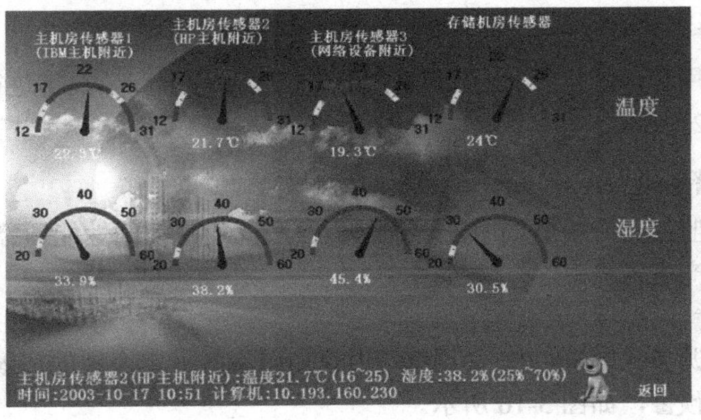

图 3-13 基础环境监控

2）网络监控

主要包括网络拓扑监控、网络设备监控、网络链路监控、网络设备日志监控等，以及时发现隐患，具体内容参见 3.2.1 节。

3）硬件监控

对硬件设备的 CMOS 电池容量、CPU、内存、硬盘、网卡等硬件的关键运行参数进行分类扫描监测，具体内容参见 3.2.1 节。硬件 CPU 资源占用情况如图 3-14 所示，硬件内存资源占用情况如图 3-15 所示。

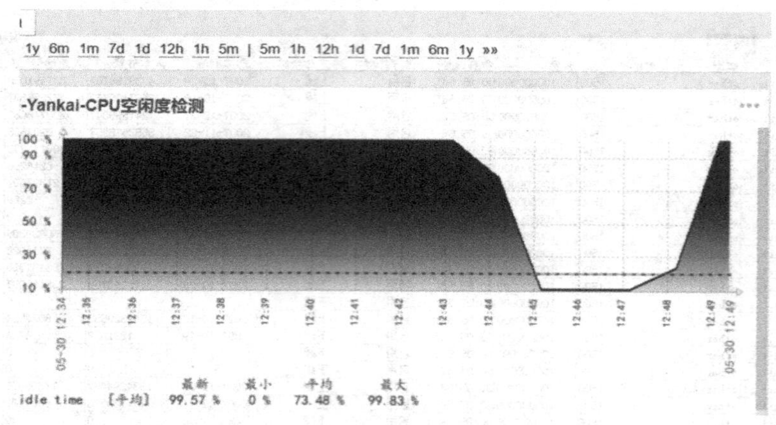

图 3-14　硬件 CPU 资源占用情况

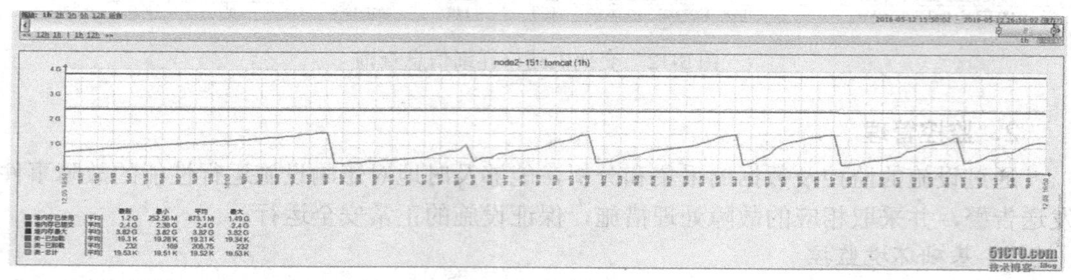

图 3-15　硬件内存资源占用情况

4）基础软件监控

对软件和应用程序的运行状态、运行性能、资源使用分配情况等进行分类扫描监控，具体内容参见 3.2.1 节。

3．故障预警管理

在做好设施监控与分析的同时，要能够做到故障发生前的性能预警，当某参数超过预置的门限时，产生告警。

1）资源预警

可以针对资源参数，如 CPU 使用率、内存使用率等设定合理的门限值，在性能越界的时候给出性能预警，如图 3-16 所示。

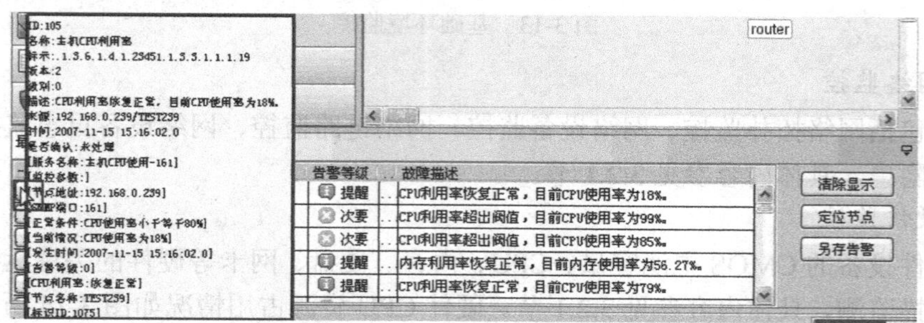

图 3-16　资源预警示意

2）网络性能预警

针对网络性能参数，如进/出流量、错误率、丢包率等设定合理的门限值，在性能越界的时候给出性能预警。对于网络性能参数的性能预警，不仅仅只是针对整个设备，同时对于设备上的端口也可以做更为细化的门限和性能预警设置。例如，交换机既可以对交换机总流量进行性能预警，同时又可以对其相应的端口做门限设置后性能预警，如图3-17所示。

3）基础软件性能预警

针对所监视的基础软件设定如响应时间等性能的合理门限值，在性能越界的时候给出性能预警，如图3-18所示。

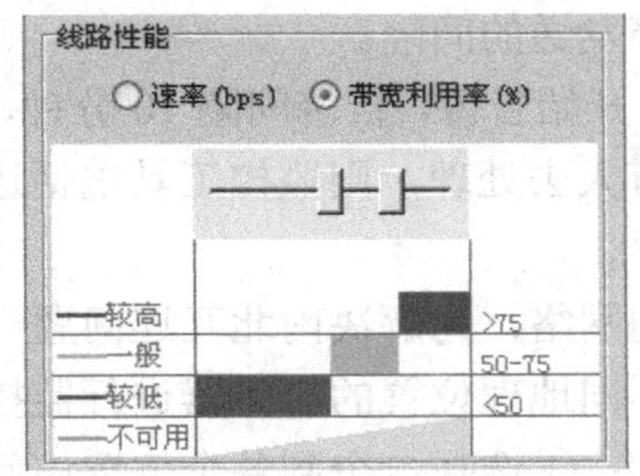

图3-17 网络性能预警示意

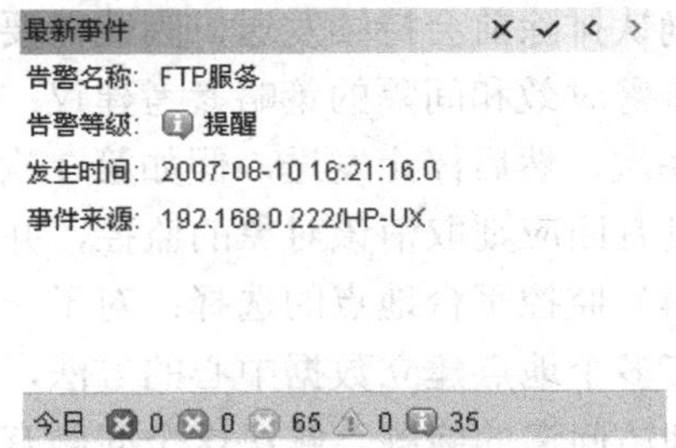

图3-18 网络服务预警事件示意

3.4.2 典型信息系统设施运维工具

信息系统设施运维的工具主要包括监控工具、过程管理工具和专用工具三类，其中监控工具是对运行维护的对象进行数据的采集和监控，评估可能导致运行维护服务对象故障的因素；过程管理工具是按照商定的SLA管理运行维护服务的交付过程，过程管理工具包括日常维护工具、配置（记录）、测量、监督和评估等功能；专用工具则是根据设施运维服务的要求配备的安全工具和用于特殊要求的工具。

1. 监控工具

信息系统设施运维通常采取基于反应的问题解决方案，但往往效率低下，而设施运维监控工具能够通过对各种设施的监测及数据的采集，及时对影响设施运行性能的事件（包括故障）发送告警，以便采取相应的处理措施，保证设施的正常安全运行。一个相对完善的运维监控工具应能记录基础设施中运行的所有服务器和机器，能够在小问题变大之前发出警告；能从一个中心地点运行，从而减少必须到每台物理设施才能解决问题的需求；能提供有关全系统状态、未解决问题等的直观视图。

事实上，没有任何的监控工具可以监视运维所需的一切内容，因此首先需要根据需求制定明确的监控策略。

1）设施运维监控基本策略

为更好、更有效地保障系统上线后的稳定运行，对于信息系统设施中的硬件资源、性能、带宽、端口、进程、服务等都必须有一个可靠和可持续的监测策略和机制，需要明确定义监控的对象、方式，设定告警的优先级、标准等，具体策略包括以下内容。

（1）监控对象：在一个规模较大的网络中，监控的对象可能包括服务器、防火墙、交换机、路由器等设备及运行在各对象上的服务，不需要将所有的对象都放到监控系统中，监控策略的设计首先应明确监控对象。

（2）故障告警方式：对监控系统而言，一定要有合适的故障告警机制。目前常用的告警机制包括邮件、短信、MSN、Web 页面显示等几种手段，这几种手段中，短信告警最佳。

（3）告警时效和间隔的选择：由于网络通信等不可控因素，可能存在故障误报的情况，不应将告警发送设置成一次探测不成功就发送。此外，故障告警开始发送以后，在收到确认排除前会持续发送，因此需要合理设置告警发送的间隔。

告警时效和间隔的策略参考建议：探测 4 次失败开始告警，告警间隔 10 分钟，总共发送 8 次，然后停止发送，假如第 3 次发送后还没有人去处理，则监控工具电话通知，若还没有回应则取消该对象的监控，并记录该次事件。

（4）监控平台地点的选择：对于一个规模较大的网络，为解决南北互连问题一般会采取在多个地点建立数据中心的方法，这时需要对不同地理位置的服务器进行监控，也会遇到访问慢的问题。解决这个问题有以下几种方式：①选择一个到各个位置访问都顺畅的数据机房；②采取分步式监控平台，各处自己收集监控信息，然后到一处汇总；③各数据中心单独建立监控平台。

（5）定义告警优先级策略：对于监控到的事件，通常将访问网页出错、连接不到 Socket 等故障设置为优先告警。此外，对返回的延时、内容的信息，如访问网页的时间、访问网页获取的内容及其他数据指标等，可自定义告警条件，如对 Ping 监控的返回延时一般是 10～30ms，当延时大于 100ms 时，表示网络或者服务器可能出现问题，引起网络响应慢，需要立即检查是否有流量过大或者服务器 CPU 占用率过高等问题；当监控到磁盘空间超过一个阈值时，可能会引起数据库损坏、服务响应变慢等问题，需要告警进行检查和处理。

（6）定义告警信息内容标准：当服务器或应用发生故障时告警信息内容非常多，如告警运行业务名称、服务器 IP、监控的线路、监控的服务错误级别、出错信息、发生时间等。预先定义告警内容及标准能使收到的告警内容具有规范性及可读性。这一点对于用短信接收告警内容特别有意义，短信内容最多是 70 个字符，要用 70 个字符完全明确故障内容比较困难，更需要预先定义内容规范。例如，“视频直播服务器 10.0.211.65 在 2012-10-18 13:00 电信线路监控到第 1 次失败”，清晰明了地告知故障信息。

（7）通过邮件接收汇总报表：设计固定周期收到网站服务器监控的汇总报表邮件，运维人员只需花很少的时间就能大致了解网站和服务器状态。

（8）定义故障告警主次：对于监控同一台服务器的服务，需要定义一个主要监控对象，当主要监控对象出现故障时，只发送主要监控对象的告警，其他次要的监控对象暂停监控和告警。例如，用 Ping 来做主要监控对象，如果 Ping 不通出现 Timeout，表示服务器已经宕机或者断网，这时只发送服务器 Ping 告警并持续监控 Ping，因为再继续监控和告警其他服务已经没有必要。这样既能大大减少告警消息数量，又可以让监控更加合理、更加有效率。

（9）规范本地部署的监控脚本，并归纳总结：对在本地部署的监控脚本要进行统一规范的部署并记录到知识管理系统中，以便沉淀及优化。

（10）实现对常见性故障业务的自我修复功能：将实现对常见性故障业务的自我修复功能的脚本进行统一部署，并对修复后的故障进行检查，一般告警检查频次不多于 3 次。

（11）对监控的业务系统进行分级：如设置类似“一级系统 7×24 小时告警，二级系统 7×12 小时告警，三级系统 5×8 小时告警”这样的业务系统分级标准。

2）常用运维监控工具

当前主流的运维监控工具主要包括 Nagios、Zabbix、Cacti、Gandia、Hyperic、OpenNMS 等，其中以 Nagios、Zabbix 和 Cacti 最为常用，具体说明如表 3-24 所示。

表 3-24　主要运维监控工具 Nagios、Zabbix 和 Cacti

工具名称	来　源	特　点
Nagios	开源	是一个监控系统运行状态和网络信息的监控系统，能有效监控系统、应用、服务及各种进程的运行状况，目前已经成为很多公司必备的监控工具；告警机制包括短信、邮件等，可由用户自行定义。主要功能包括：（1）监控网络服务（SMTP、POP3、HTTP、NNTP、Ping 等）；（2）监视本地或者远程主机资源（内存、进程、磁盘等）；（3）允许用户编写自己的插件来监控特定的服务；（4）具备定义网络分层结构的能力，用“parent”主机定义来表达网络主机间的关系，这种关系可被用来发现和明晰主机宕机或不可达状态；（5）具备定义事件句柄功能，可以在主机或服务的事件发生时获取更多问题定位；（6）自动的日志回滚；（7）可支持对主机的冗余监控；（8）可选 Web 界面用于查看当前的网络状态、通知和故障历史、日志文件等
Zabbix		基于 Web 界面的用于监控网络上的服务器/服务及其他网络设备状态的网络管理系统，能监视各种网络参数，保证服务器系统的安全运营；并提供柔软的通知机制以让系统管理员快速定位/解决存在的各种问题；由两部分构成，zabbix server 与可选组件 zabbix agent。zabbix server 可以通过 SNMP、zabbix agent、Ping 及端口监视等方法提供对远程服务器/网络状态的监视、数据收集等功能。zabbix agent 需安装在被监视的目标服务器上，它主要完成对硬件信息或与操作系统有关的内存、CPU 等信息的收集，主要功能包括：（1）监控 CPU 负荷；（2）监控内存使用情况；（3）监控磁盘使用情况；（4）监控网络状况；（5）监控端口和日志
Cacti		是基于 PHP、MySQL、SNMP 及 rrdtool 的网络流量监测图形分析工具，能统计网络设备的流量、CPU、系统负载等参数，也可以自定义监测的指标，提供非常强大的数据和用户管理功能，运用 SNMP 采集数据，使用 rrdtool 绘图；可以让运维人员在主控机上一次管理任意多台服务器，或任意多个服务器组

2. 过程管理工具

1）运维部署工具

信息系统的批量部署与安装可采用相应的自动化工具，以实现软件的批量分发部署、内核的简单优化等。运维部署对象主要包括网络、硬件、基础软件、硬件负载均衡等。当前自动化批量安装常用的工具包括 RedHat 提供的 Kickstart Installations 自动安装解决方案、Cobbler 批量安装工具、OpenQRM、SpaceWalk 等，其中以 Kickstart Installations、Cobbler 和 OpenQRM 最为常用。

2）运维配置工具

一方面，当系统环境稳定运行后，可采用运维配置工具辅助管理网络、服务器、应用程序、后台程序及各种服务，帮助运维人员更加方便地完成升级软件包、管理配置文件、系统服务、计划执行任务、添加新的配置、修复错误等重复工作；另一方面，随着IT 产业向云计算迈进，配置管理工具除了在提高效率方面发挥作用外，也会成为一种更有效的使用云计算的方式。当前主流的运维自动化配置管理工具大部分为开源软件，主要包括 Puppet、Func、Chef、Cfengine 及 Capistrano 等，其中以 Puppet、Func 和 Chef 最为常用，如表 3-25 所示。

表 3-25　主要运维配置工具 Puppet、Func 和 Chef

工具名称	来源	特点
Puppet	开源	主流运维集中配置管理系统，也是目前应用最为广泛的一个运维工具。典型用户包括淘宝、新浪、Google、RedHat、Amazon 等。Puppet 能够采用自己的声明语言自动化重现任意的系统，其最大的优势在于简单，运维人员几乎可以通过使用 Puppet 来处理所有的管理细节
Func		全称为 Fedora Unified Network Controller，可以用在 RedHat 系列产品上，是为了解决统一管理问题而设计开发的自动化的远程服务器管理框架。该工具的优势在于可让运维人员在主控机上一次管理任意多台服务器，或任意多个服务器组；另外，通过 Func 的命令行可以直接发送远程命令或者远程获取数据
Chef		是一个系统集成配置框架，可以用 Ruby 等代码完成服务器的管理配置并编写自己的库。典型用户包括 Twitter、Amazon 等

3. 专用工具

设施运维中的专用工具包括目前最常用的优化运维工具——日志分析，除此之外还包括信息资源管理工具、性能测试工具、交互式拓扑绘制工具以及端口扫描工具等。

1）典型优化运维工具——日志分析

日志在信息系统中是一个非常广泛的概念，任何程序都有可能输出日志，如操作系统内核、各种应用服务器等。日志分析工具是运维人员在响应支持运维中进行问题定位的有效辅助工具，也可以作为优化改善中预防性改进的有效辅助，越来越为运维人员所重视。当前主流的运维日志分析工具包括 Splunk、Loggly、Logstash、Airbrake 和 Graylog 等，其中以 Splunk、Loggly 和 Logstash 最为常用，如表 3-26 所示。

表 3-26　主要运维日志分析工具 Splunk、Loggly 和 Logstash

工具名称	来源	特点
Splunk	非开源	能够实时从日志文件获取事件，能够监听 syslog 或获取 Windows 事件，并且采用通用方式索引任何内容格式的数据，不需要连接器。主要功能包括：（1）搜索和报表，问题定位：可与 Nagios 配合使用，如 Nagios 告警某台 RegionServer 端口不可达，系统收到 Notification 后，登录 Splunk，直接搜索 shutdown 和 host 名称，找到 RegionServer 退出的日志，打开详细信息，分析日志，就能快速定位问题。（2）日志分析预警：可以通过日志分析实现事件预警，如利用 Splunk 实时检测日志中的关键字，定义关键字规则，如监控“shutdown”等，一旦出现，利用 Splunk 的 Notification 功能，通知管理员，管理员通过 Splunk 定位问题，就可以在系统真正出现问题之前对系统进行调整，防患于未然

续表

工具名称	来　源	特　　点
Loggly	开源	将机器生成的日志文档整理为可进行搜索的格式，可以分析日志数据，进而可以是任何应用程序、系统或平台来解决业务系统的问题。主要功能包括：（1）完成应用程序的信息收集和汇总分析，了解自己的用户群和应用软件的未来发展；（2）快速地找到问题的根源并消除它，在开发过程中不断地寻找和修复 bug；（3）提前监控应用程序的威胁点并设置警报条件，将问题消除在萌芽中
Logstash	开源	是由 Loggly 贡献的开源项目，是一个 log 日志分析软件，由 JRuby 语言编写，整个软件可以当做一个 MVC 模型，包括 input、filter 和 output 三个部件。其最典型的使用场景，是通过 Logstash 收集应用集群的日志到专用服务器上，并进行过滤和处理。该软件的优势在于能够通过 grok 插件完成非结构化日志解析为结构化和可查询化

2）其他专用工具

（1）信息资源管理工具 glpi：它是 Linux 环境下的资源管理器工具，通过 glpi 可以建立设施资产清单（计算机、软件、打印机等）数据库，其功能可以简化管理员的日常工作，如带有邮件提醒功能的工作跟踪系统等。

（2）存储子系统读/写性能测试工具 Iometer：Iometer 是 Windows 系统下对存储子系统的读/写性能进行测试的软件，可以显示磁盘系统的最大 I/O 能力、磁盘系统的最大吞吐量、CPU 使用率、错误信息等。用户可以通过设置不同的测试参数，如存取类型（如 sequential、random）、读/写块大小（如 64KB、256KB）、队列深度等，来模拟实际应用的读/写环境进行测试。

（3）网络性能测试工具 Netperf：Netperf 可以测试服务器网络性能，主要针对基于 TCP 或 UDP 的传输。Netperf 根据应用的不同，可以进行不同模式的网络性能测试，即批量数据传输（bulkdata transfer）模式和请求/应答（request/response）模式。Netperf 测试结果所反映的是一个系统能够以多快的速度向另一个系统发送数据，以及另一个系统能够以多快的速度接收数据。

Netperf 工具以 Client/Server 方式工作。Server 端是 Netserver，用来侦听来自 Client 端的连接，Client 端是 Netperf，用来向 Server 端发起网络测试。在 Client 与 Server 之间，首先建立一个控制连接，传递有关测试配置的信息，以及测试的结果；在控制连接建立并传递了测试配置信息以后，Client 与 Server 之间会再建立一个测试连接，用于来回传递特殊的流量模式，以测试网络的性能。

（4）交互式拓扑绘制工具 Network Notepad：可以通过第三方工具自动发现网络拓扑，例如，使用 CDP 工具可以支持自动发现网络中所有思科的设备。在使用 Network Notepad 绘制网络拓扑图之前，应同时安装它的一些图形库，这些图形库中包含许多基本的网络设备图形，直接以拖曳的方式进行绘制即可。

（5）端口扫描工具 Unicornscan：通过尝试连接用户系统分布式 TCP/IP 堆栈获得信息和关联关系的端口扫描器，该工具试图为研究人员提供一种可以刺激 TCP/IP 设备和网络并度量反馈的超级接口，主要功能包括带有所有 TCP 变种标记的异步无状态 TCP 扫描、异步无状态 TCP 标志捕获，通过分析反馈信息获取主动/被动远程操作系统、应用程序、组件信息等。

3.5　云环境下的信息系统设施运维

云计算是一种新型的共享基础架构平台，它将 IT 的能力转换成自助服务、随时取用、可自动伸缩的灵活的基础设施，这样的能力需要将计算、存储、网络等能力融合在一起。云计算能为一个组织带来崭新的消费模式和交付模式。从消费模式方面讲，组织的 IT 需求不必再通过购买 IT 硬件设备和软件来满足，可以从云计算提供商那里租赁所需的 IT 资源来满足自己的 IT 需求；从交付模式讲，组织也不必再像在云计算出现之前的 IT 技术那样，建设一套软硬件基础设施，进行机房等配套的物理建设，获得电力资源，而是可以通过网络从云计算提供商那里获取所需的计算和企业应用资源。

从信息系统设施运维层面，IaaS 和 PaaS 提供商需要更加具备系统性、敏捷性；云服务使用者的设施运维工作更多地交给云服务提供商，本质上可以认为随着硬件的交付，设施运维也大部分随之交付。

3.5.1　云环境下信息系统设施运维的优势

云计算具有资源配置动态化、需求服务自助化、网络访问便捷化、服务可计量化、资源虚拟化的特征。在云计算环境下，信息系统运维的重点将不仅是原先的设备运行正常、网络畅通，对云服务提供商而言，运维更需要关注资源的主动供给、自动配置、可持续性及可追踪的实时配置管理；此外，云计算的发展也推动了云服务使用方信息化管理观念的不断发展成熟。

具体而言，云环境下信息系统设施运维的优势表现为以下三点。

1. 设施运维工作更加专业、敏捷

在云环境中会由更加专业的运维人员（如云服务商的运维人员）从事基本的设施运维工作，云应用单位的运维职责将转向业务本身，而不是传统运维中要求的“多面手”，这也符合云计算这种新型服务化计算模式的基本诉求。

2. 设施运维单机故障影响更小

由于云计算虚拟化的特征，少数服务器宕机对系统几乎没有影响，这与传统设施运维中要求的快速响应处理截然不同，运维人员不再需要像救火队员一样，用原始的命令在多台机器间疲于奔命。

3. 设施运维成本更低

对云服务提供商而言，通过虚拟化技术可以整合硬件资源，通过规模化、自动化的运维节约运维成本，此外，云环境下的高度自动化也使得运维人力成本大幅度降低；对

云服务使用方而言，云计算可以满足他们业务量动态增减和工作尖峰情况的需求，从而为企业降低基础设施的投入成本和维护成本。

3.5.2 云环境下信息系统设施运维的挑战及要求

1. 云环境下信息系统设施运维的挑战

云计算的虚拟化特性使得在信息系统设施运维中需要以一个统一的整体来看待计算、存储和网络资源，因而在与传统信息系统设施运维相比时呈现出在专业化、低成本等方面的优势，但云环境下需要面对动辄上百台的性能强劲的服务器，因其极大的存储量、全天候的访问压力、随时可能突变的用量，信息系统设施运维在架构复杂度、故障处理难度方面面临新的挑战。

1）设施架构复杂度更高

与传统设施运维相比，云环境下的用户数多，设施规模大且往往呈极速膨胀状态，而且设施部署关联度大，因此架构复杂度更高。

2）设施故障可能造成更大范围的损失

云计算的核心是虚拟化技术，其设施环境一般为多机房、多服务器环境，系统规模庞大，因此虚拟机一旦出现故障，若不能及时恢复，损失将可能远远超过节省的费用。

3）运维故障处理难度更大

由于云计算虚拟化的特性，业务系统可以位于服务器集群中的任何计算节点，可以利用任何存储设备上的存储空间，可以使用虚拟网络，也可以进行转移以满足性能或运营需求，这样的伸缩性优势使得信息系统设施的位置不明确，掌控难度大，加之基础架构的高复杂度，使得云环境下的设施故障处理的复杂度比传统设施运维要高。

2. 云环境下信息系统设施运维的要求

云计算环境特有的高可靠性、高可用性、快速响应支持、高质量及低成本等特性，使得信息系统设施运维的重点从设施本身转向设施整体的把控和优化。从体系层面，云环境下的运维应做到自动化、规模化、智能化及数字化；从技能层面，在自动化运维大大提高运维工作效率的同时，运维团队需要更多了解系统底层，时刻考虑如何优化，如何提升运维价值。

1）整体性要求

虚拟化的云计算环境加上云环境中的高应用密度，需要信息系统的设施运维将计算、存储和网络系统作为一个整体，合作应对。

2）自动化、规模化要求

由于运维对象规模庞大，架构复杂度高，因此在部署、监控、资源配置等方面要求实现全面自动化与规模化，而在传统设施运维中，规模相对小，自动化并不是其必然要求。

3）数字化要求

要求运维工作充分重视自动化工具积累的真实数据，要能分析挖掘数据，进而能够预测问题，实现“数字化运维”。

4）智能优化要求

云计算环境下的设施运维要求能实现整体智能优化，具体而言包括机房网络性能、带宽指标、服务器性能的智能优化及服务器成本优化等。

3.6 案例

【案例1】 A物流公司机房设施迁移

【背景简介】

A物流公司在AA集团公司物资部的基础上成立，在AA集团公司内部从事物资集中采购业务，在集团公司外部延伸产业链。

2020年，公司搬迁到新办公地点，信息中心需要完成机房迁移任务，即完成从旧办公楼到新办公楼的硬件设施迁移工作，为现有服务器业务系统的更新、升级和改造工作提供相应的网络保障环境。搬迁前的旧办公楼核心机房的网络使用传统的核心、汇聚、接入三层网络架构并根据业务系统划分了不同的安全区域，包括ERP区、电商区、日常应用区、运维管理区、DMZ区（拓扑图如图3-19所示）。

新大楼核心机房已建成，采用华为整体机柜（见图3-20），需要在不改变业务系统IP地址的情况下，将业务系统与用户办公网平稳地迁移至新机房。

【痛点难点】

随着公司整体信息化程度的加深，集团业务运行对系统的依赖程度越来越大，为平稳切换，需要结合不同业务系统的特性合理规划切换窗口，此外，需要兼顾网络服务升级和整体成本控制，这些都加大了搬迁工作的难度。痛点具体体现在：（1）要尽量不对现有网络结构进行变更，以减少后期运维难度；（2）为减少业务系统配置修改量，需保证服务器IP地址不做变更；（3）为了符合新环境的运维要求，需合理平衡设备更新换代和利旧，并需做好旧设备配置备份，尽量保持替换设备同旧设备的配置一致性；（4）为减小业务系统中断带来的影响，需要结合不同业务系统的特征，合理设计网络及服务器变更窗口期。

【实施路径】

公司设施迁移的实施路径如图3-21所示。

1．第一阶段：新机房环境搭建

（1）新办公楼网络环境搭建，时间窗口为5个工作日。

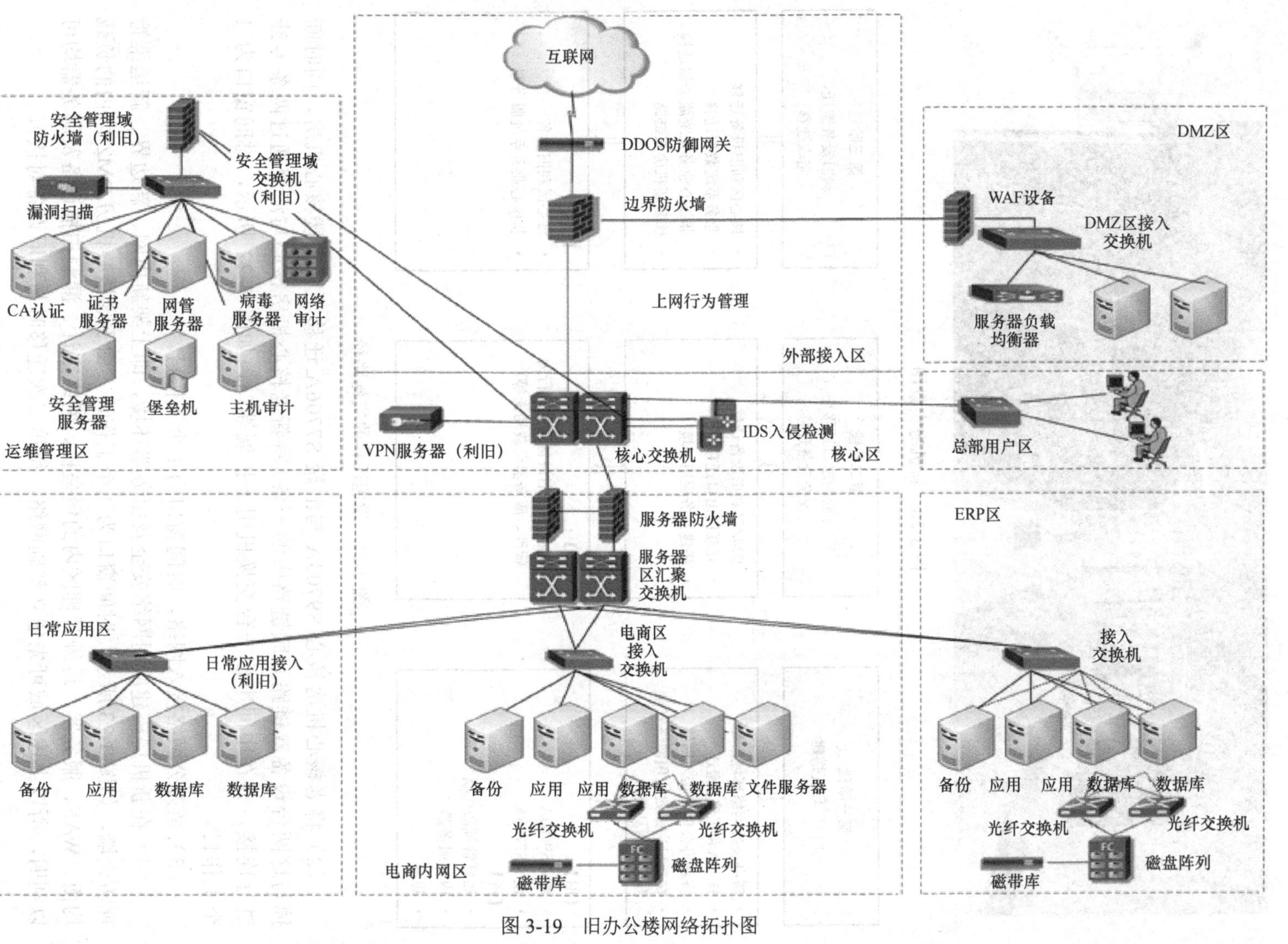

图 3-19　旧办公楼网络拓扑图

图 3-20　新机房实景图

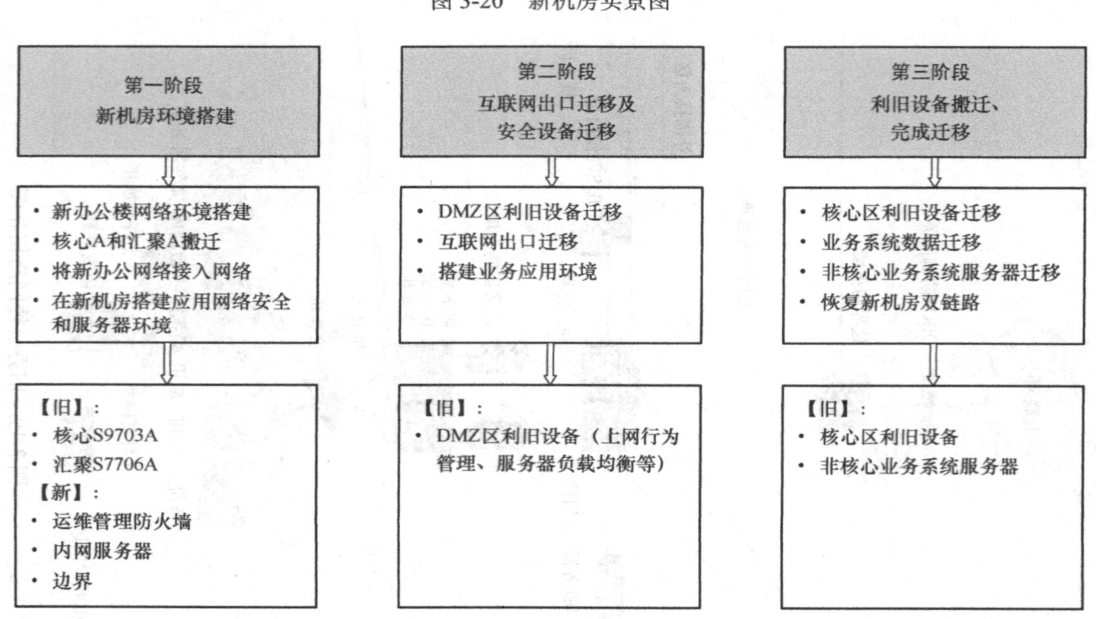

图 3-21　设施迁移的实施路径

（2）将老核心机房核心 S9703A 与汇聚 S7706A 迁移至新大楼核心机房，同时断掉与这两台设备双链路互联链路中的一条，将新老核心机房核心与汇聚通过两条专线进行连接，并在中间串接一台交换机用于扩展端口，如图 3-22 所示，时间窗口为 1 个工作日。

（3）新办公网络接入网络，时间窗口为 1 个工作日。

（4）在新机房搭建应用网络安全及服务器环境，即上架新内网、新边界、新运维管理防火墙，如图 3-23 所示，时间窗口为 4 个工作日（由于老核心机房 DMZ 区内的负载均衡、WAF、服务器，运维管理区内的堡垒机、网络审计、漏洞扫描设备及服务器均可以利旧，所以上述区域可先建立基础网络，待第二次迁移时与利旧设备对接）。

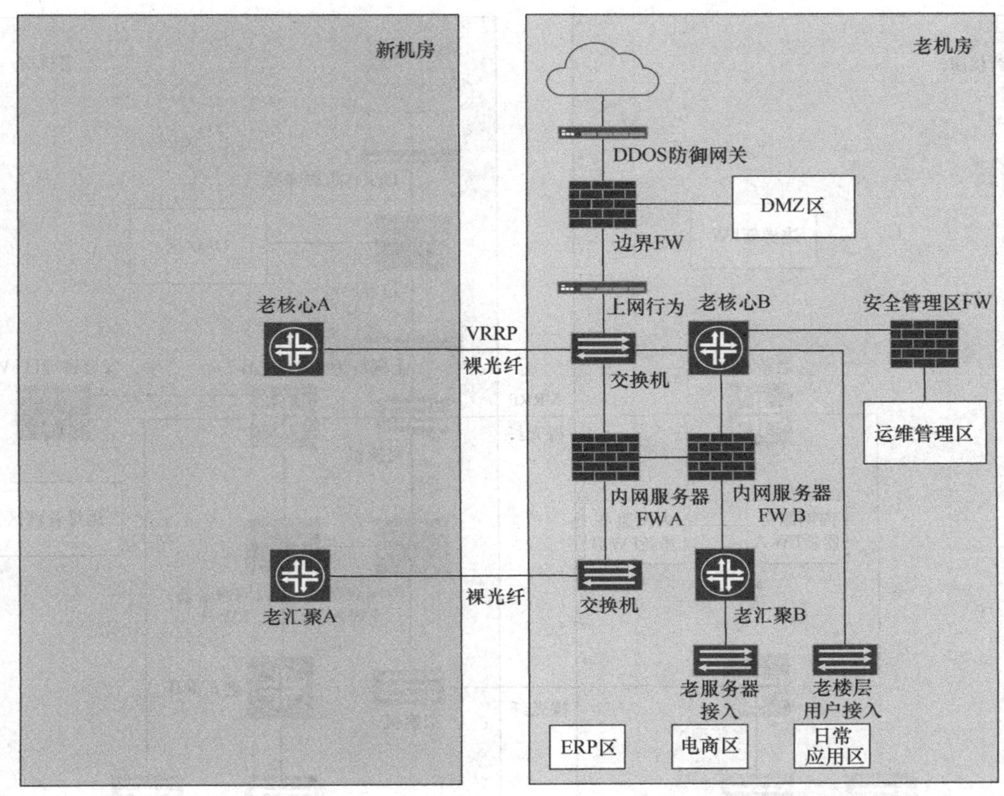

图 3-22　核心 A 和汇聚 A 搬迁

2．第二阶段：互联网出口迁移及安全设备迁移

（1）DMZ 区利旧设备迁移：将外部接入区与 DMZ 区利旧设备包括上网行为管理、DDOS 防御网关、WAF、服务器负载均衡及 VPN 设备搬迁至新核心机房，并与新边界防火墙对接。

（2）互联网出口迁移：完成割接互联网出口链路至新机房。

（3）搭建业务应用环境：搭建业务区域服务器、虚拟化、存储等应用环境。

上述过程时间窗口为 2 个工作日，如图 3-24 所示。

3．第三阶段：利旧设备搬迁，完成迁移

（1）核心区利旧设备迁移：将老核心机房核心区利旧设备 S9703B、汇聚 S7706B、IDS 入侵检测服务器、运维管理区网络审计、漏洞扫描、堡垒机迁移到新机房。

（2）业务系统数据迁移：进行 ERP、电商、日常应用业务系统的数据迁移工作。

（3）非核心业务系统服务器迁移：非核心业务系统如 ERP 测试服务器、老存储设备、老人力资源系统等利旧设备搬迁至新机房。

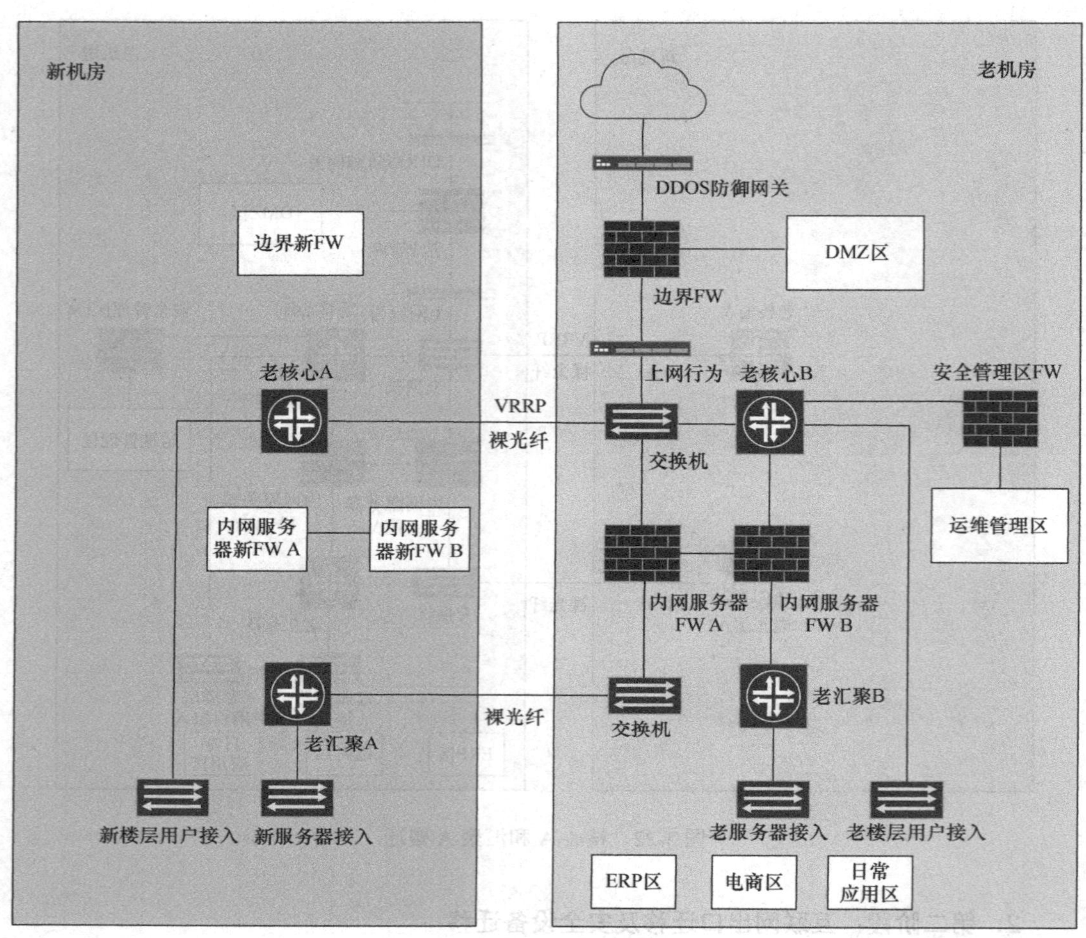

图 3-23　搭建网络安全和服务器环境

（4）恢复新机房双链路。

上述过程时间窗口为 3 个工作日，如图 3-25 所示。

【实施效果】

（1）按照搬迁计划分三个阶段，经过 16 个工作日完成了机房迁移，网络运行情况良好，达到了预期目标，设备未出现重大故障。

（2）从设施可靠性、可用性、先进性、节约投资等方面综合考虑，新机房选用了智能一体化双排冷通道机柜，解决了此前旧机房（设备）分散购置导致的能耗高、布局乱、运维难的问题，并在内部扩展安装了温度、湿度、烟雾传感器，可实时监控系统环境情况，机房能耗大大降低，机柜所提供的一站式监控平台也大幅减少了人工运维的投入。

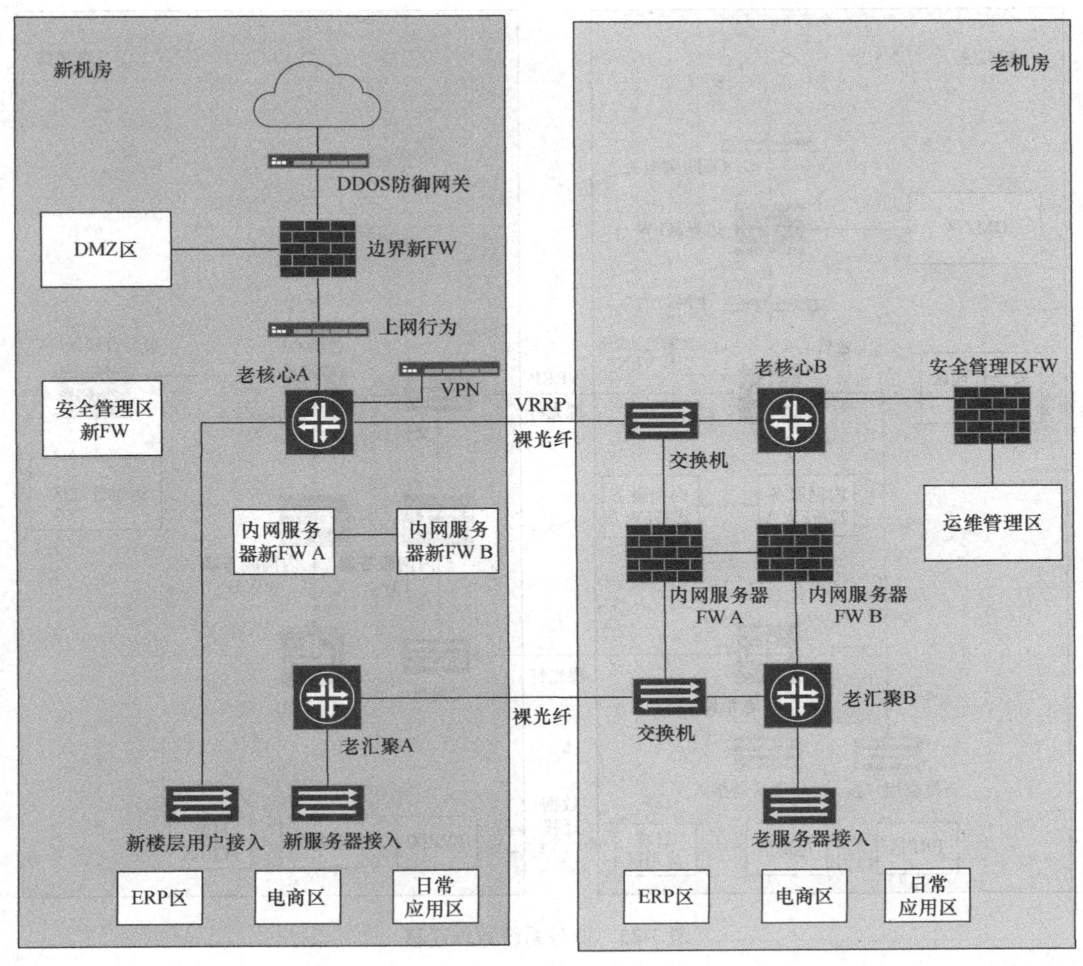

图 3-24　搭建业务应用环境

【收获】

（1）合理规划，多次模拟迁移演练，保障了迁移顺利进行：由于疫情原因，机房迁移日程有所推迟，信息中心借此进行了两次模拟迁移演练，有效保障了实际迁移的顺利进行。

（2）增强系统的可维护性和可持续性：在迁移的过程中淘汰旧设备、升级数据备份系统、扩容等，提高了信息系统软件的可维护性、可靠性等，为以后进一步的升级与开发预留了空间。

（3）提高了企业运维效率：A 物流公司机房的迁移升级改造，是运维人员对企业基础环境、网络、设备等的一次全面、系统的梳理，加深了运维人员对新环境下的设施的认识，同时在迁移过程中暴露了系统运维管理的一些问题，为接下来的系统环境设置、设备管理、空间布置、运维人员的管理、运维制度的完善等方面提供了参考。

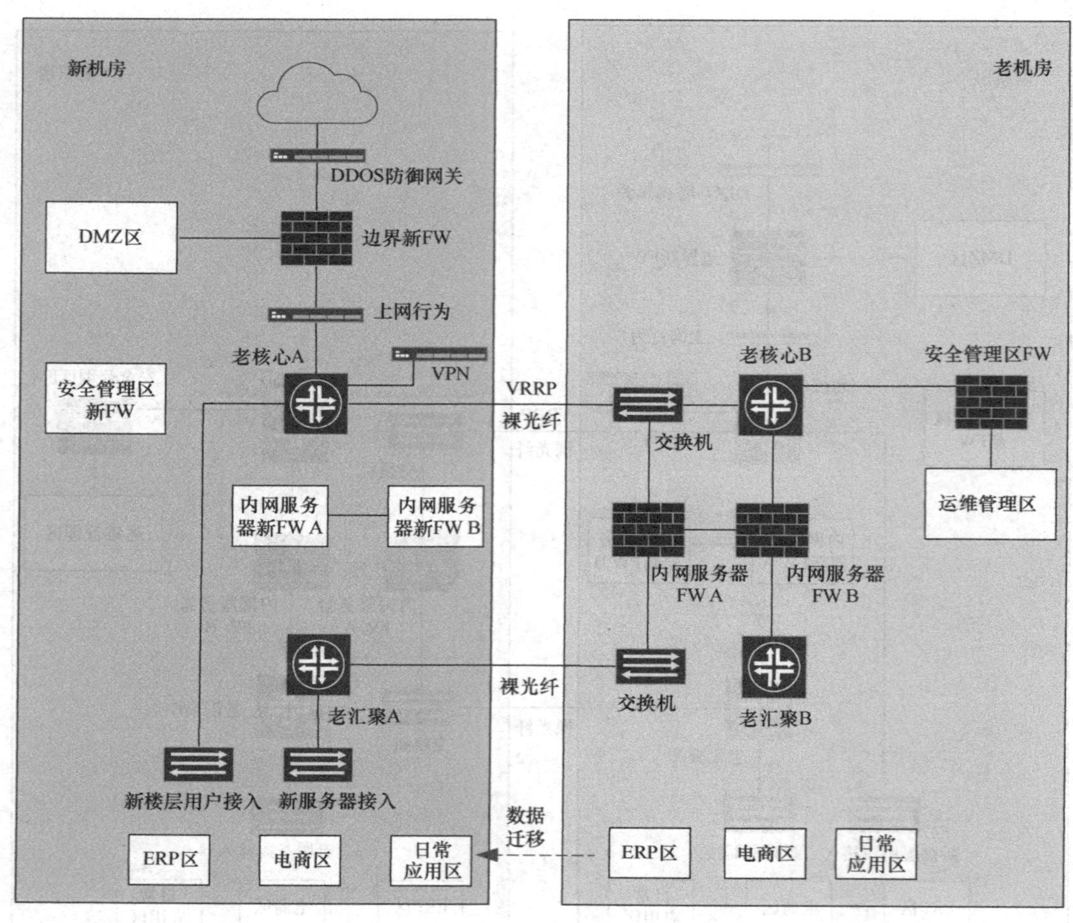

图 3-25　业务系统数据迁移

资料来源：根据中国船舶中船工业成套物流有限公司韩俊磊、王骏、席登虎先生提供的资料整理。

【案例 2】 B 公司数据中心机房扩容升级

【背景简介】

B 公司是一家科技股份有限公司，其数据中心机房既是公司的业务处理中心，同时也是维护中心，由公司拥有并管理。现数据中心机房面积约 38m^2，含有 9 个机柜、15 台服务器、12 台网络设备，包含办公网络与数据中心网络。

【痛点难点】

随着公司智能生活产品销量的提升和用户的增多，对其数据中心的存储和运维要求越来越高，数据存储空间使用率已达到 75%以上。目前，数据中心网络采用单出口、单链路的架构。在现有的网络架构中，网络安全因素考虑不充分，易出现网络入侵等事件。机房采用 10kVA 的 UPS 电源，接有数据中心的设备，以及办公网络的设备。当 UPS 供电时，已接近满负载。数据中心的能力难以满足后期业务发展的需要。在此背景下，需要对数据中心进行搬迁升级和扩容，以确保满足未来3～5年的业务发展需要。

【实施路径】

本扩容方案涉及机房整体的装修、强电系统与备用电源UPS的部署、弱电及硬件架构规划与部署、网络架构与网络安全规划、机房监控与门禁系统部署，以及机房空调新风等几个方面。

1．机房整体的装修

扩容机房装修严格按照相关标准进行，对机房的天面、地面、墙面、抗磁场、防尘、防水、防火、保温、防鼠提出要求，并做统筹规划。采用无边防静电地板进行铺设，距离地面高度为20cm左右，吊顶采用防火硫酸钙板，选用高效电感镇流器。同时注意保护楼板、梁、柱等承重构件，确保扩容后机房的结构强度。

2．强电系统与备用电源UPS的部署

每个机柜配备两个16A输出的电源面板，一个为市电电源，另一个为UPS电源。UPS主机为三进三出，UPS的接入线取自动力柜的三相市电，将原10kVA的UPS分配给含网络机柜在内的三个机柜和监控、门禁、机房事故照明。剩下的机柜全部由20kVA的UPS进行平均分配。若设备后期UPS负载已超过额定值，可根据实际情况增加相应功率的电池组。照明系统分为机房正常照明与机房事故照明，正常照明系统接入市电，事故照明系统接入UPS。

强电接入一共设计两个配电柜，一个为市电的动力柜，另一个为UPS配电柜，机房内所有的电源都需配备独立的控制开关。机房的强电主干线上需配备独立的三相四线多功能电表，记录机房的电量消耗情况。

原数据中心已有一台10kVA的UPS，新增一台20kVA的UPS。主机采用工频机，UPS的负载为20kVA，延时时间为4小时左右。一共需要64节蓄电池及两个电池组机柜，每个机柜中能够安装32节蓄电池。

3．弱电及硬件架构规划与部署

机房内的所有弱电线路全部采用地下铺设方式，由主机柜到各服务器机柜，本次规划中一共有12台机柜，故需在主机柜上规划12个24口配线架，各服务器机柜上分别规划一个24口配线架。后期因业务扩展而新增的设备，可以直接通过配线架连接到现有的网络中。

4．网络架构与网络安全规划

增加高性能出口安全设备，在旧有防火墙、VPN功能的基础上，同时提供病毒防护、漏洞攻击防护、P2P/IM应用层流量控制和用户行为审计等安全功能。通过在出口和内网服务器接入位置部署防火墙，保障3～4层的安全。在网络中间部署T200-S设备，通过深入到7层的分析与检测，实时阻断网络流量中隐藏的病毒、蠕虫、木马、间谍软件、网页篡改等攻击和恶意行为。在服务器上部署专业的杀毒软件，保证内网的安全性。增加两台高性能应用控制网关，提供全面的应用识别能力，进行精细化的流量管理及完善的安全审计。

针对不同的业务，划分为不同的 VLAN，保证 IP 地址的全局唯一性。全网采用 VPN 方式进行远程管理，替换原数据中心的 Teamview 管理方式，且用户需要经过严格的授权。为保证数据中心 7×24 小时运行，所有链路均采用冗余设计，防止因单点故障而导致的业务中断现象。增加一台存储型备份服务器，对主要服务器进行增量备份，确保数据的可恢复性。增加一条联通 20Mbps 出口链路作为备用链路，当电信出口故障时，业务流量能够通过联通出口进行转发。

5. 机房监控与门禁系统部署

改善机房视频监控与机房环境监测。机房视频监控采用四路半球彩色摄像机，分别对两排机柜进行交替监控。视频监控硬盘录像机采用 1T 硬盘，可持续录像 7 天以上。机房环境监测使用原机房内的环境监测设备，所监测的范围包括水浸、电流电压、UPS、温湿度等。机房内安装水感线、烟感报警器、温湿度感应器等传感器。门禁系统接入 UPS 电源，与防盗报警系统集成。机房内需配备二氧化碳灭火器，放置于方便取用的位置。

6. 机房空调新风

综合考虑了各方面因素对空调容量进行估计，包括主机房温度、室内外相对湿度、洁净度，提出了新排风系统及精密空调的技术要求，在温度、温度变化率、噪声、送风速度、洁净度等方面符合国家标准。增加一台 30.1kW 的 PEX 系列空调（下送风），以及原机房挂壁式空调。空调需具有加电自启的功能。空调的放置位置需避免阳光的照射，以避免因为阳光照射引起的空调老化。

【实施效果】

B 公司数据中心搬迁扩容方案的实施，各项运行指标均达到设计要求。达到了以下效果：

（1）存储性能得到提升：数据中心的存储能力得到大幅度提升，满足了规划后期 3～5 年业务发展的需求。

（2）机房监测能力及网络安全性得到提升：通过多种机房监测手段，实现机房的全方位监控，提升了机房的防灾防盗能力；通过网络安全软硬件的升级，提升了网络安全性能和容错能力，有效阻断了网络入侵威胁。

（3）机房环境得到改善：搬迁后的机房经过重新装修，改善了机房环境，延长了设备的寿命。

【收获】

为了根本性保障网络各个环节高效、稳定运行，机房扩容升级要遵循前瞻性及灵活性、高可靠性、安全性、管理方便性等原则。充分利用现有条件，全方位、多层次、多方面完善机房供电、网络、消防、监控等功能。进一步实现系统智能化的管理，提高运维人员的工作效率及服务水平，保证生产、管理、经营等活动在更高水平上运营。

资料来源：根据上海理想信息产业（集团）有限公司叶威提供的资料整理。

本章要点

本章主要介绍有关信息系统设施运维的管理体系、运维内容、运维技术及运维系统与工具。要点如下：

1. 信息系统设施运维的管理体系；
2. 基础环境、网络设备、硬件设备和基础软件的运维；
3. 信息系统设施例行操作运维、响应支持运维、优化改善运维和咨询评估运维内容；
4. 信息系统设施的主要故障原因与现象，故障排除步骤与方法；
5. 信息系统设施的运维管理系统与运维工具；
6. 云环境下的信息系统设施运维；
7. 典型案例。

思考题

1. 简述信息系统设施运维的管理体系。
2. 信息系统设施运维的对象包括哪些？
3. 信息系统设施运维的具体内容是什么？
4. 简述信息系统设施的故障排除步骤、诊断方法与修复原则。
5. 信息系统设施运维工具主要包括哪些？简述典型工具的主要功能。
6. 云计算技术趋势下信息系统设施的运维将有哪些变化？

第4章 信息系统软件运维

信息系统软件是支撑信息系统运行的核心，其运维存在各种问题，如运维工作量大、响应要求高等，信息系统软件运维已引起人们的广泛关注，对软件运维的科学性也提出了更高的要求。

本章主要介绍信息系统软件运维的概念、要素、体系、内容、运维系统与专用工具，以及SaaS对软件运维的影响，旨在提高信息系统软件运维的效率，保证信息系统可靠、安全。

4.1 信息系统软件运维体系

4.1.1 信息系统软件运维的概念

信息系统软件运维是指信息系统软件在开发完成投入使用后，对信息系统软件进行的改正性维护、适应性维护、完善性维护、预防性维护等软件工程活动。

信息系统软件交付使用后，会有一部分隐藏的错误被带到运行阶段，在某些特定的使用环境下才会暴露出来。为了识别和纠正这些错误、改正信息系统软件性能上的缺陷、排除实施中的误使用，所进行的诊断和改正错误的过程，就是改正性维护。

随着计算机和 IT 的飞速发展，新的硬、软件配置或数据环境可能发生变化，为了使信息系统软件适应这种变化，对信息系统软件所进行的修改过程，就是适应性维护。

在信息系统软件的使用过程中，用户往往会对软件提出新的功能与性能要求。为了满足这些要求，需要修改或再开发软件，以扩充软件功能、增强软件性能、改进加工效率、提高软件的可维护性，对信息系统软件所进行的维护活动叫做完善性维护。

在维护阶段的最初两年，改正性维护的工作量较大。随着错误发现率的大幅降低并趋于稳定，就进入了正常使用期。然而，由于改造的要求，适应性维护和完善性维护的工作量逐步增加。在几种维护活动中，完善性维护所占的比重最大。

除了以上三类维护外，还有一类维护活动，叫做预防性维护。这是为了提高信息系统软件的可维护性、可靠性等，为以后进一步改进软件打下良好基础。也就是采用先进的软件工程方法对需要维护的软件或软件中的某一部分（重新）进行设计、编制和测试。

信息系统软件运维涉及的相关要素主要包括用户需求、环境、运维过程、软件产品、人员和工具等，如表 4-1 所示。

表 4-1　信息系统软件运维的要素

信息系统软件运维的要素	特　点
用户需求	• 申请增加新的功能 • 申请错误的更正和可维护性的提高
组织环境	• 政策的变化：政府级、行业和企业级 • 市场竞争引起的变化需求：工作内容、流程与模式、新的软件功能
运行环境	• 硬件平台的创新变化 • 软件平台的创新变化 • 通信技术的创新变化
运维过程	• 变化需求的获取：系统使用后很多需求才清晰具体起来 • 认识编程实践的变化：认识到交付前后编程环境与技术的差异，并使这样的差异变化在后续运维中可理解、可维护 • 模式转换：低的开发模式、工具、平台向新的高一级的转变 • 错误检测与更正
信息系统软件产品	• 文档的质量：有无文档，文档的版本，更新是否同步，是否规范标准 • 程序的可延展性、复杂性、结构 • 软件产品的规模、年龄、结构

续表

信息系统软件运维的要素	特　点
运维人员	• 人员流动：使运维过程中问题理解阶段的投入增大 • 领域专家：对运维的总体把握 • 工作实践流程：人的因素会增加运维的工作量和复杂性
开发人员	• 从事计算机软件项目的概要设计、详细设计、编码和调试的技术人员，包括程序员、软件工程师、系统分析师、项目经理
运维工具	• 辅助软件运维过程中的各种维护活动 • 主要的软件运维工具：配置管理支持工具、部署工具、版本控制工具及开发信息库工具、逆向工程工具、文档分析工具等
开发工具	• 辅助软件为生命周期过程的基于计算机的工具 • 软件需求工具，包括需求建模工具和需求追踪工具 • 软件设计工具，用于创建和检查软件设计 • 软件构造工具，包括程序编辑器、编译器和代码生成器、解释器和调试器等 • 软件测试工具，包括测试生成器、测试执行框架、测试评价工具、测试管理工具和性能分析工具

4.1.2　信息系统软件运维的体系

信息系统软件运维主要包括需求驱动、运维过程管理、运维内容管理、运维支撑要素等方面，体系如图 4-1 所示。

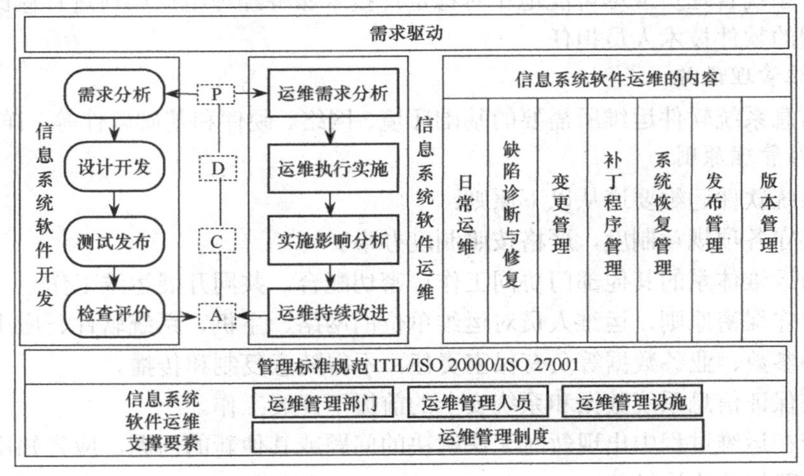

图 4-1　信息系统软件运维体系

1．需求驱动

信息系统软件运维是由用户需求驱动的，其目的是更好地满足用户的改正性、适应性、完善性、预防性需求。所以，信息系统软件运维是一项始于用户需求并服务于用户需求的活动。用户需求变化驱动软件运维，从而驱动信息系统软件的发展变化。

2．运维过程管理

信息系统软件运维过程并不是简单地读源程序、修改源程序的过程，而是一个软件再定义、开发、测试、修改、发布、验收评价的过程。首先提出运维要求，然后对运维内容进行分析、分类，调查现有系统，确定修改范围，确定运维人员，修改现行信息系统，测试所做修改和整个系统，测试完成后再次投入正常运行。

3．运维内容

信息系统软件运维的内容主要包括日常运维、缺陷诊断与修复、变更管理、补丁程序管理、系统恢复管理、发布管理、版本管理等，详见本书 4.2 节。

4．运维支撑要素

信息系统软件运维管理必须满足信息系统软件 ITIL、ISO 20000、ISO 27001 等规范要求。

1）运维管理部门

具体管理信息系统软件运维，审批软件运维申请，确定运维报告，评价运维工作并制定运维规则。

2）运维管理人员

主要包括软件运维工程师、系统管理员、技术服务经理等。软件运维工程师负责软件的运维，解决信息系统使用中软件问题的维修、更新、安装等，对系统应用过程中与业务相关的问题进行把关，从业务角度提出修改或优化意见，此类人员由系统使用部门的业务骨干或领导兼任，他们同时负责运维的组织和协调工作；系统管理员对运维申请组织评价，系统管理员应尽可能地相对稳定；技术服务经理组织如何进行修改，由熟悉计算机编程的软件技术人员担任。

3）运维管理设施

包括信息系统软件运维所需要的基础环境、网络、硬件和基础软件等，详见第 3 章。

4）运维管理原则

信息系统软件运维要遵从以下原则：

（1）遵守各项规章制度，严格按照制度办事。

（2）与运维体系的其他部门协同工作、密切配合，共同开展运维工作。

（3）遵守保密原则，运维人员对运维单位的网络、主机、系统软件、应用软件等的密码、核心参数、业务数据等负有保密责任，不得随意复制和传播。

（4）在保证信息系统数据和系统安全的前提下开展工作。

（5）若在运维过程中出现暂时无法解决的问题或其他新的问题，应告知用户并及时上报，寻找其他解决途径。

（6）信息系统软件运维完成后，要详细记录运维的时间、地点、提出人和问题描述，并形成书面文档，必要时应向信息系统用户介绍问题出现的原因、预防方法和解决技巧。

4.2 信息系统软件运维管理流程

4.2.1 管理流程

信息系统软件运维是不断地满足用户需求的过程。由于用户需求是不断变化的，因此，需要持续地对软件进行修改与维护，直到新的信息系统软件代替原有软件，这一过程从本质上来说是一个 P、D、C、A（P—Plan，计划；D—Do，执行；C—Check，检查；A—Action，处理）循环。按照戴明质量控制理论，信息系统软件运维的管理流程如图 4-2 所示。

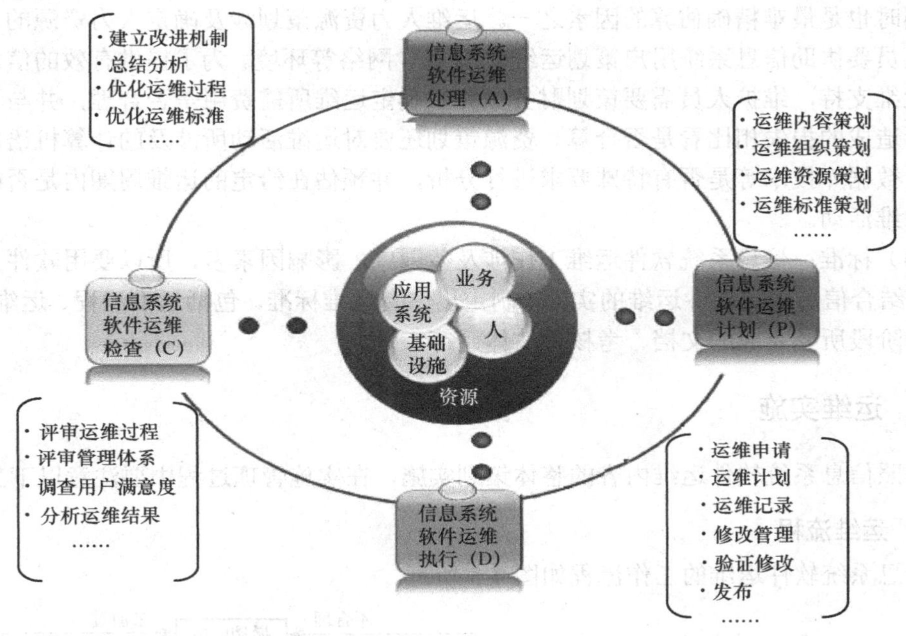

图 4-2　信息系统软件运维管理流程

信息系统软件运维的管理遵从 P、D、C、A 规则，在软件运维中首先应对运维的总体服务能力进行整体计划，分析所需资源，然后实施软件运维，保证交付的信息系统软件满足运维要求；对信息系统软件的运维结果、运维过程及相关管理体系进行监督、测量、分析和评审，并持续改进。

4.2.2　运维策划

软件运维策划是指对信息系统软件运维活动过程中的内容、组织、资源、标准进行全局策划，以确保信息系统软件运维活动顺利、高效完成，具体内容如下。

（1）内容：内容策划是根据信息系统软件所涉及的业务定位和管理范围，策划信息系统软件运维服务对象的业务内容与要求，并形成服务目录。信息系统软件运维的要求常常来自系统的一个局部，而这种运维要求对整个信息系统来说是否合理，应该满足到何种程度，应从整个信息系统的全局进行权衡。对所能提供的运维服务制定服务目录和说明性文件。服务目录内容宜详细描述服务种类、服务级别等信息，便于和用户交流所要进行的运维服务。

（2）组织：软件运维和软件开发一样，技术性强，要有完善的组织管理作为保证。信息系统软件对稳定性和安全性要求高，数据保密，版本更新快，再加上运维人员流动性大，必须实施严格有效的管理。运维组织由业务管理部门人员和信息系统技术管理部门人员共同组成，以便从业务功能和技术实现两个角度控制运维内容的合理性和可行性。

（3）资源：资源策划是指对信息系统软件运维所涉及的人力资源、环境资源、财务资源、技术资源、时间资源等的分析。信息系统软件运维人力资源需求是主要的成本因素，同时也是最难精确估算的因素之一。运维人力资源策划涉及确定人力资源的方法。运维人员要协助信息系统用户策划运维软/硬件、网络等环境。为了提供有效的信息系统软件运维支持，维护人员需要策划财务预算，确定运维所需费用是否合理，并与不进行运维所造成的损失相比看是否合算。资源策划还要对运维活动所涉及的计算机语言开发技术、数据库技术等是否有特殊要求进行分析，并预估在给定的运维周期内是否能完成本次运维活动。

（4）标准：信息系统软件运维工作涉及范围广，影响因素多，所以要用软件工程的方法，结合信息系统软件运维的实际，制定出一套运维标准，包括运维流程、运维安全、运维各阶段所要完成的文档、考核评估体系等。

4.2.3　运维实施

按照信息系统软件运维内容的整体策划实施，在实施管理过程中要注意以下工作。

1．运维流程

信息系统软件运维的工作流程如图 4-3 所示。

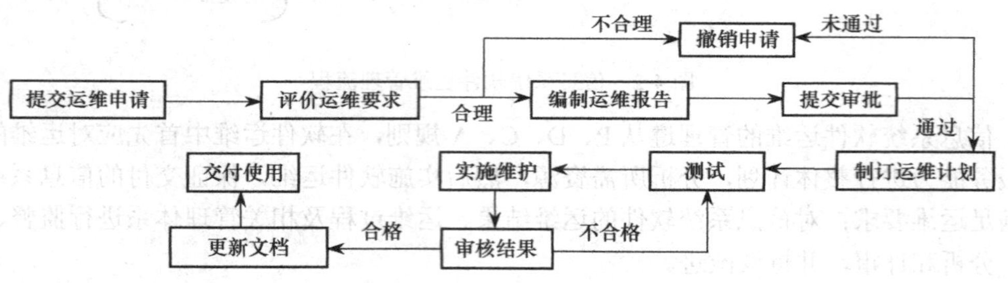

图 4-3　信息系统软件运维的工作流程

首先以书面形式提出运维申请。运维人员根据提交的申请，组织相关人员对运维申请报告的内容进行核评。若情况属实，则依运维的性质、内容、预计工作量、缓急程度或优先级及修改所产生的变化结果等，编制运维报告，提交运维管理部门审批。

运维管理部门从整个信息系统出发，从合理性和技术可行性两个方面对运维要求进行分析和审查，并对修改所产生的影响做出充分的估计。对于不妥的运维要求协商予以修改或撤销。根据具体情况对通过审批的运维报告制订运维计划。如果运维要求紧急，严重影响系统的运行，则应立即安排运维；如果问题不是很严重，可与其他运维项目结合起来统筹安排。按运维要求修改后的软件应经过严格的测试，以验证运维工作的质量。测试通过后，再由业务部门和信息系统管理部门对其进行审核确认，不能完全满足要求的应返工修改。只有经过确认的运维成果才能对系统的相应文档进行更新，最后交付使用。

2．运维申请

所有运维活动必须按规定的方式提出申请。运维申请可以由用户提出，也可以由系统维护者提出，运维申请应该填写维护的原因、缓急程度。如果是系统出错，用户必须完整地说明出现错误的情况，包括输入数据、输出信息、错误清单及其他相关信息；如果是信息系统软件运行的环境和需求变化，用户要说明软件要适应的新环境、需求变化和性能要求；对于新增加的需求，要进行需求的分析、设计、编程和测试，相当于信息系统的一次新的开发工程。维护部门要对运维申请进行评价。运维申请应主要包括申请编号、问题说明、维护要求、优先级、预计维护结果、维护时间、申请人、申请评价结果、评价负责人、申请日期等内容。

3．运维计划

若运维申请通过了审批，维护主管要负责制订运维方案和运维计划。运维计划主要包括计划编号、计划日期、申请编号、维护部门、联系人、优先级、维护工作量、确认问题、运维范围、运维负责人等内容。运维人员将运维计划下达给相应的信息系统软件管理员，由软件管理员按计划进行具体的修改工作。

4．修改管理

信息系统软件运维最终落实在修改源程序和文档上。在实施具体修改时，首先要确定修改的范围，包括确定哪些系统、哪些文件、哪些业务流程及哪些程序与本次修改有关。为了正确、有效地修改信息系统源程序，通常要分析和理解源程序，然后修改源程序，最后重新检查和验证源程序，而熟悉源程序的前提是熟悉所维护的软件功能、用户的业务需求及软件架构体系。熟悉软件功能的主要方法是阅读软件的设计文档或用户手册；除了阅读文档外，与用户沟通也非常重要，了解用户怎么使用软件，为什么要这么使用，用户想要运维解决什么问题。熟悉软件架构体系有助于站在信息系统的最高点进行软件运维；在面向对象分析与设计技术流行的今天，没有理解软件的架构体系，要去维护软件是很困难的。在理解信息系统软件架构、功能、源程序的前提下，按照一定的步骤对程序进行修改或扩充。另外，源程序修改后，相应的文档也应同步修改，保持源程序和文档的完整和一致。在修改源程序和文档时要做好相应的修改记录，以保证运维过程的可追溯性、运维结果的可评估性。

5．运维记录

运维记录记载信息系统软件的运维内容，将运维对象、规模、所用计算机语言、运行和错误发生的情况、运维所进行的修改情况及运维所付出的代价等以规范化文档的形式记录下来。运维人员必须按规定格式和内容填写运维过程和记录，软件运维记录主要包括记录编号、记录日期、计划编号、运维内容、运维措施、运维人员、程序改动的日期、运维涉及的表的标识、运维开始日期、运维完成日期、累计用于运维的人时数、与完成的运维相联系的纯效益等内容。运维记录有助于运维知识的积累，通过知识库沉淀日常运维中的工作经验，帮助软件运维人员提高技能，简化软件运维任务，降低软件运维费用。

6．验证

源程序经修改后应重新测试以验证修改。由于在修改源程序的过程中可能会引入新的错误，影响信息系统软件原来的功能，所以，源程序修改后的重新测试不但要测试新修改部分的功能，还要测试未修改部分的功能。在进行测试时，应先对修改的部分进行测试，然后隔离修改部分，测试未修改部分，最后再对整个程序进行集成测试，验证修改完成并通过后通知用户修改已完成，并将修改以后的信息系统软件版本及相应的运维文档版本发布。验证修改的重新测试主要包括两个方面，如图4-4所示。

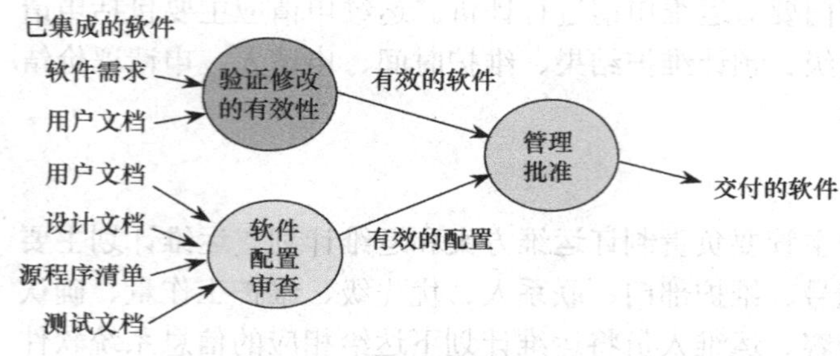

图4-4　信息系统软件运维的验证修改

首先是验证修改的有效性，即验证修改后软件的功能和性能是否如用户所合理期待的那样，确保用户最终接受所修改的信息系统软件的既定功能和任务。

其次是软件配置复审，复审的目的在于保证修改后的软件配置齐全并分类有序，包括信息系统软件运维所必需的源程序清单、相关的文档。在信息系统软件运维的实际验收、测试、执行过程中，常常会发现文档审核是最难的工作，一方面，由于赶时间等方面的压力使这项工作常常被弱化或推迟，造成持续时间变长，加大了文档审核的难度；另一方面，文档审核中不易把握的地方非常多，每个信息系统软件运维活动都有一些特别的地方，而且也很难找到可用的参考资料。

4.2.4　运维检查

信息系统软件运维实施执行后要检查是否符合运维计划的要求和目标，对运维管理过程和实施结果进行监控、测量、分析和评审。分析运维工作的影响，包括对信息系统软件当前业务工作的影响、对系统其他部分的影响、对其他系统的影响等，要做好以下工作：

（1）定期评审运维过程及相关管理体系，以确保运维能力的适宜和有效。

（2）调查用户满意度，并对运维结果进行统计分析。

（3）检查各项指标的达成情况。

4.2.5　运维改进

信息系统软件运维经过策划、实施、检查之后，要对信息系统软件运维管理情况进行重新评估，以改进运维管理过程中的不足，修改和优化运维管理计划和标准，如果有必要则需要修订相关的方针、目标，为信息系统软件运维下一阶段的管理明确方向，提供持续改进建议和提升运维能力，这就是信息系统软件运维管理持续改进的思想。具体包括以下内容：

（1）建立信息系统运维管理改进机制。

（2）对不符合策划要求的运维行为进行总结分析。

（3）对未达成的运维指标进行调查分析。

（4）根据分析结果确定改进措施，分析评估结果中需要改进的项，确定改进目标，制订信息系统软件运维管理改进计划，按照计划对改进结果和改进过程执行监控管理、评审并记录，保留记录文档，以评估改进的有效性和持续性。

4.2.6　文档管理

1．信息系统文档

信息系统文档是描述系统从无到有整个发展与演变过程及各个状态的文字资料。

在信息系统整个生命周期中涉及多种软件文档，如果没有信息系统文档或没有规范的信息系统文档，则信息系统的开发、运行与维护会处于一种混沌状态。当系统开发人员发生变动时，问题尤为突出。因此，系统文档被公认为信息系统的生命线，没有文档就没有信息系统。信息系统文档不是一次形成的，它是在系统开发、运行与维护过程中不断编写、修改、完善与积累而形成的。文档管理是信息系统开发与运行必须做好的重要工作。信息系统文档在系统开发人员、项目管理人员、系统运维人员之间，以及其与用户之间起着重要的桥梁作用，如图 4-5 所示。信息系统文档的作用如下：

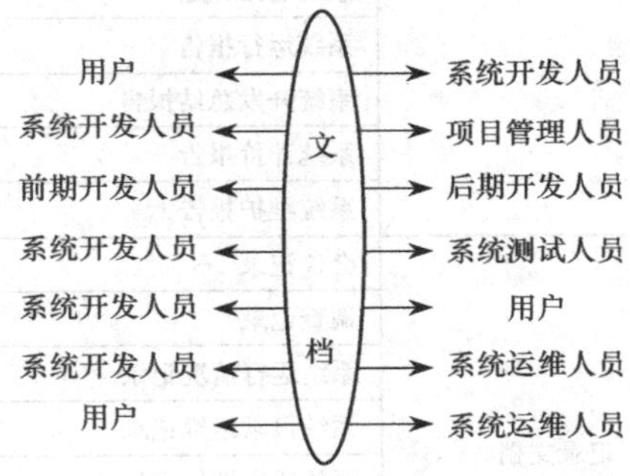

图 4-5　信息系统文档的作用

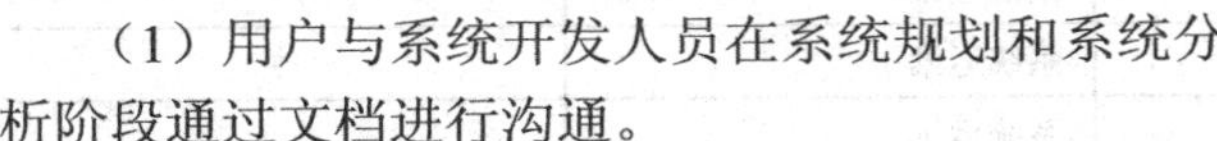

（1）用户与系统开发人员在系统规划和系统分析阶段通过文档进行沟通。

（2）系统开发人员与项目管理人员通过文档在项目期内进行沟通。

（3）前期开发人员与后期开发人员通过书面文档进行沟通。

（4）系统测试人员与系统开发人员通过文档进行沟通。

（5）系统开发人员与用户在系统运行期间通过文档进行沟通。

（6）系统开发人员与系统运维人员通过文档进行沟通。

（7）用户与运维人员在运行期间通过文档进行沟通。

根据不同的性质，可将信息系统文档分为技术文档、管理文档及记录文档等若干类，如表 4-2 所示。

表 4-2　信息系统文档

文档类别	文档内容	产生阶段	备　注
技术文档	系统总体规划报告	系统规划	
	系统分析报告	系统分析	
	系统设计说明书	系统设计	
	程序设计说明书	系统设计	
	数据设计说明书	系统设计	

续表

文 档 类 别	文 档 内 容	产 生 阶 段	备　注
技术文档	系统测试说明书	系统设计	
	系统使用说明书	系统实施	
	系统测试报告	系统实施	
	系统维护手册	系统实施	运行中继续完善
管理文档	系统需求报告	系统开发前	
	系统开发计划	系统规划	
	系统开发合同书	系统规划	委托或合作开发时
	系统总体规划评审意见	系统规划	
	系统分析审批意见	系统分析	
	系统实施计划	系统设计	
	系统设计审核报告	系统设计	
	系统试运行报告	系统实施	
	系统运维计划	系统实施	
	系统运行报告	系统运维	
	系统开发总结报告	系统运维	
	系统评价报告	系统运维	
	系统维护报告	系统运维	
记录文档	会议记录	各阶段	
	调查记录	各阶段	
	系统运行情况记录	系统运维	
	系统日常运维记录	系统运维	
	系统适应性运维记录	系统运维	
	用户问题记录	系统运维	
	维护反馈记录	系统运维	
	运维过程记录	系统运维	

2. 信息系统软件运维文档管理

信息系统软件运维文档主要包括系统运行报告、系统开发总结报告、系统评价报告、系统维护报告、系统运行情况记录、系统日常运维记录、系统适应性运维记录、用户问题记录、维护反馈记录、运维过程记录等。文档能提高软件运维过程的“能见度”，把用户反映的问题、用户提交的报告、用户增加的需求、对用户反映问题的维护反馈记录、运维过程中发生的事件以某种可阅读的形式记录在文档中，管理人员可把这些记载下来的材料作为检查软件运维进度和运维质量的依据，正确统计运维的工作量，实现对信息系统软件运维的工程管理，提高运维效率。文档作为运维人员一定阶段的工作成果和结束标志，记录运维过程中的有关信息，便于管理人员、运维人员、操作人员、用户之间的协作和交流，使信息系统软件运维更科学、更有成效。

信息系统软件运维文档管理应注意如下方面：

（1）文档管理制度化。形成一整套完善的文档管理制度，根据这一套制度来协调、控制、评价信息系统软件运维中各类人员的工作。

（2）文档标准化、规范化。在信息系统软件运维前要选择或制定文档标准，在统一的标准约束下来规范地建立各类文档。

（3）落实文档管理人员。应设专人负责集中保管与信息系统软件运维相关的文档，他人可按一定的流程向文档管理员借阅文档。

（4）保持文档的一致性。信息系统软件在运维过程中如果修改了原来的需求和设计，但是文档却没有进行同步修改，造成交付的文档与实际信息系统软件不一致，使用户在使用信息系统软件参考文档对软件进行维护时出现许多误解，这将严重影响系统的质量和维护的效率。所以，在信息系统软件运维过程中，如果修改部分涉及设计文档或用户手册的，一定要及时更改，这样才能达到事半功倍的效果。

（5）维护文档的可追踪性。由于信息系统软件运维的动态性，软件的某种修改最终是否有效要经过一定的时间检验，所以运维文档也应与相应的信息系统软件一样要分版本进行管理，这样软件和文档就具有可追踪性，便于持续地运维与改进。

4.3　信息系统软件运维的内容

4.3.1　日常运维

1．日常运维的内容

信息系统软件日常运维的主要内容包括监控、预防性检查、常规操作。

信息系统软件监控的主要内容包括进程状态、服务或端口响应情况、资源消耗情况、日志、数据库连接情况、作业执行情况等。

信息系统软件预防性检查的主要内容包括典型操作响应时间、系统病毒定期查杀、口令安全情况、日志审计、分析、关键进程及资源消耗分析、队列等。

信息系统软件常规操作的主要内容包括日志清理，启动、停止服务或进程，增加或删除用户账号，更新系统或用户密码，建立或终止会话连接，作业提交，软件备份等。

2．日常运维流程

日常运维是指按照信息系统软件运维服务协议定时、定点、定内容重复进行的信息系统软件的常规维护活动。日常运维流程如图 4-6 所示。

日常运维的常规操作包括查阅系统日常运行记录，处理运行过程中的随机事件，对不能解决的事件申请维护处理；对日常维护中发现的系统缺陷，申请转入缺陷诊断与修复流程；同时做好日常运行报告的编制工作，将日常运行报告与日常运行过程中产生的其他文档一并归档备查。

3．日常运维活动

信息系统软件的日常运维活动主要包括例行测试维护和定期测试维护。

1）例行测试维护

按照例行测试的测试结果进行信息系统软件常规维护活动，例行测试流程如图 4-7 所示。

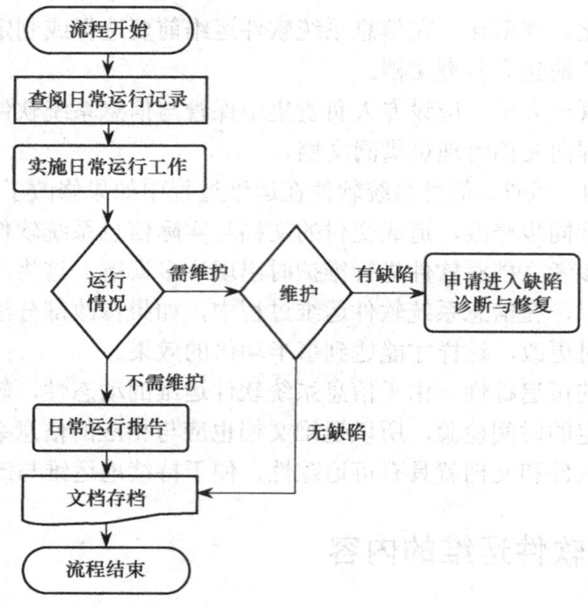

图 4-6　日常运维流程

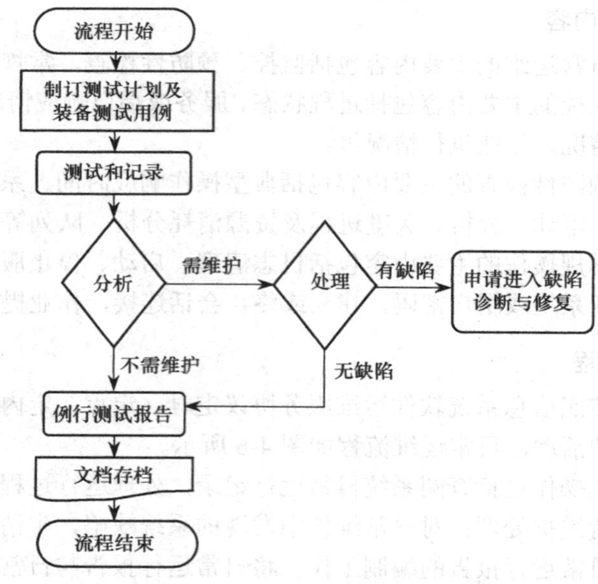

图 4-7　例行测试流程

例行测试流程的要点如下：

（1）开展例行测试前应先制订测试计划及准备测试用例。

（2）按计划依据用例执行测试。

（3）对测试结果进行分析，对需更新或修改的测试结果申请运维处理。

（4）对信息系统软件运维后若发现有缺陷不能解决，则申请进入缺陷诊断与修复。

（5）例行测试完成后应编制例行测试报告，并与例行测试过程中产生的文档一并归档。

例行维护流程如图 4-8 所示。其关键点如下：

（1）开展信息系统软件例行维护前应制订例行维护实施方案。

（2）对记录的维护情况进行分析，若在维护后发现系统有缺陷，则申请进入缺陷诊断与修复流程。

（3）例行维护完成后应编制例行维护报告，并与例行运维过程中产生的文档一并归档。

2）*定期测试维护*

定期测试维护指按照信息系统软件开发或提供厂商规定的维护周期进行信息系统软件的测试与维护活动。定期测试维护的周期依据信息系统软件的使用手册和运行规范设定。其周期一般有周测试维护、月测试维护和季度测试维护三种基本类型。不同周期的测试内容详略程度可有所不同。

定期测试维护基本流程如图 4-9 所示。其要点如下：

（1）定期测试维护开始前应先查阅信息系统软件日常运行记录。

（2）对定期测试记录进行分析，对有需要维护的信息系统功能则申请进行维护处理。

（3）维护后发现系统存在缺陷，则申请转入缺陷诊断与修复流程。

（4）定期测试维护完成后应编制定期测试维护报告，并与定期测试运维过程中产生的文档一并归档。

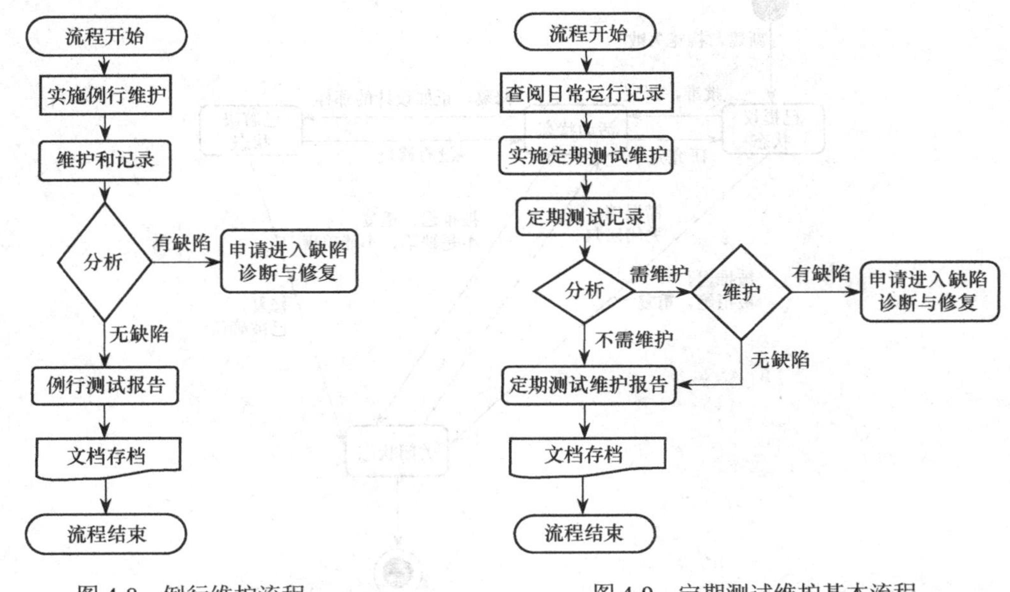

图 4-8　例行维护流程　　　图 4-9　定期测试维护基本流程

4.3.2　缺陷诊断与修复

1. 信息系统软件缺陷的概念

信息系统软件缺陷是指信息系统软件中存在的某种破坏正常运行能力的问题、错误，或者隐藏的功能缺陷。从信息系统软件产品内部看，缺陷是信息系统软件产品开发或运维过程中存在的错误；从信息系统软件产品外部看，缺陷是信息系统所需实现的某种功能的失效或违背。

一旦发现信息系统软件缺陷，就要设法找到引起缺陷的原因，分析其对信息系统产品质量的影响，然后确定缺陷的严重性和处理这个缺陷的优先级。各种缺陷所造成的后果是不一样的，有的仅仅是不方便，有的可能是灾难性的。一般问题越严重，其处理优先级就越高，缺陷的严重性通常分以下四种。

（1）微小的：对信息系统软件功能几乎没有影响的一些小问题，信息系统软件产品仍可使用。

（2）一般的：不太严重的错误，如信息系统软件次要功能模块丧失，提示信息不够准确，用户界面差和操作时间长等。

（3）严重的：严重错误，指信息系统软件模块功能或特性没有实现，主要功能部分丧失，次要功能全部丧失，或出现致命的错误声明。

（4）致命的：致命的错误造成信息系统崩溃、死机，或造成系统数据丢失，主要功能完全丧失等。

除了缺陷的严重性之外，还需要判断缺陷所处的状态，以便及时跟踪和管理。信息系统软件缺陷状态如图 4-10 所示。

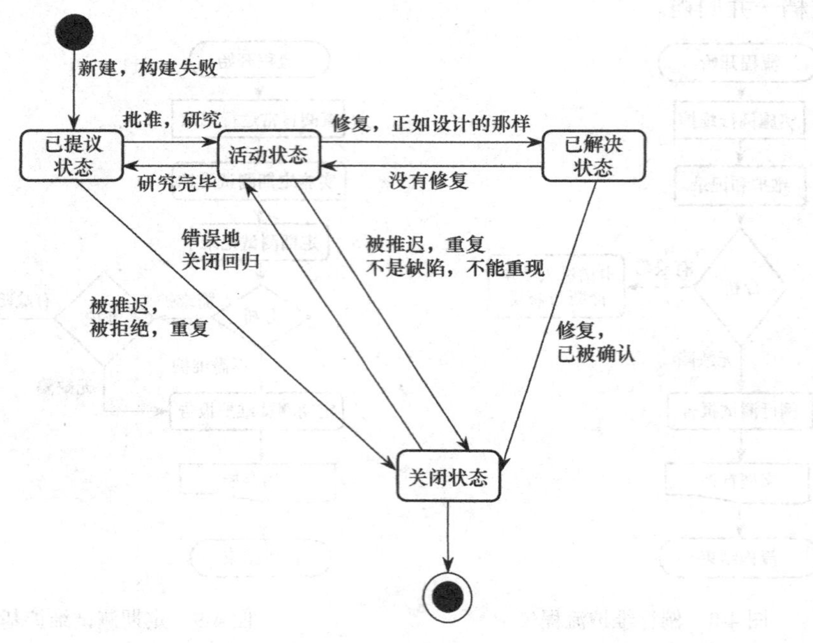

图 4-10　信息系统软件缺陷状态

（1）活动状态：问题没有解决，信息系统软件测试人员新报告的缺陷或验证后缺陷仍旧存在。

（2）已解决状态：信息系统开发人员针对缺陷，进行信息系统软件修正，问题已解决或通过单元测试。

（3）关闭状态：信息系统软件测试人员经过验证后，确认缺陷不存在之后的状态。

以上是三种基本的状态，还有一些需要用相应的状态描述，如“保留”“不一致”状态等。

2. 信息系统软件缺陷的分类

从软件测试角度看，信息系统软件缺陷可分为五大类，如表 4-3 所示。

表 4-3　信息系统软件缺陷

构　成	细　分	解　释
功能缺陷	需求说明书缺陷	需求说明书可能不完全，有二义性或自相矛盾。修改信息系统功能后没有及时修改需求说明书
	功能不一致缺陷	软件实现的功能与用户要求的不一致，包括错误的功能、多余的功能或遗漏的功能
	测试缺陷	信息系统软件测试的设计与实施发生错误。软件测试自身也可能发生错误。另外，如果测试人员对系统或需求说明书缺乏了解，也会发生许多错误
	测试标准引起的缺陷	对测试标准要选择适当，若太复杂，则导致测试过程出错的可能性就大
系统缺陷	模块接口缺陷	信息系统软件内部子系统或模块之间的联系发生的缺陷，与程序内实现的细节有关，如输入/输出格式错，数据保护不可靠，子程序访问错等
	软件结构缺陷	由于信息系统软件结构不合理而产生的缺陷，通常与系统的负载有关，而且往往在系统满载时才出现，如错误地设置局部参数或全局参数等
	控制与顺序缺陷	如忽视了时间因素而破坏了事件的顺序，等待一个不可能发生的条件，漏掉处理步骤，存在不正确的处理步骤或多余的处理步骤等
加工缺陷	算法与操作缺陷	在算术运算、函数求值和一般操作过程中发生的缺陷
	初始化缺陷	错误地对循环控制变量赋初值，用不正确的格式、数据或类型进行初始化等
	静态逻辑缺陷	如不正确地使用分支语句，在表达式中使用不正确的否定等
数据缺陷	动态数据缺陷	动态数据是在程序执行过程中暂时存在的数据，在执行期间将共享一个共同的存储区域，若程序启动时对这个区域未初始化，可能导致数据出错
	静态数据缺陷	静态数据在内容和格式上都是固定的，它们直接或间接地出现在程序或数据库中，由编译程序或其他程序专门对它们进行预处理，要防止预处理出错
	内容、结构和属性缺陷	数据内容缺陷是由于内容被破坏或被错误地解释而造成的缺陷，数据结构缺陷包括结构说明错误及数据结构误用错误，数据属性缺陷包括对数据属性不正确地解释
代码缺陷	—	包括数据说明错、数据使用错、比较错、控制流错、界面错等

3. 信息系统软件缺陷诊断与修复流程

发现信息系统软件缺陷后，要尽快修复。小范围内的错误不及时修复，可能会扩散成大错误，导致后期修改工作更多，成本也更高。信息系统软件缺陷发现或解决得越迟，信息系统软件运维的成本就越高。

按照信息系统软件开发提供的测试检查方法、测试检查工具或第三方测试工具，按测试规范对信息系统软件进行缺陷诊断与修复。对于诊断流程发现的缺陷按缺陷诊断和处理办法能够解决的缺陷问题在此流程范围内解决。信息系统软件缺陷诊断与修复流程如

图 4-11 所示。

缺陷诊断与修复流程主要包括如下方面：

（1）接受问题申请后，应对问题进行初步诊断。

（2）经检查分析，对属于异常的缺陷进行修复，对属于常见问题的缺陷则进行技术支持。

（3）对不能修复的异常缺陷申请重大缺陷处理。

（4）缺陷诊断与修复完成后应编制缺陷诊断与修复报告，并同缺陷诊断与修复过程中产生的文档一并归档。

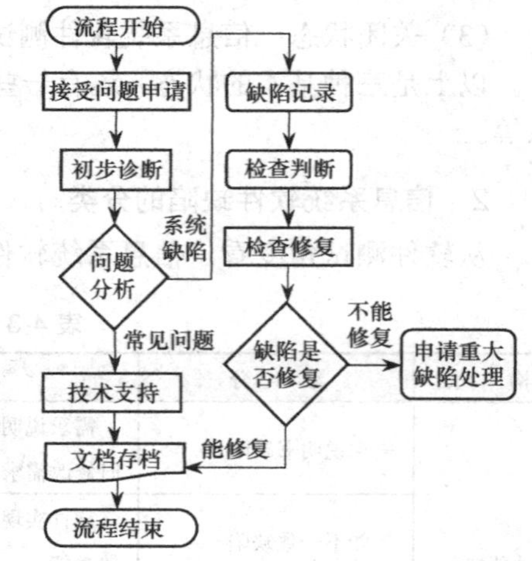

图 4-11 信息系统软件缺陷诊断与修复流程

4.3.3 变更管理

变更管理是信息系统软件变更过程的管理，信息系统软件变更是不可避免的，因为：

（1）信息系统软件上线使用后，新的需求会不断出现。

（2）信息系统软件已有的需求会随着业务环境的变化而变化。

（3）信息系统软件运行中的错误要进行修改。

（4）信息系统软件其他性能和非功能特性需要修改。

信息系统软件最终的目的是要满足用户需求，而用户的需求总是在不断地变化，用户的一个需求变更作为一个新需求，等到一个新的迭代周期开始的时候将新变更需求引入，信息系统软件所有的规划、分析设计、实现、测试、部署都根据新的需求变更进行更新，形成一个周而复始的信息系统软件迭代变更过程，如图 4-12 所示。

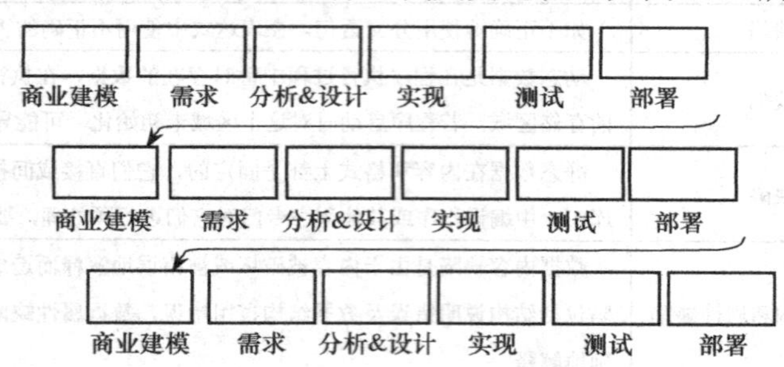

图 4-12 信息系统软件迭代变更过程

信息系统软件变更流程是信息系统运维的基本控制流程之一。信息系统软件应具有独立的变更管理功能，负责控制信息系统运行及运维过程中发生的变化，相应地指定级别足够高的相关人员负责变更管理，负责制订变更计划，监督变更实施等工作。信息系统软件变更管理应从工具和流程两个层面紧密地结合在一起，选用适当的软件来支持和管理变更管理流程。

信息系统软件变更流程如图 4-13 所示，主要包括如下方面：

（1）软件变更申请提出后需要整理，并判断哪些需要重点讨论后再做决策，重点讨论时要解决并消除变更需求及变更之间的冲突，从业务部门出发，从合法性的角度审核变更需求，确定变更需求，确定被批准的变更需求的优先级，决定变更实施的计划安排。运维部门管理协调信息系统变更需求提交、变更控制、跟踪，任务分派及与变更执行者的沟通等。任何变更需求应进行讨论并确定其实施计划。除特殊的紧急情况外，任何与解决软件问题相关的变更都应提交正式的变更需求。所有变更的需求在被讨论审核前被授予相应的优先级。

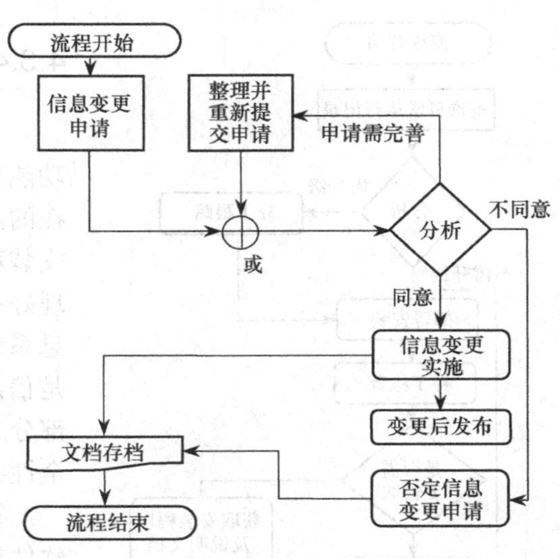

图4-13 信息系统软件变更流程

（2）对于不完善的软件变更申请需整理后重新提交申请。

（3）经批准同意的软件变更实施后应进行变更信息发布，所有与软件运维相关的变更均应在授权下实施。除少数紧急特例外，任何变更在使用前都要经过测试，并为需要进行的测试提供所需的测试环境，评估并公布软件变更对业务部门的影响。应根据具体的需求定时向负责变更实施的员工及受变更影响的最终用户通报被批准实施的变更申请及计划实施的项目。

（4）建立变更管理制度，规范变更管理过程，并形成文档。将变更过程中产生的文档归档，变更历史记录应与变更实施分析及分析后产生的变更管理报告紧密地结合在一起使用，并作为改进变更管理流程的重要工具。

好的信息系统软件产品通常会有一定的用户群。用户新需求的不断积累最终会带来软件产品的变更问题。信息系统软件在原有版本可用的前提下，为了更好地满足用户需要而对原有信息系统软件在功能、界面、性能、用户交互性等方面做出大范围的变更，可能涉及架构和界面的整体修改，会变更原有软件已形成的用户使用习惯。如何让变更后的信息系统软件产品向下兼容，如何在保持原有功能的基础上，使变更后的信息系统软件产品在性能、功能、用户使用的便捷性等方面更加优越，针对这些特性，信息系统软件产品平滑变更的基本原则如下。

（1）与原有信息系统软件的兼容：原有功能升迁到新的信息系统软件中，继续保留原有信息系统软件中适用的功能，并对原有的信息系统软件中不足的功能进行改进，使之更加实用。

（2）用户透明性：信息系统软件的变更对用户来说，是一种功能增强、性能改善和业务处理逻辑更加合理化的过程。所谓的用户透明性不是指用户感觉不到，而是指用户不需要从头学习新信息系统软件，就能根据原有软件产品的使用经验流畅地转入新系统的使用。

（3）可扩展性：由于信息系统软件产品具有较长的生命周期，因此在兼顾原有信息系统软件的同时，还必须考虑新信息系统软件未来的可扩展性。

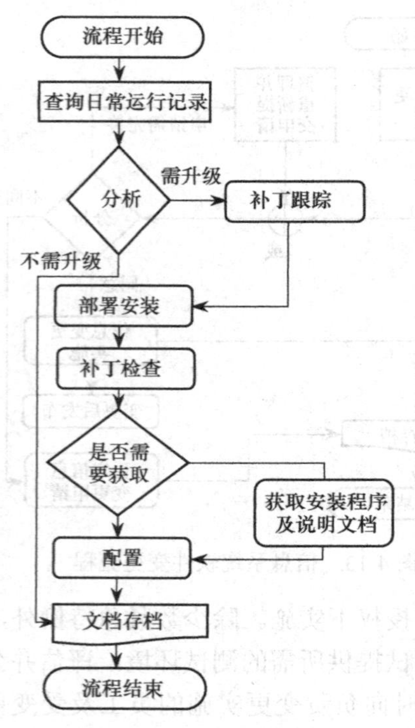

图 4-14　信息系统软件补丁程序管理流程

4.3.4　补丁程序管理

补丁程序管理指为修复原有信息系统软件在功能和易用性上的问题，对信息系统原有程序或存在的漏洞进行修改和补充形成的程序，通常可自由安装和卸载。如何有效安装信息系统软件补丁、管理好补丁是信息系统软件运维管理的重要内容。信息系统软件补丁管理涉及业务、流程、管理和技术，是信息系统软件运维整体框架中不可缺少的组成部分之一，是提高信息系统软件整体可维护性和安全性必不可少的组成部分。

补丁程序管理主要是对制作完成的信息系统软件补丁进行检测、发布、跟踪，运维人员获取并安装信息系统软件补丁程序。补丁程序管理流程如图 4-14 所示，其要点包括：现状分析、补丁跟踪、部署安装、补丁检查四个环节，同时由于补丁程序管理是一个长期、周而复始的工作，因此这些工作又形成一个环状的流程，其中既有事件驱动工作，又有例行工作。

下面着重分析其中的几个环节。

1. 现状分析

信息系统软件管理员查询日常运维记录，分析目前的信息系统是否需要补丁升级，不需要则直接归档，若需要则申请由技术服务经理进行补丁跟踪。还需要分析信息资产、信息系统环境、信息资产重要等级，以便下一步有针对性地跟踪信息系统所需要的补丁和要采取的措施。系统管理员要分析和管理相应的信息系统软件补丁程序版本，还没有实施的补丁、原因及补救办法。

2. 补丁跟踪

虽然补丁程序在发布前已经进行了测试，但是测试永远是不充分的，从实际经验来看，每个信息系统软件都有本身的特殊应用环境，因此信息系统软件补丁程序往往不稳定，会造成很多迭代的未知问题，必须根据信息系统软件的实际安装环境进行补丁跟踪，以判断该补丁在该环境下的兼容状况。

信息系统软件补丁测试的关键要考虑测试的广泛性、针对性，即能针对信息系统的实际情况尽量充分地测试。测试环境最好能有信息系统的各种应用，特别是一些关键应用，以便判断该补丁对信息系统关键应用的影响。如果在测试中发现问题，就要进行详细的分析，以判断发生问题的原因，并及时解决。如果不能解决，则需要记录下发生该问题的环境，并进行重复验证。

3. 补丁检查

为了确认信息系统软件补丁安装情况，需要对安装的系统进行检查。

4.3.5 系统恢复管理

系统恢复管理是针对已不能正常运行的信息系统软件执行恢复安装的管理。它属于维修性质的服务管理，通常涉及恢复安装与发布的原因分析、检查、审核、用户沟通、过程跟踪、记录、测试，以及测试的关闭等流程。对信息系统软件实施恢复安装操作后，应使信息系统软件尽快正常、稳定地运行。信息系统软件恢复管理流程如图 4-15 所示。

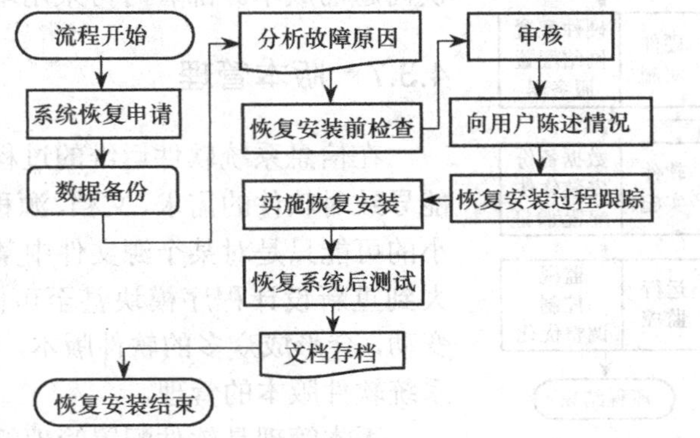

图 4-15　信息系统软件恢复管理流程

信息系统软件恢复管理流程的要点如下：

（1）系统恢复申请被提出。

（2）分析信息系统软件故障原因。

（3）恢复安装前检查，恢复系统后测试。

（4）对恢复安装过程进行跟踪、确认。

（5）系统恢复申请单、故障原因分析记录、恢复安装记录等过程文档存档。

4.3.6 部署管理

部署管理负责对信息系统软件的网络环境、服务器、操作系统环境、运行平台软件及相关的变更文档等进行规划、设计、构建、配置和测试，以便为实际运行环境提供稳定的支持，并负责将新的或变更的程序补丁和数据库补丁迁移到运行系统中。其主要目标是保证信息系统软件能正常、稳定地运行。信息系统软件部署类型包括：主部署、服务包部署、紧急补丁包部署等。信息系统软件部署管理主要包含以下内容，如图 4-16 所示。

（1）部署规划、设计。

（2）设计验证。

（3）硬件实施。

（4）构建软件产品。

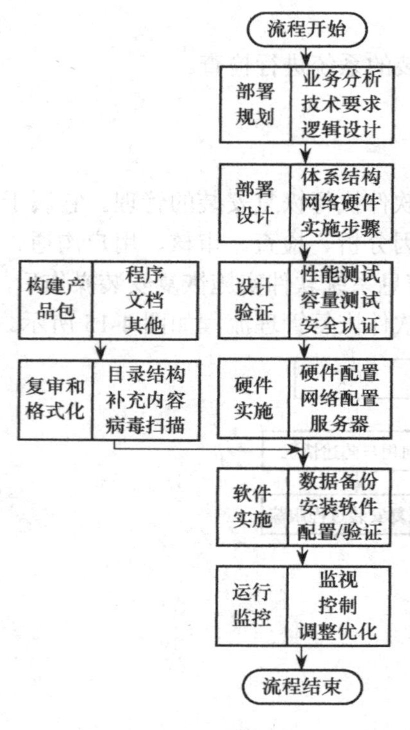

图 4-16　部署管理流程

（5）实施、运行及优化。

信息系统软件部署时要指定专人负责部署工作，建立部署结构，编写草稿，说明软件已完成的功能和已达到的性能、尚未解决的各种问题、运行环境、操作方法、部署内容的清单等（文档、安装包、数据包等）。清单一定要完整，体现信息系统软件开发工作的完整性。功能描述要遵循用户需求中的轻重次序，提高用户认可度。对现有问题的说明要客观，说明解决问题的成本。部署时可采用增量式部署。

4.3.7　版本管理

在信息系统软件运维的过程中，许多因素都有可能导致对软件的需求、文档、源程序等内容进行修改，小的可能只是对某个源文件中某个变量的定义改动，大到重新设计程序模块甚至可能是整个需求的分析变动，会形成众多的软件版本，所以有必要进行信息系统软件版本的管理。

版本管理是软件配置管理的核心功能。所有置于配置库中的元素都应自动予以版本标识，并保证版本命名的唯一性。版本在生成过程中，自动依照设定的使用模型自动分支、演进。除了系统自动记录的版本信息以外，为了配合软件开发，运维流程的各个阶段还需要定义、收集一些元数据（Metadata）来记录版本的辅助信息和规范开发流程。

4.4　信息系统软件运维系统与专用工具

4.4.1　信息系统软件运维系统的功能

信息系统资源的不断增长，使信息系统软件面临着巨大的运维压力，利用人工的日常巡检来发现与排除故障已不能满足信息系统业务持续的可用性和性能要求，为了获得更高的性能和可用性，就需要借助运维管理系统自动实现对信息系统各类资源的数据采集、状态监控和性能分析。

传统的信息系统运维管理系统主要面向资源层面的监控，关注各种资源的运行状况，没有对业务系统实施端到端的、从客户体验角度的可用性监测，不能全面地反映信息系统软件的运行状况，一旦出现问题也难以快速、有效地判断问题的根源。所以要利用信息系统运维管理系统对信息系统软件的业务进行监控和管理，这种监控立足于业务视角，以客户体验监测为起点，从业务可用性和资源健康性双重角度来检视信息系统，从而满足在复杂的信息系统环境下面向业务服务实施监控的需求，帮助运维管理部门建立主动管理模式，保障信息系统软件业务服务的质量达到用户的最佳期望。管理层通过这些流程制定管理方针目标，保障目标的执行，监督流程管理效果，执行P、D、C、A循环，以改进信息系统绩效，管理信息系统各类资料文件。

信息系统运维系统是站在运维的整体视角，以流程、技术、服务为导向的业务服务管理和运维支撑平台，其中针对信息系统软件运维的管理内容主要包括以下三个方面。

1. 信息系统软件信息采集

可以快速查询网络内各计算机中安装信息系统软件的详细信息，也可以查询出某一信息系统软件在整个网络中的安装数量。查询结果可以报表形式输出，也可导出为Excel或文本文件。

可以记录信息系统软件变更情况。当终端PC信息系统软件有新变化后，例如，安装/删除某个信息系统软件，可以统计终端PC信息系统软件的变更情况。信息系统软件运维管理架构能够较实时地反映信息系统软件变更的信息，当客户端信息系统的任何软件发生变化时，管理员可以通过报警设置获得配置变化的详细信息。能够以日志及报警的方式及时通知管理人员，同时还支持以邮件、SNMP陷阱等多种方式提供报警，也支持调用运行程序进行自我修复，充分确保信息系统软件的运行安全。

2. 信息系统软件监控

信息系统软件监控功能可以让信息系统软件管理者对客户端PC的信息系统软件运行使用情况了如指掌，并赋予信息系统软件管理者控制客户端PC是否能够运行某些信息系统软件的能力。

信息系统软件监控的目的是使单位内部的计算机能够根据单位工作需要而发挥作用，杜绝不相干的信息系统软件运行，降低系统故障的概率，同时也对信息系统软件的运行历史记录进行统计分析，让管理人员了解网络内信息系统软件运行频度等信息。

信息系统软件监控包括如下功能：

（1）信息系统软件汇总及对信息系统软件进行分组。

（2）信息系统软件执行许可策略设定、黑白名单设置。

（3）信息系统软件运行的历史记录查询。

（4）信息系统软件运行的历史记录统计分析和导出。

（5）信息系统软件运行的时长统计和导出。

（6）信息系统软件运行的次数统计和导出。

3. 信息系统软件分发功能

传统的信息系统软件分发，对信息系统的系统管理人员来说，是将一个更新软件分发到大量工作站上，这无疑是最烦琐的任务。随着工作站数量的增加，从一个系统到另一个系统、登录、安装软件和回答用户问题变得烦琐费事。因此，引进软件分发工具的首要任务是在降低支持成本的同时，提高桌面应用质量和可用性。

软件分发主要是为信息系统管理人员提供对客户端PC信息系统软件补丁、信息系统软件升级信息、文件传送等的自动化批量操作功能，使信息系统管理人员不用到每台机器亲自动手，从而以最省时、省力的方法来完成那些烦琐的任务，能够自动给信息系统指定的或全部终端计算机批量分发及安装信息系统软件包，保证终端计算机始终处于最佳工作状态，大大减轻信息系统管理员批量部署程序的负担。每一个信息系统软件分发都要有明晰的过程跟踪和记录，管理员可实时查询分发的即时状态，并且在不影响客户端工作的同时更新软件。平台软件分发需获取信息系统客户端授权，在客户端授权范围内自由下载安装信息系统软件。如此一来，信息系统管理员的工作量将大大降低，不用再四处奔走以完成信息系统软件安装的任务。

信息系统软件分发程序包用于创建要执行的分发包，设定要执行的分发包的各项参数和任务执行时间。信息系统软件分发程序带来了批量分发软件的便利，同时也杜绝了私自安装软件导致病毒源的入侵或安全隐患的发生。

4.4.2　信息系统软件运维专用工具

信息系统软件运维专用工具主要包括配置管理支持工具（详见3.5.2节）、部署工具、版本控制工具及其他辅助工具，如开发信息库工具、逆向工程工具、文档分析工具等。

1．分发部署工具

软件的批量部署与安装可采用相应自动化工具，以实现软件的批量分发部署、内核的简单优化等。运维部署对象主要包括网络、硬件、基础软件、硬件负载均衡、应用软件等。

通过运维部署工具不仅能够提高部署效率，减少人为的部署错误，还能辅助运维人员建立基于软件包、分区、配置、监控、安全性等方面的一致性，提高设施运维的质量。

当前自动化批量安装常用的工具包括RedHat提供的Kickstart Installations自动安装解决方案、Cobbler批量安装工具、OpenQRM、SpaceWalk等，其中以Kickstart、Cobbler和OpenQRM最为常用，具体说明及指标对比如表4-4所示。

表4-4　主流的运维部署工具

工具名称	性　质	特　点
Kickstart	开源	针对红帽Linux/Fedora等发行版的自动化安装方式，让系统在安装过程中从一个ks.cfg配置文件中自动获取所有需要配置的参数
Cobbler	开源	为了实现快速网络安装环境的Linux安装服务器，可以为数量众多的Linux服务自动化执行任务。 采用Python语言，支持命令行管理、Web界面管理，还提供了API接口，可以方便二次开发使用。能实现物理机与虚拟机的并行系统构建，可进行DHCP和DNS配置
OpenQRM	开源	针对设备的部署、监控等多个方面通过可插拔式架构实现自动化的目的，尤其面向云计算/基于虚拟化的业务

2．版本控制工具

目前，主流的版本控制工具主要有三类，分别为开源集中式、闭源集中式和开源分布式，具体如表4-5所示。

表 4-5 主流的版本控制工具

	工具名称	特点
开源集中式	VSS	微软的版本控制工具，仅支持 Windows 操作系统；简单好用，仅适用于团队级开发，不能胜任企业级的开发工作；权限划分可到文件夹级，权限管理基于文件共享形式，只能从文件夹共享的权限设定对整个库文件夹的权限；版本管理和分支管理只能靠人为的手工设置，安全性不高
	CVS	典型的免费服务器/客户端软件，支持远程管理，项目组分布开发时一般都采用 CVS；安装、配置较复杂，使用比较简单；安全性高，不受限于局域网；可以跨平台，支持并发版本控制；不支持文件改名，只针对文件控制版本而没有针对目录的管理；适用于几个人的小型团队
	SVN	前身是 CVS，是以 CVS 的功能为基础设计的，除包括 CVS 的大多数特点外，还有一些新的功能，如文件目录可以方便地改名，基于数据库的版本库，操作速度提升，权限管理更完善等
闭源集中式	ClearCase	提供全面的配置管理，包括版本控制，工作空间管理，建立管理和过程控制，而且无须软件开发者改变现有的环境、工具和工作方式；易用性差，很难上手使用，培训费用高
	StarTeam	高端工具，在易用性、功能和安全性等方面都很好；权限设置功能强大、方便；不支持并行开发，不能很好解决合并问题；不支持分支的自动合并，需要手动来处理；速度慢，在一定程度上影响开发效率；故障恢复困难，需要有专职的管理员维护；没有中文版本；集成度较高，移植过程复杂，管理负担大，需要完善的备份计划
开源分布式	GIT	免费、开源、分布式的版本控制系统；不需服务器端软件支持，源代码的发布和交流极其方便；每一个 GIT 克隆都是一个完整的文件库，含有全部历史记录和修订追踪能力；支持离线工作
	Mercurial	轻量级分布式版本控制系统，简单易学、易于使用，运行快速，具有可扩展性，易于根据用户需求自行定义
	Monotone	免费的分布式版本管理系统，提供简单的文件事务版本存储，可离线操作，高效的点对点同步协议，支持历史版本敏感的合并操作、轻量级分支处理，以及集成代码评审和第三方测试工具。使用加密的版本命令方式和客户端 RSA 认证，不依赖第三方工具，支持跨平台

4.5 云计算 SaaS 服务模式下的运维

4.5.1 SaaS 模式

SaaS 是一种基于互联网技术的软件价值交付的新型业务模式，是云计算的三种典型形式之一。具体地讲，SaaS 是按照使用者的需求提供软件应用服务的业务模式，SaaS 侧重于运营和交付，是云计算的最终价值交付运营模式，通过软件交付模式上的创新，为云计算开辟出更大的市场空间，激励众多软件厂商开发出更多应用，从而使云计算产业联盟不断发展壮大。

SaaS 提供商将应用软件统一部署在自己的服务器上，用户可以根据自己的实际需求，通过互联网向厂商定购所需的应用软件服务，按定购的服务多少和时间长短向厂商支付费用，并通过互联网获得厂商提供的服务。用户不用需要购买软件，而改为向提供商租用基于 Web 的软件，来管理企业经营活动，且无须对软件进行维护，服务提供商会全权管理和维护软件，软件提供商在向用户提供互联网应用的同时，也提供软件的离线操作和本地数据存储，让用户随时随地都可以使用其定购的软件和服务。

4.5.2　SaaS 特点

SaaS 作为一种新型的在线软件交付模式，随着其支撑技术的不断成熟及市场的发展与变化，逐渐得到了越来越多人的认可。SaaS 服务一般具有下面几个特性。

（1）Internet 在线服务性：SaaS 服务通过 Internet 面向用户，用户通过 Internet 随时在线访问所需软件和功能。Internet 是 SaaS 模式实现的基础条件之一，是 SaaS 服务发布和应用的重要工具，未来将成为 SaaS 的主要媒介之一。

（2）按需租赁性：SaaS 通过租赁的方式将服务提供给多个租户（企业或单独用户），租户无须花费大笔费用购买整套软件新产品或者软件的 License，而是以年、月、日甚至论次租赁的方式使用 SaaS 服务，大大降低了租户使用软件服务的软硬件成本及门槛。

（3）资源共享性：SaaS 模式中提出多租户的概念。在 SaaS 模式中，多租户之间共享基础设施、共享 SaaS 服务，也可根据不同租户的需求，选择和设置不同业务。

（4）网络访问性：基于 SaaS 在线访问特性，要采用各种方法一直保持高效、快速的网络访问，为用户访问 SaaS 服务提供强有效的网络支持。

（5）按需自配置性：SaaS 是一种自助式服务，SaaS 服务使用者不需要直接与 SaaS 服务提供者交互，有需求时可自行配置或设置功能，如自行进行系统和界面配置等。

（6）灵活可扩展性：SaaS 软件的功能可自动、快速地向外扩展，并迅速发布给用户，因此服务的供应能力应该是可无限扩展的。

（7）高安全性：SaaS 软件本身的“托管”特点，让用户对自己的信息安全要求更加严格，因此必须采取各种先进技术和措施，保证 SaaS 软件的数据和信息的安全性。

4.5.3　SaaS 运营服务

从目前来看，SaaS 运营服务可分为三类细分市场，即通用性、行业性和职能垂直性，除了面向个人的应用服务外，面向企业的应用市场发展空间巨大。

1．通用性

此类软件服务解决企业用户普遍的工具和效率需求，适用面广，市场空间大，是以电子邮件、在线 OA、文档管理、通信办公、协作等软件服务为典型代表的通过互联网提供以面向个人为主的软件服务。但同时，这类通用服务产品市场若未能建立网络效应，容易陷入同质化竞争，难以保证客户黏性。

2．行业性

此类软件服务主要解决一个特定行业的特定环节的商业问题，如餐饮业的会员、收银管理，酒店的订房交易，航运业的订舱、报关环节等。这类软件服务的特点是行业知识密集，对行业理解力要求高。

3．职能垂直性

此类软件服务主要解决企业特定职能的数据和业务流程管理问题，如客户关系管理、人力资源管理、财务管理、营销管理等，同样这类软件服务对于专业领域知识要求高，并存在行业差异性，客户的个性化需求高，同一个职能领域的 SaaS 产品可细分为若干市场。

4.5.4　SaaS 对运维的影响

SaaS 服务的特点正好充分弥补了我国中小企业目前信息化水平低、资金人才短缺这些突出的缺陷，较好地迎合了中小企业的发展需求，相比传统的软件运维，云计算 SaaS 模式对运维产生了以下影响。

1．企业用户方面

对于企业用户而言，由于企业采取租用的方式来使用 IT 服务，企业不再需要购买相应的硬件设备，不需要聘用专门的技术人员来支持系统的运行，只需向服务提供商按照所租赁服务支付一定的费用就可以立即使用系统。经过服务提供商提供的培训和前期适应期，企业即可将软件服务融入自己的运营体系，提升自己的运营能力。在这个过程中不需要经过漫长的项目实施周期，不必一次性投入大量的前期资金，从而解决了企业信息化过程中高成本的问题。服务前端的环境一般是基于 Internet 浏览器或其他工具软件的，这些都是相对非常稳定的部分而且使用起来较为简便，用户只需要熟悉前端程序的应用即可。因此，用户在获得服务的同时无须再关心软件的维护和升级等问题，用户在使用中碰到的问题都交由服务提供商的专业人员处理，不需要用户自己花费人力、物力去解决。这在很大程度上缓解了企业在人力、财力上的压力，使其能够集中资金对核心业务进行有效运营。

一直以来，各个企业或组织的 IT 部门把大部分精力都花在了 IT 项目建设和运维上，就是根据业务部门的需要，完成项目的分析、建设和维护等工作。IT 部门需要熟悉网络、服务器和应用程序平台，负责为用户提供 IT 服务；负责提供支持和故障排除；负责解决 IT 安全性、可靠性、性能和可用性问题。传统的运维和开发外包模式可以缓解日常维护管理方面的压力，但是不能彻底地将 IT 管理部门解放出来。但是在 SaaS 模式下，IT 部门信息技术管理的职责已经从过去的执行日常的记录维护和计算任务提升到辅助决策和协调管理层面，其主要工作重心向 IT 的规划和预算控制转移。SaaS 提供了实实在在的转嫁软件开发建设和运维风险的机会，并使 IT 部门从一个被动反应的成本中心转变为能够创造价值的部门。在引入 SaaS 之后，由于所有软件的维护（补丁安装、软件升级、性能监控）等一系列服务都是由 SaaS 提供商来负责的，IT 部门可以将精力更多地集中在 IT 的规划和价值创造上，为企业或组织的业务发展提供策略。

2．SaaS 提供商方面

对于软件提供商来说，SaaS 运维也非常有优势。传统的软件产品维护是一对多的关系，维护人员不得不面对各种各样的用户现场和环境，许多问题还需要维护人员到客户现场解决。有时软件提供商还需要维护人员去维护同一软件产品的不同版本，这些情况使得维护人员疲于奔命，同时也在很大程度上增加了软件开发商的成本。而 SaaS 模式下的软件应用是部署在提供商自己的环境中，维护人员可以在非常熟悉的环境中进行集中的运维管理。这一切使 SaaS 软件在提高服务质量的同时，维护成本也大幅降低。因为 SaaS 卖的是服务，SaaS 软件开始营销之后必然会给提供商带来持续和稳定的收入。这样提供商就具有了一套稳健的经营模式，在这种模式下，提供商就可以将更多的精力放到产品的研发和推广上，促进服务提供者不断提高服务质量，从而在提供商和用户之间形成良性的协作关系，促使软件提供商和使用者达到双赢的目标。

SaaS 是一种软件能力，SaaS 算得上是外包模式的延伸。传统的外包多半是基于合同，针对特定需求的开发或服务，SaaS 外包的标的是标准化的产品。前者能够有更多的个性化要求，后者是较低价格下的标准化产品，SaaS 软件运维必须强调配置能力和资源共享，从而满足企业流程的差异化需求，使得一套软件能够方便地服务于多个用户。

4.6 案例

【案例 1】 A 物流系统迁移实践

【背景简介】

为满足企业长远健康发展需要，A 物流在不改变业务系统 IP 地址的情况下，将业务系统与用户办公网平稳迁移至新机房，并在搬迁过程中完成对服务器业务系统的更新、升级、改造工作。以下为 A 物流需迁移的系统：

（1）A 物流采购管理电子商务平台是 A 物流直接集中采购与组织集中采购相结合的业务平台，可实现对所有物资进行管理及电子商务交易。该系统具有 9 个功能模块：商城采购、供应商管理、需求测算管理、需求计划管理、合同管理、废旧物资处置、报表管理、管理中心、行业资讯。目前系统用户有 3 000 多家企业用户，其中集团下属 89 家成员单位，12 000 多家供应商，每年完成采购需求 12 万份，采购金额达到 200 多亿元。

（2）A 物流定制的企业资源管理（ERP）系统实现了企业财务与业务的一体化。系统设计了 7 种业务场景，9 种业务模式，20 多个流程，支撑了 A 物流整个业务的运行。

（3）A 物流上线的某 ioffice 新公文系统，已建立办公自动化系统与电子文件管理同步的物流档案一体化平台，实现了在流程处理中对电子文件进行实时整理、鉴定、归档，有利于电子文件的安全和长期保存，并且与 ERP 系统相互集成。

【痛点难点】

随着 A 物流整体信息化程度的加深，其业务运行对系统的依赖程度越来越大，同时网上商城 7×24 小时全天候业务开展、庞大的企业用户群体采购需求等运行特性显著提高了系统搬迁的难度。具体体现在：

（1）时间短。为尽量保障业务运营不受影响，应用与数据迁移时间要尽可能短。

（2）任务重。需要迁移系统的数量多，需要先搭建测试环境，每个环节都要进行复核检查。

（3）要求高。迁移到位的系统经过检测后需要直接上线运行，这就要求应用和数据迁移无差错，要制订周密的迁移计划进行保障。

（4）费用低。考虑到异地双活热备的成本费用比较高，当前不具备相应的网络条件，在应用和数据迁移中，采用分阶段迁移的方式，即先部署与生产环境一致的测试环境，迁移后检查测试无误后，再切换为新的生产环境。

（5）不确定因素多。由于是多阶段迁移，每个环节都不能出差错，包括硬件网络、软件环境配置和数据备份与恢复等。因此，还需有备用的方案以保障迁移工作按时完成。

【实施路径】

为保障应用和数据迁移工作的顺利进行，工作组制订了周密的迁移方案，具体迁移实施路径如图 4-17 所示。

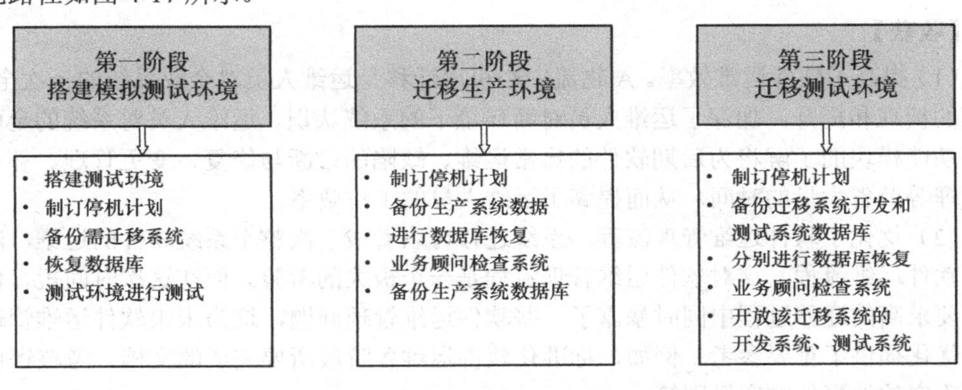
第一阶段
搭建模拟测试环境
· 搭建测试环境
· 制订停机计划
· 备份需迁移系统
· 恢复数据库
· 测试环境进行测试
第二阶段
迁移生产环境
· 制订停机计划
· 备份生产系统数据
· 进行数据库恢复
· 业务顾问检查系统
· 备份生产系统数据库
第三阶段
迁移测试环境
· 制订停机计划
· 备份迁移系统开发和测试系统数据库
· 分别进行数据库恢复
· 业务顾问检查系统
· 开放该迁移系统的开发系统、测试系统

图 4-17 系统软件迁移实施路径

（1）搭建模拟测试环境。

- 在新机房用新的硬件系统搭建与需迁移系统生产环境一致的测试环境，包括操作系统安装、存储划分、运行环境配置、备份服务器的安装、备份配置。
- 制订停机计划。
- 备份需迁移系统，备份应用、附件、数据库等生产项。
- 通过需迁移系统备份数据在测试环境恢复数据库。
- 在测试环境进行测试，包括数据库备份、网络响应、业务操作、外围系统接口等测试，测试确认无误后，正式迁移生产系统。

（2）迁移生产环境。

- 制订停机计划，备份生产系统数据。
- 把备份数据复制到新机房目标系统，进行数据库恢复。
- 业务顾问检查系统。
- 备份生产系统数据库。

（3）迁移测试环境。

- 制订停机计划，备份迁移系统开发、测试系统数据库。
- 把××开发、测试系统备份数据复制到新机房目标系统，分别进行数据库恢复。
- 业务顾问检查系统。
- 开放该迁移系统的开发系统、测试系统。

【实施效果】

（1）按照制订方案分阶段进行系统迁移，达到了预期目标，所有应用系统和设备未出现重大故障。

（2）从系统可靠性、可用性、先进性、成熟性、实用性、标准性、开放性及节约投资等多方面考虑，在迁移的过程中对系统进行了升级和更新换代，系统采用的主要设备均是当前市场上的主流产品，提高了其性能，保证了系统安全、平滑迁移。详细如下：A 物流采购管理电子商务平台承载虚机服务器在 DMZ 区与内网各增加 1 台；数据库更换为 6TB 的高性能存储，可确保未来五年的系统运行；购买第三方数据备份设备，重新搭建电商系统备份数据库；建立 ABI 数据可视化平台。

【收获】

（1）提高了软件运维效率。A 物流中心机房迁移是运维人员对企业系统的一次全面、系统的梳理和提升，加深了运维人员对新环境下的系统认识。运维人员对系统的全面认识和功能模块的了解将为后期软件的日常运维、缺陷的诊断与修复、变更管理、补丁程序管理等节省大量的时间，从而提高了运维人员的工作效率。

（2）优化了软件运维管理流程。系统迁移可以看成一次整个系统软件的运维，涉及整个软件运维流程，这对软件运维管理流程是一个极大的考验。而在这次时间短、任务重、要求高的迁移过程中同时暴露了一些软件运维管理问题，这为未来软件运维管理流程的优化提供了重要参考。例如，标准化软件运维各阶段所要完成的文档、考核评估体系、确定软件事件响应级别等。

（3）降低了软件故障率，提升了用户体验感。虽然中心机房的迁移会对企业用户的业务造成一定影响，但从长远来说迁移是对企业软件的一次“瘦身”“扩容”“检修”“升级”，有效降低了软件故障率，提升了软件性能和使用的可靠性，且迁移后软件运行环境的改善和可塑造性的增强保障了软件业务服务高品质的运行及用户新需求的再开发。

资料来源：根据中国船舶中船工业成套物流有限公司韩俊磊、王骏、席登虎先生提供的资料整理。

本章要点

本章主要介绍有关信息系统软件运维方面的概念、影响信息系统软件运维的因素和运维内容等。要点如下：

1. 信息系统软件运维的概念和影响信息系统软件运维的因素；
2. 信息系统软件运维的体系；
3. 信息系统软件运维的管理模式；
4. 信息系统软件运维的内容；
5. 云计算 SaaS 服务模式下的运维；
6. 软件系统迁移的实施路径。

思考题

1. 影响信息系统软件运维的要素有哪些?
2. 信息系统软件运维的管理模式有何特点?
3. 日常信息系统软件运维的内容有哪些?
4. 软件测试在信息系统软件运维中有何作用?
5. SaaS 对信息系统运维有何影响?
6. SaaS 服务有哪些类型?

第5章

信息系统数据资源运维

信息系统的稳定运行不仅取决于完善的硬件设施和软件环境，还依赖于数据资源的完整性、可用性、易用性与安全性。数据存储策略不当、存储介质损毁、误操作等均有可能破坏信息系统数据资源，导致信息系统出错或不可持续使用。为预防潜在的内外部风险，保障数据资源的高可用性，实现信息系统的持续稳定运行，信息系统数据资源运维成为信息系统运维的重要内容之一。

本章着重讲述信息系统数据资源运维体系及其主要工作内容，介绍常用的数据备份与恢复技术，介绍数据资源运维系统的主要功能和典型的数据资源运维系统，探讨在云环境下数据资源运维的相关技术和难点，并简要介绍了如何利用数据挖掘技术对数据资源进行分析和利用。

5.1　信息系统数据资源运维体系

数据是信息系统管理的对象与结果，信息系统在运行过程中会不断累积产生各类数据，反映组织发展过程中有关的组织状态、特征、行为、绩效，是组织生存和发展的重要战略性资源。

数据资源管理包括数据资源运行维护的全过程管理活动，是对各种形式数据进行收集、整理、存储、分类、排序、检索、统计、汇总、加工和传输等一系列活动的总称。从制度的角度来看，主要有日常管理流程和应急管理制度等。从技术上来看，主要有数据备份技术、数据恢复技术、数据管理技术、数据利用技术等。

信息系统数据资源的运维包括建立数据运行与维护各项管理制度，规范运行与维护业务流程，有效开展运行监控与维护、故障诊断与排除、数据备份与恢复、归档与检索等，保障数据资源处于高可用状态，使信息系统可持续、稳定、高效地运行。信息系统数据资源运维管理体系如图 5-1 所示。

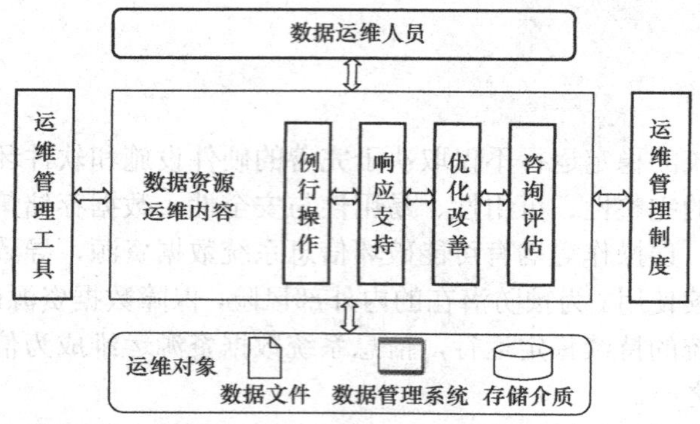

图 5-1　信息系统数据资源运维管理体系

5.1.1　数据资源运维的管理对象

信息系统数据资源运维的对象包括数据文件、数据管理系统和存储介质。

（1）数据文件：是数据资源的物理表现形式，通常以文件的形式存储在存储介质上。

（2）数据管理系统：是实现数据收集、更新、存储的管理系统，如操作系统、数据库管理系统等。其中，数据库管理系统是数据资源运维过程中的主要管理对象。

（3）存储介质：是存储数据的物理载体，包括磁带、磁盘、U 盘、光盘等。

5.1.2　数据资源运维的管理类型

数据资源运维作为信息系统运维的重要组成部分，其运维工作可以分为例行操作、响应支持和优化改善。

1．例行操作

数据资源例行操作运维是指数据运维人员进行的周期性的、预定义的运维管理活动，以及时获得数据资源的状态，包括实时监控、预防性检查和常规作业。

（1）实时监控：采用系统提供的工具化管理模块（如磁盘检查、数据库日志管理等）或第三方的各类数据监测工具，对数据资源的存储与传输状态和相关设备进行记录和监控。主要监控内容包括数据的完整性，数据变化的速率，数据存储状态，数据对象应用频度，数据引用的合法性，数据备份的有效性，数据产生、存储、备份、分发、应用过程，数据安全事件等。

（2）预防性检查：为保证信息系统的稳定运行，运维管理人员根据监控记录、运行条件和运行状况进行预控检查及趋势分析，及时发现其脆弱性，以便消除和改进。数据的预防性检查包括数据完整性的检查、数据冗余的检查及数据脆弱性的检查。

（3）常规作业：对数据产生、存储、备份、分发、销毁等过程进行的操作，或对数据的应用范围、应用权限、数据优化、数据安全等内容按事先规定的程序进行的例行性作业，如数据备份、数据恢复、数据转换、数据分发、数据清洗等。

2. 响应支持

响应支持运维是运维管理人员针对服务请求或故障申报而进行的响应性支持服务。响应支持服务根据响应的前提不同，分为事件驱动响应、服务请求响应和应急响应。

（1）事件驱动响应：由于不可预测的原因导致服务对象整体或部分功能丧失、性能下降，触发将服务对象恢复到正常状态的服务活动。事件驱动响应的处理过程中首先要启用备用资源，保障系统可持续应用，然后对事件进行分析和评估，制定防控措施。事件驱动响应的触发条件包括外部事件、系统事件和安全事件三种。

（2）服务请求响应：由于需方提出各类服务请求，引发的需要针对服务对象、服务等级做出调整或修改的响应型服务。此类响应可能涉及服务等级变更、服务范围变更、技术资源变更、服务提供方式变更等。

（3）应急响应：当发生重大事件、重大自然灾害，或由于政府发出行政命令，或需求方提出要求时，应当启用应急处理程序。

3. 优化改善

优化改善运维是运维管理人员通过提供调优改进，达到提高设备性能或管理能力的目的。例如，运维人员通过调整数据库索引或空间提高用户访问速度；通过增强设备投入或调整备份与恢复策略降低数据丢失风险，提高业务的可持续性等。

5.1.3 数据资源运维的管理内容

具体来说，数据资源运维管理包括以下内容。

1. 数据资源运维方案

（1）明确数据资源运行与维护管理的组织体系，确定职责任务，落实防范重点和关键环节（运维管理组织体系详见第2章）。

（2）根据信息系统的应用需求、可能产生的破坏程度、经济损失、社会影响程度，划分应急处理等级和响应时间，并制订数据运行与维护总体方案。广义地说，信息系统、信息系统产生的数据文件和信息系统的支撑系统（操作系统）都可以纳入数据资源运维的范畴，用户不希望系统崩溃、数据丢失导致高昂的损失，保障数据资源的高可用性变得越来越重要。高可用性意味着更高的运维投入，用户必须在经济合理的原则下，努力平衡可接受的损失和保障成本的关系，对数据资源进行重要性划分，对不同重要等级的数据资源采用不同的运维手段和策略，并据此制订经济合理的运维配置方案。

2．数据资源运维的例行管理

（1）对数据资源载体（存储介质）和传输、转储的设备进行有效管理，对历史数据进行定期归档。

（2）对数据库管理系统和数据库进行维护，确保数据库得到经常性的监控、维护和优化。包括数据库一致性检查，数据目录和索引更新与重建，系统冲突性检查，监测批处理，检查数据查询作业是否正确执行，整理数据库碎片，对各系统进行维护和性能调优等。

（3）对数据资源的备份与恢复管理：建立备份系统，实现数据备份的统一管理；选择合理的备份设备及数据传输设备并考虑其扩展性；制订组合的备份策略和计划，确定各类数据资源需备份的内容、频次及方式；根据产生故障的类型，对数据进行恢复，如前滚恢复、日志恢复和崩溃恢复等。

3．数据资源运维的应急响应

应急响应的主要目标是在面临事故和灾难时能保障数据的高可用性和系统的可持续性，而事故和灾难具有时间上和程度上的高度不确定性，运维人员在充分考虑各类风险、损失和保障成本的情况下，要预先制定应急预案并配置各类数据资源保障措施，以便在事故和灾难发生后，根据应急预案执行对数据资源的保护与恢复等工作。主要包括：

（1）制定应急故障处理预案，设立应急故障处理小组，确定详细的故障处理步骤和方法。

（2）制订灾难恢复计划，定期进行灾难演练，以防备系统崩溃和数据丢失。

（3）灾难发生后，应急故障处理小组能及时采取措施实现数据保护及系统的快速还原与恢复。

4．数据资源的开发与利用

随着信息系统的持续应用，用户会积累越来越多的数据，这些数据不仅反映了用户的各类行为，更重要的是，数据间的关系蕴含着许多有价值的信息和知识。对数据资源进行整理和分析，采用知识发现的工具有目的地挖掘数据，能从中获取新的信息或知识。

5.2　信息系统数据资源例行管理

数据资源例行管理是一种预防性的维护工作，它是指在系统正常运行过程中，定期开展一系列的监控、检测与保养工作，及时发现并消除系统运行缺陷或隐患，使系统能够长期安全、稳定、可靠地运行。

5.2.1　数据资源例行管理计划

不同类型的信息系统的数据资源运行维护的重点是不相同的，比如，针对多用户在线应用的电子商务管理系统就要重点监控并发数，检测并释放挂起的进程，优化主要数据库的访问速度等；针对大数据量吞吐的系统则重点监控磁盘空间，优化 I/O 读写速度等。因此，数据资源维护人员需根据信息系统的侧重点来制订合理的例行管理计划。一般情况下，例行管理计划中需列出监控检测的对象、重要性等级、常规操作方法，监控检测的频次或周期、正常状态值和报警阈值等，如表 5-1 所示。

表 5-1　例行管理计划示意

序　号	管理任务	操作内容	重要性	监控检测时间
1	数据库检查	检查并记录数据库增长情况 检查数据库是否有死锁现象 ……	重要（H）	
2	数据备份	检查备份内容的正确性 检查是否会出现数据备份失败的现象 检查是否存在大数据量备份记录条数丢失的现象 ……	重要（H）	
3	数据恢复	检查是否会出现数据备份恢复失败的现象 检查在各个数据库中小数位长度不一致的现象 ……	重要（H）	
……	……	……		

5.2.2　数据资源载体的管理

存放数据资源的介质必须具有明确的标识；标识必须使用统一的命名规范，注明介质编号、备份内容、备份日期、备份时间、启用日期和保留期限等重要信息。存储介质的管理包括借用、转储、销毁等环节。

1. 存储介质借用管理

对存储介质的访问一般设有权限控制，借用人需提出借用申请，填写使用时间、内容、用途，经信息系统责任人批准后，介质管理员方能借出备份。借用人员使用完备份后，应立即归还存储介质，由介质管理员检查确定介质是否完好，填写归还日期，介质管理员及借用人员分别签字确认。

存储介质借用流程如图 5-2 所示。

2. 存储介质转储管理

对长期保存的存储介质，应按照制造厂商确定的存储有效寿命进行定期转储处理。磁盘、磁带、软盘的介质有效期一般为两年，光盘的介质有效期一般为五年。对频繁使用的介质一般需酌情更改有效期。需要长期保存的数据，应在介质有效期内进行转储，防止存储介质过期失效。

存储介质转储流程如图 5-3 所示。

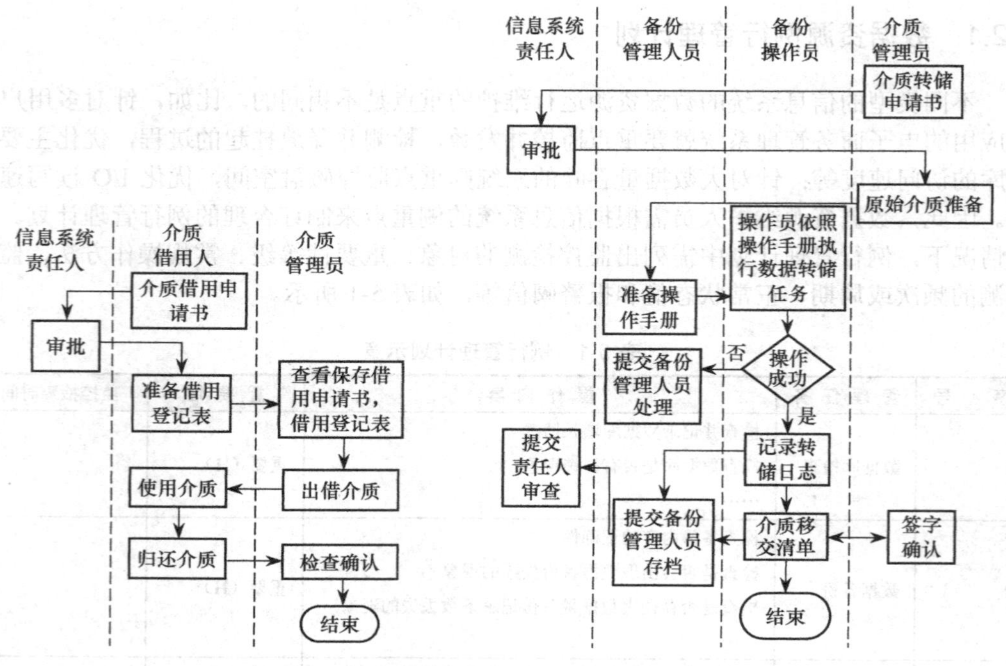

图 5-2　存储介质借用流程　　　　图 5-3　存储介质转储流程

3．存储介质销毁管理

存储介质需要废弃或销毁时，由介质管理员提出申请，由信息系统负责人审批执行。存储介质销毁流程如图 5-4 所示。

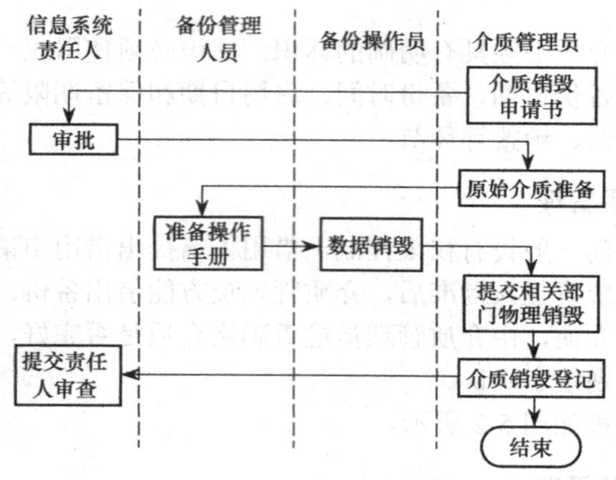

图 5-4　存储介质销毁流程

5.2.3　数据库例行维护

数据库文件是存储数据资源的主要形式，目前业界常用的数据库管理系统有 DB2、

SQL Server、Oracle、Informix、Sybase 等，虽然各种数据库的具体维护方法不尽相同，但从共性管理的角度看，数据库例行维护一般包括以下内容。

1．健康检查

（1）数据库日志检查：在数据库系统中，对数据的任何更新操作（如增加、修改、删除），都要把相关操作的命令、执行时间、数据的更新等信息保存下来，这些被保存的信息就是数据库日志，即数据库日志是数据库系统中所有更新活动的操作序列。数据库系统根据事务处理来记录日志信息，日志内容包括：事务开始标记、事务的唯一标识、所操作数据项的唯一标识、数据项的写前值（数据插入操作不包含该项）、数据项的写后值（数据删除操作不包含该项）、事务提交或终止标记。任何数据库系统都遵循先写日志的原则，即在内存中被更新数据写入磁盘之前，要保证对应日志信息已经写入磁盘，存入日志文件。因此，数据库日志文件是数据恢复的重要基础。

（2）数据库一致性检查：对数据库的物理和逻辑一致性进行检查，以 SQL Server 数据库管理系统为例，系统提供数据库控制台命令 DBCC，可用于数据库的一致性检查。DBCC 语句分类如表 5-2 所示。

表 5-2 DBCC 语句分类

语句分类	执行
维护语句	对数据库、索引或文件组进行维护的任务
杂项语句	诸如启用行级锁定或从内存中删除动态链接库（DLL）等杂项任务
状态语句	状态检查
验证语句	对数据库、表、索引、目录、文件组、系统表或数据库页的分配进行的验证操作

2．数据库监测管理

从应用可用性、系统资源占用和数据库性能指标三个方面监测数据库应用相关的服务，确保数据库运行正常。数据库的关键参数有数据库系统设计的文件存储空间、系统资源的使用率、配置情况、数据库当前的各种资源情况、监控数据库进程的状态、进程所占内存空间、可用性等。数据库监测管理包括监控并分析数据库空间、使用状态、数据库 I/O 及数据库日志文件等工作。

1）数据库基本信息监测

数据库基本信息监测包括数据库的文件系统、碎片、死锁进程的监测，如图 5-5 所示。数据库可设置死锁检测进程执行的间隔时间，死锁检测进程负责监测、处理数据库系统中出现的死锁。数据库管理员应当密切注意数据库系统中是否有死锁的发生。一旦有死锁存在，就应当查找原因，想办法避免死锁的发生。一般处理死锁的方法有两种思路：使用死锁预防措施，使系统永不进入死锁状态；或允许系统进入死锁状态，使用死锁检测与恢复机制进行恢复。

2）数据库表空间监测

Oracle 数据库中提出了表空间的设计理念，Oracle 中很多优化都是基于表空间的设计理念而实现的。设置表空间可以用来控制用户的空间使用配额，可以控制数据库所占用的磁盘空间。数据库管理员还可以将不同类型的数据放置到不同的表空间中，这样可以明显提高数据库输入/输出性能，有利于数据的备份与恢复等管理工作。数据库表空间监测如图 5-6 所示。

数据库基本信息

NAME	SVAL	EVAL
SAMAN	compatible	eval
SAMAN	control_files	eval
SAMAN	core_dump_dest	eval
SAMAN	db_block_size	eval
SAMAN	db_cache_size	eval

文件系统监控

TABLESPACE_NAME	FILE_ID	FILE_NAME	TOTAL_SPACE
CWMLITE	5	C:\ORACLE\ORADATA\SAMAN\EXAMPLE01.DBF	149
DRSYS	6	C:\ORACLE\ORADATA\SAMAN\INDX01.DBF	25
EXAMPLE	7	C:\ORACLE\ORADATA\SAMAN\ODM01.DBF	20
INDX	11	C:\ORACLE\ORADATA\SAMAN\SAMAN.ORA	1000
ODM	1	C:\ORACLE\ORADATA\SAMAN\SYSTEM01.DBF	400

数据库表空间

STATUS	NAME	TYPE	EXTENT_MANAGEMENT	T_SIZE	USED	P_USED
ONLINE	CWMLITE	PERMANENT	LOCAL	20	9	46
ONLINE	DRSYS	PERMANENT	LOCAL	20	9	43
ONLINE	EXAMPLE	PERMANENT	LOCAL	149	145	99
ONLINE	INDX	PERMANENT	LOCAL	25	0	0
ONLINE	ODM	PERMANENT	LOCAL	20	9	46

碎片程度高的表

TABLE_NAME	EXTENTS
SALES_PROD_BIX	16
SALES_TIME_BIX	16
SALES_PROMO_BIX	16
SALES_CHANNEL_BIX	16
SALES	16

锁的监控

死锁的监控

锁的session

USER_NAME	OWNER	OBJECT_NAME	OBJECT_TYPE	USERNAME	SID	SERIAL#

MTS监控

MAXIMUM_CONNECTIONS	MAXIMUM_SESSIONS	SERVERS_STARTED	SERVERS_TERMINATED	SERVERS_HIGHWATER
0	0	0	0	1

使用CPU多的用户session

SID	SPID	STATUS	PROG	TERMINAL	OSUSER	VALUE
18	3348	ACTIVE	oracle_mon08@nix	0	oracle	0
19	4040	INACTIVE	host_servmon_noalive08@nix	0	oracle	0
25	1384	INACTIVE	JDBC	unknown	octech	0

当前数据库里正在运行SQL

OSUSER	USERNAME	SQL_TEXT
oracle	SAMAN	ddress=b.address order by address.piece
oracle	SAMANV2	select nvl(ip,'a'),nvl(port,'a') from hoststatusconf where ((i
oracle	SAMANV2	is not null and ifservicemon=1) and (ip in (select ip from

图 5-5　数据库基本信息监测

ora92(ora92@192.168.1.1:1521) 表空间

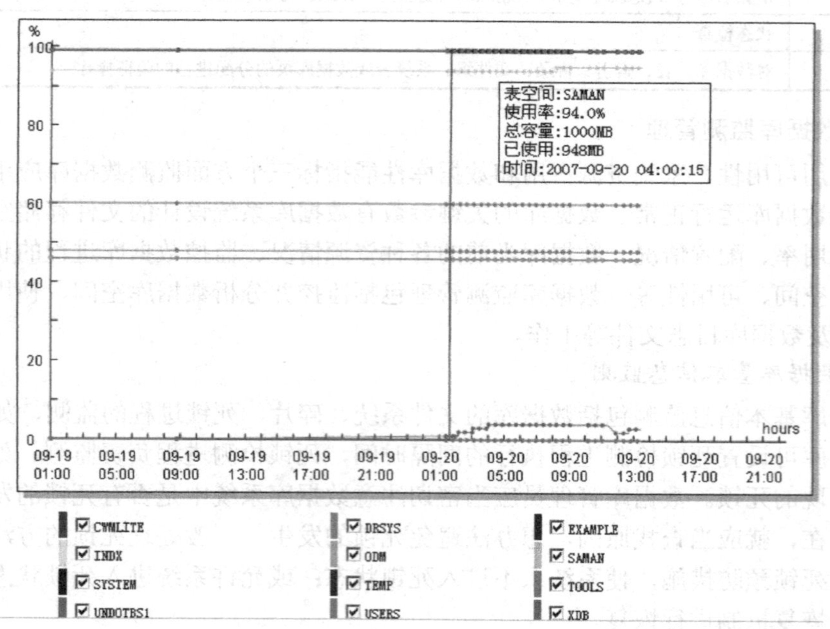

图 5-6　数据库表空间监测

3）数据库文件 I/O 监测

数据库文件 I/O 监测图如图 5-7 所示。

ora92(ora92@192.168.1.1:1521) 文件IO

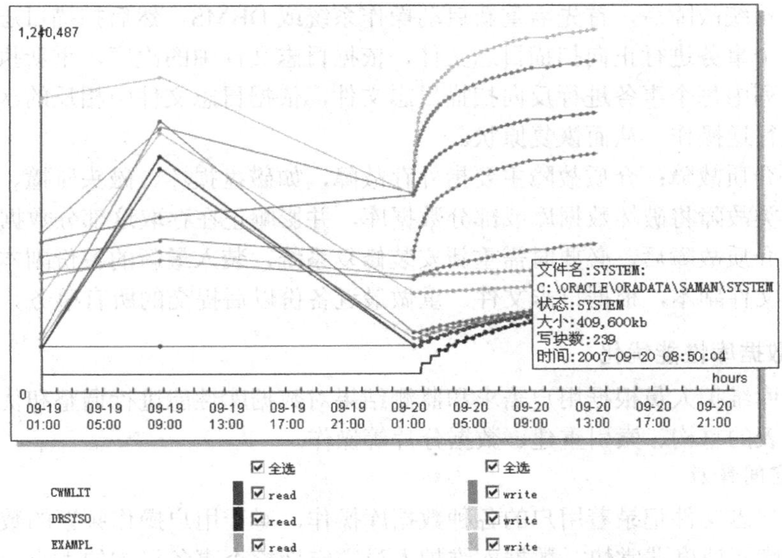

图 5-7　数据库文件 I/O 监测图

3. 数据库备份与恢复

1）数据库备份

数据库备份就是将数据库中的数据及数据库的物理和逻辑结构等相关数据字典信息，存放在其他的存储介质中进行保存。数据库的备份操作可以在脱机状态下进行，其他用户要断开和数据库的连接，不能访问数据库；也可以在联机状态下进行，允许其他用户同时操作数据库；既可以备份整个数据库，也可以只备份数据库的某些部分。对数据库备份方式的选择，与特有的应用系统、数据库的日志归档模式密切相关。

2）数据库故障及恢复

与数据库运行相关的故障一般包括事务故障、系统故障和介质故障。在各种故障发生以后，把数据库中的数据从错误状态恢复到某一已知的正确状态（也称为一致状态或完整状态），该过程称为数据库恢复。针对不同的故障情况，采取的恢复措施是不相同的。

（1）事务故障：事务故障是指由于事务内部的逻辑错误（如运算溢出、数据输入错、记录找不到等）或系统错误（如并发事务发生死锁而被选中撤销等）所引起的，使事务在未达到规定的终点以前就被迫中止的任何事件。逻辑错误和系统错误都可能造成事务执行失败，逻辑错误指事务由于某些内部条件而无法继续正常执行，这样的内部条件包括非法输入、找不到数据、溢出或超出资源限制等；系统错误指系统进入一种不良状态（如死锁），使事务无法继续执行。但该事务可以在以后的某个时间重新执行。

事务故障在事务处理过程中发生时，应撤销该事务对数据库的一切更新。一般采取的措施是反向扫描日志文件，对增、删、改的操作进行逆向操作，直至该事务开始为止。

（2）系统故障：系统故障是指使系统停止运转的任何事件，如特定类型的硬件错误（CPU 故障）、软件故障（操作系统故障、DBMS 代码错等）、突然停电等事件。这类故障影响正在运行的所有事务，但不破坏数据库。

出现系统故障后，首先需重新启动操作系统或 DBMS，然后扫描日志文件，对重做队列中每个事务进行正向扫描日志文件，依据日志文件中的次序，重新执行登记操作。对撤销队列中每个事务进行反向扫描日志文件，依据日志文件中相反的次序，对每个更新操作执行逆操作，从而恢复原状。

（3）介质故障：介质故障主要指外存故障，如磁盘损坏、磁头碰撞、瞬时强磁场干扰等。这类故障将破坏数据库或部分数据库，并影响正在存取这部分数据的所有事务。

出现介质故障后，必要时需重新安装修复系统，装入最新的备份副本，重新装入有关的日志文件副本，根据日志文件，重做最近备份以后提交的所有事务。

4．数据库性能优化

数据库维护人员根据用户需求和监测结果对数据库性能进行调整和优化，如执行空间释放、表的重构、索引重建、数据分片等操作。

1）空间释放

事务日志文件记录着用户的各种数据库操作，对于用户操作频繁的数据库，其事务日志空间膨胀速度非常快，数据库维护人员需定期检查事务日志的大小，减少磁盘空间的耗用。以 SQL Server 数据库管理系统为例，可以使用 DBCC 命令来压缩数据库。一般步骤是：

清空日志

EXEC（'DUMP TRANSACTION ['+@dbname+'] WITH NO_LOG'）

截断事务日志

EXEC ('BACKUP LOG ['+@dbname+'] WITH NO_LOG')

收缩数据库文件

EXEC ('DBCC SHRINKDATABASE(['+@dbname+'])')

2）表的重构

对数据库中不断被更新的表，在经过一段时间的处理之后，表中数据及磁盘空间使用就会出现以下问题：表中存在记录的转移，表的数据页中存在未回收的空间，表中的扩充不连续等；同时，数据字典中有关表的统计信息已不能准确反映表中数据的真实情况，优化器使用这些不准确的统计信息，就不能为相关 SQL 语句生成合理的执行计划。

对不断被更新的表，数据库管理员应当定期收集表的统计信息，或在执行大批量数据处理之后及时收集表的统计信息，检查表中数据及磁盘空间使用。当发现表的数据页中存在较多的未回收空间时，就需要重新构建表。在重构表时，首先需要导出表中的数据，在重建表后再导入这些数据。

3）索引重建

索引是提高数据查询最有效的方法，正确的索引可能使效率提高很多，而无效的索引可能是浪费了数据库空间，甚至大大降低查询性能。针对有频繁的插入/更新/删除操作的表，表和索引将产生较多的碎片，索引将变得非聚簇，性能也将下降，严重的时候会产生索引阻塞等问题，为此需要进行索引重建。索引重建的方法一般有两类：一种是删除并重建索引，如采用 DROP INDEX 和 CREATE INDEX 或 ALTER TABLE 来删除并重建索引；另一种是在现有索引的基础上进行重新整理，如采用 DBCC INDEXDEFRAG 按照索引键的逻辑顺序，通过重新整理索引里的页来减少外部碎片，通过压缩索引页里的行并删除那些由此产生的不需要的页来减少内部碎片。

4）数据分片

数据分片是将海量数据根据一定的规则分布在多个存储设备上，这样每个存储设备的数据量相对就会小很多，由此实现并行的读/写操作，满足读/写量大的系统的性能需求。系统分片的策略有很多，如按记录编号的特征、按数据的时间范围、基于检索表等。

这些数据分片策略之中没有哪个有绝对的优势，选择哪种策略完全是根据系统的业务或数据特征来确定的。值得强调的是：数据分片在对系统的性能和伸缩性带来一定好处的同时，也会大大增加系统开发和维护的复杂度。因此，数据分片只在特殊需要的时候才做，它带来的运维复杂度会比集中存储的方式高出很多。

5.3 信息系统数据资源备份

5.3.1 数据资源备份类型

信息系统运行会不断累积产生各类数据，这些数据是系统运行非常重要的资源，数据一旦因存储介质损毁或误操作等原因丢失，都将严重影响企业的正常运作，给科研、生产造成巨大的损失。因此，为了尽可能降低数据丢失的风险，用户需要采取一系列的措施保障数据的安全性，常用的方法就是对数据资源进行备份。数据备份就是为防止系统出现操作失误或系统故障导致数据丢失，而将全系统或部分数据集合从应用主机的磁盘或阵列复制到其他的存储介质的过程。

数据备份系统由硬件和软件组成，硬件是用于存放数据的物理介质和运行备份软件的平台，软件主要是通用或专用的备份管理软件。在选择备份硬件时，应考虑介质的容量/费用、备份速度、数据的易保管性和硬件的可维护性。在选择备份软件时，应考虑软件的可操作性、可用性；软件的备份管理策略是否健全；备份软件对系统性能的影响程度；软件的可扩充性及运行费用等。好的备份硬件是完成备份工作的基础，而备份软件则是保证备份硬件充分发挥其效能的前提。

数据备份技术有多种实现形式，可以从不同的角度对备份进行不同的分类。

1. 按数据备份模式分

（1）逻辑备份。逻辑备份是以数据库文件为对象，通过备份工具抽取需要备份的信息。逻辑备份的备份集可移植性强，但恢复效率低。

（2）物理备份。物理备份是对数据库和操作系统文件块进行备份，备份环境和恢复环境必须是完全相同。物理备份不具备移植性，但恢复速度快。大型业务系统通常采用物理备份。

2. 按备份系统准备程度分

（1）冷备份。冷备份是指仅按备份计划对现行系统的数据进行备份，一旦发生故障或灾难，需要在冷备份服务器上安装和配置所需的运行环境，再把备份数据恢复进去。

优点是设备投资较少，对通信环境要求不高，缺点是系统恢复时间长，数据完整性和一致性差。

（2）温备份。把备份服务器安装配置成与现行系统相同的运行环境，按备份计划对现行系统的数据进行备份，并定期恢复到备份服务器上。一旦发生故障或灾难，只需补充恢复上一个备份点到当前的数据。备份服务器一般周期性开机，不需要实时和现行主服务器保持通信和更新。

（3）热备份。现行系统通过高速通信线路将数据实时传送到备份系统，保持备份系统与当前应用系统数据的同步。一旦发生故障或灾难，备份系统可快速接替现行系统运行。优点是恢复时间短，数据完整性与一致性最好。采用热备份需要备份服务器时刻与主机保持同步，设备投资大，对通信环境要求高，需持续监控。

3．按数据备份策略分

（1）完全备份（Full Backup）。完全备份是指对某一个时间点上的所有数据或应用进行的一个完全复制。完全备份耗用时间较长，需要较大的备份空间。用户在数据恢复时，只需调用最近一次完全备份的文件。

（2）增量备份（Incremental Backup）。增量备份是指在一次完全备份或上一次增量备份后，以后每次的备份只需备份与前一次相比增加或被修改的文件。增量备份速度快，数据冗余度小。但用户在数据恢复时，需要调用最近一次的完全备份文件和从这次完全备份时点开始到最近的所有增量备份文件，首先恢复完全备份文件，然后按时序恢复各增量备份文件，数据恢复过程比较烦琐。

（3）差异备份（Differential Backup）。先在某一时点进行一次完全备份，后续备份只要记录当前数据与完全备份的差异。差异备份速度较快，冗余度较小。用户在数据恢复时，只需要最近一次的完全备份文件和最近一次的差异备份文件，首先恢复完全备份文件，然后再恢复差异备份文件。

4．按备份的实现方式分

（1）定期磁带备份数据。

（2）远程磁带库、光盘库备份。即将数据传送到远程备份中心制作完整的备份磁带或光盘。

（3）远程关键数据+磁带备份。采用磁带备份数据，生产机实时向备份机发送关键数据。

（4）远程数据库备份。就是在与主数据库所在生产机相分离的备份机上建立主数据库的一个备份。

（5）网络数据镜像。这种方式是对生产系统的数据库数据和所需跟踪的重要目标文件的更新进行监控与跟踪，并将更新日志实时通过网络传送到备份系统，备份系统则根据日志对磁盘进行更新。

（6）远程镜像磁盘。通过高速光纤通道线路和磁盘控制技术将镜像磁盘延伸到远离生产机的地方，镜像磁盘数据与主磁盘数据完全一致，更新方式为同步或异步。

5．按数据备份的存储方式分

（1）直接附加存储方式（Direct Attached Storage，DAS）：是一种存储器直接连接到服务器的架构。应用程序使用块级的存取协议从 DAS 访问数据。按存储设备相对主机的位置，可分为内置 DAS 和外置 DAS。内置 DAS 是指存储设备通过串行或并行总线连接主机。外置 DAS 是指存储设备在主机外部，主机和存储设备之间使用 SCSI 或者光纤通道（Fibre Channel，FC）协议通信。主机的内部磁盘、磁带库和直接连接的外部磁盘组等均属于 DAS 方式。

（2）存储区域网络方式（Storage Area Network，SAN）：SAN 则是通过光纤通道技术连接存储设备和应用服务器，它是 ANSI 为网络和通道 I/O 接口建立的一个标准集成，具有很好的传输速率和扩展性能。FC 技术支持 HIPPI、IPI、SCSI、IP、ATM 等多种高级协议，在光纤通道中，设备诸如主机、存储器和磁带库都被称作节点。每个节点就是其他一个或多个节点的信息源或目标。SAN 实现了存储整合，允许多个主机共享存储设备。因为 SAN 采用了光纤通道技术，所以它具有更高的存储带宽，存储性能明显提高。SAN 的光纤通道使用全双工串行通信原理传输数据，传输速率高。SAN 采用了网络结构，扩展能力更强，可以实现远距离的备份。

（3）网络附加存储方式（Network Attached Storage，NAS）：NAS 是独立的存储节点存在于网络之中，通过网络（TCP/IP、ATM、FDDI）技术连接存储设备和应用服务器，以文件的 I/O 方式进行数据传输，这样数据存储就不再是服务器的附属，而是作为独立网络节点而存在于网络之中，可由所有的网络用户共享。NAS 采用一个面向用户设计的，专门用于数据存储的简化操作系统，内置了与网络连接所需要的协议，因此使整个系统的管理和设置较为简单。NAS 主要依赖于网络硬件资源的稳定性。

目前，为了进一步提高备份性能，实现高可靠性和更低的成本，降低管理复杂性，更多的数据存储解决方案趋向于将 NAS 和 SAN 进行融合。

5.3.2　常用备份相关技术

现在很多的信息系统，尤其是面向众多用户的在线系统，对数据的安全性、完整性和及时性等方面有很高的要求，需要具备较高的业务可持续性能力。普通的手工数据备份与恢复难以满足快速恢复和零数据丢失等的高要求，为增强系统的可持续性运行能力，用户往往会对系统的存储、传输等重要环节采用冗余设计，如为了应对常见的磁盘故障风险，用户往往会对存储关键数据的磁盘采用镜像等技术；为了应对服务器宕机等重大故障，用户则考虑采用双机热备等服务器集群方式来保障系统可持续性运行。

1．磁盘阵列技术

磁盘阵列简称 RAID（Redundant Array of Independent Disk），其原理是利用数组方式来做磁盘组，配合数据分散排列的设计，提升数据的安全性。通俗地理解，磁盘阵列是由很多便宜、容量较小、稳定性较高、速度较慢的磁盘，组合成一个大型的磁盘组，利用个别磁盘提供数据所产生的加成效果来提升整个磁盘系统的效能。

过去十几年来，CPU 的处理速度提高了 50 多倍，内存的存取速度也大幅提高，而数据存储装置（主要是指磁盘）的存取速度只提高了三四倍，形成了计算机系统的瓶颈，拉低了计算机系统的整体性能。如何提高磁盘的存取速度，如何防止数据因磁盘的故障而丢失等问题，一直困扰着系统运维人员。1987 年，美国柏克莱大学研究小组基于磁盘效能增长远慢于 CPU 效能增长的状况，提出了磁盘阵列的概念，并设计出容错、逻辑数据备份等，从而产生了 RAID 理论。

磁盘阵列中针对不同的应用使用的不同技术，称为 RAID 等级，每一等级代表一种技术，等级并不代表技术的高低。目前业界最经常应用的 RAID 等级是 RAID 0、RAID 1、RAID 5 或这些技术的组合如 RAID 10 或 RAID 53。选择哪一种 RAID 技术取决于用户的操作环境及应用需求，部分 RAID 等级性能比较如表 5-3 所示。

表 5-3　部分 RAID 等级的性能比较

RAID 等级	RAID 0	RAID 1	RAID 5	RAID 10	RAID 53
容错性	没有	有	有	有	有
冗余类型	没有	复制	奇偶校验	复制	奇偶校验
热备盘选项	没有	有	有	有	有
读性能	高	低	高	中间	高
随机写性能	高	低	低	中间	高
连续写性能	高	低	低	中间	高
需要磁盘数	2 个或更多	2 个或 2n 个	3 个或更多	4 个或 4n 个	5 个或更多
典型应用	要求安全性不高，实现快速读写，如图形工作站等	要求安全性高，随机数据写入，用于服务器、数据库存储	要求安全性高，随机数据传输，用于服务器、数据库存储	要求安全性高，数据量大，如银行、金融等领域	要求安全性高，连续数据传输，如视频编辑、大型数据库等

1）RAID 0

RAID 0（Striped Disk Array Without Fault Tolerance，无差错控制的带区组）是把多块（至少两块）物理硬盘设备通过软件或硬件的方式串联在一起，组成一个大的卷组，并将数据依次写入各个物理硬盘中，所有数据的存取均以并行分割方式进行（见图 5-8）。由于所有存取的数据均以平衡方式存取到整组磁盘里，存取的速度非常快。磁盘数量越多的 RAID 0 阵列，其存取的速度就越快。RAID 0 的缺点在于它和普通磁盘一样没有数据差错控制，如果一个驱动器中的数据发生错误，不能利用其他磁盘的数据重组还原回来。一般来讲，不应该将 RAID 0 用于对数据稳定性要求高的场合，可用于一些已有原数据载体的多媒体文件的高速读取环境，如视频点播系统的数据共享部分等。

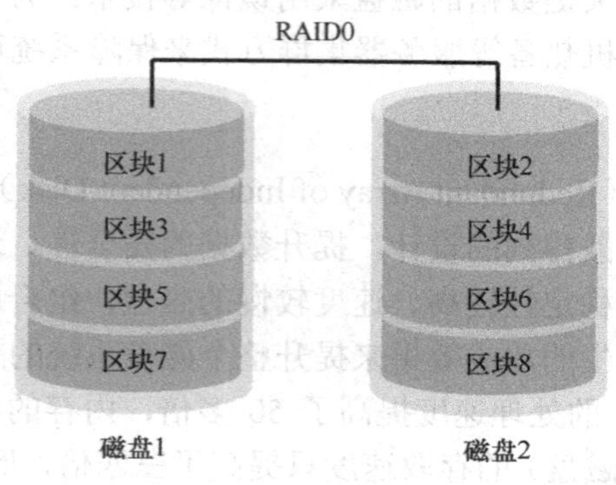

图 5-8　RAID0 示意

资料来源：《计算机存储技术与应用》，陈少春著，电子科技大学出版社，出版时间：2000 年 1 月。

2）RAID 1

RAID 1（Mirroring，镜像结构）是磁盘镜像备份操作，由两个磁盘组成。其中一个是主磁盘，另外一个是镜像磁盘（见图 5-9）。主磁盘的数据会不停地被镜像到另外一个镜像磁盘上。由于所有主磁盘的数据会不停地镜像到另外一个磁盘上，故 RAID 1 具有很高的冗余能力，最高可达到 100%。可是正由于这个镜像做法不是以算法操作，故它的容量效率非常低，只有 50%。RAID 1 技术支持“热替换”，即在不断电的情况下对故障磁盘进行更换，更换完毕只要从镜像盘上恢复数据即可。当主磁盘损坏时，镜像磁盘就可以代替主磁盘工作。镜像磁盘相当于一个备份盘。RAID 1 只支持成对磁盘操作，容量非常有限，故一般只用于操作系统中。

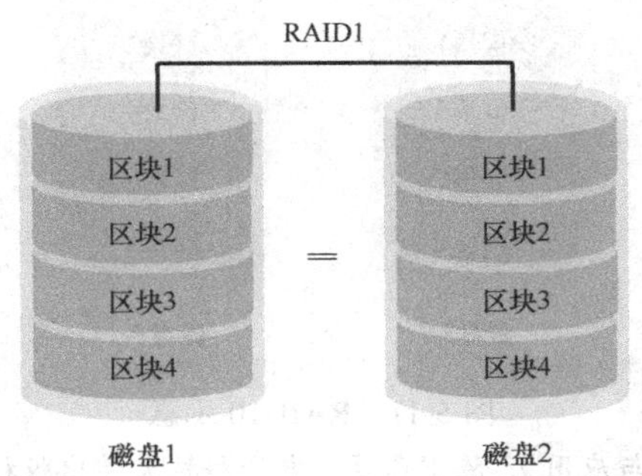

图 5-9　RAID1 示意

资料来源：《计算机存储技术与应用》，陈少春著，电子科技大学出版社，出版时间：2000 年 1 月。

3）RAID 5

RAID 5（Striping With Distributed Parity，分布式奇偶校验的独立磁盘结构）也是一种具有容错能力的 RAID 操作方式，但与 RAID 3 不一样的是，RAID 5 的容错方式不应用专用容错磁盘，容错信息是平均地分布到所有磁盘上（见图 5-10）。当阵列中有一个磁盘失效时，磁盘阵列可以从其他的几个磁盘的对应数据中算出已丢失的数据。由于需要保证失去的信息可以从另外的几个磁盘中算出来，我们就需要在一定容量的基础上多用一个磁盘以保证其他的成员磁盘可以无误地重组失去的数据。其总容量为$(N-1)\times$最低容量磁盘的容量。从容量效率来讲，RAID 5 消耗了一个磁盘的容量来存储校验区块。当有一个磁盘失效时，失效磁盘的数据可以从其他磁盘的数据区块和校验区块信息中重建出来，但如果有两个磁盘同时失效，则所有数据将尽失。

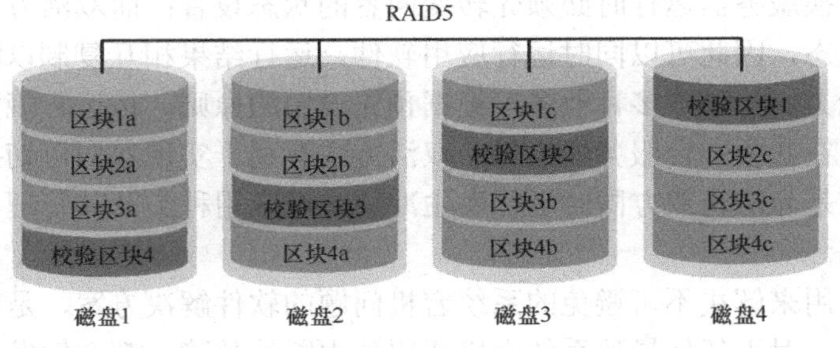

图 5-10　RAID5 示意

资料来源：《计算机存储技术与应用》，陈少春著，电子科技大学出版社，出版时间：2000 年 1 月。

4）RAID 10

RAID 10 实际是将 RAID 0 和 RAID 1 标准结合的产物，在连续地以位或字节为单位分割数据并且在并行读/写多个磁盘的同时，为每一块磁盘做磁盘镜像进行冗余（见图 5-11）。它的优点是同时拥有 RAID 0 的超凡速度和 RAID 1 的数据高可靠性，但是 CPU 占用率同样也更高，而且磁盘的利用率比较低。这种新结构的价格高，可扩充性不好，主要用于容量不大，但要求速度和差错控制的数据库中。

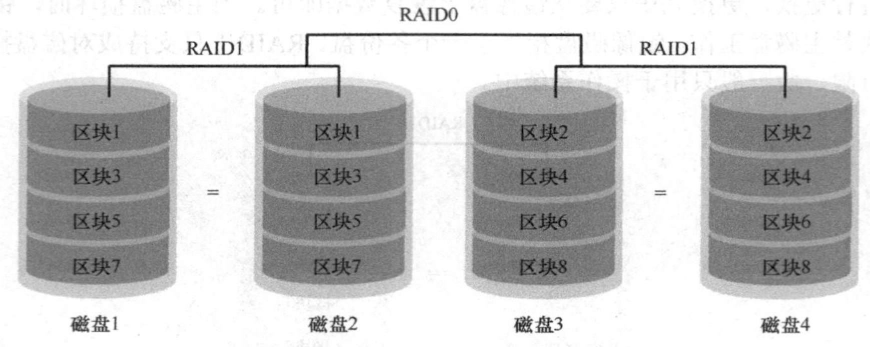

图 5-11　RAID10 示意

资料来源：《计算机存储技术与应用》，陈少春著，电子科技大学出版社，出版时间：2000 年 1 月。

2. 双机热备

双机热备包含广义与狭义两种意义。从广义上讲，就是对于重要的服务使用两台服务器，互相备份，共同执行同一服务，当一台服务器出现故障时，可以由另一台服务器承担服务，从而在不需要人工干预的情况下，自动保证系统能持续提供服务。从狭义上讲，双机热备特指基于 Active/Standby 方式的服务器热备，同时往两台或多台服务器写数据，或者使用一个共享的存储设备，在同一时间内只有一台服务器运行，当其中运行着的一台服务器出现故障无法启动时，另一台备份服务器会通过软件诊测（一般是通过心跳诊断）将备用主机激活，保证应用在短时间内完全恢复正常。

双机高可用按工作中的切换方式分为：主-备方式（Active-Standby 方式）和双活方式（Active-Active 方式）。主-备方式即指一台服务器处于某种业务的激活状态（Active 状态），另一台服务器处于备用状态（Standby 状态），业务只能在处于激活状态的服务器上运行，需要切换服务器运行时必须先转变两者的状态设置；而双活方式指两台服务器同时处于激活状态，因此可以同时运行应用软件，运行结果相互复制以随时保持作为对方远程备份的能力。一种或多种业务可根据预先设定的原则，按运行规定或按负载均衡要求，动态确定在其中一台服务器运行。双活方式有利于实现双向可切换，以及切换前状态可测试，但是为防止双方同时运行发生冲突，对应用种类及其管理制度必须有一定的限制要求。

热备软件是用来解决不可避免的系统宕机问题的软件解决方案，是构筑高可用集群系统的基础软件，对于任何导致系统宕机或服务中断的故障，都会触发软件流程来进行错误判定、故障隔离，以及联机恢复来继续执行被中断的服务。在这个过程中，用户只需要经受一定程度可接受的时延，就能够在最短的时间内恢复服务。

组成双机热备的方案主要有两种：基于共享存储（磁盘阵列）的方式和基于数据复制的方式。

1）基于共享存储的方式

共享存储方式主要通过磁盘阵列提供切换后对数据完整性和连续性的保障。用户数据一般会放在磁盘阵列上，当主机宕机后，备机继续从磁盘阵列上取得原有数据，这种方式因为使用一台存储设备，往往被业内人士称为磁盘单点故障。但一般来讲，磁盘阵列存储的安全性较高。所以在忽略存储设备故障的情况下，这种方式也是业内采用最多的热备方式。

2）基于数据复制的方式

这种方式主要利用数据的同步方式，保证主备服务器数据的一致性。主要方法有以下几种：

（1）单纯的文件方式的复制不适用于数据库等应用，因为打开的文件是不能被复制的，如果要复制必须将数据库关闭，这显然是不可以的。以文件方式的复制主要适用于 Web 页的更新、FTP 上传应用，在对主备机数据完整性、连续性要求不高的情况下可以使用。

（2）利用数据库所带有的复制功能，如 SQL Server 2000 或 SQL Server 2005 所带的订阅复制。订阅复制主要应用于数据快照服务。一般不建议采用订阅服务作为双机热备中的数据同步。主要原因有两个方面：一方面是数据库执行订阅复制会增加服务器数据库的负载；另一方面是数据库的订阅复制在数据传输过程中并非实时同步主备机，而是先写到主机再写到备机，备机的数据往往不能及时更新，如果发生切换，备机的数据将不完整。

（3）磁盘数据拦截。目前比较成熟的双机热备软件通常会使用磁盘数据拦截技术，通常称为镜像软件，这种技术当前已非常成熟。

① 分区拦截技术：以 Pluswell 热备份产品为例，它采用的是一种分区磁盘扇区拦截的技术，通过驱动级的拦截方式，将数据先写到备用服务器，以保证备用服务器的数据最新，然后再将数据回写到主机磁盘。这种方式将绝对保证主备机数据库数据的完全一致，无论发生哪种切换，都能保证数据库的完整与连续。由于采用分区拦截技术，用户可根据需要在一块磁盘上划分合适大小的分区来完成数据同步工作。

② 磁盘拦截技术：以 Symantec 的 Co-Standby 为例，也是一种有效的磁盘拦截软件，它的拦截主要基于一整块磁盘，往往在磁盘初始化时需要消耗大量的时间。

目前最新的双机热备软件可以通过捕获数据库修改操作，实现数据自动实时同步接管功能，可以在主服务器发生故障时，无须任何手动操作，在较短的时间内实现备用机服务器自动接管。

3．典型容灾技术方案

1）IBM 公司的跨域并行系统耦合技术

IBM 公司根据异地远程灾难备份的需要，提出基于大型计算机主机的灾难备份技术，即跨域并行系统耦合体（Geographically Dispersed Parallel Sysplex，GDPS）技术，该技术已成为目前大型计算机系统灾难备份技术的主要解决方案。GDPS 是一种多站点应用可用性解决方案，具有管理远程复制配置和存储子系统，自动执行并行 Sysplex 操作任务，从单一控制点执行故障恢复等功能，从而达到提高应用可用性的目的。在 IBM 主机系统的灾难备份中，它将 S/390 并行 Sysplex 技术与远程复制技术集成在一起，能够提高应用的可用性和灾难恢复能力。

在 GDPS 方式下，IBM 推出了两种远程数据复制功能：一种是基于同步数据复制方式的端到端远程复制（Point-Point Remote Copy，PPRC）技术，远程备份距离可达 103 千米；另一种称为扩展远程复制（Extended Remote Copy，XRC）技术，提供广域网范围的数据备份。跨域并行系统耦合体技术和端到端远程复制技术的组合，被看成 IBM 在灾难恢复领域的前途所在。通过 GDPS 和 PPRC，IBM 使灾难发生后进行恢复的时间缩减到以分钟计算。

2）EMC SRDF 远程数据备份系统

EMC 的远程数据备份软件（Symmetrix Remote Data Facility，SRDF）是一个在线并且独立于主机的数据镜像存储解决方案，可在多种操作系统下使用。该方式可在多达 16 个本地或远程的磁盘 Symmetrix 系统间提供完整的数据备份。在数据中心操作发生故障时，系统管理人员可以快速地从源系统切换到目标系统。当主节点的故障排除之后，通信连接被重新建立，SRDF 能够自动地在节点之间进行数据同步，从而使正常的操作得以恢复。

SRDF 能够同时为大型机、UNIX、Windows NT 和 AS/40 系统提供完整的业务连续可用能力。数据复制通道既可以采用传统的 IP 网络，也可支持光纤通道、Tl/T3、E1/E3、ATM 和波分多路复用等多种方式。

SRDF 可提供以下三种工作模式。

（1）同步模式：在 Symmetrix 源系统和远程目标系统之间提供实时数据镜像，在应用的输入/输出结束之前，数据被实时同步地写入两个系统的高速缓存中，从而确保数据的最大可靠性。

（2）半同步模式：把数据写入源系统，完成输入/输出，然后使目标系统中的数据同步化。在数据同步之前，本地输入/输出操作已经完成，但在目标系统实现同步化之前，对相关数据的第二个写操作将不被接受，从而在数据访问性能上有一定的提高。

（3）自适应复制模式：在将数据从源系统传送到目标系统的过程中不需要等待确认，适用于大规模的数据传输，如数据中心 MA8000 的迁移或合并等。

3）Veritas 异地备份容灾方案

Veritas 容灾系统大致可分为三个部分：备份中心主机网络存储系统的构建及应用系统的安装，建立数据中心与备份中心的数据同步传输系统，建立基于广域网的集群系统。

远程数据同步复制的实现又包括两个部分：有足够带宽的网络连接和好的数据复制管理软件。数据复制管理软件采用 Veritas 的 Volume Replicator（VVR）。VVR 采用可靠的连接和监听协议，可向远程备份系统同步进行逻辑卷复制。VVR 支持广域网节点间数据的同步和异步复制，支持多点到多点的复制。一份数据最多可同时复制到 32 个节点。

Veritas 的 GCM（Global Cluster Manager）软件可实现广域网的集群管理。GCM 软件可与 VCS（Veritas Cluster Server）有机集成，从单控制台管理多达 32 个地域的 VCS 集群系统，实时监测每个 VCS 集群系统的运行状况，并可根据用户应用要求制定多种切换策略。当某个地域发生故障或灾难而导致该地域的集群系统终止时，GCM 会马上监测到，并可根据策略自动或手工快速地将应用切换到远程的集群系统。

5.4　信息系统数据资源运维系统及工具

5.4.1　信息系统数据运维系统功能

长期以来，以业务为导向的信息系统数据资源运维工作相对独立，也比较分散，如数据库监测、数据文件管理、数据备份与恢复等。早期的信息系统大多数是集中部署，其数据存储以关系型数据库为主，因此数据运维的大部分工作是数据库管理员（DBA）编写命令组或在数据库管理系统中设置自动代理执行。随着 SaaS 和 PaaS 等云架构和多种异构数据组织形式的普及，基于云的信息系统分布式部署应用越来越广泛，加上用户对信息系统高可用性和更好体验的要求，信息系统的数据服务变得越来越复杂，手工的数据运维方式已不能适应新变革的需要。

数据资源运维的发展呈现两个方向：一方面，主流数据库厂商和开源社区纷纷推出更高效的数据库管理系统，在升级扩展数据库管理的功能外，还融入了数据资源运维服务的功能，如自动化的数据库监测、导入导出、自动化代理、日志管理和数据库优化等；另一方面，SaaS、PaaS 和云存储服务商面向云应用部署和数据资源管理也推出了专业的一体化数据运维系统和工具，其功能涵盖快速部署、数据集群管理、多种异构数据库接口、数据资源巡检和数据运维调度等管理和运维服务。

从运维的整体视角看，数据运维的工具划分为监控类、管理类、控制类和分析类，ITSS 标准中把数据运维工具划分为监控工具、过程管理工具和数据资源管理的专用工具。监控工具是对数据资源进行采集和监控，评估可能导致数据资源故障的因素。过程管理工具包括日常数据资源的维护管理、记录、测量、监督和评估等功能，如数据库的有效性监控、存储空间动态管理等。数据资源管理的专用工具包括导入导出工具、数据库一致性检查工具、数据库连接工具等。

数据运维要适应多源异构、分布式部署、SaaS、PaaS 和云存储等新技术的发展，需要专业化的集成的数据运维系统的支持。数据运维系统的功能主要包括如下六个方面。

1. 数据资源管理

面对多源异构或数据资源分布式部署，数据运维方需要一个统一的信息系统数据资源管理视图，总览所有数据资源的属性和状态。包括数据资源的存储节点、存储形式、部署情况、健康状况、故障汇总等基本信息。

2. 数据运行监管

数据运行监管就是对当前运行系统的数据资源进行在线监测与管理，包括数据访问需求的监控、数据库的有效性监控、存储空间动态管理、异常报警处理等。

3．数据安全管理

在当今信息时代，数据已成为信息系统应用单位的一项重要的资产，保护数据的安全至关重要。数据运维系统的安全管理包括数据加密、传输加密、用户授权、访问监控、备份规划、容灾策略、日志管理和安全审计等。通过系统的集中管控，做到权限分级，访问留痕和防灾容灾。

4．运维工作管理

数据运维系统一般采用流程引擎驱动运维工单的模式对数据运维工作进行管理，运维工单可以是标准化的例行作业，也可以是自定义的运维作业。这种模式实现了运维工作的集成和调度，使工作更有序高效，减少了误操作，标准化的作业提高了运维可靠性，且方便数据运维工作的追溯和审计。

5．数据服务工具管理

数据运维系统中包含大量标准化的数据服务工具，这些工具一般由数据库厂商或第三方开源社区提供，运维工单可以调用这些工具来完成相应的工作。数据服务工具包括快速部署工具、导入导出工具、数据库优化工具、一致性检查工具、数据快照工具、数据清洗工具等。

6．运维系统管理

运维系统管理包括扩容缩容管理、集群连接池管理、性能诊断调优、数据迁移和系统配置等系统层面的运维业务。

5.4.2　典型数据资源运维系统与工具

目前集成化的数据资源运维和管理的系统有很多，以下主要介绍阿里云 DMS、SequoiaDB 巨杉数据库运维系统等典型系统。

1．阿里云 DMS

阿里云 DMS（数据管理系统）支持 MySQL、SQL Server、PostgreSQL、PolarDB、DRDS、OceanBase、Oracle 等关系型数据库，AnalyticDB、Data Lake Analytics、ClickHouse 等 OLAP 数据库，MongoDB、Redis 等 NoSQL 数据库，其主要功能包括数据库管理、表管理、实例管理、SQLConsole、个人工作台、数据追踪、任务管理、安全管理、操作审计等，它是一个集数据管理、结构管理、用户授权、安全审计、数据追踪于一体的数据管理系统。

2．SequoiaDB 巨杉数据库运维系统

巨杉数据库运维主要面向 DBA 日常维护数据库集群过程中的监控、管理和排障，包括集群维护、监控、安全、变更、升级、管理、调优、备份、迁移及问题诊断等功能。其数据库管理工具主要包括快速部署工具、命令行工具、数据库接口工具、数据导入导出工具、数据库检测工具、日志管理工具、数据库信息收集工具、容灾切换合并工具等。

5.5　云环境下的数据资源存储及运维

5.5.1　云存储技术

云存储是通过采用网格技术、分布式文件系统、集群应用等功能将网络中海量的异构存储设备用软件来控制，并共同提供数据存储访问、处理功能的一个系统服务。云存储实际上是一个以数据存储和管理为核心的云计算系统，云存储采用数据统一集中存储的模式，一般需要将数据分配到多个节点的多个磁盘当中。从技术模型上看，云存储是基于网络，利用分布式协同工作的软件，将用户数据分散存储于若干通用存储服务器上，并通过副本或编码方法实现容错，向用户提供可靠的统一的逻辑存储空间；从业务模型上看，云存储是指将用户数据通过网络存储在共享存储空间里，方便用户使用各种终端访问和分享。云存储技术实际上是分布式文件系统技术、RAID 技术、FC 技术、虚拟化技术及网络存储技术等多项存储技术的综合集成，云存储系统与传统的基于 PC 的存储技术最显著的区别是通过宽带网络将用户数据存放到远端网络上，并通过网络进行数据的访问和管理工作。

云存储系统通常采用大量的普通主机构建数据中心，系统采用并行读写操作和冗余存储等技术确保其稳定性和高可用性。如图 5-12 所示，云存储系统一般包括命名服务器、元数据服务器、内容数据服务器。一个数据中心通常有多个命名服务器，以确保一个或多个命名服务器发生故障后仍能对外提供服务；元数据服务器一般采用主从热备的形式，备用元数据服务器与主元数据服务器保持同步读写，可随时切换作为主服务器；内容数据服务器采用硬件 RAID 技术或数据块编码技术对内容数据进行冗余存储，并记录各数据副本的存储位置，当某数据块所在的存储单元发生故障时，服务器将自动指到该数据块存储的副本位置。

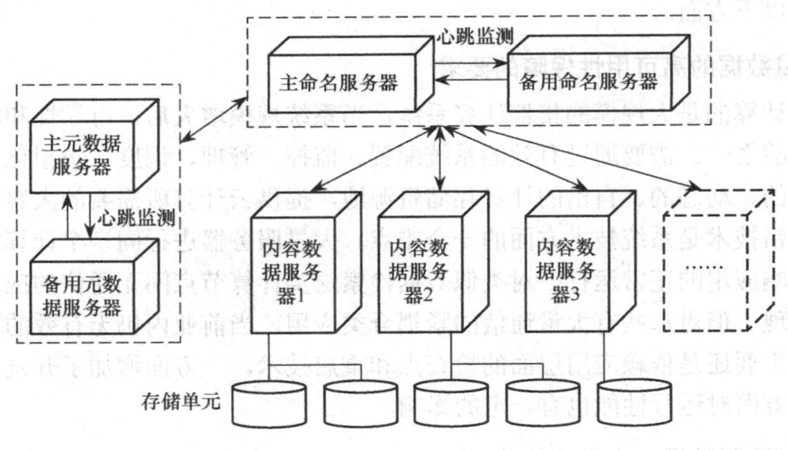

图 5-12　一种典型的云存储架构

作为云计算的核心技术之一，虚拟化技术是各种计算与存储资源高效利用、充分整合的关键技术，云存储中的存储设备数量庞大，分布地域广，为了提供集中统一的基于异构网络和设备的存储资源，需要用到存储虚拟化技术。存储虚拟化是在逻辑上将存储系统集合起来，构成一个逻辑存储体（存储池），然后将存储池根据不同的需求划分为虚拟磁盘或虚拟卷。在虚拟存储环境下，单个存储设备的物理特性都被屏蔽掉。所有存储管理操作，如系统升级、改变 RAID 级别、初始化逻辑卷、建立和分配虚拟磁盘、存储空间扩容等均通过虚拟层管理软件实现。

5.5.2　云环境下的数据资源运维

云计算是一种以数据为中心的超级计算，在数据存储、数据管理和数据安全等方面具有独特的技术。

数据存储技术：为保证高可用、高可靠和经济性，云计算采用分布式存储的方式来存储数据，采用冗余存储的方式来保证存储数据的可靠性，即为同一份数据存储多个副本。另外，云计算系统需要同时满足大量用户的需求，并行地为大量用户提供服务。因此，云计算的数据存储技术必须具有高吞吐率和高传输率的特点。未来的发展将集中在超大规模的数据存储、数据加密和安全性保证，以及继续提高 I/O 速率等方面。

数据管理技术：云计算系统对大数据集进行处理、分析，向用户提供高效的服务。因此，数据管理技术必须能够高效地管理大数据集。云计算需要对海量数据读取后进行分析，读数据的操作频率远大于数据更新的频率。

数据安全技术：云计算的安全性问题主要体现在访问控制、加密算法、虚拟安全技术、数据保护等方面，其中最核心的是数据安全技术。

伴随着云计算、云端应用、各种移动设备和社交网络的不断普及，各种基于云的应用系统产生的半结构化数据和非结构化数据正在以几何级的形式增量扩展，云环境下数据资源运维工作也面临着挑战，云计算需要面对海量数据交互，需要高效、稳定的数据通信、存储系统支撑，还需要实现对云环境下海量数据的安全保障和有效监控。其影响主要体现在以下方面。

1．海量数据的高可用性保障的要求

支撑云计算的是大规模的集群计算系统，当系统规模增大后，可靠性和稳定性就成为最大的挑战之一。需要通过有效的系统配置、监控、管理、调度、虚拟化等技术，实现一个强大的、动态的、自治的计算存储资源池，提供云计算所需要的大容量计算力。系统级的容错技术是系统技术方面的一个难点。大量服务器进行同一个计算时，单节点故障不应影响应用的正常运行。对类似数据检索这类计算节点间无通信的应用，这一点比较容易实现。但对那些有大量通信的紧耦合类应用，当前业内仍无有效的系统级容错方案。目前主要还是依赖应用层面的检查点和重启技术，一方面增加了开发的难度和工作量，另一方面对运行性能也有一定的影响。

2．云环境下数据安全保障的要求

强大的安全和数据保护功能被视为云服务提供商成功赢得业务的最关键因素。云环境面临着数据传输安全、数据资源隔离、数据的灾难恢复、安全事件管理和数据保护方面的挑战（包括虚拟机隔离、安全虚拟机迁移、虚拟网络隔离及安全事件和访问监控），

因此对于数据安全保护提出了全新的要求。

3. 异构海量数据高效管理的要求

大数据时代的超大数据体量及占相当比例的半结构化和非结构化数据的存在，已经超越了传统数据库的管理能力，如何提高面向海量数据的更新速率、随机读速率和数据检索速度是云环境下数据管理的关键技术。目前，云计算的数据管理技术最著名的是谷歌的 BigTable 数据管理技术，同时 Hadoop 开发团队正在开发类似 BigTable 的开源数据管理模块，以实现对半结构化和非结构化海量数据的高效管理。

4. 面向新型存储技术的数据资源维护方法变革

为实现高可用性的大规模可扩展的冗余存储，业界提出了面向基于对象的存储及面向块存储等技术。可以预见，为了更高效地管理异构海量数据，新型的数据存储技术还将不断涌现，与此对应的数据资源维护手段与方法也将不断改变。

5.6 信息系统数据资源的开发与利用

数据资源的开发与利用包含两个层面的含义。一是数据应当得到有效的组织和管理，才能通过系统化的应用服务于组织的管理和决策；二是对数据资源的利用存在一个由浅入深、由单一到综合的提升过程。

数据资源的开发与利用一般可以划分为事务处理、分析处理和商务智能三个层次，应用的层次越高，对数据管理和集成性的要求也越高。事务处理围绕组织的基本业务自动化，对数据和信息进行加工和处理，在管理中，它能够回答“发生了什么”的问题。分析处理围绕组织的分析和控制功能，对数据和信息进行回溯、分维、切片和 what-if 分析，从而回答“为何会发生”的问题。商务智能围绕组织的经营策略和竞争优势，对数据和信息进行挖掘及整理，以求获得支持决策的知识，从而回答“将会发生什么”的问题。这三个应用层次是围绕着对数据资源的开发、管理和利用而逐渐提升的，如图 5-13 所示。

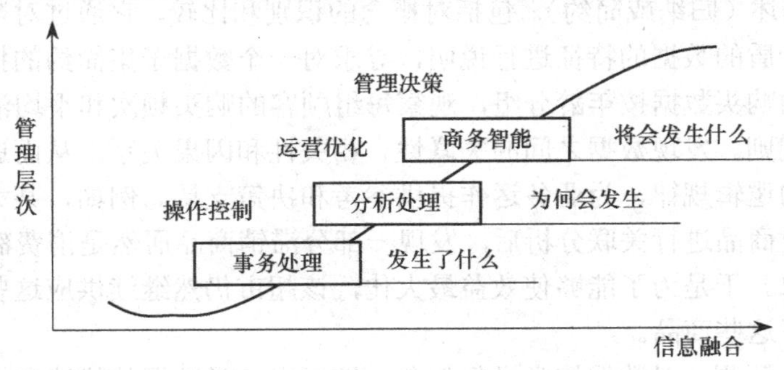

图 5-13　信息融合于管理支持层次

5.6.1 数据仓库

如前所述，分析处理是数据资源开发与利用的第二个层次。在这个层次上，人们要求信息系统具有对多方面数据进行综合分析的能力，这就要求建立一个面向分析的、集成存储大量历史数据的新型数据管理机制，这一机制就是数据仓库（Data Warehouse，DW）。数据仓库是决策支持系统（DSS）和联机分析应用数据源的结构化数据环境，其特征包括面向主题、集成性、稳定性和时变性。

按功能结构划分，数据仓库系统至少应该包含数据获取、数据存储、数据访问三个关键部分。整个数据仓库系统是一个包含四个层次的体系结构，如图 5-14 所示。

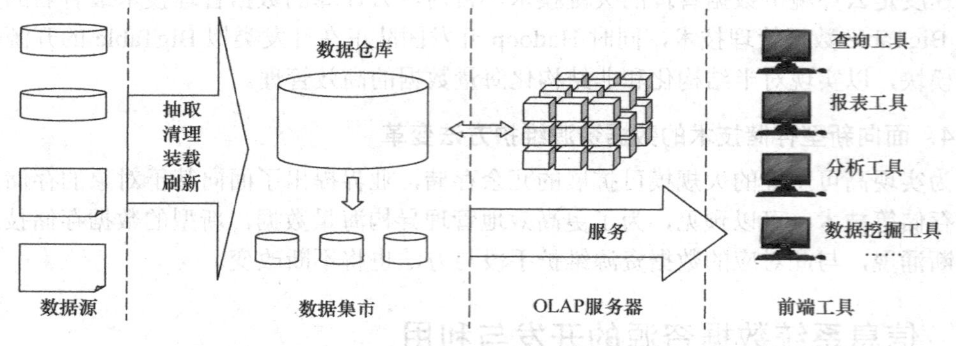

图 5-14　数据仓库系统体系结构

5.6.2　数据挖掘

面向管理决策的数据挖掘和商务智能（Business Intelligence，BI）的应用建立在数据资源高度集成的基础上，利用新型的海量数据分析方法，在数据资源中寻找潜在的、有助于管理决策的规律和知识。在人工智能领域，通常把数据挖掘又称为数据库中的知识发现（Knowledge Discovery in Database，KDD）。

数据挖掘的基本目标是预测和描述。数据挖掘方法一般都是基于机器学习、模式识别和统计方法的，通过对这些方法的综合和集成，来完成在海量数据中对潜在知识的挖掘工作。一般来说，可以根据知识类型将数据挖掘划分为以下几类：

（1）概念描述（归纳或简约）。包括对概念的识别和比较，它通过对数据进行一般化汇总或将可能矛盾的数据的特征进行说明，寻求对一个数据子集简约的描述。例如，销售经理把顾客的购买数据按年龄分组，观察每组顾客的购买频次和平均消费额。

（2）关联规则。发现数据之间的关联性、相关性和因果关系，从而进一步得出不同信息之间潜在的逻辑规律，为业务运作提供参考和决策支持。例如，某大型超市在利用数据挖掘方法对商品进行关联分析后，发现一部分滞销商品居然是消费额最高的 25%的客户的购买对象。于是为了能够使效益最大化，该超市仍然继续供应这些滞销商品，而不是简单地撤下这些商品。

（3）分类和预测。对数据按类进行划分，挖掘出每类数据的描述和模型，根据已有的信息和模式，来预测未来或未知的属性值。

（4）聚类。将数据按照某种标准进行汇总，形成新的类。聚类和分类不同，在分类中，数据事先是给出类标记的，然后选择分类算法对这些类进行划分，是一种监督学习的方式；而聚类则是将数据集合按特定属性测度的相似性进行聚合，并没有事先给定类别，是一种非监督学习的方式。

（5）时间序列数据分析。这是统计方法的直接应用，主要包括趋势和偏差分析、用户定义的模式匹配分析及周期数据分析。

5.7　案例

【案例 1】　为什么备份如此重要

【背景简介】

2016 年，我接受了一份来自一家中小企业的短期合同，工作时间很短，谈的薪水也不错。这是一家建筑公司，和我联系的是一个名叫 Greg 的人，他是这家公司里唯一的 IT 人员，我的任务是帮助他把一台服务器迁移到 VMware 中。

Greg 的公司拥有一个强大的服务器，专门用于财务工作，他们希望将现有的操作系统转移到虚拟机上，然后在新的虚拟服务器上运行。因为 Greg 不太懂 Linux 和 VMware，所以请我来帮他重新安装服务器。于是在一个周六的上午 9 点左右，我们勾画出大体计划，然后就开始工作了。

【实施过程】

我建议 Greg 做个从物理到虚拟的转换，但他倾向于从零开始重新安装服务器，重新安装会计应用，然后还原数据库。

在开始之前，我想让他再备份一次数据，这样可以确保我们不会丢失任何东西。他说没有必要，他已经在昨天晚上做好了备份，还给我看了磁带。而我坚持认为这还不够，还是应该另做一个备份确保安全。结果他固执地拒绝了——我猜他是担心我按小时收费的薪水。

于是我不情愿地格式化了服务器，安装了基本的 Debian（Debian 是最热门的 GNU/Linux 操作系统之一），然后安装 VMware 服务器。稍后 Greg 开始安装虚拟服务器和会计应用。

接下来该从磁带恢复数据了。但就在这时，问题发生了！我们发现磁带几乎是空的——有的就像全新的一样，从没动过。

【原因分析】

原因很快查明：Greg 把他的五盘备份磁带分别标记为周一到周五，而且他把备份软件设置为当天写入磁带。每天，他会拿出那份标记为本周当天的磁带：周一拿周一那份，周二拿周二那份，等等。而问题出在他的备份程序要到午夜才运行——备份的就是还没开始的第二天的工作。所以在近一年的时间里，他的备份没有一份是成功的，而且他竟然从来没有检查过日志。

在一周前，他的老板和会计团队通宵加班整理好了所有的财务数据并且结束了财务年度。而最后的结果是，前一周的辛勤工作就这样白白丢失了——还包括其余当年的工作。

【教训】

（1）公司的备份策略和管理制度存在问题，正常情况下，我们的系统管理员需要对备份数据进行测试，而他们却一直忽略这个工作。

（2）这次事故又向我们重新强调了一次 IT 工作的最基本原则：永远都不要想当然——总是要确保绝对的安全。当计算机需要重装时，我总是要求技术人员对系统进行全面的镜像备份以防万一，即使用户对我保证他们拥有所有的数据。

资料来源：根据 T 媒体（http://www.cniteyes.com）资料整理。

【案例 2】 数据挖掘在电信行业中的应用

【背景简介】

ABCTelcom 原本是市场的领先者，但目前正面临来自其他电信公司日益激烈的竞争。由于竞争对手接连推出了一系列新产品，并进行了大量的促销活动，最近半年来 ABCTelcom 的客户流失较为严重。为了保持其战略性市场主导地位，ABCTelcom 公司计划开展客户保留活动。在活动进行之前，为了尽可能提高活动收益，ABCTelcom 需要对现有客户的数据进行分析，从众多客户中找出流失可能性高的优质客户并针对其开展活动。而对于流失可能性低或保留成本大于收益的客户，则可以不展开活动。此外，客户流失预测也能帮助 ABCTelcom 发现那些申请服务后不久就欠费停机的客户，从而减少这类客户带来的损失。

【实施路径】

1. 数据准备

选取一定数量的客户（包括流失的和未流失的），选择相关的客户属性（包括客户资料、通话行为特征、消费属性、客服信息等），如表 5-4 和表 5-5 所示。

表 5-4 客户信息表

用户编号	年龄	性别	婚姻状态	孩子数目	收入	是否有车	是否流失

表 5-5 客户属性表

用户编号	长途通话时间	国际通话时间	本地通话时间	掉线次数	付款方式	本地话单类型	长途话单类型

客户流失状态分为：被动流失、主动流失和未流失三种。在分析中，主要关注主动流失的客户。被动流失对电信公司来说是意义最小的，因为被动流失通常是客户发生欺诈、欠费等行为后不再继续使用该公司服务。主动流失是指客户停止在 ABCTelcom 的业务，转向了其竞争对手，这通常是因为别的公司能够提供更切合客户需求的产品服务，是关注的焦点。

在数据准备阶段，分析人员根据数据理解的结果准备建模用的数据，包括数据选择、新属性的派生、数据合并等。在本例中，由于长途通话时间、国际通话时间和本地通话时间都能反映用户对电话的使用情况，因此，将三者合并，得到新的通话总时间变量：

$$通话总时间 = 长途通话时间 + 国际通话时间 + 本地通话时间$$

2. 建立模型

将准备的数据划分为训练集和检验集，首先利用决策树模型进行属性约减，其次以约减后的属性为自变量，以是否流失为因变量，训练神经网络模型，得到相应的客户流失预测模型。对检验集应用该模型，并根据预测结果的准确性评价模型。对客户流失建模的数据流图如图 5-15 所示。

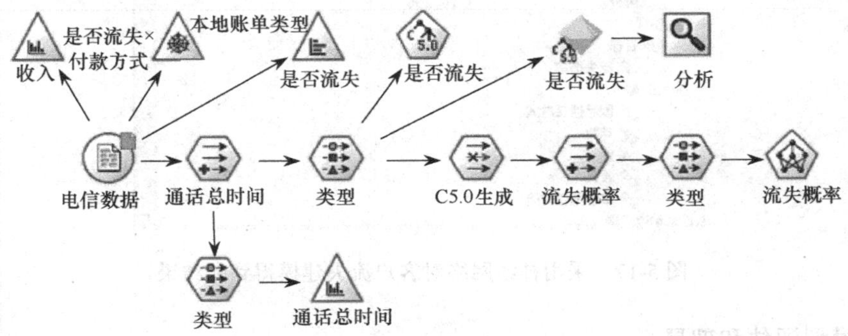

图 5-15 对客户流失建模的数据流图

对客户流失进行属性约减得到的结果如图 5-16 所示。可见，年龄、收入、国际通话时间、本地通话时间和性别是最重要的五个变量。从规则集里可以看到有三类客户很容易主动流失。但这只是一个初始的分析结果，还需要对这五个变量进行进一步建模。

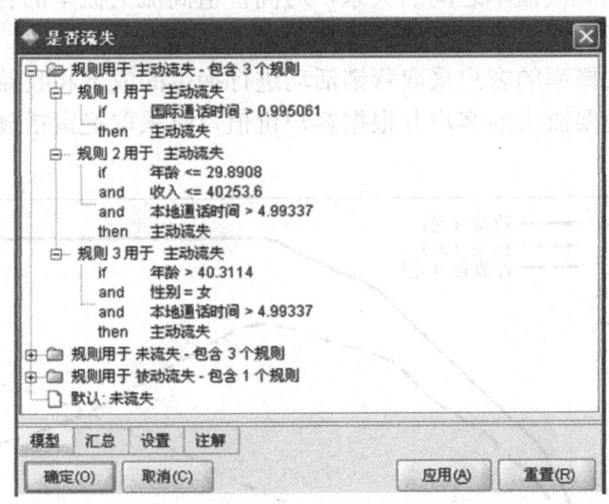

图 5-16 对客户流失进行属性约减得到的结果

由于主要关注的是客户主动流失，因此派生一个新变量——流失概率，如果流失属性为主动流失，则取值为 1，否则取值为 0。采用年龄、收入、国际通话时间、本地通话时间和性别为输入变量，流失概率为目标变量，根据数据集训练得到一个神经网络模型信息，如图 5-17 所示。

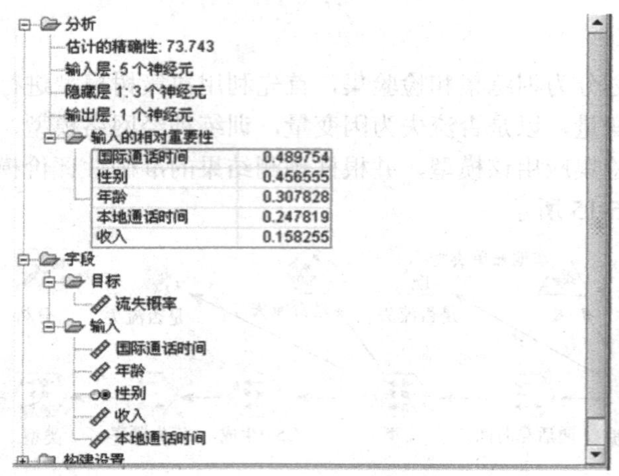

图 5-17　采用神经网络对客户流失建模得到的结果

3．模型评估和部署

对训练集应用神经网络模型，可以对每个客户流失的可能性打分。将客户按照流失概率由大到小排序，然后根据公式：价值=长途通话时间× 2 +国际通话时间× 5 +本地通话时间 × 1 派生出每个客户的价值大小。

【实施效果】

分析客户价值和流失概率之间的关系，对高价值高流失概率的客户采取措施，如给予一定的优惠，进行挽留，对低价值的客户可以任其流失。

对高价值高流失概率的客户采取营销活动进行挽留的成本和收益如图 5-18 所示。可见，通过及时地发现要流失的客户并根据客户价值及时采取挽留措施，可以避免因客户流失而带来的损失。

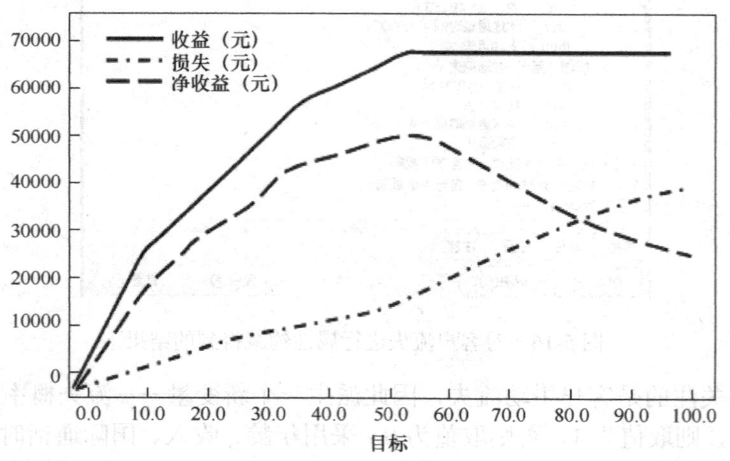

图 5-18　营销活动的成本和收益

资料来源：根据 www.spss-china.com 上的《SPSS China 电信行业应用手册》整理。

本章要点

本章主要介绍有关信息系统数据资源的运维体系、例行管理、备份与恢复技术、数据运维系统和数据资源开发与利用。要点如下：

1. 数据资源运维管理的对象、类型和内容；
2. 数据资源例行管理计划、数据资源载体的管理及数据库例行维护的概念和内容；
3. 数据资源备份的类型、备份的策略和常用备份相关技术，数据灾难恢复的管理；
4. 数据资源运维系统的功能及相关数据运维工具；
5. 在云环境下数据资源运维的难点和云存储技术；
6. 数据资源开发与利用，为管理者提供辅助的决策支持的方法。

思考题

1. 数据资源运维管理工作的主要内容是什么？
2. 数据资源运维管理对象包括哪些？
3. 什么是数据资源载体管理？
4. 常见的数据备份策略有哪些？
5. 数据运维与管理系统的主要功能包括哪些？
6. 数据挖掘方法一般有哪些类型？
7. 云环境下数据资源运维的特点有哪些？

信息系统安全运维

近些年来，各种信息系统受到攻击的案例屡见不鲜，火灾、地震、设备故障、病毒干扰、黑客攻击、人为操作失误等都对信息系统构成了极大的威胁，由于信息系统中存放的关键业务数据正在逐渐增多，系统运行的任何失误都可能带来巨大的经济损失。为避免或降低不可预测的灾难带来的损失，良好的信息系统安全管理已经成为信息系统运维的主要内容之一。

本章主要介绍信息系统安全的相关概念，并从硬件、软件、数据、管理等方面阐述如何全面做好信息系统的安全运维。

6.1　信息系统安全运维体系

一个安全的信息系统必须能事先估计可能出现的威胁并制定预防措施，以防止蓄意或意外破坏网络、硬件或文件，防止蓄意滥用软硬件，防止信息失窃，保护数据正确完整，提供灾害恢复，实现授权用户在需要时可以增、删、改、查信息系统内容。在云计算环境下，信息系统安全运维的许多工作由云服务提供商承担。

6.1.1　信息系统安全的概念

信息系统安全是指保障计算机及其相关设备、设施（含网络）的安全，运行环境的安全，保护信息的安全，实现信息系统的正常运行，以维护信息系统的安全运行。信息系统安全包括实体安全、运行安全、信息安全和人员安全等几个部分。

1．实体安全

实体安全也称物理安全，指保护计算机设备、设施（含网络）及其他载体免遭地震、火灾、水灾、雷电、噪声、外界电磁干扰、电磁信息泄露、有害气体和其他环境事故（如电磁污染等）破坏的措施和过程。实体安全包括环境安全、设备安全和媒体安全三个方面。

2．运行安全

运行安全的目标是保证系统能连续、正常地运行，包括系统风险管理、审计跟踪、备份与恢复、应急四个方面的内容。

3．信息安全

信息安全是指防止信息资产被故意或偶然地非法授权泄露、更改、破坏，或信息被非法辨识、控制，确保信息的保密性（Confidentiality）、完整性（Integrity）、可用性（Available）、可控性、真实性、可审查性。针对信息系统中信息存在的形式和运行特点，信息安全包括操作系统安全、数据库安全、网络安全、病毒防护、访问控制、加密与鉴别七个方面。

4．人员安全

人员安全是指计算机使用人员的安全意识、法律意识及安全技能等。

信息系统安全的任务是确保信息系统功能的正确实现。常见信息系统安全术语如表 6-1 所示。

表 6-1　常见信息系统安全术语

术　语	定　义
备份	复制数据和/或程序，并保存在安全的地方
解密	传输后将打乱的代码转换成可读的数据
加密	在进行传输之前将数据转换成打乱的代码
暴露	因信息系统中发生错误而可能产生的危害、损失或损害

续表

术　语	定　义
容错	信息系统在发生故障的情况下保持运行能力（通常时间有限、等级下降）
信息系统控制	确保信息系统达到预期性能的规程、设备或软件
风险	产生威胁的可能性
威胁（或危害）	系统可能面临的各种危险
脆弱性	在存在威胁的情况下，系统会因威胁遭受危害的可能性
保密性	确保信息在存储、使用、传输过程中不会泄露给非授权的用户或者实体
完整性	包括数据完整性和系统完整性。数据完整性是对数据的精确性、完全性和可靠性的保障；系统完整性是保障系统能正常实现其预期功能，由组件的完整性和组件的集成来保障
可用性	确保授权用户或者实体对于信息及资源的正常使用不会被异常拒绝，允许其可靠而且及时地访问信息及资源
恶意软件	可能对计算机实施恶意行为的软件的统称

6.1.2　影响信息系统安全的因素

信息系统安全的影响因素可能来自组织内部、远程接入或者来自互联网，其安全面临故意威胁和非故意威胁。故意威胁一般是指信息系统所处的状态会出现以下问题：攻击者能够作为另一用户执行命令，攻击者能够访问到那些被限制访问的数据，攻击者能够伪装成另一个实体，攻击者能够执行拒绝服务攻击。非故意威胁一般是指信息系统会出现以下问题：存在某些弱点，一些能力会轻易丧失；存在可用来访问系统或内部数据的登入点等。信息系统安全的影响因素如图 6-1 所示。

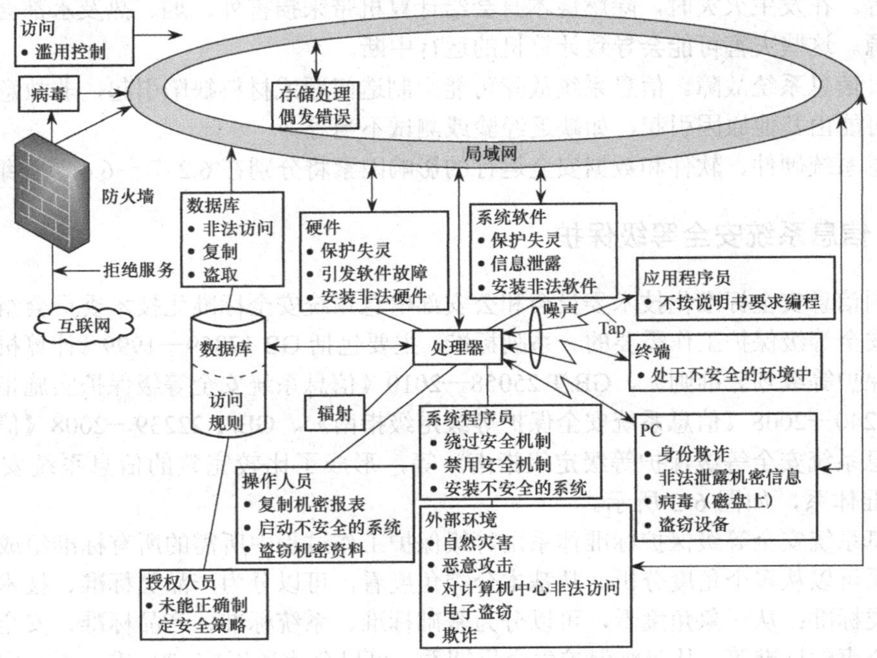

图 6-1　信息系统安全的影响因素

1．产生故意威胁的因素

产生故意威胁的因素主要分为以下五类：

（1）盗取。包括盗取数据，盗取主机使用时间，以及盗取设备或程序。

（2）操纵。操纵数据的处置、输入、处理、传输和编排，以及各种信息系统滥用行为或欺诈。

（3）破坏。包括罢工、骚乱或破坏，故意破坏信息系统资源，使用病毒或类似攻击进行破坏。

（4）依赖。对硬软件、核心技术的严重依赖，也会导致网络安全比较脆弱。受信息技术限制，很多组织直接引进国外的信息技术设备，且对引进的硬软件无法进行技术改造，给他人入侵系统或监听信息等非法操作提供了可乘之机；我国网络系统的核心技术严重依赖国外，这使我国的网络安全性能大大减弱，网络安全处于极其脆弱的状态。

（5）恐怖袭击。恐怖袭击事件能严重毁坏信息系统的基础网络、软件系统，导致关键业务中断，发生在纽约的“9 · 11”事件就造成了这样的后果。

2．产生非故意威胁的因素

产生非故意威胁的因素主要分为以下三类：

（1）人为错误。在硬件或信息系统的设计过程中均可能出现人为错误，在编程、测试、数据收集、数据输入、授权及数据处理与输出过程中也可能发生人为错误。在许多组织的信息系统中，与安全性相关的问题大部分都是因人为错误产生的。

（2）环境灾害。包括地震、严重的风暴（如飓风、暴雪、风沙、闪电、龙卷风等）、洪水、电力故障、强烈振荡、火灾（最常见的灾害）、空调故障、爆炸、辐射、制冷系统故障等。在发生火灾时，除燃烧本身会给计算机带来损害外，烟、热及水都会损害计算机资源。这些灾害可能会导致计算机的运行中断。

（3）信息系统故障。信息系统故障可能由制造问题或材料缺陷引起，非故意性功能故障也可能由其他原因引起，如缺乏经验或测试不当等。

信息系统硬件、软件和数据安全运行的影响因素将分别在 6.2 节～6.4 节详细讨论。

6.1.3　信息系统安全等级保护

全国信息安全标准化技术委员会和公安部信息系统安全标准化技术委员会组织制定了信息安全等级保护工作需要的一系列标准，主要包括 GB 17859—1999《计算机信息系统安全保护等级划分准则》、GB/T 25058—2010《信息系统安全等级保护实施指南》、GB/T 22240—2008《信息系统安全保护等级定级指南》、GB/T 22239—2008《信息安全技术信息系统安全等级保护等级定级指南》等，形成了比较完整的信息系统安全等级保护标准体系，如图 6-2 所示。

信息系统安全等级保护标准体系由等级保护工作过程中所需的所有标准组成，整个标准体系可以从多个角度分析。从基本分类角度看，可以分为产品类标准、技术类标准和管理类标准；从对象角度看，可以分为基础标准、系统标准、产品标准、安全服务标准和安全事件标准等；从等级保护生命周期看，可以分为通用/基础标准、系统定级用标准、安全建设用标准、等级测评用标准和运行维护用标准等。

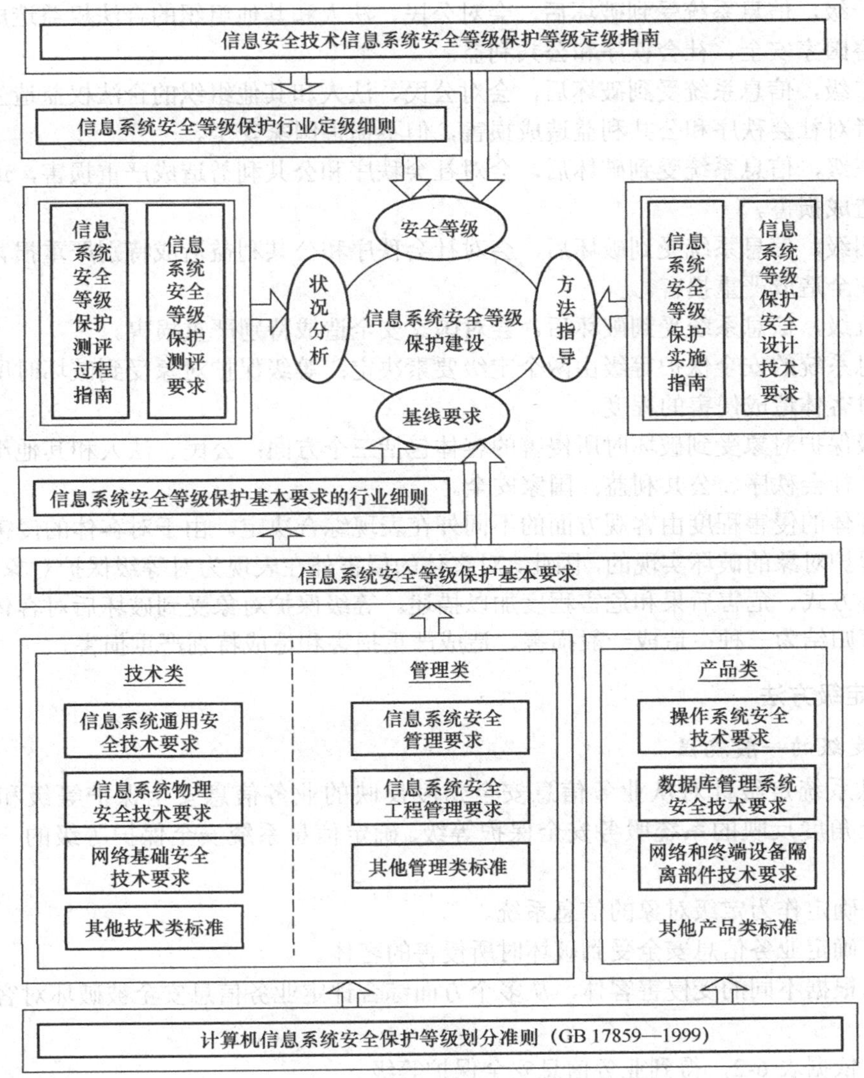

图6-2　信息系统安全等级保护标准体系

国标GB/T 22240—2008《信息安全技术信息系统安全等级保护等级定级指南》从信息系统所承载的业务在国家安全、经济建设、社会生活中的重要作用和业务对信息系统的依赖程度两个方面，提出了确定信息系统安全保护等级的方法。其中，等级保护对象是指信息安全等级保护工作直接作用的具体的信息和信息系统；客体是指法律保护的、等级保护对象受到破坏时所侵害的社会关系，如国家安全、社会秩序、公共利益，以及公民、法人或其他组织的合法权益；客观方面是指对客体造成侵害的客观外在表现，包括侵害方式和侵害结果等；系统服务是指信息系统为支撑其所承载业务而提供的程序化过程。

1．信息系统安全保护等级及定级要素

信息系统安全保护等级分为以下五级：

第一级，信息系统受到破坏后，会对公民、法人和其他组织的合法权益造成损害，但不损害国家安全、社会秩序和公共利益。

第二级，信息系统受到破坏后，会对公民、法人和其他组织的合法权益造生严重损害，或者对社会秩序和公共利益造成损害，但不损害国家安全。

第三级，信息系统受到破坏后，会对社会秩序和公共利益造成严重损害，或者对国家安全造成损害。

第四级，信息系统受到破坏后，会对社会秩序和公共利益造成特别严重损害，或者对国家安全造成严重损害。

第五级，信息系统受到破坏后，会对国家安全造成特别严重损害。

信息系统的安全保护等级由两个定级要素决定：等级保护对象受到破坏时所侵害的客体和对客体造成侵害的程度。

等级保护对象受到破坏时所侵害的客体包括三个方面：公民、法人和其他组织的合法权益；社会秩序、公共利益；国家安全。

对客体的侵害程度由客观方面的不同外在表现综合决定。由于对客体的侵害是通过对等级保护对象的破坏实现的，因此，对客体的侵害外在表现为对等级保护对象的破坏，通过危害方式、危害后果和危害程度加以描述。等级保护对象受到破坏后对客体造成侵害的程度归结为三种：造成一般损害、造成严重损害和造成特别严重损害。

2. 定级方法

1）定级的一般流程

信息系统定级针对从业务信息安全角度反映的业务信息安全保护等级和从系统服务安全角度反映的系统服务安全保护等级。确定信息系统安全保护等级的一般流程如下：

（1）确定作为定级对象的信息系统。

（2）确定业务信息安全受到破坏时所侵害的客体。

（3）根据不同的受侵害客体，从多个方面综合评定业务信息安全被破坏对客体的侵害程度。

（4）依据表 6-2，得到业务信息安全保护等级。

表 6-2　业务信息安全保护等级矩阵表

业务信息安全被破坏时所侵害的客体	对相应客体的侵害程度		
	一般损害	严重损害	特别严重损害
公民、法人和其他组织的合法权益	第一级	第二级	第三级
社会秩序、公共利益	第二级	第三级	第四级
国家安全	第三级	第四级	第五级

（5）确定系统服务安全受到破坏时所侵害的客体。

（6）根据不同的受侵害客体，从多个方面综合评定系统服务安全被破坏对客体的侵害程度。

（7）依据表 6-3，得到系统服务安全保护等级。

表 6-3　系统服务安全保护等级矩阵表

系统安全被破坏时所受侵害的客体	对相应客体的侵害程度		
	一 般 损 害	严 重 损 害	特别严重损害
公民、法人和其他组织的合法权益	第一级	第二级	第三级
社会秩序、公共利益	第二级	第三级	第四级
国家安全	第三级	第四级	第五级

（8）将业务信息安全保护等级和系统服务安全保护等级的较高者确定为定级对象的安全保护等级。

确定等级一般流程如图 6-3 所示。

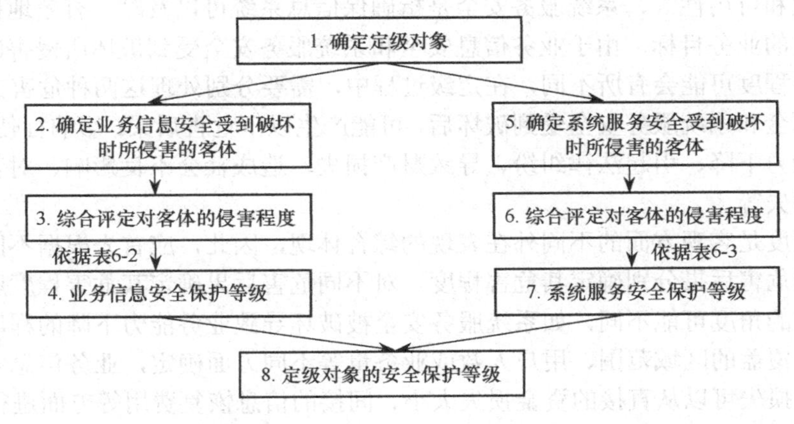

图 6-3　确定等级一般流程

2）确定定级对象

一个单位内运行的信息系统可能比较庞大，为了体现重要部分重点保护，有效控制信息安全建设成本，优化信息安全资源配置的等级保护原则，可将较大的信息系统划分为若干个较小的、可能具有不同安全保护等级的定级对象。作为定级对象的信息系统应具有唯一确定的安全责任单位，具有信息系统的基本要素及承载单一或相对独立的业务应用。

3）确定受侵害的客体

定级对象受到破坏时所侵害的客体包括国家安全、社会秩序、公众利益，以及公民、法人和其他组织的合法权益。侵害国家安全的事项包括：影响国家政权稳固和国防实力，影响国家统一、民族团结和社会安定，影响国家对外活动中的政治、经济利益，影响国家重要的安全保卫工作，影响国家经济竞争力和科技实力，其他影响国家安全的事项。侵害社会秩序的事项包括：影响国家机关社会管理和公共服务的工作秩序，影响各种类型的经济活动秩序，影响各行业的科研、生产秩序，影响公众在法律约束和道德规范下的正常生活秩序等，其他影响社会秩序的事项。影响公共利益的事项包括：影响社会成员使用公共设施，影响社会成员获取公开信息资源，影响社会成员接受公共服务等方面，其他影响公共利益的事项。

影响公民、法人和其他组织的合法权益是指由法律确认的并受法律保护的公民、法人和其他组织所享有的一定的社会权益。确定作为定级对象的信息系统受到破坏后所侵害的客体时，应首先判断是否侵害国家安全，然后判断是否侵害社会秩序或公众利益，最后判断是否侵害公民、法人和其他组织的合法权益。各行业可根据本行业业务特点，分析各类信息和各类信息系统与国家安全、社会秩序、公共利益，以及公民、法人和其他组织的合法权益的关系，从而确定本行业各类信息和各类信息系统受到破坏时所侵害的客体。

4）确定对客体的侵害程度

在客观方面，对客体的侵害外在表现为对定级对象的破坏，其危害方式表现为对信息安全的破坏和对信息系统服务的破坏，其中信息安全是指确保信息系统内信息的保密性、完整性和可用性等，系统服务安全是指确保信息系统可以及时、有效地提供服务，以完成预定的业务目标。由于业务信息安全和系统服务安全受到破坏所侵害的客体和对客体的侵害程度可能会有所不同，在定级过程中，需要分别处理这两种危害方式。

信息安全和系统服务安全受到破坏后，可能产生以下危害后果：影响行使工作职能、导致业务能力下降、引起法律纠纷、导致财产损失、造成社会不良影响、对其他组织和个人造成损失等。

侵害程度是客观方面的不同外在表现的综合体现，因此，应首先根据不同的受侵害客体、不同危害后果分别确定其危害程度。对不同危害后果确定其危害程度所采取的方法和所考虑的角度可能不同，如系统服务安全被破坏导致业务能力下降的程度可以从信息系统服务覆盖的区域范围、用户人数或业务量等不同方面确定，业务信息安全被破坏导致的财物损失可以从直接的资金损失大小、间接的信息恢复费用等方面进行确定。

在针对不同的受侵害客体进行侵害程度的判断时，如果受侵害客体是公民、法人或其他组织的合法权益，则以本人或本单位的总体利益作为判断侵害程度的基准；如果受侵害客体是社会秩序、公共利益或国家安全，则应以整个行业或国家的总体利益作为判断侵害程度的基准。

不同危害后果的三种危害程度描述如下。

一般损害：工作职能受到局部影响，业务能力有所降低但不影响主要功能的执行，出现较轻的法律问题、较低的财产损失、有限的社会不良影响，对其他组织和个人造成较低损害。

严重损害：工作职能受到严重影响，业务能力显著下降且严重影响主要功能执行，出现较严重的法律问题、较大的财产损失、较大范围的社会不良影响，对其他组织和个人造成较严重损害。

特别严重损害：工作职能受到特别严重的影响或丧失行使能力，业务能力严重下降或功能无法执行，出现极其严重的法律问题、极大的财产损失、大范围的社会不良影响，对其他组织和个人造成非常严重损害。

信息安全和系统服务安全被破坏后对客体的侵害程度，由对不同危害结果的危害程度进行综合评定得出。由于各行业信息系统所处理的信息种类和系统服务特点各不相同，信息安全和系统服务安全受到破坏后关注的危害结果、危害程度的计算方式均可能不同，各行业可根据本行业信息特点和系统服务特点，制定危害程度的综合评定方法，并给出侵害不同客体造成一般损害、严重损害、特别严重损害的具体定义。

5）确定定级对象的安全保护等级

根据业务信息安全被破坏时所侵害的客体及对相应客体的侵害程度，可以判断业务信息安全保护等级。其定级要素与信息系统安全保护等级的关系类同表 6-2。

根据系统服务安全被破坏时所侵害的客体及对相应客体的侵害程度，可以判断系统服务安全保护等级。

作为定级对象的信息系统的安全保护等级由业务信息安全保护等级和系统服务安全保护等级的较高者决定。

3．等级变更

在信息系统的运行过程中，安全保护等级应随着信息系统所处理的信息和业务状态的变化进行适当的变更，尤其是当状态变化可能导致业务信息安全或系统服务受到破坏后的受侵害客体和对客体的侵害程度有较大的变化，可能影响到系统的安全保护等级时，应重新定级。

GB/T 28449—2012《信息安全技术信息系统安全等级保护测评过程指南》规定了信息系统安全等级保护测评工作的测评过程，对等级测评的活动、工作任务及每项任务的输入/输出产品等提出了指导性建议，适用于测评机构、信息系统的主管部门及运营使用单位对信息系统安全等级保护状况进行的安全测试评价。

6.1.4　信息系统安全运维体系结构

为保障信息系统的安全，有必要基于系统的观点建立信息系统安全保障模型，并构建信息系统安全体系结构。

1．信息系统安全保障

信息系统安全保障指在信息系统所处的运行环境中，将风险和策略作为其基础和核心，通过在整个信息系统的生命周期中实施技术、管理、工程和人员保障，实现信息的保密、完整和可用等安全特征，将安全风险降低到可接受的程度。

信息系统的安全保障是一个多维的体系，包含信息系统生命周期、信息安全特性、安全保障要素三个维度。信息系统安全保障是一个动态过程，它贯穿于信息系统生命周期的全过程，并强调通过综合多方面的安全保障要求来实现信息系统的安全保障目标。信息系统安全保障模型如图 6-4 所示。

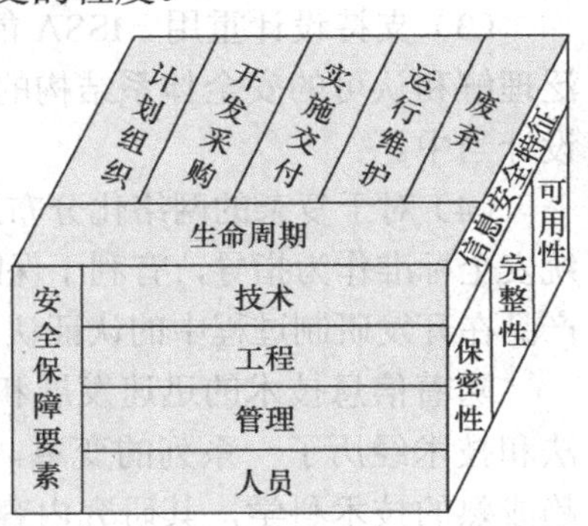

图 6-4　信息系统安全保障模型

信息系统安全保障级别（Information Systems Assurance Level，ISAL）是对信息系统安全技术保障、安全工程保障实施的正确性、质量和能力的量度和评价，是对信息系统安全保障持续改进能力特征的描述。

信息系统安全保障共分为六个级别，如表 6-4 所示。

表 6-4　信息系统安全保障级别

能力级别	级别定义	说　明
0	未实施级	安全保障控制要求不能成功执行
1	基本执行级	安全保障控制要求可证实都被执行了
2	计划和跟踪级	安全保障控制要求建立了良好的规划和制度，使组织的安全保障工作有据可依
3	充分定义级	安全保障控制要求组织均应切实依照一组完善定义的操作规范来进行安全保障体系所规定和要求的工作，而且具有完整的实施记录并可追踪
4	量化控制级	能够对保障能力和改进能力进行检查，并通过定性和定量的指标对组织的安全保障工作效果进行度量
5	持续改进级	基于组织的业务目标建立安全保障工作效果和效率的量化执行目标，并针对这些目标进行持续调整和改进

需要说明的是，信息系统安全保障级别是一个循序渐进、不断完善和深入的发展过程，高安全保障级别必须建立在完成低安全保障级别的基础上，是低保障级别不断发展和完善的结果。

2．信息系统安全体系结构

信息系统安全体系结构（Information Systems Security Architecture，ISSA）正逐渐成为信息安全学科研究的重点领域和重要分支，信息系统安全体系结构与系统的体系结构在概念上紧密联系，其主要特点表现在以下四个方面。

（1）体现了对信息系统安全问题的系统思考。ISSA 以非形式化、半形式化或形式化语言来表达和描述各种安全性的关注和需求，反映了系统开发初期的安全决策，对系统安全的设计质量和后期的使用维护有极大的影响。

（2）提供了需求交流的通道。ISSA 在安全需求与提供安全系统支撑和支持的技术方法、管理技术评估标准及相关法律法规的标准体系之间架起了一座桥梁，使系统设计人员可以方便地与组织管理者和用户交流，并依据标准、根据需求考虑风险，全局地指导安全系统（或产品）设计及其实现。

（3）支持设计重用。ISSA 能够极大地促进安全系统（或产品）设计的重用，得到广泛理解和认可的安全体系结构的通用设计模式、组成部件、文档等且很容易被用于新的设计当中。

（4）对于复杂的网络化分布式的现代信息系统，以一定的安全体系结构框架和信息系统安全标准作为指导，有利于保障安全系统间的互联、互通、互操作，以及支持各类安全产品在开发研制过程中的认证认可、版本升级，使其具有更好的安全性、兼容性和扩展性。

随着信息技术的迅速发展和社会信息化进程的加速，信息系统安全科学的理论、方法和技术经历了一系列的变革。在此过程中，ISSA 也由最初模糊的概念发展为一个渐趋成熟的技术科学，其研究内容包括安全体系模型的建立及其形式化描述与分析，安全策略和机制研究，检验和评估系统安全性的科学方法及准则的建立，以及符合这些模型、策略和准则的支持系统的研制。纵观信息系统安全体系结构概念的发展过程，主要经历了四个阶段，如表 6-5 所示。

表 6-5　信息系统安全体系结构概念发展阶段

ISSA 概念发展阶段	信息化阶段	主要特征	广泛应用期	信息安全概念内涵变化	安全体系结构概念内涵变化
"无安全体系结构"设计阶段	计算机化	应用计算机	20 世纪 60—70 年代	计算机安全	计算机安全模型
萌芽阶段	网络化	通信网络	20 世纪 80—90 年代	网络和信息系统安全	网络安全体系结构
初期阶段	智能化	智能系统集成	20 世纪 90 年代末—21 世纪初	信息安全保障	信息系统安全体系结构 信息系统安全保障体系结构
高级阶段	系统化		21 世纪以来	国家重要信息基础设施	国家信息安全保障体系

（1）"无安全体系结构"设计阶段。20 世纪 60—70 年代，以基于经典安全模型实现计算机系统安全为特征，美国国防部制定的《可信计算机系统评估标准》（TCSEC，也称橙皮书）是目前学术界公认的关于信息系统安全体系结构的最早原则。

（2）萌芽阶段。20 世纪 80—90 年代，ISO7498-2 首次提出 Security Architecture 概念，对 ISSA 的诞生起到了里程碑式的作用，在此基础上扩充形成了很多三维矩阵安全体系结构框架，如美国国防部的目标安全体系（DoD Goal Security Architecture，DGSA）。

（3）初期阶段。20 世纪 90 年代末—21 世纪初，信息安全界形成普遍共识，即信息系统安全问题是一项涉及技术、管理、法律法规等诸多因素的复杂系统工程，应从体系结构的高度和层面上全面而系统地加以研究，由此出现了基于不同应用需求构建的安全体系结构（主要针对中间件、操作系统、分布式信息系统），如分布式对象计算测试（Distributed Object Computation Tested，DOCT）等。

（4）高级阶段。21 世纪以来，信息安全成为国家安全的重要组成部分，保护国家关键信息基础设施成为信息安全研究的重点。以美国《信息保障技术框架》（Information Assurance Technical Framework，IATF）为指导框架的信息系统安全保障体系纷纷被提出，国内比较知名的有沈昌祥院士提出的"三纵三横两个中心"（三纵指公共区域、专用区域和涉密区域，三横指应用环境、应用区域边界和网络通信，两个中心指安全管理中心和密码管理中心）的信息安全防御保障框架和方滨兴院士提出的"5432 国家信息安全战略保障体系框架"（五个基本属性——保障目的：机密性、完整性、可用性、真实性、可控性；四种基本能力——保障任务：防御能力、发现能力、应急能力、对抗能力；三个基本要素——建设方式：管理、事故、资源；两个建设方面——建设内容：管理体系、技术体系）。

3．信息系统安全运维体系结构

信息系统安全运维体系结构规范了组织的安全机构管理，完善了第三方服务人员和机构人员的安全管理，建立健全了安全制度及策略，规范了业务的安全处理流程，从而形成了一套完善的安全运维管理体系。同时，其以安全运维管理平台为工具，通过定位、监控、预警、决策、反馈和处置等手段保障业务系统的正常运行，用规范化的管理流程实现信息系统安全运维管理，做到“三分技术，七分管理”。信息系统安全运维体系结构如图 6-5 所示。

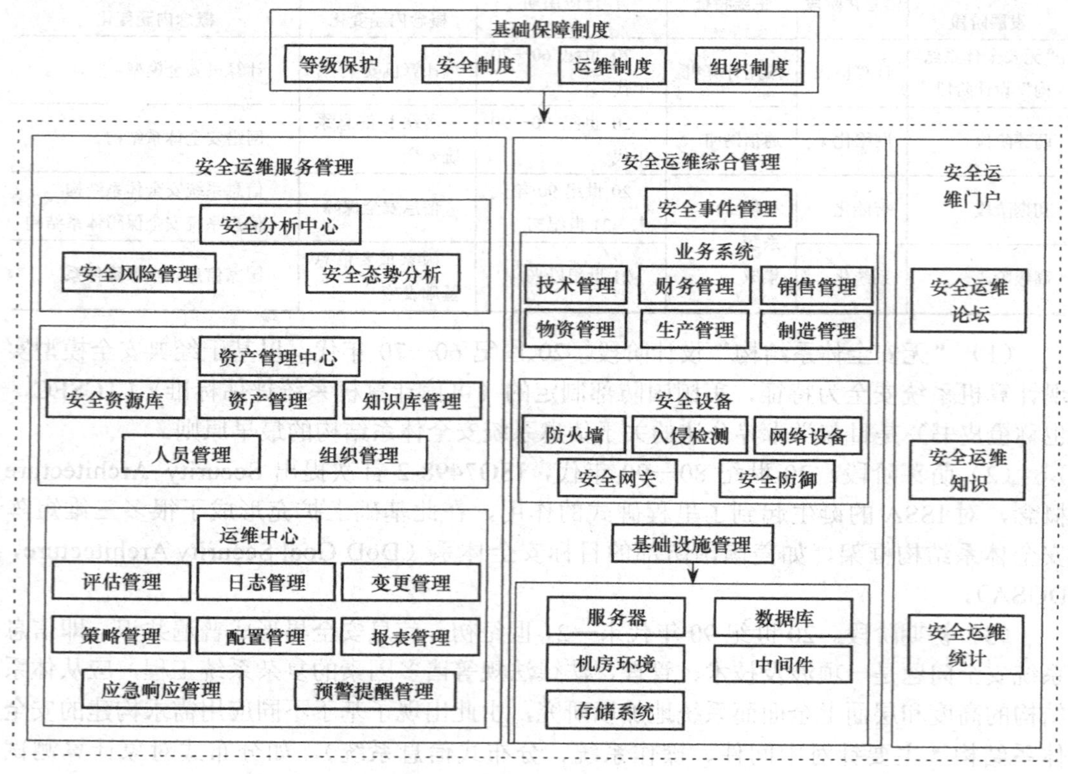

图 6-5　信息系统安全运维体系结构

在信息系统安全运维体系结构中，主要的三个子体系如下。

1）安全运维服务管理

安全运维服务管理子体系是安全分析中心、资产管理中心和运维中心的有机结合。安全分析中心包括安全风险管理和安全态势分析等。资产管理中心包括安全资源库、知识库等。运维中心包括评估管理、日志管理、变更管理、策略管理、配置管理、报表管理、应急响应管理、预警提醒管理等。

2）安全运维综合管理

安全运维综合管理子系统的建立，实现了对信息系统安全运维管理的基础层路由器、服务器、安全设备、数据库、中间件及资源关联的端口、进程、日志等的全面监控，辅助管理员及时掌握信息系统安全运维管理平台架构的运行情况，支持安全事件关联分析和支持策略管理等。

3）安全运维门户

安全运维门户包含安全运维论坛、安全运维知识和安全运维统计功能等。

依据信息系统安全运维管理体系设计，将组织架构、管理制度流程等要求落实到一体化安全运维管理体系中，配备安全告警通知，以及安全可视化的分析报表，达到对信息系统安全运维管理制度落地的有效监督，以不断完善和优化安全运维管理流程，提高整体安全运维管理能力。

【案例】　奥运会信息安全

源讯公司（Atosorigin）是一家全球领先的信息技术服务公司，总部设在巴黎，在纽约和巴黎上市，是国际奥委会的全球合作伙伴之一。

奥运会比赛网络中有三套独立运行的信息系统：第一套是计时和成绩系统（Timing and Scoring Systems），对比赛成绩提供实时计算，并发布到专业的记分牌上；第二套是信息发布系统（Information Diffusion Systems），通过该系统把比赛的成绩发布到比赛内部网和互联网上，并发布给媒体及电视转播商，该系统是接近实时的，只有几秒的延迟；第三套是赛事管理系统（Games Management Systems），包括制证、员工信息系统、交通管理系统及成绩打印分发系统等。建设和保护奥运会比赛网络的信息系统，必须防止各种影响比赛成绩或其他相关服务系统的可预见和不可预见的危险。

在 2004 年雅典奥运会上，源讯公司为大会部署了多种安全保护系统，16 天赛事中，记录显示有超过 500 万起信息技术安全报警信息，其中产生了 425 起严重警报、20 起危急警报。但全面的信息安全管理平台，保障了奥运会信息系统百分之百的正常运行。

在 2006 年的都灵冬奥会上，源讯公司通过整体安全系统架构帮助举办方在 17 天内从容应对了 5 285 万余起安全报警，通过智能化系统的整合分析过滤，最后产生了 185 个重要的报警信息。根据这些信息，产生了 49 个安全事件。主要分为三大类：第一类是企图接入奥运会网络系统；第二类是企图在夜间以管理员身份登录系统；第三类是最严重的一个案例，一位具有办公网管理权限的工作人员企图攻击比赛网系统，但是被源讯公司的安全报警系统发现，并通报场馆保安人员将其抓获。经过调查，该名工作人员声称，他还有很多朋友（据统计跟他有联系的有 98 人）可能企图攻击这一系统。后来源讯公司对这 98 个账号在比赛网中的各种活动都进行了实时的特别监控以防备他们可能采取的攻击行为。

最终，得益于有效的信息系统安全，雅典奥运会和都灵奥运会比赛都顺利进行，没有受到任何不良影响。

6.2　信息系统安全运维管理

为确保信息系统的安全，必须从管理角度确定应采取的主要控制方法和措施，并将管理要求落实。

6.2.1　信息系统安全管理及计算机犯罪

系统实施信息系统运维过程中的安全管理能有效防范计算机犯罪。

1. 信息系统安全管理的内容

信息系统运维过程中的安全管理是对一个组织机构中信息系统的生存周期全过程实

施符合安全等级责任要求的管理，包括：

- 落实安全管理机构及安全管理人员，明确角色与职责，制定安全规划；
- 开发安全策略；
- 实施风险管理；
- 制订业务持续性计划和灾难恢复计划；
- 选择与实施安全措施；
- 保证配置、变更的正确与安全；
- 进行安全审计；
- 保证维护支持；
- 进行监控、检查，处理安全事件；
- 安全意识与安全教育；
- 人员安全管理等。

2．计算机犯罪行为

在信息活动领域中，计算机犯罪是指利用计算机信息系统或计算机信息知识作为手段，或者针对计算机信息系统，对国家、团体或个人造成危害，依据法律规定，应当予以刑罚、处罚的行为。犯罪行为可能来自渗透系统（经常通过网络）的外部人员，也可能来自有权使用计算机系统但违规使用的内部人员。“黑客”（Hacker）一词一般用来形容那些渗透计算机系统的外部人员，并不是所有的黑客都是罪犯。“白帽”黑客的行为是符合伦理和法律的，他们负责对客户的系统进行渗透测试，找出漏洞以便进行修补；骇客（Cracker）即“黑帽”黑客才是罪犯，骇客是恶意的黑客，可能给信息系统带来严重的问题。黑客的行为可能会将无辜的内部人员卷入其中。有一种黑客战略叫做“社会工程”（详见6.2.3节），是指计算机罪犯或商业间谍与内部人员建立不当的信任关系，以获取敏感信息或不当的访问权限。内部人员攻击有恶意攻击和非恶意攻击。恶意攻击指内部人员有计划地窃听、修改或破坏信息，通过欺骗方式未授权使用信息，或拒绝其他授权用户的访问。非恶意攻击通常是由于粗心、缺乏专业技术知识或无意间绕过安全策略对系统产生了破坏。由于内部人员知道系统的部署，知道有价值数据存于何处并知道已采取的安全防范措施，因而内部人员恶意攻击往往是最难检测和防范的。

3．网络犯罪行为

除了针对信息系统的计算机犯罪外，互联网为实施非法行为提供了一个非常便利的环境，在互联网上实施的犯罪行为叫做网络犯罪，包括欺诈无辜人员的钱财、购物不付款、卖货不发货等。身份盗窃就是一种常见的犯罪形式，（身份窃贼）通过窃取来的身份伪装成他人从事违法活动，他们一般都是通过互联网盗取社会保险号和信用卡号来实施欺诈（如购买商品或消费服务等）的，由受害人最终付款。通过大规模的攻击或破坏软件对整个国家的信息系统进行攻击并致使其瘫痪，则称为“网络战争”，也叫“网络战”，攻击目标可能是企业、行业、政府部门或媒体，以及军队指挥体系的信息系统。“网络恐怖主义”也是网络战争的一种形式，是指发生在互联网上的恐怖袭击，这样的攻击可能对国家的信息基础设施构成威胁。

6.2.2 信息系统安全的组织保障

为保障信息系统安全地运行，必须采取控制措施来防范和消除安全隐患，并以组织的方式予以落实，在整个组织范围内分配信息系统保护的责任和权限。信息系统的任何安全保障措施都由三个部分组成——人、技术和流程。

1．信息系统安全组织保障的原则

（1）一致性。要实施的计划必须与组织的目标保持一致。

（2）全员性。组织中的每个人都要参与到安全计划中来。

（3）连续性。计划必须始终处于运转状态。

（4）主动性。不要被动地等待问题出现，而是要主动了解并做好准备；采取创新、预防和保护性的措施。

（5）有效性。计划必须经过测试，确保能够发挥作用。

（6）正式性。计划必须具有正式的授权并落实责任。

2．信息系统运行环境安全的组织保障

为保障信息系统运行环境的安全，应配置物理环境安全的责任部门和管理人员；建立有关物理环境安全方面的规章制度；对物理环境划分不同保护等级的安全区域进行管理；制定对物理安全设施进行检验、配置、安装、运行的有关制度和保障措施；实行关键物理设施的登记制度；对物理环境中所有安全区域进行标记管理，包括不同安全保护等级的办公区域、机房、介质库房等；介质库房的管理可以参照同等级别机房的管理要求。

3．数据库安全的组织保障

针对数据库的维护与管理，利用数据库自身的安全机制设计正确的安全策略。

（1）明确数据库管理员：数据库管理员作为数据库属主，单独享有数据库管理员权限，负责设计并实施数据库的安全策略。除了管理员外，任何用户都不能作为数据库及数据库中对象的属主，除非是由其建立并完全负责的对象，否则不能拥有管理员权限。

（2）对系统用户分组：管理员对系统用户进行全面考虑，根据用户的工作需要将所有用户分成若干个组，并在数据库中建立相应的组。

（3）为用户建立角色：为所建立的组建立相应的角色，并给该角色赋予隶属于该组用户的共同权限，例如，所有用户都有对表的修改权限，则将对表的修改权限赋予该角色。给各组中拥有个别权限的用户赋予个别权限，例如，组中的用户有对表的修改权限，而组中其他用户不具有这个权限，则单独给其赋予该权限。代表性的管理控制有：当地甄选、培训和监督员工，尤其是会计和信息系统领域的员工；培育员工对公司的忠诚；当员工辞职、转岗或被解雇之后，立即取消其访问权；要定期对访问控制机制进行修改；制定编程和文档标准（使审计更简捷，将标准作为员工的工作指南）；监督重点员工的安全性措施或不当行为；实施业务分离，在可行范围内将敏感的计算机任务在尽可能多的用户间进行分配，以减少故意或非故意破坏情况的出现；定期对系统进行抽检。

4. 系统权限的划分管理

在许多信息系统软件的设计中，往往存在一个无所不能的超级用户，掌管着其他合法用户的“生杀大权”，他不仅能够独立地增加、删除用户和重置用户密码，而且可以随意调整合法用户的职责和权限。而这对于涉及组织综合性管理的信息系统软件如 ERP 软件来说，可能带来的危害是致命的。因为超级用户能够掌握组织大量的机密信息，一旦其别有用心，将给组织带来不可估量的商业损失。因此，必须考虑对系统权限进行划分并使其相互制约，避免出现权限的过分集中。只要对系统管理员的权限进行合理划分，就可以良好地解决问题。据此，可以考虑把系统的用户分为如下几种：安全管理员、口令管理员、权限配置管理员、审计管理员、一般用户。其各自的职能如下。

（1）安全管理员：负责安全管理策略、制度的制定和实施，系统日常的安全监视和维护，以及系统数据库的备份和恢复等安全管理工作。对系统发生的各种安全问题及时采取相应的措施进行解决和处理。

（2）口令管理员：负责日常的用户增加、修改、删除管理，保证用户口令的质量，保证用户按照安全管理员制定的口令安全规则使用，同时帮助新用户设置口令或复位用户丢失、忘记的口令。

（3）权限配置管理员：负责按照既定的管理方案对各部门、各用户进行权限（仅限于组织业务管理权限）的分配和管理。

（4）审计管理员：负责对安全管理员、口令管理员、权限配置管理员的操作和设置工作进行审计和批准，并对用户违反安全策略的情况进行审计，以发现用户或其他管理人员的违规操作，形成安全状况报告。

（5）一般用户：系统的使用者，是被管理的对象。

他们之间的相互关系如图 6-6 所示。

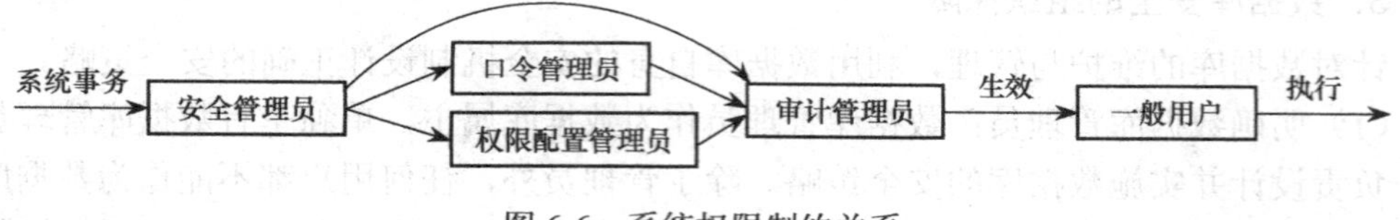

图 6-6　系统权限制约关系

从图 6-6 中可以看出，安全管理员、口令管理员和权限配置管理员共同分担了原来单一由系统管理员完成的工作，并且增加了审计管理员这一角色对三者的工作进行审核批准。这样，安全管理员、口令管理员、权限配置管理员及审计管理员等角色会相互制约，这四者中的任何一方都无法形成对系统的完全操作和控制，从而有效地避免了超级用户的出现，消除了信息系统在管理上可能存在的安全隐患。

6.2.3 “社会工程”攻击防范

社会工程学（Social Engineering）是一种利用人的弱点，如人的本能反应、好奇心、信任、贪婪等进行诸如欺骗、伤害等危害手段，获取自身利益的手法。

近年来，由于信息安全厂商不断开发出更先进的安全产品，系统安全防范在技术上越来越严密，使攻击者利用技术上的漏洞变得越来越困难。同时，许多信息技术从业者也都普遍存在着类似的一种观念：他们认为自己的系统部署了先进、周密的安全设备，包括防火墙、IDS、IPS、漏洞扫描、防病毒网关、内容过滤、安全审计、身份认证和访问控制系统，甚至最新的统一威胁管理（Unified Threat Management，UTM）安全网关和防火墙，以为靠这些安全设施即可保证系统的安全。

事实上，很多安全行为的产生是因为骗取内部人员（信息系统管理、使用、维护人员等）的信任而导致的，从而轻松绕过所有技术上的保护。信任是一切安全的基础，对于保护与审核的信任，通常被认为是整个安全链条中最薄弱的一环。为规避安全风险，技术专家精心设计安全解决方案，却很少重视和解决最大的安全漏洞，那就是人为因素，而犯罪分子恰恰利用人为因素的手段——社会工程学来进行攻击。因此，对于当前的信息系统来说，缺乏对社会工程学防范的信息系统，不管其安全技术多么先进完善，都很可能会成为一种自我安慰的摆设，其投入大笔资金购置的最先进的安全设备，很可能成为一种浪费。

社会工程学攻击基本上可以分为两个层次：物理的和心理的。与以往的入侵行为类似，社会工程学在实施之前要完成很多相关的前期工作，这些工作甚至要比后续的入侵行为本身更为繁重和更具技巧，即社会工程学的实施者（一般称为社会工程师）必须掌握心理学、人际关系学、行为学等知识与技能，以便收集和掌握实施入侵行为所需要的相关资料与信息。通常为了达到预期目的，社会工程学攻击都要将心理的和行为的攻击两者结合运用。其常见形式包括如下几种。

（1）伪装：从早期的求职信病毒、爱虫病毒、圣诞节贺卡到目前流行的网络钓鱼，都是利用电子邮件和伪造的Web站点来进行诈骗活动的。有调查显示，在所有接触诈骗信息的用户中，有高达5%的人都会对这些骗局做出响应。攻击者越来越喜欢玩弄社会工程学的手段，把恶意软件、间谍软件、勒索软件、流氓软件等网络陷阱伪装起来欺骗被害者。

（2）引诱：社会工程学是现在多数蠕虫病毒进行传播时所使用的技术，它使计算机用户本能地去打开邮件，执行具有诱惑性同时具有危害性的附件。例如，用一些关于某些型号的处理器存在运算瑕疵的“瑕疵声明”，更能引起人的兴趣的“幸运中奖”“最新反病毒软件”等说辞，并给出一个页面链接，诱惑你进入该页面运行下载程序或在线注册个人相关信息，利用人们疏于防范的心理引诱你上钩。

（3）恐吓：利用人们对安全、漏洞、病毒、木马、黑客等内容的敏感，以权威机构的面目出现，散布诸如安全警告、系统风险之类的信息，使用危言耸听的伎俩恐吓欺骗计算机用户，声称如果不及时按照他们的要求去做就会造成致命的危害或遭受严重损失。

（4）说服：社会工程师说服目标的目的是增强他们主动完成所指派的任务的顺从意识，从而变为一个可以被信任并由此获得敏感信息的人。大多数组织的咨询服务台人员所接受的训练都是要求他（她）们热情待人并尽可能地为来人来电提供帮助，所以这里就成了社会工程学实施者获取有价值信息的“金矿”。

（5）恭维：社会工程师通常十分友善，很讲究说话的艺术，知道如何借助机会去迎合人，投其所好，使多数人会友善地做出回应，恭维和虚荣心的对接会让目标乐意继续合作。

（6）渗透：通常社会工程学攻击者都擅长刺探信息，很多表面上看起来毫无用处的信息都会被他们利用来进行系统渗透。通过观察目标对电子邮件的响应速度、重视程度及可能提供的相关资料，比如一个人的姓名、生日、ID、电话号码、管理员的 IP 地址、邮箱等，通过收集这些信息来判断目标的网络架构或系统密码的大致内容，从而用口令心理学来分析口令，而不仅仅是使用暴力破解。

除了以上的攻击手段外，一些比较另类的行为也开始在社会工程学中出现，其中包括像翻垃圾（Dumpster Diving）、背后偷窥（Shoulder Surfing）、反向社会工程学等都是窃取信息的捷径。

面对社会工程学带来的安全挑战，组织必须采用新的防御方法，这些工作更多地偏向于管理层面，主要包括：

（1）加强内部安全管理。尽可能把系统管理工作职责进行分离，合理分配每个系统管理员所拥有的权力，避免权限过分集中。为防止外部人员混入内部，员工应佩戴胸卡标示，设置门禁和视频监控系统；严格办公垃圾和设备维修报废处理程序；杜绝为贪图方便，将密码粘贴或通过 QQ 等方式进行系统维护工作的日常联系。

（2）开展安全防范训练。安全意识比安全措施重要得多。防范社会工程学攻击，指导和教育是关键。直接明确地给予容易受到攻击的员工一些案例教育和警示，让他们知道这些方法是如何运用和得逞的，学会辨认社会工程攻击。注意培养、训练组织和员工的辨别判断能力、防欺诈能力、信息隐藏能力、自我保护能力、应急处理能力等。

（3）对有涉外业务的人员进行强化管理。“社会工程”攻击很多都针对组织中负责对外业务的人员，如接待、咨询人员等，由于他们需要频繁地与外部人员打交道，所以久而久之更加容易掉以轻心，误入“社会工程”的圈套和陷阱，所以组织要着重对这类人员进行培训和教育，以提高他们的防范能力。

6.2.4　灾难备份与灾难恢复

灾难可能在没有任何预警的情况下发生，最好的防御就是做好充分的准备，所以，在任何安全系统中，制订业务连贯性计划（Business Continuity Plan，BCP），也叫灾难恢复计划（Disaster Recovery Plan，DRP），是一项重要的措施。

1．灾难备份与灾难恢复的概念

所谓信息系统灾难，是指由于人为或自然的原因，造成信息系统严重故障、瘫痪或其数据严重受损，使信息系统支持的业务功能停顿或服务水平达到不可接受的程度，并持续特定时间的突发性事件。而灾难恢复指为了将信息系统从灾难造成的不可运行状态或不可接受状态恢复到可正常运行状态，并将其支持的业务功能从灾难造成的不正常状态恢复到可接受状态而设计的活动和流程。相关的灾难备份则指为了灾难恢复而对数据、数据处理系统、网络系统、基础设施、业务和技术等相关人员进行备份的措施。

灾难备份的目的是确保关键业务持续运行及减少非计划宕机时间。灾难备份与灾难恢复包括数据备份和灾难恢复，是指在发生灾难事故时，能够利用已备份的数据，及时对原系统进行恢复，以保证数据的安全和业务的连续。灾难备份与灾难恢复密不可分，灾难备份是灾难恢复的前提和基础，而灾难恢复是灾难备份的具体应用。灾难恢复的目标和计划决定了所需要采取的灾难备份策略。

2．灾难备份与灾难恢复的类型

按照距离的远近，可以将信息系统灾难备份（可简称灾备）与灾难恢复分为同城灾备与异地灾备。同城灾备的生产中心与灾备中心的距离比较近，比较容易实现数据的同步镜像，保证高度的数据完整性和数据零丢失。同城灾备一般用于防范火灾、建筑物破坏、供电故障、计算机系统及人为破坏引起的灾难。异地灾备主备中心之间的距离较远（一般在100km以上），因此一般采用异步镜像，会有少量的数据丢失。异地灾备不仅可以防范火灾、建筑物破坏等可能遇到的风险隐患，还能够防范战争、地震、水灾等风险。由于同城灾备和异地灾备各有所长，为达到最理想的防灾效果，像银行这样的金融系统，可考虑采用同城和异地各建立一个灾备中心的方式。

按照所保障的内容可以分为数据级容灾和应用级容灾（灾难备份与恢复系统也称为容灾系统）。数据级容灾系统需要保证用户数据的完整、可靠和安全，提供实时服务的信息系统，用户的服务请求在灾难中会中断。应用级容灾系统却能提供不间断的应用服务，让客户的服务请求能够透明（客户对灾难的发生毫无觉察）地继续运行，保证信息系统提供的服务完整、可靠、安全。因此，金融行业应在数据容灾的基础上构建应用级容灾系统，保证业务系统的不间断运行，为用户提供更好的服务。

3．制订灾难恢复计划的主要观点

灾难恢复计划是指通过保护和恢复来确保业务连贯性的流程，下面是关于这个流程的主要观点：

（1）灾难恢复计划的目的在于当灾难发生后确保业务的运转，信息系统部门和职能经理均需参与制订该计划，应针对每一项职能制订有效的恢复计划。

（2）制订灾难恢复计划是资产保护的一部分，各级管理人员对其职责范围内的资产进行保护。

（3）灾难恢复计划的制订首先应关注在全部功能丧失的情况下如何进行恢复。

（4）对能力进行检验通常会涉及几种假设分析，分析的结果将表明当前应采纳何种恢复计划。

（5）灾难恢复计划中必须标明所有的关键应用及其恢复规程。

（6）灾难恢复计划应是书面的，从而使其能够在发生灾难时具有效力，而不仅仅是为了满足审计人员的要求。

（7）灾难恢复计划应放置在安全的地点；应向所有关键的管理人员发放副本，或者将其放置在局域网上；应定期对计划进行审定。

（8）制订灾难恢复计划的过程可能是非常复杂的，需要数月时间才能完成，使用专用的软件可以提高计划制订工作的效率。

建议在制订灾难恢复计划时按照最坏的情况，针对各种可能发生的灾难（如系统故障、黑客攻击、恐怖袭击等）进行测试，并就业务中断可能对技术、信息和人员构成的影响进行分析，找出灾难恢复计划可能存在的缺陷，包括不全面（可能没有覆盖所有方面）、不充分或效力不足（无法提供补救）、不显示（如没有足够的时间和金钱）、过于细致（浪费时间和成本）、未进行沟通、缺乏明确的流程（没有明确的规定，步骤不清）、未经测试（可能看起来不错，但是实际效果不佳）、未经协调（不是由团队共同制定的，或者没有经过有效的协调）、过时（不适应当前状况）、缺乏关于恢复的思考（没有人进行过认真细致的思考）。

4．灾难恢复策略的制定

灾难恢复策略一般围绕支持灾难恢复各个等级所需的七个资源要素进行描述，组织应根据灾难恢复目标，按照成本风险平衡原则，确定这些资源要素的获取方式及要求，如表6-6所示。

表6-6　灾难恢复策略中资源要素的获取方式及要求

资源要素	说　明	获取方式选择	资源功能要求
数据备份系统	一般由数据备份的硬件、软件和数据备份介质组成，如果是依靠电子传输的数据备份系统，还包括数据备份线路和相应的通信设备	自建或租用	数据备份的范围； 数据备份的时间间隔； 数据备份的技术及介质； 数据备份线路的速率及相关通信设备的规格和要求
备用数据处理系统	备用的计算机、外围设备和软件	事先与厂商签订紧急供货协议； 事先购买所需的数据处理设备并存放在灾难备份中心或安全的设备仓库； 利用商业化灾难备份中心或签有互惠协议的机构已有的兼容设备	确定备用数据处理系统： 数据处理能力； 与主系统的兼容性要求； 平时处于就绪还是运行状态
备用网络系统	最终用户用来访问备用数据处理系统的网络，包含备用网络通信设备和备用数据通信线路	备用数据通信线路可使用自有数据通信线路或租用公用数据通信线路	确定网络通信设备的功能和容量，保证灾难恢复时，最终用户能以一定速率连接到备用数据处理系统
备用基础设施	灾难恢复所需的、支持灾难备份系统运行的建筑、设备和组织，包括介质的场外存放场所、备用的机房及灾难恢复工作辅助设施，以及容许灾难恢复人员连续停留的生活设施	由组织所有或运行； 多方共建或通过互惠协议获取； 租用商业化灾难备份中心的基础设施	与主中心的距离要求； 场地和环境（如面积、温度、湿度、防火、电力和工作时间等）要求； 运行维护和管理要求
专业技术支持能力	对灾难恢复系统的运转提供支撑和综合保障的能力，以实现灾难恢复系统的预期目标。包括硬件、系统软件和应用软件的问题分析和处理能力、网络系统安全运行管理能力、沟通协调能力等	灾难备份中心设置专职技术支持人员； 与厂商签订技术支持或服务合同； 由主中心技术支持人员兼任； 对恢复时间目标较短的关键业务功能，应考虑灾难发生时交通和通信的不正常，造成技术支持人员无法提供有效支持的情况	组织应根据灾难恢复目标，按照成本风险平衡原则，确定灾难备份中心在软件、硬件和网络等方面的技术支持要求，包括技术支持的组织架构、各类技术支持人员的数量和素质等要求

续表

资源要素	说　　明	获取方式选择	资源功能要求
运行维护管理能力	包括运行环境管理、系统管理、安全管理和变更管理等	自行运行和维护； 委托其他机构运行和维护	组织应根据灾难恢复目标，按照成本风险平衡原则，确定灾难备份中心运行维护管理要求，包括运行维护管理组织架构、人员的数量和素质、运行维护管理制度等要求
灾难恢复预案		由组织独立完成； 聘请具有相应资质的外部专家指导完成； 委托具有相应资质的外部机构完成	整体要求； 制定过程的要求； 教育、培训和演练要求； 管理要求

5．灾难备份与灾难恢复系统的衡量指标

灾难备份的主要技术指标有恢复点目标（Recovery Point Object，RPO）和恢复时间目标（Recovery Time Object，RTO）。其中，RPO 代表灾难发生时丢失的数据量，为尽可能减少数据丢失，需要建立一个远程的数据存储系统，并与生产系统进行数据的镜像备份。RTO 代表系统恢复的时间，为减少系统恢复的时间，需要在数据容灾的基础上，在灾备中心建立一套完整的与生产系统匹配的备份应用系统。在灾难发生时，灾难备份中心可以迅速接管业务运行，不仅最大限度地降低数据丢失，还最大限度地减少系统恢复时间，提高业务系统的连续可用性。

但是用这两个指标还不能完全反映业务连续性的好坏，于是又有人提出另外两个辅助指标：恢复可靠性指标（Recovery Reliability Object，RRO）与恢复完整性指标（Recovery Integrity Object，RIO）。RRO 是指在系统切换或恢复过程中成功的可靠性。如果一个业务连续性系统在 10 次恢复/切换中会有两次失败，则其可靠性只有 80%。虽然成功的恢复/切换可能在几秒内就完成，但不成功的恢复/切换可能需要数小时甚至数天才能修复数据。因此，RTO 和 RRO 结合起来才能衡量业务连续性的控制能力。RIO 是指当系统因为逻辑因素出现脱机或数据丢失时，即使系统恢复到最新的时间点，系统仍可能处于逻辑上不正确或不完整的状态。因此，单独的 RPO 不能有效衡量业务连续性系统对数据丢失的防范能力。考虑到逻辑因素对业务连续性的巨大影响，引入 RIO 指标。RIO 能够反映系统恢复到某个正确、完整的逻辑状态的能力，这对评估业务连续性系统的水平非常重要。

6．灾难备份与灾难恢复的等级

按照国际标准，根据数据中心对灾难恢复 RPO 与 RTO 要求的不同，信息系统灾难备份与灾难恢复分为七个等级，如表 6-7 所示。

表 6-7 信息系统灾难备份与灾难恢复等级标准

等 级	描 述	恢复点目标	恢复时间目标	企业应用比率
0	没有灾难恢复计划	—	—	<0.3%
1	用交通工具将备份磁带放在异地	24～48 小时	>48 小时	<0.1%
2	磁带异地传输及冷备份灾备中心	24～48 小时	24 小时	90%
3	电子传输数据及冷备份灾备中心	<24 小时	<24 小时	6%
4	热备份的灾备中心（主机+电子数据互传+网络）	秒级	>2 小时 <24 小时	<0.5%
5	少量数据丢失灾备中心（主机+数据及时更新+网络）	秒级	<2 小时	<0.1%
6	零数据丢失（主机+数据同步+可切换的网络）	无/秒级	<2 小时	3%

目前，大多数数据中心只达到 2～3 级备份，即在每天数据处理完成后，将数据磁带传输到异地保存，同时建立冷备份方式的数据中心。对于国家机关、金融部门等重要信息部门，数据中心的备份级别要求必须达到 4 级以上。一些特别重要的应用，在灾难发生时要保持业务的连续性，要求达到 6 级的标准，即建立无数据丢失、灾难发生时能够自动切换的数据中心，这也是未来容灾的发展方向。

7．数据灾难恢复的规范与标准

（1）国际标准：按国际标准 SHARE 78 分成七个容灾等级，第 0 级为本地冗余备份，第 1 级为数据介质转移，第 2 级为应用系统冷备，第 3 级为数据电子传送，第 4 级为应用系统温备，第 5 级为应用系统热备，第 6 级为数据零丢失。详见附录 A。

（2）国家标准：我国 2007 年开始实施 GB/T 20988—2007《信息安全技术信息系统灾难恢复规范》，对灾难恢复能力等级进行了规定，分为六个等级，第 1 级为基础支持，第 2 级为备用场地支持，第 3 级为电子传输和部分设备支持，第 4 级为电子传输和完整设备支持，第 5 级为数据实时传输和完整设备支持，第 6 级为零数据丢失和远程集群支持。每个等级对灾难恢复资源的各个要素进行了明确的规定。详见附录 B。

6.2.5 涉密信息系统安全管理

国家秘密信息是国家主权的重要内容，关系到国家的安全和利益，一旦泄露，必将直接危害国家的政治安全、经济安全、国防安全、科技安全和文化安全。没有国家秘密信息的安全，国家就会丧失信息主权和信息控制权，所以国家秘密信息的安全是国家信息安全保障体系中的重要组成部分。

1．涉密信息系统的级别划分

涉密信息系统分级保护的对象是所有涉及国家秘密的信息系统，重点是党政机关、军队和军工单位，由各级保密工作部门根据涉密信息系统的保护等级实施监督管理，确保系统和信息安全，确保国家秘密不被泄露。因为不同类别、不同层次的国家秘密信息，对于维护国家安全和利益具有不同的价值，所以应当合理平衡安全风险与成本，采取不同强度的保护措施，这就是分级保护的核心思想。

涉密信息系统安全分级保护根据其涉密信息系统处理信息的最高密级，可以划分为秘密级、机密级和机密级（增强）、绝密级三个等级。

1）秘密级

信息系统中包含有最高为秘密级的国家秘密，其防护水平不低于国家信息安全等级保护三级的要求，并且还必须符合分级保护的保密技术要求。

2）机密级和机密级（增强）

信息系统中包含有最高为机密级的国家秘密，其防护水平不低于国家信息安全等级保护四级的要求，还必须符合分级保护的保密技术要求。属于下列情况之一的机密级信息系统应选择机密级（增强）的要求。

（1）信息系统的使用单位为副省级以上的党政首脑机关，以及国防、外交、国家安全、军工等要害部门。

（2）信息系统中的机密级信息含量较高或数量较多。

（3）信息系统使用单位对信息系统的依赖程度较高。

3）绝密级

信息系统中包含有最高为绝密级的国家秘密，其防护水平不低于国家信息安全等级保护五级的要求，还必须符合分级保护的保密技术要求，绝密级信息系统应限定在封闭、安全可控的独立建筑内，不能与城域网或广域网连网。

2．涉密信息系统的管理要求

当前，包括云计算、3G 应用与移动网络、手机移动支付、RFID 技术应用与安全、面临破解挑战的某些国外商业密码技术、国家和公众对网络的安全与信息净化的要求等一系列信息化应用新概念、新技术、新应用、新问题相继出现，给信息安全产业不断提出新的挑战。其中，涉密信息系统的信息内容安全问题作为信息安全的重要组成部分，越来越受到各级政府、企事业单位信息安全管理部门的高度重视。信息化条件下的保密管理要做到“集中管控、终端不存、个人不留”，这已经成为涉密信息系统重要的安全保密标准之一。即要求建立在应用安全理念基础上，实现集中存储、集中计算、集中管理三个层次的安全，将数据及处理数据的应用集中部署于服务器端，实现应用程序集中处理秘密信息及敏感信息，处理后的数据保存在服务器端。用户终端通过网络隔离与访问控制设备和服务器端隔离，通过虚拟技术访问应用及数据，秘密信息的存储和计算均在服务器端进行，终端没有秘密信息。

3．涉密信息系统分级保护的管理过程

涉密信息系统分级保护的管理过程分为如下八个阶段：

（1）系统定级阶段。

（2）安全规划方案设计阶段。

（3）安全工程实施阶段。

（4）信息系统测评阶段。

（5）系统审批阶段。

（6）安全运行及维护阶段。

（7）定期评测与检查阶段。

（8）系统隐退终止阶段等。

在实际工作中，涉密信息系统的定级、安全规划方案设计的实施与调整、安全运行及维护三个阶段，尤其要引起重视。

涉密信息系统要按照分级保护的标准，结合涉密信息系统应用的实际情况进行方案设计。设计时要逐项进行安全风险分析，并根据安全风险分析的结果，对部分保护要求进行适当的调整和改造，调整应以不降低涉密信息系统整体安全保护强度，确保国家秘密安全为原则。当保护要求不能满足实际安全需求时，应适当选择采用部分较高的保护要求；当保护要求明显高于实际安全需求时，可适当选择采用部分较低的保护要求。对于安全策略的调整及改造方案进行论证，综合考虑修改项和其他保护要求之间的相关性，综合分析，改造方案的实施及后续测评要按照国家的标准执行，并且要求文档化。在设计完成之后要进行方案论证，由建设使用单位组织有关专家和部门进行方案设计论证，确定总体方案达到分级保护技术的要求后再开始实施；在工程建设实施过程中注意工程监理；建设完成之后应该进行审批；审批前由国家保密局授权的涉密信息系统测评机构进行系统测评，确定在技术层面是否达到了涉密信息系统分级保护的要求。

4．涉密信息系统安全运行的隐患与防范

运行及维护过程的不可控性及随意性，往往是涉密信息系统安全运行的重大隐患。必须通过运行管理和控制、变更管理和控制，对安全状态进行监控，对发生的安全事件及时响应，在流程上对系统的运行维护进行规范，从而确保涉密信息系统正常运行。通过安全检查和持续改进，不断跟踪涉密信息系统的变化，并依据变化进行调整，确保涉密信息系统满足相应分级的安全要求，并处于良好安全状态。由于运行维护的规范化能够大幅提高系统运行及维护的安全级别，所以在运行维护中应尽可能地实现流程固化、操作自动化，减少人员参与带来的风险。还需要注意的是，在安全运行及维护中保持系统安全策略的准确性及与安全目标的一致性，使安全策略作为安全运行的驱动力及重要的制约规则，从而保持整个涉密信息系统能够按照既定的安全策略运行。在安全运行及维护阶段，当局部调整等原因导致安全措施变化时，如果不影响系统的安全分级，应从安全运行及维护阶段进入安全工程实施阶段，重新调整和实施安全措施，确保满足分级保护的要求；当系统发生重大变更影响系统的安全分级时，应从安全运行及维护阶段进入系统定级阶段，重新开始一次分级保护实施过程。

6.3　信息系统安全运维内容

6.3.1　硬件安全运维

信息系统硬件是信息系统运行的物质基础，在使用信息系统时首先要注意做好硬件的安全防护。

1．硬件安全运行的概念

硬件安全运行的含义是保护支撑信息系统业务活动的信息系统硬件资产免遭自然灾

害、人为因素及各种计算机犯罪行为导致的破坏。硬件安全通常包括环境安全、设备安全和介质安全。

1）环境安全

环境安全主要指信息系统核心设备的运行环境安全，安全要素包括机房场地选择、机房屏蔽、防火、防水、防雷、防鼠、防盗、防毁、供配电系统、空调系统、综合布线、区域防护等方面。组织应根据信息系统自身特点建立一个或多个专用机房，在机房中存放信息软件应用系统的服务器设备、网络设备、存储设备等相关硬件。

2）设备安全

设备主要包括系统数据库服务器、系统应用服务器、系统前置机服务器、磁盘阵列、磁带库、网络防火墙、网络交换机等。设备安全指保障设备正常运行，免受威胁。安全要素包括设备的标志和标记、防止电磁信息泄露、抗电磁干扰、电源保护，以及设备振动、碰撞、冲击适应性等方面。对于设计有冗余电源的设备，应当在购置设备时配置 $N+1$ 个冗余电源，降低设备因单电源失效引起的宕机事故的概率。同时，系统管理人员要定期对信息系统的所有硬件设备进行运行巡检，检查并记录设备有无运行异常及告警信息，巡检过程中要由专人负责。

3）介质安全

介质安全包括介质自身安全及介质数据的安全。

2．硬件安全运行的影响因素

硬件安全运行的影响因素主要有：

（1）自然及不可抗因素。

（2）人为的无意失误。例如，操作员安全配置不当造成的安全漏洞，用户安全意识不强等都会给网络安全带来威胁。

（3）人为的恶意攻击。这是网络环境下所面临的最大威胁，会造成极大的危害，并导致设备瘫痪。

（4）缺乏完整可靠的安全防线。即安全措施不完善，如硬件防火墙控制不到位。硬件防火墙是保障内部网络安全的一道重要屏障，它是一种建立在网络之间的互连设备。通过把防火墙程序做到芯片里面，由硬件执行这些功能，能减少 CPU 的负担，使路由更稳定，防止外部网络用户以非法手段进入内部网络访问或获取内部资源，过滤危险因素。

3．硬件安全运行的措施

为保障环境安全、设备安全和介质安全，一般采取的措施如下。

1）环境安全

应按照 GB 50174—2008《电子信息系统机房设计规范》的要求，保证提供符合网络设备运行要求的场地封闭、防火、防盗、防静电、通风、温湿度控制，以及 UPS 供电等的物理环境。重点保证中心机房的安全，涉及机房场地的选择、机房内部安全防护措施、建筑材料防火安全措施、机房供配电安全措施、机房防水与防潮安全措施、机房温度控制、机房防静电安全措施、机房接地与防雷击安全措施和机房电磁防护措施。

（1）机房场地设计。按一般建筑物的要求进行机房场地选择，避开易发生火灾和危险程度高的油库等地区，避开尘埃、有毒气体、腐蚀性气体、盐雾腐蚀等环境污染的区域；避开低洼、潮湿及落雷区域；避开强振动源和强噪声源区域；避开强电场和强磁场区域；避开有地震、水灾危害的区域；避免在建筑物的高层及用水设备的下层或隔壁。机房应只设一个常规出入口，并设置门禁系统；另设若干紧急疏散出口。

（2）建筑材料防火安全措施，包括机房和重要记录介质存放间，其建筑材料的耐火等级应符合 GB J45—1982 中规定的二级耐火等级；机房相关的其余基本工作房间和辅助房，其建筑材料的耐火等级应不低于 TJ 16—1974 中规定的二级耐火等级；设置火灾自动报警系统，包括火灾自动探测器、区域报警器、集中报警器和控制器等，能对火灾发生的部位以声、光或电的形式发出报警信号，并启动自动灭火设备，切断电源，关闭空调设备等。

（3）机房供配电、温度安全措施，将计算机系统供电与其他供电分开，并配备应急照明装置；配置抵抗电压不足的改进设备，如基本 UPS、改进 UPS、多级 UPS；建立备用的供电系统，以备常用供电系统停电时启用，完成对运行系统必要的保留；采用线路稳压器，设置电源保护装置，以防止/减少电源发生故障。机房应配置有较完备的中央空调系统，保证机房温度的变化在计算机系统运行所允许的范围内。

（4）机房防水、防潮、防静电、防雷击安全措施。水管安装应采取可靠的密封措施；采取一定措施，防止雨水通过屋顶和墙壁渗透、室内水蒸气结露及地下积水的转移和渗透。安装对水敏感的检测仪表或元件，对机房进行防水检测，发现水害，及时报警。为计算机系统配置合理的防静电接地与屏蔽系统；控制机房温/湿度，使其保持在不易产生静电的范围内；机房地板从表面到接地系统的阻值，应在不易产生静电的范围；机房中使用的各种家具，工作台、柜等，应选择产生静电小的材料，包括采用接地的方法，防止外界电磁和设备寄生耦合对计算机系统的干扰。

（5）机房电磁防护措施。采用屏蔽方法，减少外部电气设备对计算机系统的瞬间干扰；采用距离防护的方法，将计算机机房的位置选在外界电磁干扰小的地方和远离可能接收辐射信号的地方；采用必要措施，防止计算机设备产生的电磁泄漏发射造成信息泄露。

2）设备安全

为保证设备安全，应按照 GA/T 681—2007《网关安全技术要求》、GA/T 682—2007《路由器安全技术要求》、GA/T 683—2007《防火墙安全技术要求》、GA/T 684—2007《交换机安全技术要求》等提供设备的防盗和防毁、防止电磁信息泄露、防止线路截获、抗电磁干扰及电源保护等措施。

（1）设备的防盗和防毁安全措施。计算机系统的设备和部件应有明显的无法除去的标记，以防更换和方便查找；计算中心应利用光、电、无源红外等技术设置机房报警系统，有专人值守，并具有防夜间从门窗进入的装置；机房外部的设备应采取加固防护等措施，必要时安排专人看管，以防止盗窃和破坏。

（2）设备安全的可用措施。信息系统的所有设备应提供基本的运行支持，并有必要的容错和故障恢复能力，使系统即使一部分发生故障，整个系统仍然能够运行。包括磁盘阵列技术和硬盘镜像技术，通过网络设置双服务器、双电源，无论主服务器何时出现问题，从服务器都可替代主服务器，保证系统在出现故障时能够连续运行，而且替代过程是瞬间的，网络用户感觉不到。某些品牌的 PC 提供了内置的电池，能够在发生停电事故时自动启用。

（3）内外网隔离。许多信息系统都要求终端与互联网等外部网络物理隔离，但是有时却还需要上传部分信息至上级有关部门。对于这种情况，信息系统可以采用一台内网计算机、一台外网计算机，利用 KVM（Keyboard、Video、Mouse）切换器进行切换，在节约成本的同时更方便、安全。另外，网闸技术也是一个好的选择，作为连接两个独立网络系统的信息安全设备，网闸在任一时刻只与其中一个网络系统连接，可以从物理上隔离、阻断具有潜在攻击可能的一切连接，使信息系统不被入侵，从而实现真正的安全。

3）介质安全

为保证介质安全，需要根据对介质安全的不同要求实施安全防护措施，针对存放重要数据的各类记录介质，如纸介质、磁介质、半导体介质和光介质等，采取较严格的保护措施，防止被盗、被毁和受损；对应该删除和销毁的重要数据，要有有效的管理和审批手续，防止被非法复制，应配备门卫、值班管理员、电子监控设备等，限制对网络设备的物理接触，避免攻击者利用物理接触网络设备的机会，非法更换闪存，改变设备硬件开关，重置管理员口令或恢复出厂设置等。

【案例】 不安全的硬件

不要以为硬件设备没有生命、不可控，所以就安全。其实，计算机里的每一个部件都是可控的，如可编程控制芯片，如果掌握了控制芯片的程序，就控制了计算机芯片。只要能控制，那么它就是不安全的。比如，计算机 CPU 内部集成有运行系统的指令集，像 Intel、AMD 的 CPU 都具有内部指令集，如 MMX、SSE、3DNOW、SSE2、SSE3、AMD64、EM64T 等。这些指令代码都是保密的，我们并不知道它的安全性如何。据有关资料透露，国外针对中国所用的 CPU 可能集成有陷阱指令、病毒指令，并设有激活办法和无线接收指令机构。它们可以利用无线代码激活 CPU 内部指令，造成计算机内部信息外泄、计算机系统灾难性崩溃。如果这是真的，那我们的计算机系统在战争时期就有可能会被全面攻击。

还有一些其他芯片，比如在使用现代化武器的战争中，一个国家可能通过给敌对国提供武器的武器制造商，将带有自毁程序的芯片植入敌国的武器装备系统内，也可以将装有木马或逻辑炸弹的程序预先置入敌方计算机系统中。需要时，只需激活预置的自毁程序或病毒、逻辑炸弹就可使敌方武器失效、自毁或失去攻击力，或使敌国计算机系统瘫痪。

在海湾战争爆发前，美国情报部门获悉，伊拉克从法国购买了一种用于防空系统的新型电脑打印机，正准备通过约旦首都安曼偷偷运到伊拉克首都巴格达。美国在安曼的特工人员立即行动，偷偷把一套带有病毒的同类芯片换装到了这种电脑打印机内，从而顺利地通过电脑打印机将病毒侵入了伊拉克军事指挥中心的主机。据称，该芯片是美国马里兰州米德堡国家安全局设计的。当美国领导的多国部队空袭伊拉克发动“沙漠风暴”

时，美军就用无线遥控装置激活了隐藏的病毒，致使伊拉克的防空系统陷入瘫痪。美国的官员曾说："我们的努力没有白费，我们的计算机程序达到了预期目的。"

6.3.2　软件安全运维

信息系统的正常运作依赖于信息系统软件的正确运行，但影响软件安全运行的因素很多，有的针对操作系统，有的针对信息系统软件。如果软件的安全问题不能得到良好和妥善的解决，信息系统建设必将失败。

1. 软件安全运行的概念

软件包括基础软件和信息系统软件，前者包含操作系统、数据库系统、中间件等，后者包括 ERP 软件、SCM 软件、CRM 软件、OA 软件等。

传统网络面临越来越多的攻击，信息系统安全问题日益严重，信息系统软件的安全性问题日益突出。根据 Gartner 公司的调查研究，有近 75%的攻击发生在公司的应用层软件。由于软件程序的复杂性和多样性，在网络信息系统的软件中很容易有意或无意地留下一些不易被发现的漏洞。软件漏洞显然会影响网络信息的安全与保密。GB 17859—1999《计算机信息系统安全保护等级划分准则》作为国家信息安全等级保护管理规定系列标准的基础性标准，把计算机信息系统安全保护能力划分为五个等级，如表 6-8 所示。

表 6-8　计算机信息系统安全保护能力等级

等　级	说　明
第一级	用户自主保护级
第二级	系统审计保护级
第三级	安全标记保护级
第四级	结构化保护级
第五级	访问验证保护级

据调查，目前几乎所有的 ERP 软件都能够达到该标准规定的第一级安全标准，部分 ERP 软件能够达到第二级安全标准，但极少能够完全达到第三级安全标准。这些软件对系统的安全性保护往往是通过用户口令规则、用户级别划分规则、操作权限规则等方法进行控制的，从而实现系统的自主访问控制、身份鉴别和数据完整性控制三个方面信息安全的要求。

2. 软件安全运行的影响因素

影响软件安全运行的因素归纳起来，常见的主要有两种，第一种是针对操作系统的安全漏洞实施的攻击，第二种是针对基于 Web 的信息系统软件的攻击。

1）操作系统的安全漏洞

操作系统的安全漏洞主要有以下五种。

（1）输入/输出（I/O）非法访问。在某些操作系统中，一旦 I/O 操作被检查通过之后，该操作系统就继续执行下去而不再检查，从而造成后续操作系统的非法访问。某些操作系统使用公共的系统缓冲区，任何用户都可以搜索这个缓冲区。如果此缓冲区没有严格的安全措施，那么其中的机密信息（用户的认证数据、身份识别号、口令等）就有可能被泄露。

（2）访问控制的混乱。安全访问强调隔离和保护措施，但是资源共享则要求公开和开放，这是一对矛盾。如果在设计操作系统时没有能够处理好这两者之间的关系，就会出现因为界限不清造成的操作系统安全问题。

（3）不完全的中介。完全的中介必须检查每次访问请求已进行适当的审批；相对而言，不完全的中介是指某些操作系统省略了必要的安全保护，比如，仅检查一次访问或没有全面实施保护机制。

（4）操作系统后门。所谓后门是一个程序模块秘密的、未记入文档的入口。设置后门的初衷是测试这个模块，或是为了连接将来的更改和升级程序，或是为了将来发生故障后为程序员提供方便等合法用途。通常在程序开发后期会去掉这些后门，但是由于各种有意或无意的原因，后门也可能被保留下来。后门一旦被心怀叵测的人利用，将会带来严重的安全后果。比如，利用后门在程序中建立隐蔽通道，甚至植入一些隐蔽的病毒程序等。利用后门可以使原来相互隔离的网络信息形成某种隐蔽的关联，进而可以非法访问网络，达到窃取、更改、伪造和破坏的目的，甚至有可能造成网络信息系统的大面积瘫痪。常见的后门有逻辑炸弹、遥控旁路、远程维护、非法通信和贪婪程序。

（5）操作系统型病毒。这种病毒会用它自己的程序加入操作系统或取代部分操作系统进行工作，具有很强的破坏力，会导致整个系统瘫痪。而且由于感染了操作系统，这种病毒在运行时，会用自己的程序片段取代操作系统的合法程序模块，对操作系统进行破坏。同时，这种病毒对系统中文件的感染性也很强。

2）基于 Web 的信息系统软件攻击

针对 Web 环境应用系统软件攻击的常见方法和技术主要有：精心修改 Cookie 数据并进行用户假冒；攻击者利用不安全的证书和身份来逃避管理；在动态网页的输入中使用各种非法数据，获取服务器敏感信息；攻击者利用超出缓冲区大小的请求和构造的二进制代码让服务器执行溢出堆栈中的恶意指令；强制访问未授权的网页；对网页中的隐藏变量进行修改，欺骗服务器程序；构造大量的非法请求，使 Web 服务器不能进行正常用户的访问；提交非法脚本，趁其他用户浏览时盗取其账号等信息；SQL 注入，即构造 SQL 代码让服务器执行，获取敏感信息，并获得相应的权限，Web 网页上的用户名表单往往是这类攻击的入口；由于输入检验不严，以及在错误的代码层中编码，使攻击者可以对数据库进行查询、删除和修改等操作，在特定的情况下，甚至还可以执行系统指令。

3）主要攻击方式

实施上述针对操作系统和基于 Web 的信息系统软件的攻击时，攻击者经常采用欺骗的方式，包括 IP 欺骗、ARP（Address Resolution Protocol，地址解析协议）欺骗、DNS（Domain Name System，域名服务系统）欺骗、Web 欺骗、电子邮件欺骗、源路由欺骗（通过指定路由，以假冒身份与其他主机进行合法通信或发送假报文，使受攻击主机出现错误动作）、地址欺骗（包括伪造源地址和伪造中间站点）等。攻击的方式归纳起来基本上分为两种：数据篡改和编程攻击。

（1）数据篡改（Data Tampering）：是最常见的攻击手段，向计算机中输入错误的、欺骗性的数据，或者删除、更改现有的数据。这种方法常为内部人员使用。

（2）编程攻击（Program Attack）：是计算机犯罪常用的一种攻击手段，即利用编程技巧直接或间接地修改计算机程序。要实施这种犯罪行为，拥有编程技能和了解目标系统是最基本的条件。编程攻击可以细分为多种方法，如表 6-9 所示，某些方法是专为攻击基于 Web 的信息系统软件而设计的。其中，病毒攻击方法的使用频率最高，拒绝服务攻击对计算机网络的影响最广泛。此外，病毒、内部人员滥用互联网访问、内部人员未授权访问、盗窃笔记本电脑、拒绝服务攻击、系统渗透、破坏和盗窃专有信息是使用最为频繁的攻击方法。

表 6-9　编程攻击的方法

方　法	定　义
病毒	插入正常程序（或数据）中的秘密指令，这些秘密指令可以毁坏或修改数据，并可以在计算机系统内部或不同的系统之间传播
蠕虫	可以自我复制并渗透到计算机系统中的程序，可以在网络中传播，渗透到所有联网的计算机中
特洛伊木马	包含在其他程序中的一种非法程序，在特定时间发生前一直保持“沉睡”，被激活后会触发非法程序并造成损失
香肠切片	从大量交易中一次次抽取小额资金的程序，每次的损失数额很小，不足以引起人们的注意
超级压制	使用专门设计的“跳出”程序来绕开控制机制并对程序或数据进行修改的方法
陷阱门	一种可攻入代码程序并向其中插入附加指令的方法
逻辑炸弹	用于触发延迟性恶意行为的指令
拒绝服务	发出大量服务请求，导致网站瘫痪
嗅探器	用于截取通过互联网传输的数据包中的口令或内容的程序
伪装欺骗	伪造电子邮件地址或网页，诱骗用户提供信息或汇款
口令破解	猜解口令密码（成功率很高）
战争拨号器	一种可以自动拨打数千个电话号码的程序，用于找到一个合法授权的调制解调器建立连接，并利用此连接突破进入数据库和系统
后门	系统的入侵者设置多个登入点，即使有一个被发现和关闭，他们仍可进入系统
恶意小程序	滥用计算机资源、修改文件或发送虚假电子邮件的小型 Java 程序
数据包监测	通常被认为是一根窃听电话线在计算机网络中的等价物
ARP 攻击	通过目标设备的 IP 地址，查询目标设备的 MAC（Media Access Control）地址，以保证通信的进行

3. 软件安全运行的措施

为保证软件的安全运行，必须建立安全的操作系统，在保证服务器上的操作系统软件、防病毒软件和防火墙软件安全的同时，还要保障信息系统软件安全，关注 Web 应用系统的上传漏洞和 SQL 注入防范，并结合使用相应的 Web 应用系统漏洞检测技术、防火墙技术和入侵检测技术。

1）操作系统的安全

为了建立安全的操作系统，首先，必须构造操作系统的安全模型（单级安全模型、多级安全模型、系统流模型等）和实施方法；其次，应该采用诸如隔离、核化（最小特权等）和环结构（开放设计和完全中介）等安全科学的操作系统设计方法；最后，还需要建立和完善操作系统的评估标准、评价方法和测试质量。对付操作系统中常见后门的方法可归纳为：

（1）加强程序开发阶段的安全控制，防止有意破坏并改善软件的可靠性。比如，采用先进的软件工程进行对等检查、模块结构、封装和信息隐藏、独立测试和程序正确性证明及配置管理等。

（2）在程序的使用过程中实行科学的安全控制。比如，利用信息分割限制恶意程序和病毒的扩散；利用审计日志跟踪入侵者和事故状态，促进程序间信息的安全共享。

（3）制定规范的软件开发标准，加强管理，对相关人员的职责进行有效监督，改善软件的可用性和可维护性。

2）服务器上的操作系统软件、防病毒软件和防火墙软件的安全

信息系统软件都要依托于服务器设备。为保证安装在服务器上的操作系统软件、防病毒软件和防火墙软件的安全，必须做到以下四点。

（1）根据应用软件的需求和服务器硬件架构选择安装合适的操作系统，服务器操作系统软件应当定期更新操作系统的安全升级补丁。

（2）服务器应当安装防病毒软件，系统管理人员要定期更新防病毒软件补丁和病毒特征库。系统管理人员要为防病毒软件定制自动病毒扫描策略，定期检查策略的执行情况。

据国际计算机安全协会的统计，病毒的数量正在以每年 30%的速度增加。组织如何保护自己免受病毒攻击已经成为一个紧迫的问题。最常见的解决方案是使用反病毒软件，但是反病毒软件只有在新病毒发起攻击之后，才能了解病毒的属性并提供保护机制，所以很难对新病毒的第一次攻击加以防范。常用防范病毒的策略如表 6-10 所示。

表 6-10　常用防范病毒的策略

病毒的进入途径	策　略
病毒穿过防火墙且未被检测到（来自互联网）	用户在使用任何从网络上下载的程序和文档之前，必须进行扫描
病毒可能位于网络服务器上，所有用户都面临危险	每天进行病毒扫描；进行充分的数据备份；保留审计记录
软盘受病毒感染，本地服务器系统面临风险；共享的或放置在服务器上的文件可能传播病毒	使用反病毒软件在本地扫描软盘
移动或远程用户交换或更新大量数据，发生感染的风险较大	在上传文件之前和下载文件之后对文件进行扫描；频繁进行备份
已经检测到病毒	使用干净的启动盘或恢复盘

防范病毒的最佳方法是制订完善的计划。为将病毒带来的危害降到最小，可采取下列防范措施：安装优秀的反病毒软件；至少每周对硬盘进行一次病毒扫描；对 U 盘进行写保护，并在使用之前进行扫描；对程序磁盘进行写保护；完整和频繁地备份数据；不要信任外部 PC；在建立关联和同步文档之前进行病毒扫描；制定反病毒策略；在发生病毒攻击的情况下明确风险领域，包括直接损失（包括还原系统所需的时间等）、因系统停机而损失客户与供应商、因组织对外传播病毒（一般都是由于员工的疏忽造成的）而损

害了第三方等。

针对病毒防范还可以采用下列管理措施，主要包括：为员工制定严格的处理电子邮件的相关规章制度，使用电子邮件服务对接收到的电子邮件进行扫描；使用互联网服务提供商来提供病毒检测和控制服务，通过这种方式，可以使用最新的技术，使内部人员无法实施犯罪，并可以将风险转嫁给服务提供商；在合同中注明相应条款，避免客户/供应商因你的系统受到攻击而蒙受损失，进而提起法律诉讼（“不可抗力”条款）；指导员工对发送给业务合作伙伴的电子邮件进行扫描。

（3）服务器应当安装防火墙软件，系统管理人员要定期为防火墙软件更新补丁。系统管理人员要为防火墙软件配置出入操作系统的防火墙安全防护策略，阻止可疑的不安全访问。

（4）系统管理人员要定期对服务器操作系统进行安全检查（建议每周一次），并出具书面检查报告。

3）信息系统软件的安全

为保障信息系统软件的安全，应做到以下四点：

（1）因劣质软件而产生安全问题时，从组织上来说，是管理规范出了问题。最理想的情况下软件安全是组织成员共同的责任，较现实的解决方案是将责任和义务交给特定的小组。需要两种类型的人员来组成软件安全小组：进行“黑帽子”思维的人员和进行“白帽子”思维的人员。如果幸运的话，能找到能够换“帽子”（摘掉一顶“帽子”，换上另一顶“帽子”）进行思维的人员。但是，更有可能的是，有一些很好的建设类型的人（他们本性上偏向“白帽子”一方）和一些狡猾的破坏类型的人（他们本性上偏向“黑帽子”一方）。但是，信息系统软件的运维同时需要他们，因为接触点需要这两种类型的人员。

（2）为了成功实施信息系统软件安全计划，可以雇用外部的咨询人员来帮助建立一个小组，但由于软件安全人员所具备的广泛的经验和知识非常宝贵，这种人员也极为少见，所以雇用成本很高。

（3）对于大型信息系统软件安全的运维，可以找到对操纵信息系统软件最熟悉的人员，投资培养其成为软件安全员，让其负责软件安全。

（4）应用系统服务器安装了信息系统软件，是应用系统的业务处理平台，是用户读取和写入数据的桥梁。应用服务器密码要由专人负责持有，不得转让他人，密码要符合复杂性要求且定期修改。

4）Web应用系统上传漏洞和SQL注入防范

Web应用系统的主要防范技术包括防范上传漏洞和SQL注入防范。

（1）防范上传漏洞。文件上传漏洞在多个开源Web系统中存在，具有普遍性。由于漏洞形成的原因在于未对用户输入的数据进行严格检查，因此，可以采取如下解决办法：服务器端路径参数应尽可能地使用常量，而不是变量，即将文件路径改为常量，而不是通过客户端提交的数据，这样有助于防范文件上传漏洞；对于用户提交的数据，应该进行全面检查，如检查文件后缀名，不应该仅仅检查最后的四位；或者禁止用户定义文件名；加强操作系统的安全配置，限制某些可执行文件的执行权限。

（2）SQL 注入防范。要防止这类攻击，必须在软件开发程序代码上形成良好的编程规范和代码检测机制，仅仅靠勤打补丁和安装防火墙是不够的。

5）Web 应用系统漏洞检测技术

Web 应用系统漏洞检测工具采用的技术主要有以下四种。

（1）智能爬虫技术。指搜索引擎利用的一种技术，它可以从一个页面去跟踪所有的链接，到达其他页面。利用这种技术，可以遍历所有的网页，从而达到分析整个应用系统的目的。

（2）Web 应用系统软件安全漏洞检测技术。主要利用爬虫，对目标系统的架构进行分析，包括 Web 服务器基本信息、CGI（Common Gateway Interface）程序等，进而利用 Web 安全工具手段建立数据库，进行模式匹配分析，找出系统中可能存在的漏洞或问题。

（3）Web 系统应用软件安全漏洞验证技术。对发现的漏洞进行验证。

（4）代码审计。对 Web 应用软件代码进行检查，找出系统中可能存在的弱点。在理想的情况下，检测系统能够从有缺陷的代码行中找到安全漏洞，这种功能可能会像代码编辑功能一样成为开发工具的基本组件。为了提高代码安全性，一些厂商已经开始推出相应的开发工具，但这些工具的销售情况目前并不是太好，因为大多数这类工具不能提供完整的应用程序理解能力，而只能针对特定的模式进行操作。

6）防火墙技术

防火墙是放置在本地网络与外界网络之间的一道安全隔离防御系统，是为了防止外部网络用户未经授权的访问，用来阻挡外部不安全因素影响内部的网络屏障。它是一种计算机硬件和软件的结合，使 Internet 与 Intranet 之间建立起一个安全网关（Security Gateway）。防火墙主要由服务访问政策、验证工具、包过滤和应用网关四个部分组成。美国有 98%的公司使用防火墙实施访问控制策略。防火墙按照严格的准则来允许和阻止流量。所以，防火墙只有拥有清晰、具体的规则，才能够正确地设定哪些访问是允许的。一套信息系统中可以使用多个防火墙。防火墙的主要作用体现在以下几个方面：

（1）可以把未授权用户排除到受保护的网络外，禁止脆弱的服务进入或离开网络，过滤掉不安全服务和非法用户。

（2）防止各种 IP 盗用和路由攻击。

（3）防止入侵者接近防御设施。

（4）限定用户访问特殊站点。

（5）为监视 Internet 安全提供方便。随着对网络攻击技术的研究，越来越多的攻击行为已经或将被挡在防火墙之外。

防火墙可以用来存储公开信息，使无法进入公司网络的访问者也能够获得关于产品和服务的信息，以及下载文件和补丁等。但值得注意的是，虽然防火墙很有用，却无法阻止潜伏在互联网上的病毒，病毒可以隐藏在电子邮件的附件中逃过防火墙的过滤。

7）入侵检测技术

入侵检测技术是指对计算机和网络资源的恶意使用行为（包括系统外部的入侵和内部用户的非授权行为）进行识别和相应处理。为了保证计算机系统的安全而设计与配置的一种能够及时发现并报告系统中未授权或异常现象的技术，是一种用于检测计算机网络中违反安全策略行为的技术。许多政府机构（如美国能源部和美国海军）及大型公司（如花旗集团等）都采用了入侵检测技术。入侵检测技术也能够检测到其他情况，如是否遵守安全规程等。人们经常忽略安全机制（加利福尼亚一架大型航空公司每月发生 2 万～4 万次违规事件），但系统能够检测到这些违规行为，及时改正违规行为。

从检测方法上，可将检测系统分为基于行为和基于知识两种；从检测系统所分析的原始数据上，可分为来自系统日志和网络数据包两种，前者一般以系统日志、应用程序日志等作为数据源，用以监测系统上正在运行的进程是否合法，后者直接从网络中采集原始数据包，其网络引擎放置在需要保护的网段内，不占用网络资源，对所有本网段内的数据包进行信息收集并判断。通常采用的入侵检测手段有：

（1）监视、分析用户及系统活动。

（2）系统构造和弱点的审计。

（3）识别反映已知进攻的活动模式并向相关人士报警。

（4）异常行为模式的统计分析。

（5）评估重要系统和数据文件的完整性。

（6）操作系统的审计跟踪管理，并识别用户违反安全策略的行为。

6.3.3 数据安全运维

数据是体现组织核心竞争力的重要资源，它如果因自然、计算机系统故障或人为的因素而遭受破坏，将造成难以估量的损失，甚至是灭顶之灾。维护系统数据的正确性，防止系统外部对系统数据不合法的访问，保证系统数据在发生意外时能及时恢复，是确保信息系统安全的重要工作。

1. 数据安全的概念

数据安全是指保护数据不会被意外或故意地泄露给未经授权的人员，以及免遭未经授权的修改或破坏。数据安全是一个涉及计算机技术、网络技术、通信技术、加密技术、应用数学、信息论等多项技术的学科。数据安全是信息系统安全保障的核心问题之一，数据安全功能通过操作系统、安全访问控制措施、数据库/数据通信产品、备份/恢复程序、应用程序及外部控制程序来实现。

信息系统的建立把原先分散式的数据合并收拢，集中起来放在一个巨大无比的数据中心，信息系统授权用户可以访问这个数据中心，从而形成一个信息通畅、变化灵活的数字神经系统。例如，企业实施 ERP 系统后，以前按不同业务划分开的信息孤岛也被全面整合在以流程为中心的 ERP 中，企业生产经营活动产生的业务数据源源不断地流向企业的数据中心。在这个更充分和完整的数据仓库里，企业可以进行更多的数据挖掘和企业决策信息的智能分析，从而对市场的变化做出更敏捷、更有效的决策。数据的集中有利于降低成本，但遭遇危险的破坏性也在同步提高。另外，在云计算环境下，所有用户的数据都存放在云端，计算结果均通过网络回传至客户端，其数据安全问题还包括与云计算服务商之间做数据传输的安全、云计算服务商数据存储资源的安全，以及第三方认证机构实施数据审计的安全等。

数据安全必须反映以下两个基本原则：

（1）最低特权原则。用户只能获得执行任务所必需的信息，只知道他“应该知道的”。

（2）最少透露原则。用户在访问敏感信息后，即有责任保护这些信息，不向无关人员透露这些信息。

数据安全技术不仅包括以保持数据完整性为目的的数据加密、访问控制、备份等技术，也包括数据销毁和数据恢复技术。数据销毁是指采用各种技术手段来完全破坏存储介质中数据的完整性，避免非授权用户利用残留数据恢复原始数据信息，以达到保护数据的目的。而所谓数据恢复，是指把原本保留在存储介质上的数据重新复原的过程。

2．数据安全的影响因素

随着大中型关系数据库的广泛使用，以 C/S、B/S 和多层应用为主的信息系统架构的共同特征是：用户在终端机上直接或通过中间层的应用服务器来访问数据，而数据则集中存放在数据库中。利用这些信息系统固有的弱点和脆弱性，信息系统中具有重要价值的信息可以被不留痕迹地窃取。非法访问可以造成系统内信息受到侵害，存储介质失控，数据可访问性降低等。保护数据成为一项复杂且成本高昂的任务。

影响数据安全的因素主要有以下四点。

（1）物理环境的威胁

主要包括支持数据库系统的硬件环境发生故障；自然灾害引起的系统破坏；系统软硬件，如操作系统、网络系统、数据库系统及计算机等，可能存在的许多不可知因素，如系统的“后门”、未公开的超级用户等。

（2）病毒与非法访问的威胁

目前，通过网络对信息系统进行攻击的方法层出不穷，这使网络环境下的数据库及其所处的软件环境没有安全保障。同时，网络技术的发展与普及带来了计算机病毒的发展，从而使计算机病毒对系统的威胁日益严重。而非法访问的威胁主要指用户通过各种手段获取授权用户的口令等信息，假冒该用户身份获得对数据库的访问许可，从而可以对数据库进行任何该授权用户权限范围内的操作，对数据进行任意的读取、修改甚至删除。

（3）对数据库的错误使用与管理不到位

主要包括授权用户的失误，如错误地增加、删除或修改数据库中的数据，需要保密的敏感数据在输入数据库时已经泄露等；管理员由于自身能力或责任心问题不能很好地利用数据库的安全保护机制建立合理的安全策略，造成数据库安全管理的混乱；不能按时维护和审核数据库系统，从而不能发现系统受到的危害。

（4）数据库系统自身的安全缺陷

组织所使用的数据库绝大部分都是国外研制的，如 Oracle、Sybase 及 SQL Server 等，由于外国政府的种种限制，出口的数据库都只是符合可信计算机系统评估准则和可信数据库管理系统解释中的 C 类安全标准，其基本特征就是自主访问控制。自主访问控制允许用户将自己拥有的访问权限自主地转让给本来没有该访问权限的人，而系统无法对此进行控制。采用简单的基于用户口令的身份认证方式，用户信息通常以明文形式在网络中存储、传输，数据库系统存在自身的安全缺陷。

3. 数据安全的措施

为保证信息系统中数据的安全，需要通过一定的控制机制来预防事故性灾害，遏制故意的破坏，尽快检测到发生的问题，加强灾难恢复能力和对存在的问题进行修正。控制机制可以在系统开发阶段集成到硬件和软件中（这是效率最高的方法），也可以在系统开始运行时或进行维护期间添加到系统中。防御的重点是预防。下面从容灾与数据备份、身份认证和数据加密角度讨论数据安全措施。

1）容灾与数据备份

（1）容灾系统：业务处理连续能力最高的是容灾系统。一般在容灾系统中处于激活状态的系统通常由一个双机热备份系统构成，由于数据同时保存在两个物理距离相对较远的系统中，因此当一个系统由于意外灾难而停止工作时，另外一个系统会将工作接管过来。

（2）高可用群集系统：业务连续性处理比容灾系统低的是高可用群集系统。高可用群集系统是为了解决由于网络故障、应用程序错误、存储设备和服务器损坏等因素引起的系统停止服务问题。当越来越多的信息系统从庞大而昂贵的主机系统移植到开放系统上时，却面临开放系统服务器在安全性、工作连续性上的严重不足，为了解决这个问题，人们提出了高可用系统和群集系统。在一个高可用群集系统中，外置的磁盘阵列系统保证了在单个磁盘失效的情况下服务器依然可以访问数据，通过群集软件管理的多个服务器可以在其中任何一个服务器的软硬件故障的情况下将应用系统切换到另外一个服务器上。

（3）智能存储系统：智能存储系统不仅仅是一个外置阵列系统，它还具有很多独特的功能，在进行数据备份、数据采集、数据挖掘和灾难恢复时不会影响业务系统的连续性。一般智能存储系统可以独立于服务器完成对数据的高级管理，如数据的远程复制和同步复制等。

（4）备份系统：无论数据破坏出于何种原因，达到了何种严重程度，只要掌握灾难发生前的数据备份，就可以保证信息系统数据的安全。因此，数据备份及灾难恢复是信息安全的重要组成部分，应与网络建设同期实施。备份系统通常是一个软硬件集成在一起的系统，一般包括备份软件、备份客户机、备份服务器和自动磁带库四个部分，随着光纤通道技术在存储系统中的广泛应用，以及存储区域网（Storage Area Network，SAN）的出现，渐渐形成了 LAN 自由备份（LAN Free Backup）和无服务器备份（Server Free Backup）的备份方式。实施数据备份应做到以下三点：

① 系统管理人员要制定针对数据库、前置机服务平台、应用服务平台的详尽的备份策略。备份策略中应包含文件系统备份、数据库系统在线和离线数据备份、日志备份。应根据应用系统数据的重要程度和应用系统的工作负荷灵活制定数据备份的方式和频率。

② 系统管理员应定期检查备份策略执行日志，检查备份执行情况。

③ 所有备份数据的介质集中保存在异地，并由专人保管。

2）身份认证

身份认证的主要目标是检验身份，即确定合法用户的身份和权限，识别假冒他人身份的用户。认证系统可以与授权系统配合使用，在用户的身份通过认证后，根据其具有的授权来限制其操作行为。目前，常见的信息系统身份认证方式主要有入网访问控制和权限控制。

（1）入网访问控制。

入网访问控制为网络访问提供了第一层访问控制，限制未经授权的用户访问部分或整个信息系统。用户要访问信息系统，首先要获得授权，然后接受认证。对信息系统进行访问包含三个步骤：第一步，能够使用终端；第二步，访问进入系统；第三步，访问系统中的具体命令、交易、权限、程序和数据。目前，从市场上可以买到针对计算机、局域网、移动设备和拨号通信网的访问控制软件。访问控制规程要求为每个有效用户分配一个唯一的用户身份标识（UID），使用这个 UID 对要求访问信息系统用户的真实身份进行验证。可以使用数字证书，智能卡，硬件令牌、手机令牌，签名、语音、指纹及虹膜扫描等生物特征鉴别。

其中，数字证书就是互联网通信中标志通信各方身份信息的一系列数据，提供了一种在 Internet 上验证身份的方式，其作用类似于司机的驾驶执照或日常生活中的身份证。它是由一个权威机构——CA 机构，又称证书授权（Certificate Authority）中心发行的，人们可以在网上用它来识别对方的身份。数字证书有两种形式，即文件证书和移动证书 USBKEY。其中移动证书 USBKEY 是一种应用了智能芯片技术的数据加密和数字签名工具，其中存储了每个用户唯一、不可复制的数字证书，在安全性上更胜一筹，是现在电子政务和电子商务领域最流行的身份认证方式。其原理是通过 USB 接口与计算机相连，用户个人信息存放在存储芯片中，可由系统进行读/写，当需要对用户进行身份认证时，系统提请用户插入 USBKEY 并读出上面记录的信息，信息经加密处理送往认证服务器，在服务器端完成解密和认证工作，结果返回给用户所请求的应用服务。

生物特征鉴别通过自动验证用户的生理特征或行为特征来识别身份。多数生物学测定系统的工作原理是将一个人的某些特征与预存的资料（在模板中）进行对比，然后根据对比结果进行评价。常见的测定方法有：

①脸部照片。计算机对脸部进行照相并将其与预存的照片进行对比。这种方法能够成功地完成对用户的识别，只是在识别双胞胎时不够准确。

②指纹扫描。当用户登录时，可扫描用户的指纹并将其与预存的指纹进行对比，确定是否匹配。

③手型识别。这种方法与指纹扫描非常类似，不同之处在于验证人员使用类似于电视的照相机对用户的手进行拍照，然后将手的某些特征（如手指长度和厚度等）与计算机中存储的信息进行对比。

④虹膜扫描。这种技术是使用眼睛中有颜色的一部分来确定个人身份的方法，通过对眼睛进行拍照并对照片进行分析来确定用户身份，结果非常准确。

⑤视网膜扫描。这种方法对视网膜上的血管进行扫描，将扫描结果与预存的照片进行对比。

⑥语音扫描。这种方法通过对比用户的语音与计算机中预存的语音来验证用户身份。

⑦签名。将签名与预存的有效签名进行对比，这种方法可以使用照片一卡片 ID 系统来作为补充。

⑧击键动态。将用户的键盘压力和速度与预存的信息进行对比。

⑨还有脸部温度测定等方法。

（2）权限控制。

网络的权限控制是针对网络非法操作所提出的一种安全保护措施。用户和用户组被赋予一定的权限。网络控制用户和用户组可以访问哪些目录、子目录、文件和其他资源；可以指定用户对这些文件、目录、设备能够执行哪些操作；可以根据访问权限将用户分为特殊用户（系统管理员）和一般用户，系统管理员根据用户的实际需要为他们分配操作权限。网络应允许控制用户对目录、文件、设备的访问。用户在目录一级指定的权限对所有文件和子目录均有效，用户还可进一步指定目录下子目录和文件的权限。对目录和文件的访问权限一般有八种：系统管理员权限、读权限、写权限、创建权限、删除权限、修改权限、文件查找权限、存取控制权限。

3）*数据加密*

加密是实现数据存储和传输保密的一种重要手段。加密能够实现三个目的：验证身份（确定合法发送方和接收方的身份）、控制（防止更改交易或信息）和保护隐私（防止监听）。

数字签名就是一种常见的数据加密，是解决网络通信中发生否认、伪造、冒充、篡改等问题的安全技术。该技术的原理是：发送方对信息施以数学变换，所得的信息与原信息唯一对应；接收方进行逆变换，得到原始信息。只要数学变换方法优良，变换后的信息在传输中就具有很强的安全性，很难被破译、篡改。这一过程称为加密，对应的逆变换过程称为解密。

数据加密的方法有对称密钥加密和非对称密钥加密。

（1）对称密钥加密。对称密钥加密指双方具有共享的密钥，只有在双方都知道密钥的情况下才能使用，通常应用于孤立的环境之中，如在使用自动取款机（ATM）时，用户需要输入用户识别号码（Personal Identification Number，PIN），银行确认这个号码后，双方在获得密码的基础上进行交易。对称密钥加密的优点是加密/解密速度快，算法易实现，安全性好；缺点是密钥长度短，密码空间小，“穷举”方式进攻的代价小。如果用户数目过多，超过了可以管理的范围，则这种机制并不可靠。

（2）非对称密钥加密。非对称密钥加密也称为公开密钥加密，密钥是由公开密钥和私有密钥组成的密钥对，用私有密钥进行加密，用公开密钥可以进行解密，但是由于公开密钥无法推算出私有密钥，所以公开密钥并不会损害私有密钥的安全。公开密钥无须保密，可以公开传播；而私有密钥必须保密，丢失时需要报告鉴定中心及数据库。

【案例 1】　数据盗窃

早在 2008 年 8 月，美国联邦检察官指控来自 11 个国家的嫌疑人，包括美国人和乌克兰人，盗取超过 4 100 万个信用卡和借记卡号码。这是迄今已知的最大的信用卡号码盗窃。盗窃者主要将目标集中在连锁零售店，如在诸如 OfficeMax、巴诺、BJ’s Wholesale Club、the Sports Authority 和 T.J.Maxx。

盗窃者开车扫描这些零售商的无线网络，以识别网络安全漏洞，然后再安装从国外共犯处获得的嗅探器。嗅探器进入零售商的信用卡处理网络，拦截客户的借记卡、信用卡号码和个人密码（个人识别号码）。然后将信息发送至位于乌克兰、拉脱维亚和美国的电脑上。他们在网上出售信用卡号码或将号码印刷到空白磁条卡上，便可以从 ATM 机取出数千美元。来自迈阿密的 Times New Roman 被确定为主犯。

盗窃始于 2005 年 7 月，当他们发现了迈阿密马歇尔百货公司的网络存在漏洞后，便利用它来安装一个嗅探器程序连接到连锁店的母公司 TJX 的计算机上。

他们能够访问 TJX 公司的中央数据库，其中存放着美国及波多黎各 T.J.Maxx、马歇尔百货、HomeGoods 和 A.J.Wright 商店，以及加拿大 Winners 和 HomeSense 商店的客户交易信息。

TJX 公司仍然使用旧的有线等效（WEP）加密系统，这是比较容易为黑客所破解的系统。其他公司已经切换到更为复杂和安全的 WiFi 保护访问（WPA）标准。但 TJX 公司并没有改变。审查人员之后发现，TJX 公司没有对使用无线网络的电脑安装防火墙和进行数据加密，也没有正确安装其所购买的其他安全软件。TJX 公司在其递交给美国证券交易委员会的报告中称其违反了信用卡公司规章，传输信用卡数据未进行加密。

信用卡诈骗事件开始在美国国内甚至国外相继出现。在路易斯安那州储蓄银行，2005 年 11 月客户发现在他们的信用卡账单中有在墨西哥的沃尔玛和在南加州的超市及其他商店中未经授权的消费记录。

2007 年 3 月，盖恩斯维尔警察局和佛罗里达州的执法部门因盗窃 TJX 信用卡信息并伪造信用卡而逮捕了六人。他们从佛罗里达州 50 个县的沃尔玛和 Sarn's Club 商店购买了 800 万美元的消费卡，并且用它们购买纯平电视、电脑及其他电子产品。

接下来的 7 月，美国特工在南佛罗里达逮捕了另外 4 名使用盗窃自 TJX 信用卡的嫌疑人。

问题是 TJX 公司是否遵守了由 Visa 和 Master Card 建立的安全准则（PCI）来存储这些数据。根据这些准则，商家不应该将某些特定的信息存放于它们的系统中，因为这些数据可以用来创建伪造的信用卡。根据 Visa 与发卡金融机构的通信数据显示，TJX 公司确实违反了这些规定，将特定信息保留多年，而不是根据需要保留很短的一段时间。

在纸面上，PCI 标准是严格的。它要求商家执行 12 个账户保护机制，包括加密、漏洞扫描、防火墙和杀毒软件的使用。但是，PCI 标准没有得到很好的执行。不遵守规章的商家仍可以处理电子付款，只有其中的一小部分被进行了彻底审查。

2008 年 3 月，TJX 公司管理层同意加强该公司信息系统的安全性，还同意了在未来 20 年内由第三方审查机构每两年审查其安全措施一次。

几个月前，TJX 公司已经与美国 Visa 建立了一个 4 090 万美元的基金来补偿由于其违反安全条款而受影响的银行。银行可能要花费 3 亿美元更换已发行的信用卡和借记卡，并且消去其欺诈购物款项。

根据 Javelie 战略与研究公司的报告，超过 75%接受调查的曾在 TJX 公司受数据盗窃侵害的消费者表示不会继续在该店消费。调查还显示，消费者对于信用卡公司的信任远远超过零售商。

【案例 2】　信息泄密事件

2012 年 1 月，亚马逊旗下美国电子商务网站 Zappos 遭到黑客攻击，2 400 万用户的电子邮件和密码等信息被窃取。

2012 年 3 月，东软集团被曝商业秘密外泄，约 20 名员工因涉嫌侵犯公司商业秘密被警方抓捕。此次商业秘密外泄造成东软公司损失高达 4 000 余万元人民币。

2012 年 3 月，央视“3 · 15”晚会曝光招商银行、中国工商银行、中国农业银行员工以一份十元到几十元的价格大肆兜售个人征信报告、银行卡信息，导致部分用户银行卡账号被盗。

2012 年 5 月，1 号店 90 万名用户信息被以 500 元价格叫卖。有媒体从 90 万全字段的用户信息资料上进行了用户信息验证，结果表明大部分用户数据属真实信息。个人信息的泄露将会导致诈骗、勒索甚至威胁人身安全的事件发生频率增高，让人心悸。

2012 年 7 月，京东、雅虎、Linkedin 和安卓论坛累计超过 800 万名用户信息泄露，而且让人堪忧的是，部分网站的密码和用户名称是以未加密的方式储存在纯文字档案内的，意味着所有人都可使用这些信息。

2012 年 7 月，三星电子员工向 LGD 泄密 AMOLED 技术被起诉。

2012 年 8 月，上海数十万条新生儿信息遭倒卖，出自上海市卫生局数据库外包维护工作人员。

2012 年 9 月，美国媒体报道：有黑客组织声称破解了联邦调查局（FBI）主管的笔记本电脑，获得了 1 200 万苹果 iOS 用户的 UDID、用户名、设备名称、设备类型、苹果推送通知服务记录、电话号码、地址等重要内容。

2012 年 11 月，“三通一达”等多家快递公司客户信息遭贩卖。快递单号的信息被大面积泄露，甚至衍生出多个专门交易快递单号信息的网站。这些交易网站显示，被交易的快递单号来自包括申通、圆通、中通及韵达在内的多个快递公司，“淘单 114”还写着“单号来源于各地快递员”。

通过对 2012 十大信息泄密事件进行归纳分析，泄密方式主要有三种情况：黑客入侵，用户信息未加密；企业内部员工窃密；服务外包人员窃密。其中，企业员工内部泄密对企业的损害程度和其发生的频度远远高于其他外部攻击窃密，更应是防范重点。罪犯虽然已被查处，但透过事件本身我们看到，种种信息窃密，无一不透漏出现行监管制度的欠缺、内部管理和技术措施的缺失及个人信息安全保护意识的薄弱等问题。其中，企业的内网安全防护水平更是偏低，不论是外部黑客入侵，还是内部泄密，企业都缺乏有力的监管手段。特别是电信运营商、金融、电商等这些与网民十分相关的单位，防泄密更是重中之重。

6.4　云环境下的信息系统安全运维

6.4.1　云环境下的信息安全与传统信息安全

自2006年云计算的概念产生以来，各类与云计算相关的服务纷纷涌现，云计算模式当前已得到业界普遍认同，成为信息技术领域新的发展方向。但是，随着云计算的大量应用，云环境的安全问题也引起了极大的关注。

云计算引入了虚拟化技术，改变了服务方式，但并没有颠覆传统的信息安全模式。云环境下的信息安全与传统信息安全的异同如图6-7所示，从该图中可以看出，安全的层次划分大体类似，在云计算环境下，由于虚拟化技术的引入，需要纳入虚拟化安全的防护措施。而在基础层面上，仍然可依靠成熟的传统安全技术来提供安全防护。

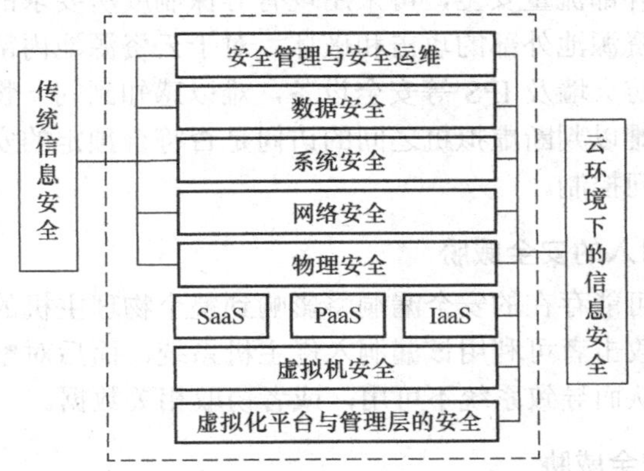

图 6-7　云环境下的信息安全与传统信息安全

由图6-7可知，云环境下的信息安全和传统信息安全在安全目标、系统资源类型、基础安全技术方面是相同的，而云计算又有其特有的安全问题，主要包括虚拟化安全问题和与云计算分租服务模式相关的一些安全问题。大体上，可以把云环境下的信息安全看做传统信息安全的一个超集，或者换句话说，云环境下的信息安全是传统信息安全在云计算环境下的继承和发展。

6.4.2　云环境下的信息安全威胁

为了使组织对云环境下的信息安全问题有最新的了解，以便组织更好地做出安全决策，云安全联盟（Cloud Security Alliance，CSA）基于这一年联盟中的安全专家基于云安全问题达成的共识，在 2013年的报告中列出了9项云安全威胁，在2016年的报告中列出了12项云安全威胁，在2019年的报告中列出了11项云安全威胁，如表6-11所示。

表 6-11　CSA 年度云安全威胁

年份	威胁数量	内容
2013	9 项	数据泄露、数据丢失、账户或服务流量劫持、不安全的接口和API、拒绝服务、恶意的内部人员、云服务的滥用、不够充分的审查、共享技术漏洞
2016	12 项	数据泄露、凭证被盗和身份验证如同虚设、界面和API被黑、系统漏洞利用、账户劫持、恶意内部人员、APT、永久的数据丢失、调查不足、云服务滥用、拒绝服务、共享技术风险
2019	11 项	数据泄露，配置错误或变更控制不足，缺乏云安全架构和策略，身份、凭证、访问和密钥管理不足，账户劫持，内部威胁，不安全的接口和 API，控制平面薄弱，元结构和应用程序结构故障，云计算使用情况有限的可见性，滥用和恶意使用云服务

云平台与传统平台最主要的区别就是将各类硬件资源虚拟化成统一的资源池，简化

了资源配置和管理，具备高可靠性、高弹性并提高了硬件的利用率，从而实现按需服务。综合云资源池系统结构和业务模式进行分析，当前云资源池安全所面临的核心问题主要包括如下四个方面。

1. 虚机流量交换的安全威胁

对于云资源池内外部流量安全，可采用现有等保制度所要求的安全防护手段，其主要目的是防护来自云资源池外部的攻击和破坏。对于云资源池内部流量之间的安全，在虚拟化环境中，传统防火墙及 IPS 等安全设备，难以感知到同一物理机上各虚拟机之间的通信流量，管理员难以判断虚拟机之间的访问是否符合预定的安全策略，难以实现对虚拟机之间流量的访问控制。

2. 虚拟化软件引入的安全威胁

虚拟化软件本身可能存在的安全漏洞将影响到整个物理主机的安全，加之虚拟化软件更新慢或不更新，攻击者可利用该漏洞入侵主机系统，而后对整个主机上的虚拟机进行任意的配置破坏，从而导致系统不可用，或者窃取相关数据。

3. 资源分配的安全威胁

除了由虚拟机蔓延导致的资源浪费和增加运作复杂度外，还存在多台虚拟机共享同一物理资源造成的资源竞争风险，当物理内存数据存储被一台虚拟机使用后重新分配给另一台虚拟机时，还会引发数据泄露风险。当不再需要的虚拟机被删除，释放的资源被分配给其他虚拟机时，同样可能发生数据泄露。当新的虚拟机获得更多的资源时，它可以使用取证调查技术来获取整个物理内存及数据存储的镜像，该镜像随后可用于分析，并获取从前一台虚拟机遗留下的重要信息。

4. 多租户引发的安全威胁

多租户引发的安全威胁主要表现在如何保障不同租户间应用程序环境的隔离及数据的隔离，以实现不同租户间应用程序不会相互干扰，同时保障数据在数据存储上的保密性。各租户应用开发者在数据库的访问中未使用权限控制会引发数据泄露。租户和服务提供商间存在着非信任关系，服务商内部人员可通过监听、逆向工程手段获取数据。

6.4.3　云环境下的信息安全运维内容

云服务的质量不仅仅取决于技术的先进性，同样也取决于云安全运维的服务质量。云环境下的信息安全运维体系不同于传统系统，除了为云平台提供安全运维服务，还须为租户提供云安全运维服务。云环境下的信息安全运维可以从四个层面来保障信息安全，分别为物理安全、虚拟化安全、云计算服务安全和数据安全，其中数据安全是核心。具体内容架构如图 6-8 所示。

1. 物理安全

与传统数据中心基本相同，基础设施通过合规建设使云平台具备抵抗自然或人为灾害事故的能力，再通过门禁系统、视频监控、环境监控、冗余设计、安全设计，并制定严格管理制度等措施保障云平台物理设备安全、稳定地运行。

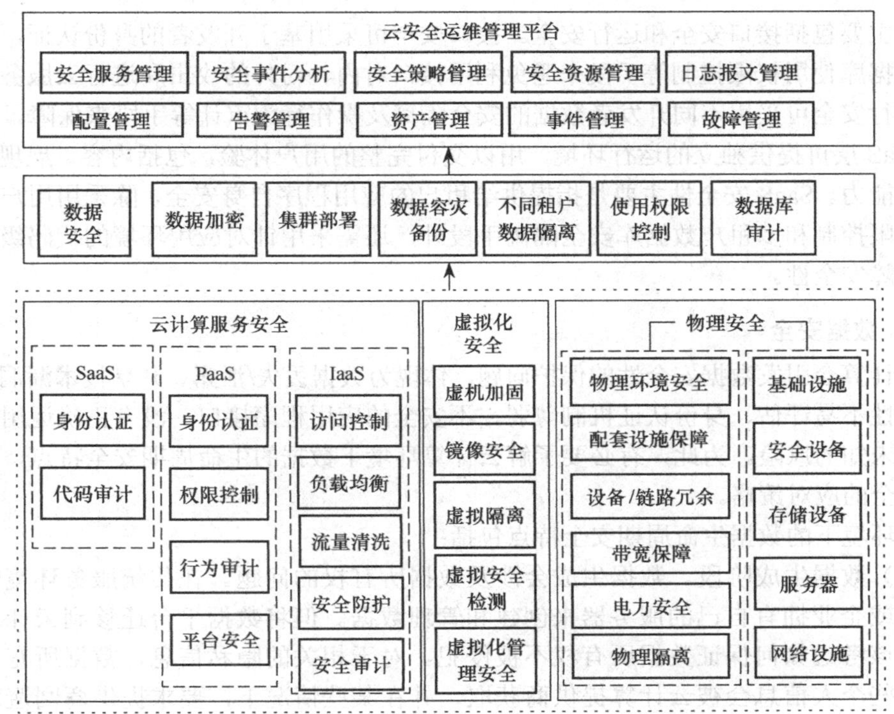

图 6-8　云环境下的信息安全运维内容架构

2．虚拟化安全

虚拟化安全主要涉及虚拟化组件及其管理的安全，包括虚拟化操作系统、硬盘镜像、虚拟平台网络、虚拟主机、虚拟存储及虚拟化管理系统的安全。可通过虚拟层加固、虚拟机镜像加固、不同虚拟机的内存/存储隔离、虚拟机安全/完整性检测、虚拟化管理安全等措施实现虚拟化层的安全。管理手段方面，须严格划分访问用户权限，对于有访问权限的用户，还须具备访问记录留存审计扩展功能。

3．云计算服务安全

IaaS 主要负责将基础设施进行虚拟化，并为每个租户提供相对独立的计算资源、存储资源和安全防护服务能力等，以及在承载网上设定专有的数据转发通道。IaaS 层的安全部署需要遵循与实体系统同样的安全规范，只在部署形态上存在部分区别。这包括管理区域与业务区域网络隔离设计，运维平台、安全管理平台、云管理平台仅允许通过管理区域内的管理终端进行本地访问，避免远程管理可能引入的系统风险。部署 DDoS、防火墙、IPS、Web 安全防护、流量管控、负载均衡、防病毒等安全防护设备。还需及时发现漏洞，通过补丁或软件升级的方式提升系统整体安全性。在角色分配和授权方面要加以严格控制，确保仅授权用户允许访问相应系统，部署如 PKI/CA 技术、权限管理技术等，对关键访问行为进行审计记录，部署如审计系统、采集机等，并具备向集中安全管理平台提供第三方接口功能。

PaaS 层可授权开发者在平台之上开发应用，并提供支持开发的编程语言和工具，其安全性主要包括接口安全和运行安全。接口安全可采用基于开发者的身份认证，针对平台、数据库使用权限控制等手段来避免利用接口对内、对外的攻击和进行云服务的滥用等；运行安全可采用不同开发者数据的安全隔离及操作行为审计等手段来保障。

SaaS 层可提供独立的运行环境，用以交付完整的用户体验，包括内容、展现、应用和管理能力。SaaS 安全性主要是指提供给租户的应用程序自身安全，除采用用户身份认证、权限控制和多租户数据库安全隔离手段外，还需采用针对应用环境的代码级安全审计来保障安全性。

4．数据安全

云计算会引发数据安全性的保护问题，体现为数据丢失/泄露、共享技术漏洞、供应商可靠性不易评估、身份认证机制薄弱、不安全的应用程序接口、没有正确运用云计算及其他未知的风险。为此，有必要了解云计算环境下数据的生命周期安全特点，并实施数据安全的应对策略。

云环境下的数据生命周期安全特点包括：

（1）数据生成阶段。数据生成会涉及数据所有权的问题。在传统服务环境中，通常用户或企业拥有自己的服务器来创建和管理数据。但将数据平台迁移到云计算平台时，应该考虑如何保证数据所有权不被侵犯。对于相关的隐私信息，数据所有者有权了解哪些个人信息会被云计算提供商获取，并在某些情况下，要求提供商回避对敏感数据的采集。

（2）数据迁移阶段。在企业内部迁移数据时，传输通常并不需要加密或者只是内部约定一个简单的加密算法进行加密。当数据迁移在云计算平台进行时，数据机密性和完整性都应该得到保证。一方面，应当采用更加复杂的加密算法，以防止数据泄露给未经授权的用户；另一方面，还需要在传输协议中增加数据的完整性校验，以保证数据迁移仍保持完整。数据的机密性和完整性保证不只存在于企业存储和云存储之间，不同的云存储服务之间的数据传输也应当确保数据的机密性和完整性。

（3）数据使用阶段。在传统的数据存储模式中，可以为静态数据进行加密以保证数据安全。然而，基于云计算的应用程序中的静态数据会被 PaaS 和 SaaS 模型使用，数据加密在很多情况下是不可行的，加密将会导致索引和查询等问题。因此，静态数据的使用基于云计算的应用程序通常是不加密的。与此同时，云计算服务又基于多租户功能模型，数据的处理往往来自公共资源，未加密的数据在此过程中被使用将是一个严重的漏洞。

（4）数据共享阶段。数据共享扩大了数据的使用范围，使得对数据权限的控制变得更加复杂。云提供商可以按照一定规则对数据进行共享，访问者又可以对该数据进一步共享。然而，在此过程中，特别是当与第三方共享时，数据所有者需要考虑第三方是否会继续维持原来的保护措施和使用限制。因此，对于共享的私有数据，除了授权的数据以外，需要考虑其共享策略，这其中也包括共享时对敏感数据的过滤。

（5）数据存储阶段。云计算中的数据存储可以分为两种情况讨论，即在 IaaS 环境下的简单存储服务和在 PaaS 或 SaaS 环境下的作为应用程序运行基础的存储服务。数据存储在云环境中，需要考虑数据的机密性、完整性和可用性。通用的解决方案是采用数据加密，为了确保有效加密，需要考虑所使用的加密算法的可靠性。随着云计算环境涉及大量的数据传输、存储和处理，也需要考虑处理速度和计算效率，这种情况下，对称式加密算法更适合云计算平台。数据存储在云环境中，还需要考虑数据加密方法及算法的管理，理想情况下，应当由数据所有者进行操作。然而，因为通常用户没有足够的专业知识，他们通常委托云提供商管理密钥。随着云提供商需要为大量用户提供加密保证，管理也将变得更加复杂和困难。对于数据的完整性保证，不仅在数据传输的过程中需要校验，对于本地数据使用或再次迁移等情况，也同样需要考虑。

（6）数据销毁阶段。对于云计算数据的保护，如何能够安全删除数据同样重要。例如，普通的删除操作是最常用的销毁方式，但它没有真正将数据从硬盘上删除，其实质只是删除了文件的索引；与此类似的是磁盘格式化，它也仅仅是为操作系统创建一个全新的文件索引，将所有的扇区标记为未使用的状态，这样操作后的数据都可能被侵入者的数据恢复软件重新获得。对于企业级别的敏感甚至机密数据，云提供商应当考虑采用磁盘擦写、数据销毁算法及物理销毁等方法来对隐私数据进行保护。

针对云环境下数据生命周期的特点，云环境下的数据安全策略要点如下：

（1）建立以数据为中心的安全系统。云中的数据通常驻留在共享环境中，数据的所有者必须对谁有权使用数据和他们可以用它来做什么有全面的控制。为了使这些数据在云中可控，一个标准的以异构数据为中心的安全方法是至关重要的，它将从系统和应用上保证数据的安全。

（2）重视加密方法和使用策略规则。当有用户要访问数据时，系统应该检查其策略规则，并只有在满足后才给予访问权限。在某些情况下，有关特定硬件、组件的信息，必须相关联地存放为一个数据块。

（3）完善认证与身份管理体系。完善以用户为中心的身份管理体系，处理私密和关键的身份属性问题。以用户为中心，系统适当地根据用户的上下文身份信息，在保证数据安全的条件下，约束或者放松限制条件以便最好地响应用户请求。进一步研究与身份管理体系相结合的解决方案，结合企业现有的身份管理体系框架增强云环境的安全性。在某些情况下，采用隐私保护协议来验证各种身份的属性，构建所需的以用户为中心的联合认证与身份管理体系。

5. 安全运维管理平台

通过安全运维管理平台来保障云环境下信息系统日常运行的安全稳定性，安全运维主要包括日常巡检、告警管理、阈值确定、故障处理机制及安全备份等。

（1）日常巡检。巡检内容包括主机状况、存储状况、网络状况、内存使用率、CPU使用率、存储使用率、高可用性、安全备份等。

（2）告警管理。对系统功能模块进行监测，出现警告信息及时分析处理，确保问题不会再次发生。

（3）阈值确定。确定各资源使用阈值，超过设定阈值即进行告警处理，确保系统冗余功能生效，保障系统运行稳定性。

（4）故障处理机制。包括前端接入设备故障处理流程和后台资源故障处理流程，合理的故障处理机制不仅能保障系统的稳定性，还可以加强云用户体验。

【案例 1】 SaaS 下的安全顾虑——单点登录

Lincoln Cannon 被一个拥有 1 500 名员工的医疗器械公司聘用为网络系统主管，他希望帮助销售部门转换到谷歌应用和基于 SaaS 的训练应用 eLeap，从而降低开发成本并提高生产力。不过，需要解决一些顾虑：营销人员不希望用户有多次登录，在多个应用系统中，用户只需要登录一次就可以访问所有相互信任的应用系统，而 IT 部门则希望通过保留对访问的控制权，特别是在增加新员工和员工离职要终止其账户的时候。

Cannon 选用了 Symplified 的单点登录，因为它可以与 Active Directory 进行联系并验证那些试图登录云应用用户的证书。谷歌应用使用 API 将用户鉴别卸载给单点登录的供应商。但是如果使用 eLeap，系统则还需要使用身份验证适配器。

Cannon 认为它就像是一个保安。因为要想获取 eLeap 训练案例或是 Google 应用，都需要通过单点登录供应商的验证。而且它还与 Active Directory 同步。我们通过 Symplified 对被授权访问这些 SaaS 应用的账户进行定义，而要关闭一些 AD 账户时，它会适时对关闭的账户进行阻止，以防这些账户访问 SaaS 应用。

Symplified 系统可以在 SaaS 模式中操作，但是该器械公司选择在其防火墙后部署一个由 Symplified 托管的路由。之所以这样做，是因为 IT 部门不想在云上管理用户账户和密码。所有这些有关账户和密码的操作都在防火墙后端进行。

【案例 2】 IaaS 下的安全顾虑——虚拟化/业务持续性/审核

在新开的公司里，Kavis 选择让 Amazon 托管公司的整个架构。为此，他首先与要部署虚拟机的安全专家进行了商谈以明确自己的需求，然后创建了一个应用那些控件的虚拟图片，并创建了一个抽印程序以便可以随时复制并依据需要安装一个新的虚拟机。

Kavis 认为：Amazon 提供了虚拟图像软件，但是其安全性却不够，如果使用 PaaS，那就只有这个问题需要处理，不过如果使用 IaaS，就可以将安全性能设置到他希望的级别，而且操作上还会更具灵活性。

Kavis 还需要执行系统管理员应该执行的所有函数，如打开和关闭端口，编写配置，锁定数据库。他使用 Amazon 提供的 LAMP 堆栈。Kavis 非常满意 Amazon 提供的周边安全，并认为其产品达到了很多公司做不到的级别。

为了保障业务持续性，Kavis 将所有的数据都复制到两个以上的额外环境中。除非 Amazon 多个地域的环境全部瘫痪，Kavis 公司的业务才会瘫痪。不过 Amazon 每个指定域都拥有较高的可靠性，因此所有业务在同一时间全部瘫痪的可能性微乎其微。

Kavis 还要解决的另一个问题是审核。由于规则还不能反映出云计算，所以规则会将访问送入物理盒内，而用户不能在公共云中进行此操作。对于符合规则的数据，Kavis 计划使用一个虚拟专有云。这样供应商就会说："你的服务器被锁定，如果你需要审核，可以带审计员来检查。我们将以此来完成审计，但是所有的操作都将在公共云上进行。"即便用户需要就地收录特定类型的数据，从规模和成本角度出发，也需要将进程卸载到公共云。

【案例 3】 IaaS 下的安全顾虑——数据加密

纽约的 Flushing 银行，CIO Allen Brewer 想改成用云进行数据备份。选用 Zecurion 的 Zerver 后，Flushing 银行现在要将文件通过互联网进行备份。而该银行首先要考虑的问题就是数据加密，以及找到一个能适应银行已有加密法则的服务供应商。Brewer 表示，有些公司依赖供应商提供加密，而他们则依靠自己，所运行、发送和保存的数据都在供应商处被加密。

某些基于云的备份存储供应商将装置安装在客户端以适应加密，但是 Flushing 则对这样的安装不感兴趣。Brewer 之所以选择 Zecurion 是因为他知道存储信息的数据中心的位置。他表示，自己知道该公司三个数据中心之所在，而并非将数据发送到云然后对数据位置一无所知。

6.5 信息系统安全运维系统与专用工具

6.5.1 信息系统安全运维系统的功能

通过建立统一、集成、开放并可扩展的信息系统安全运维系统，实现对各类安全运维事件的全面采集、及时处理与合理分析，实现安全运行维护工作的智能化和高效率。信息系统安全运维系统的主要功能包括如下六个方面。

1. 安全漏洞扫描

漏洞通常是三个因素的交集，即系统的脆弱性或缺陷、攻击者可能访问的缺陷及攻击者利用缺陷的能力，漏洞管理是信息安全管理的一项重要内容。就信息系统安全漏洞运维管理而言，漏洞信息更是数不胜数，漏洞管理要能对漏洞处置、跟踪、分析和量化，实现扫描设备策略的集中配置管理，可通过本地平台实现扫描设备的配置策略变更，实现漏洞扫描和配置核查任务集中建立、下发执行、跟踪处理等功能。

2. 漏洞信息集中管理

将扫描所收集到的漏洞信息进行集中的存储、分类、分析，支持以定制报表的方式对外提供漏洞数据的查询功能。结合漏洞发现、漏洞评估、漏洞处理和处理评价的不同业务需求，对漏洞全生命周期的处理过程进行记录，支持安全运维人员修复漏洞。

3. 安全综合监控

安全综合监控管理实现对信息系统安全运维管理平台的基础层路由器、服务器、安全设备、数据库、中间件及资源关联的端口、进程、日志等全面的监控，同时实现对安全设备包括虚拟化杀毒、安全审计系统、入侵防御系统、防火墙的管理，通过实时采集设备和系统安全相关信息，及时发现安全问题和安全隐患，迅速定位并及时解决，为业务系统提供安全保障，辅助管理员及时掌握信息系统安全运维管理平台架构的运行情况。

4. 安全隐患预警

安全隐患预警的目的主要是采取主动的运维管理方式，在威胁产生之前进行的事前安全管理，主要提供安全威胁预警管理、主动攻击测试、主动漏洞扫描管理等方式，以配合安全核查的进行。系统要提供所有事件的告警管理，以实现全面收集告警事件，主要分为告警内容、告警处理、告警发布等部分。

5．综合智能分析

根据前期从网络、服务器、应用、存储等对象采集到的安全事件、安全配置、安全漏洞、资产信息等数据，通过智能化的各类安全事件分析、安全风险分析、关联分析与数据挖掘等方法，从各个层面、各个角度反映系统的安全运行情况，实现信息安全的趋势预测、威胁感知，形成安全事件关联分析，支持策略管理，为安全管理、安全决策提供科学依据。

6．快速响应管理

在统一安全策略的管控下，建立快速响应管理机制，通过一体化的安全运维系统，实现 7×24 小时监控，有效实现对用户的账户管理、身份鉴别、授权管理、审计管理，使所有的操作、管理和运行更加可视、可控、可管理、可跟踪、可鉴定，快速响应安全隐患。

6.5.2　信息系统安全运维专用工具

典型的信息系统安全运维专用工具如表 6-12 所示。

表 6-12　典型的信息系统安全运维专用工具

工具分类	工具名称	工具类型	特　点
端口扫描	Nmap	开源免费工具	一款开源免费的网络发现（Network Discovery）和安全审计（Security Auditing）工具，参数多样，丰富的脚本库，可满足用户的个人定制需求；强大的可移植性，基本上能在所有的主流系统上运行；详细的文档说明和社区团队支持，方便新人上手
系统层漏洞扫描	Nessus	商用工具	提供完整的电脑漏洞扫描服务，并随时更新其漏洞数据库，可同时在本机或远端上遥控，进行系统的漏洞分析扫描，也是渗透测试的重要工具之一。为了定位在目标系统上的漏洞，Nessus 依赖 feeds 的格式实现漏洞检查。Nessus 官网提供了两种版本：家庭版和专业版。家庭版是供非商业性或个人使用，可以用于非专业的环境。专业版是供商业性使用，包括支持或附加功能，如无线并发连接等
Web 安全扫描	AppScan	商用工具	Rational AppScan（以下简称 AppScan）是一个产品家族，包括众多的应用安全扫描产品，从开发阶段的源代码扫描到针对 Web 应用进行快速扫描，以及进行安全管理和汇总整合等。AppScan 是对网站等 Web 应用进行安全攻击来检查网站是否存在安全漏洞，AppScan 扫描原理为：扫描规则库 + 爬行 + 测试
Web 安全测试工具	WebScarab	开源免费工具	WebScarab 是一个用来分析使用 HTTP 和 HTTPS 协议的应用程序框架，可以记录它检测到的会话内容（请求和应答），并允许使用者可以通过多种形式来查看记录。WebScarab 的设计目的是让使用者可以掌握某种基于 HTTP（S）程序的运作过程，可以用它来调试程序中较难处理的 bug，也可以帮助安全专家发现潜在的程序漏洞

续表

工具分类	工 具 名 称	工具类型	特　点
代码安全审计	Fortify SCA	商用工具	致力于帮助客户在软件开发生命周期中建立安全机制，杜绝软件安全漏洞，避免经济上和声誉上的损失。其扫描原理：FortifySCA 首先通过调用语言的编译器或者解释器把前端的语言代码（Java、C、C++等源代码）转换成一种中间媒体文件 NST（Normal Syntax Trcc），将其源代码之间的调用关系、执行环境、上下文等分析清楚，然后通过匹配所有规则库中的漏洞，若发现存在漏洞就抓取出来，显示在 Fortify SCA 扫描结果中
防病毒软件	Office Scan	商用工具	Office Scan 是企业版的管理杀毒软件，Office Scan 企业版的管理主控台与客户端程序之间支持二种通信协议，支持实时 HTTP 通信以传递病毒事件记录资料及程序与病毒码更新，还可以自动关闭网络共享和关闭指定端口，之后才查杀病毒，防御病毒毁坏系统
数据库安全测试	NGSSQuirreL	商用工具	为系统管理员、数据库管理员、专业安全人士提供了一个全面的安全分析组件，并且可以检查几千个可能存在的安全威胁、补丁状况、对象和权限信息、登录和密码机制、存储过程及启动过程。提供强大的密码审计功能，包括字典和暴力破解模式。产品特性包括查看和编辑核心检查项、安全管理（直接管理用户、角色、配置、系统权限和对象权限）、安全浏览（审计 security 设置、创建用户检查项）、三个级别的审计、定制用户检查项、计划扫描功能、0day 漏洞检查、多种报表输出等

6.6　典型案例

【案例 1】　“棱镜”事件带来的反思

【背景简介】

2013 年 6 月，美国中情局前职员爱德华·斯诺登将两份绝密资料交给英国《卫报》和美国《华盛顿邮报》，使美国国家安全局代号为“棱镜”的秘密项目公之于众，在“棱镜”项目下，过去 6 年，美国国家安全局和联邦调查局通过进入谷歌、苹果、雅虎等九大网络巨头的服务器，可实时跟踪用户电邮、聊天记录、视频、音频、文件、照片等上网信息，全面监控特定目标及其联系人的一举一动。“棱镜”起源于 2001 年美国副总统切尼所倡导的星风计划（StellarWind），2004 年，由于该项目未能通过美国司法部的审查，美国前总统小布什将其一拆为四，即“主干道”（MainWay）、“码头”（Marina）、“核子”（Nucleon）和“棱镜”（PRISM），其中，“棱镜”的主要作用是通过美国互联网厂商所开放的数据接口进行数据信息收集。

在全球网络空间中，美国有着绝对的控制力，互联网起源于美国，美国各大互联网公司完全有能力帮助政府影响别国的信息安全。目前，全球共有 13 台域名根服务器，其中，1 台为主根服务器，设在美国，其他 12 台副根服务器有 9 台设在美国，另外 3 台分别在英国、瑞典和日本。从理论上说，美国通过根服务器，可轻易地进行全球范围的情报窃取、网络监控和攻击。

【痛点难点】

中国国家互联网应急中心的报告显示，2012 年就有 7.3 万个境外 IP 地址参与了控制中国境内 1 400 余万台主机的网络攻击事件；有 3.2 万个境外 IP 地址通过植入后门，对中国境内近 3.8 万个网站进行了远程控制。

谈到信息安全，可能谈得更多的是产品安全、技术水平等。但实际上，从信息系统的生产者，到信息系统的运行维护者，再到服务的提供者，谁都可能接触到机密数据。目前，我国在网络安全能力上的提升空间包括漏洞研究与漏洞处理、事件发现与早期预警、事件处置与应急响应、应急预案与应急演练、安全测试与渗透测试、软件安全与安全编程、攻防研究与演练验证，都存在能力缺陷。受“棱镜”事件刺激，中国的信息安全市场会有所扩大，在分析技术能力和产品能力提升空间的基础上，重点提高某些领域（如高端芯片、操作系统、部分设备等）的自主创新能力。

【实践路径】

斯诺登爆出的“棱镜”计划背后是美国完备的情报体系，面对别国监控和攻击行动，必须建立起自己的网络威胁应对机制，提高防范能力。

在互联网世界中对外依赖度颇高的情况下，在各个环节均不可靠的体系中，要构建一个基本安全可控的整体框架是一个长期努力的过程。逐步实现信息安全自主可控，如在技术产品、系统运行、数据这三个大的领域逐步实现自主可控。在实现自主可控之前，短期内可以考虑的思路是：通过第三方安全测试和安全产品互相制约来缓解可能出现的问题。此外，还需要加强自身的第三方安全测试、安全监测、协议和数据分析等方面的研究和能力建设，建设网络安全部队，提高对网络安全隐患的防范意识和能力，培养反网络攻击的能力，一旦遇到攻击，就要有能力去反击，把这种能力作为一种网络自卫的手段，保证国民的个人隐私不受侵犯，保证国家利益不受威胁伤害。

【实践效果】

我国推出了《网络安全法》，以维护网络的安全。《网络安全法》是我国第一部全面规范网络空间安全管理方面问题的基础性法律文件，是我国网络空间法治建设的重要里程碑，是依法治网、化解网络风险的法律重器，是让互联网在法治轨道上健康运行的重要保障。《网络安全法》将近年来一些成熟的好做法制度化，并为将来可能的制度创新做了原则性规定，可为网络安全工作提供切实的法律保障。

【未来洞察】

“棱镜”事件表明，那些提供 IT 设备与服务的公司往往会按照提供国情报部门的要求行事。“棱镜”事件充分暴露了网络空间的软肋，为了消除这个软肋，从根本上提升网络空间的防护能力，一个关键举措就是用自主可控的国产软硬件和服务来替代进口，提升 IT 设备自主可控能力，在此基础上，再努力加强信息安全防护。

资料来源：根据人民网-人民日报（http://media.people.com.cn/n/2014/0331/c14677-24777574.html）资料整理。

【案例 2】 360 云盘关闭事件

【背景简介】

2016 年 10 月 20 日，360 云盘宣布关闭个人云盘服务，转型企业云服务。在网盘存储、传播内容合法性和安全性得到彻底解决之前不再考虑恢复。360 云盘 11 月 1 日起停止云盘上传服务包括上传、转存等数据写入功能均关闭。在公告中，360 表示关闭网盘的最主要的原因是用户上传非法文件、侵权盗版牟利、传播淫秽色情信息，给社会带来了巨大的危害。消息传出后，微博上、朋友圈里一时间炸开了锅，大家都急着在云盘关停前转移数据，蜂拥而至的巨大数据量甚至使网络出现了堵塞现象。360 云盘发布的转型声明如图 6-9 所示。

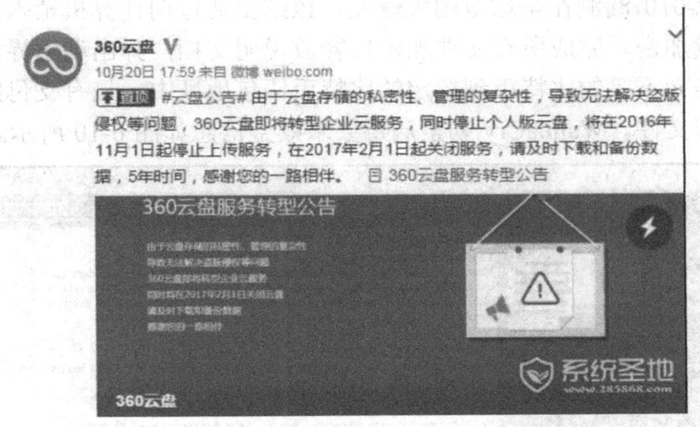

图 6-9　360 云盘发布的转型声明

【痛点难点】

360 云盘作为一种便捷且成本低廉的存储方案，突然宣布关闭云盘服务，给用户的数据存储带来巨大的不便。对于云盘中有大量资料的用户，资料的下载与转存非常麻烦，并且存在资料丢失的风险。

【实践路径】

面对用户数据转移困难的情况，360 云盘再发公告，宣布将延长用户下载数据的日期。存储量在 200GB 以下的，下载结束日期延长至 2017 年 4 月 30 日。存储量在 200GB 以上的，下载结束日期延长至 2017 年 10 月 31 日。

【实践效果】

用户有充足的时间解决资料的转移问题，也避免了用户蜂拥下载出现网络拥堵现象，用户的消极情绪得到了一定程度的缓解。

【未来洞察】

网盘存储的私密性导致很多盗版侵权问题，同时也增加了管理的复杂性。免费存储模式无法支撑个人云盘的运营成本。360 云盘关闭事件，其实很大程度上会成为一个重要的节点，毕竟相比早前那些关闭的网盘服务商，它们和 360 云盘的市场地位不可同日而语。而随着市场的参与者越来越少，恶性补贴竞争必然将大量减少，个人云盘很可能重回 DropBox 的正轨，大量的付费用户将可能促进整个行业的健康发展。

资料来源：根据中国青年网（http://edu.youth.cn/jyzx/jyxw/201610/t20161024_8777460.htm）资料整理。

【案例 3】　勒索病毒事件

【背景简介】

2017 年 5 月 12 日，全球爆发计算机勒索病毒 WannaCry，被认为是迄今为止最严重的勒索病毒事件，150 多个国家的 7.5 万台计算机被感染，有 99 个国家遭受了攻击，其中包括英国、美国、中国、俄罗斯、西班牙和意大利等，造成损失达 80 亿美元。WannaCry 蠕虫通过 MS17-010 漏洞在全球范围大爆发，该蠕虫通过向计算机植入勒索病毒，导致电脑文件被大量加密。完成所有文件加密后释放说明文档，弹出勒索界面，提示用户需支付价值数百美元不等的比特币到指定的比特币钱包地址中，只有支付赎金才能恢复电脑中的病毒加密文件。WannaCry 勒索病毒要求赎金信息如图 6-10 所示。

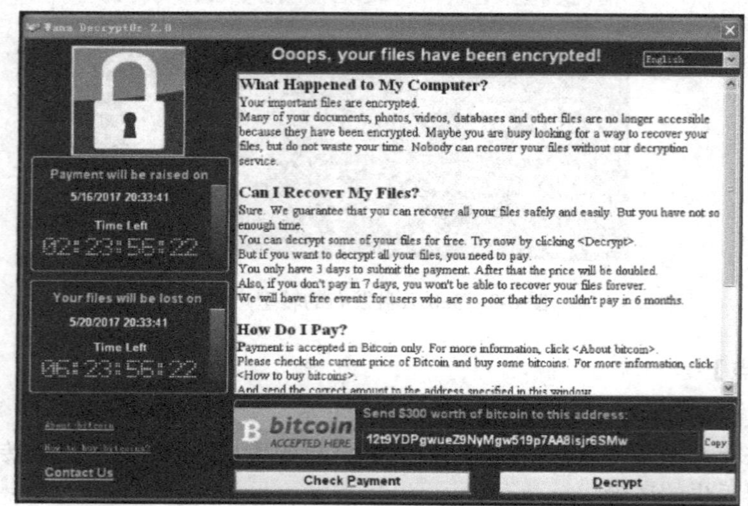

图 6-10　WannaCry 勒索病毒要求赎金信息

【痛点难点】

受到影响的行业众多，多家运营商、石油公司、零售商、机场、ATM 等企业和公共设施大量沦陷，感染病毒的设备若不支付赎金或中途关闭设备，所有的数据都会丢失，重要数据的丢失将会造成无法挽回的损失。

【实践路径】

国家网络与信息安全信息通报中心紧急通报，不法分子使用 NSA 泄漏的黑客武器攻击 Windows 漏洞，把 ONION、WNCRY 等勒索病毒快速传播感染，建议电脑用户尽快使用 360“NSA 武器库免疫工具”进行防御，并提醒人们提高主动防御意识，加强警惕。

360 安全卫士以针对性的防御技术为根本，以“反勒索服务”“解密大师”两大功能为核心，从病毒可能造成危害的各个场景出发，层层设置拦截关卡，并提供修复策略，打造了一个全方位的防御矩阵。针对勒索病毒提出了一系列针对性的防御技术，包括高度自动化的海量数据云主动防御，监测文档加密行为的格式识别防御，利用深度学习的通杀免疫防护，针对高级漏洞利用攻击的入侵链阻断防护，以及针对近百种勒索病毒的深度分析与恢复技术，全方位阻绝各类勒索病毒及其变种的入侵。

【实践效果】

各大杀毒软件公司不断增强软件防御功能，大众增强主动防御意识，及时升级系统，安装系统补丁和杀毒软件，启动防火墙等，避免了病毒的进一步蔓延。

【未来洞察】

国家和各级网络安全部门应当抓紧建立健全网络空间安全的常态化监测预警体制机制，积极鼓励和资助民营网络安全企业，协助做好网络安全防范工作，健全联合防范协作机制，不断提高多方网络安全部门联合协作能力。提高思想认识，把网络空间安全作为事关社稷民生的一项全局性、基础性、紧迫性工作，摆在突出位置常抓不懈，抓紧做好各种应对网络空间突发事件的准备。通过经常性网络安全教育活动等方式，积极开展全民网络安全教育活动，不断提高广大民众知网、懂网、用网、护网能力，强化网络空间安全防范意识和应对能力，时刻保持警钟长鸣。

社会各界特别是非核心部门的企事业单位等机构，要增强全社会网络安全意识和防护技能，大力发展网络安全防御手段，不断提高对网络攻击行为的辨识和抵御能力，时刻保持高度警惕，及时发现和抵御网络入侵，及时采取有力手段和措施，争取免受损失或者把损失降到最低点。

资料来源：根据果壳（https://www.guokr.com/article/442167/）资料整理。

【案例 4】 Facebook 信息泄露事件

【背景简介】

2018 年 3 月 17 日，美国纽约时报率先曝光了剑桥分析（Cambridge Analytica）未经用户许可，擅自使用 Facebook 用户个人信息的行为。此事一出立刻引起轩然大波，随后英国高等法院授权对涉事机构进行了搜查，并揭开了针对该事件司法调查的序幕。

针对没有用户的许可就偷偷使用个人信息数据一事，Facebook 公开回应，承认剑桥分析公司不正当使用了 8 700 万名未经授权的用户私人信息，这也遭到了国外网友的痛斥。3 月 16 日，Facebook 宣布暂时封杀两家裙带机构：SCL（Strategic Communication Laboratories）和剑桥分析公司（Cambridge Analytica），理由是他们违反了公司在数据收集和保存上的政策。3 月 18 日，爆出剑桥分析对 Facebook 的数据使用是“不道德的实验”。剑桥分析被指，在未经用户同意的情况下，利用在 Facebook 上获得的 5 000 万名用户的个人资料数据，来创建档案并在 2016 年美国总统大选期间针对这些人进行定向宣传。3 月 19 日，受该事件影响，Facebook 股价大跌 7%，市值蒸发 360 多亿美元。20 日，受该事件继续发酵影响，Facebook 股价继续下跌，盘中一度跌超 6%，最终收跌 2.56%。

【痛点难点】

在未经授权的情况下不正当使用用户私人信息，严重侵犯了用户的隐私权，用户隐私无法得到保障。

【实践路径】

Facebook 掌门人扎克伯格出面回应，首先被黑客利用的漏洞已经封堵；其次他们已经停止私下偷用用户数据的行为，但是没有提及相应的补偿。

【实践效果】

及时封堵了数据被黑客利用的漏洞，避免了隐私数据被进一步不正当使用；但是由于剑桥分析私自使用了用户隐私数据，且 Facebook 并未给出赔偿回应，导致一度出现卸载 Facebook 的热潮。

【未来洞察】

制定决定研究人员有道德地使用社交媒体数据从事工作的规则，收紧数据的使用要求，并以有意义的方式收回知情同意的概念，以便能够实现社交媒体的承诺，同时避免危险。

从用户角度来说，用户可以使用一些工具来限制他们在社交媒体平台上的数据量，如一个名为 Facebook 时间轴清除器的平台，以及 Twitter 上的“推文删除”功能。此外，数据收集者在收集数据时应非常严格地披露，打算如何使用这些数据。

资料来源：根据腾讯证券（https://stock.qq.com/a/20180321/004747.htm）资料整理。

本章要点

本章主要介绍有关信息系统安全方面的概念、影响信息系统安全的因素和安全运维措施。要点如下：

1. 信息系统安全的概念和影响信息系统安全运维的因素；
2. 影响硬件安全运行的因素及应对措施；
3. 影响软件安全运行的因素及应对措施；
4. 影响数据系统安全的因素及应对措施；
5. 站在管理角度为实现信息系统的安全应采取的主要控制方法和措施；
6. 信息系统安全运维系统功能与专用工具。

思考题

1. 如何保证链路和网络安全？
2. 常见软件安全的影响因素有哪些？
3. 常见数据安全的影响因素有哪些？
4. 如何制订业务连贯性计划？
5. 怎样建立安全运行管理信息系统的监测平台？
6. 为实现涉密信息的安全管理，最首要的工作是什么？
7. 常用的信息系统安全运维专用工具有哪些？

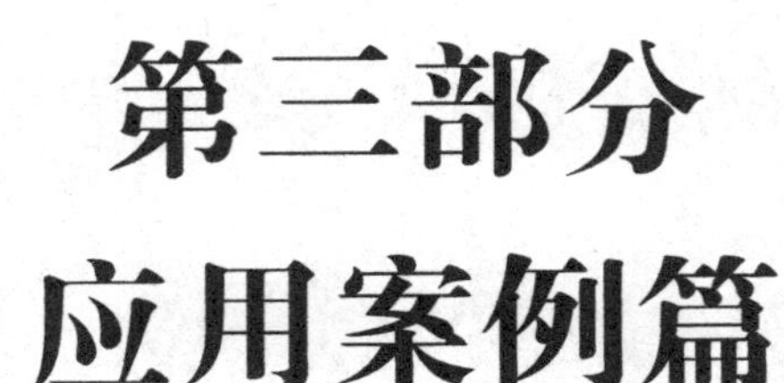

第三部分
应用案例篇

第7章 制造企业信息系统运维

企业竞争环境的不断变化，“以信息化带动工业化”战略目标的确定，使企业信息化的发展得到了前所未有的重视与推动。但是，相比其他行业，制造企业的信息系统不仅种类多、规模大，而且复杂度高，导致其信息化进程艰难。

本章以C齿轮箱公司的信息化建设及运维为例，介绍制造企业信息系统的运维实践。

7.1　制造企业信息化概述

制造业是指对制造资源（物料、能源、设备、工具、资金、技术、信息和人力等），按照市场要求，通过加工制造过程，转化为可供人们使用和利用的工业品与生活消费品的行业。制造业是国民经济和社会发展的物质基础，是一个国家综合国力的重要体现。

加入 WTO 以后，我国制造业面对全球市场竞争，除了要完成工业化外，还要实现信息化。为此，我国政府提出“随着知识创新和技术创新的不断推进，物质生产与知识生产相结合，硬件制造与软件制造相结合，传统经济与信息技术相结合，将形成推动 21 世纪经济和社会发展的强大动力”“在完成工业化的过程中要注重运用信息技术提高工业化的水准，在推进信息化的过程中注重运用信息技术改造传统产业，以信息化带动工业化，发挥后发优势，努力实现技术的跨越式发展”。

7.1.1　制造企业信息化的内涵

制造企业信息化简单而言就是充分运用信息技术来运作、经营与管理企业，具体而言，就是在企业的产品开发、设计、制造及管理等方面广泛利用信息技术，构筑企业的数字化神经系统，全方位改造企业，降低成本和费用，增加产量与利润，提高企业经济效益。

企业信息化的具体内容可分为设计制造和管理两个层面。

（1）设计制造层面：在设计上的具体应用有计算机辅助设计（Computer Aided Design，CAD）、计算机辅助工艺设计（Computer Aided Process Planning，CAPP）、产品数据管理（Product Data Management，PDM）等。

（2）管理层面：在管理上的应用有企业资源计划（Enterprise Resources Planning，ERP）、客户关系管理（Customer Relationship Management，CRM）、供应链管理（Supply Chain Management，SCM）、制造执行系统（Manufacturing Execution System，MES）、办公自动化（Office Automation，OA）等。

信息技术在制造企业中的应用促进了管理理念、管理思想和流程的变化，出现了企业流程再造（Business Process Reengineering，BPR），提出了许多全新的管理理念，如协同产品商务（Collaborative Product Commerce，CPC）、虚拟制造（Virtual Manufacturing，VM）等。企业信息化的具体内容如图 7-1 所示，在 CPC、VM、BPR 等先进管理思想的指导下，使设计信息化与管理信息化走向集成，最终实现信息化企业，以提高企业的 TQCS，提升企业的综合竞争能力。

因此，企业信息化就是在先进管理理念的指导下，应用信息技术、自动化技术、现代管理技术和制造技术整合企业现有的生产、经营、设计、制造、管理，及时地为企业的决策层、战略层、战术层提供准确而有效的数据信息，以便对需求做出迅速的反应，其本质是增强企业的“核心竞争力”。

企业信息化是一个过程，而信息化企业是企业信息化的目标、结果，是信息化了的企业，只有通过企业信息化这一过程才能实现信息化企业。

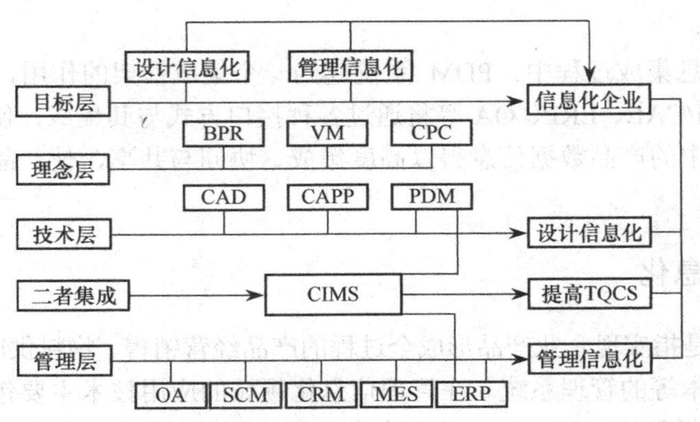

图 7-1　企业信息化的具体内容

7.1.2　设计信息化

企业实现设计信息化的标志是 CAD/CAPP/PDM 的集成应用，形成产品的全部工艺资料，提高和优化产品的设计质量，全面提升企业的设计水平和效率。

1．计算机辅助设计（CAD）

CAD 使用计算机和信息技术来辅助工程师和设计师进行产品或工程的设计，是一项快速实现设计意图、完成产品几何造型和开展工程分析的综合性技术，是产生制造数据的源头。CAD 已经成为企业提高创新能力，提高产品开发能力，增强企业竞争力的一项关键技术。它将信息技术与应用领域紧密地集成在一起，具体包括：计算机技术包括计算机硬件和软件，硬件由计算机或工作站、大容量存储器、图形设备及其他外部设备、通信与网络设备等组成；软件系统由系统软件、数据库管理软件、计算分析软件、文字处理软件、图形软件、专业应用软件、网络通信软件等组成；图形学包括图形学算法及其实现、图形软件、图形设备；数据管理包括工程数据库管理系统，能处理文本、标准、规范等各种工程数据；数值分析包括有限元分析、模拟、仿真等技术；智能技术包括知识工程、专家系统、人工智能等；人机界面如图形用户界面、多媒体等；网络通信包括局域网、互联网等。

2．计算机辅助工艺设计（CAPP）

CAPP 是通过向计算机输入被加工零件的原始数据、加工条件和加工要求，由计算机辅助进行编码、编程直至最后输出经过优化的工艺规程的过程。计算机辅助工艺设计通常是连接计算机辅助设计（CAD）和计算机辅助制造（Computer Aided Manufacturing，CAM）的桥梁。

3．产品数据管理（PDM）

PDM 用来管理所有与产品相关的信息，包括零部件、配置、结构、文档、CAD 文件、权限信息等，与产品相关过程（包括过程定义和管理）的技术，以便用户查询、检索、统计、汇总，从而充分利用企业已有的设计资源，提高工作部门、工作群体和整个企业的工作效率。

在企业的信息集成过程中，PDM 系统起到一个集成框架的作用，各种应用程序如 CAD/CAPP/CAM/CAE、ERP、OA 等将通过各种接口方式与其集成，使分布在企业各个部门、各个系统中的产品数据信息得以高度集成、协同与共享，使产品研发过程得以高度优化和重组。

7.1.3　管理信息化

管理信息化是指实现企业产品形成全过程的产品经营销售、物料供应、生产制造、质量管理、财务成本等的管理系统。在管理信息化领域的应用技术主要包括企业资源计划（ERP）、制造执行系统（MES）、供应链管理（SCM）、客户关系管理（CRM）、办公自动化（OA）等。

1．企业资源计划（ERP）

ERP 系统是指建立在信息技术基础上，以系统化的管理思想，统筹企业资源，为企业管理决策提供数据支持的管理平台。它是从 MRPII（制造资源计划）发展而来的新一代集成化管理信息系统，它扩展了 MRPII 的功能，把企业的物流、人流、资金流、信息流统一起来进行管理，以求最大限度地利用企业现有资源，实现企业经济效益的最大化。

随着应用的不断深入，ERP 已经被赋予了更深的内涵，它强调供应链的管理，除了传统 MRP II 系统的制造、财务、销售等功能外，还增加了分销管理、人力资源管理、仓库管理、质量管理、设备管理、决策支持等功能；支持集团化、跨地区、跨国界运行，其主要宗旨就是将企业各方面的资源充分调配和平衡，以赢得激烈的市场竞争，从而取得更好的经济效益。

ERP 是以管理思想为基础，建立在信息技术之上的一整套管理信息系统，其目的是整合、优化企业资源。它包含以下几方面的含义。

（1）系统性：ERP 首先是一套管理信息系统，具有系统性。

（2）管理思想：ERP 的管理思想即实现对整个供应链的有效管理。

（3）信息技术：ERP 是管理思想和信息技术相互结合、互相推进的结果。

（4）目的性：ERP 的目标是优化企业资源，提高竞争力。

2．客户关系管理（CRM）

提高顾客满意度是留住顾客的最好方法。因此，客户关系管理（CRM）就是通过提高产品性能，增强顾客服务，提高顾客交付价值和顾客满意度，和客户建立起长期、稳定、相互信任的密切关系，为企业吸引新客户，锁定老客户，提高效益和竞争优势。客户关系管理（CRM）一般包含以下七个主要方面的内容（简称 7P）。

（1）客户概况分析（Profiling）：包括客户的层次、风险、爱好、习惯等。

（2）客户忠诚度分析（Persistency）：指客户对某个产品或商业机构的忠实程度、持久性、变动情况等。

（3）客户利润分析（Profitability）：指不同客户所消费的产品的边际利润、总利润额、净利润等。

（4）客户性能分析（Performance）：指不同客户所消费的产品按种类、渠道、销售地点等指标划分的销售额。

（5）客户未来分析（Prospecting）：包括客户数量、类别等情况的未来发展趋势，争取客户的手段等。

（6）客户产品分析（Product）：包括产品设计、关联性、供应链等。

（7）客户促销分析（Promotion）：包括广告、宣传等促销活动的管理。

CRM 最大限度地改善、提高了整个客户关系生命周期的绩效。CRM 整合了客户、公司、员工等资源，对资源进行有效、结构化的分配和重组，便于在整个客户关系生命周期内及时了解、使用有关资源和知识；简化、优化了各项业务流程，使公司和员工在销售、服务、市场营销活动中，能够把注意力集中到改善客户关系、提升绩效的重要方面与核心业务上，提高了员工对客户的快速反应和反馈能力，为客户带来了便利，使客户能够快速获得个性化的产品、方案和服务。

3．供应链管理（SCM）

SCM 是围绕核心企业，通过信息手段，对供应链各个环节中的物流、资金流和信息流进行计划、组织、控制与协调，形成用户、零售商、分销商、制造商、材料供应商等各类资源的整合与优化，最终实现整体竞争力的提升。

SCM 把企业的制造过程、库存系统和供应商产生的数据集成在一起，从一个统一的视角展示产品制造过程的各种影响因素。供应链管理是企业赖以生存的基础环境，是一种整合供应链各类信息及资源，并且自动化和最佳化资源利用的软件系统，目标在于达到整个供应链价值的最大化，即在现有资源下达到最高客户价值的满足。SCM 作为一种跨组织的应用软件，建立在所有供应链节点企业的 ERP 和交易管理系统基础之上。

基于企业内部范围的管理，供应链管理将企业内部经营所有的业务单元，如订单、采购、库存、计划、生产、质量、市场、销售和服务等，以及相应的财务活动、人事管理均纳入一条供应链内进行统筹管理。当企业重视的是物流和企业内部资源的管理，即如何更快更好地生产出产品并把其推向市场时，这是一种“推式”的供应链管理，管理的出发点是从原材料推到产成品、市场，一直推至客户端。随着市场竞争的加剧，生产出的产品必须要转化成利润，企业才能得以生存和发展，为了赢得客户、赢得市场，企业管理进入了以客户及客户满意度为中心的管理，因而企业的供应链运营规则随即由“推式”转变为以客户需求为原动力的“拉式”供应链管理，这种供应链管理将企业各个业务环节的信息化孤岛连接在一起，使得各种业务和信息能够实现集成及共享。

4．制造执行系统（MES）

MES 是位于上层的计划管理系统与底层的工业控制之间的面向车间层的生产管理技术与实时信息系统。它解决了上层计划系统与下层控制系统之间的信息通信问题，在计划管理层与底层控制之间架起了一座桥梁，填补了两者之间的空隙。它通过控制包括物料、设备、人员、工作指令和设施在内的所有工厂资源来提高制造竞争力，提供了一种系统地在统一平台上集成诸如质量控制、文档管理、生产调度等功能的方式。制造执行系统的核心是使用实时、精确的生产过程数据，优化生产活动，能够对生产过程的变化实施快速反应，减少无附加值行为，从而提高企业生产效率和效益。

MES 通过双向的直接通信在企业内部和整个产品供应链中提供有关产品行为的关键任务信息。一方面，MES 可以对来自 ERP 系统的生产任务信息进行细化、分解，将来自计划层的操作指令传递给底层控制层；另一方面，MES 可以采集设备、仪表的状态数据，实时监控底层设备的运行状态，经过分析将生产状况及时反馈给计划层。

5．办公自动化（OA）

OA 是利用信息技术实现办公自动化处理，旨在提高办公效率的信息系统。通常采用 Internet/Intranet 技术，基于工作流技术，使企业内部人员方便、快捷地共享信息，高效地协同工作，改变传统复杂、低效的办公方式，实现迅速、便捷的信息采集和信息处理，为企业管理规范化和业务处理流程化提供支撑。

7.2　C 齿轮箱公司信息化简介

7.2.1　企业背景介绍

C 齿轮箱公司是专业从事高精度、硬齿面齿轮箱、联轴节、减振器的大型央企，产品广泛应用于船舶、海工、风力发电、水泥建材、金属冶炼、传统能源、分布式清洁能源、轨道交通、工程机械、油气开采、固体废物处理等行业，是国内最大的硬齿面齿轮研发制造基地之一。公司始建于 1966 年，现有员工总数 2 000 余人，资产总额超过 80 亿元。公司拥有“国家认定企业技术中心”，有专业技术人员 700 余人。公司是国家一级计量单位、中国机械 500 强、中国建材机械行业杰出企业。

“以人为本，自主创新，重点跨越，支撑发展，引领未来”是公司信息化工作的发展方针，大力推进信息化与工业化融合，建设“数字化企业”，以信息化带动工业化发展，其主要内容是抓好数字化设计、数字化生产和数字化管理技术的开发和应用，并在这三个数字化的基础上，通过集成创新，实现企业数字化带动企业现代化，提升公司的综合竞争力。

公司在信息化建设中，以 CAD/CAPP/PDM 为基础，建立了数字化的齿轮传动装置研发平台；以 ERP 系统为核心，建立了产供销等管理模块集成的管理信息化平台；在制造加工过程，实施车间层 MES 的应用，完成以生产制造为主线的数字化应用，最终实现集成制造管理。

7.2.2　公司信息化进程

在十余年的信息化进程中，C 齿轮箱公司成功地实现了从无到有的信息化建设，并制定了完善的信息化发展规划，完成了从局部应用到内部集成，从企业流程变革到基于 Internet 的信息化建设的转变。

C 齿轮箱公司使用计算机的历史较早，但 2000 年之前仅仅将计算机作为一种专用工具在小范围内使用，真正系统性、大规模地投入信息化建设和应用是从 2000 年开始的。

C 齿轮箱公司的信息化建设过程可以分为如下三个阶段：

第一阶段（2000 年之前）：信息化起步，单一系统，局部应用。

这个阶段主要解决企业的基础网络设施建设，建设完成了几个相对独立、功能专一的计算机网络，实施了当时企业需求比较迫切的二维设计和账务管理系统。在这一阶段，由于受当时的技术条件、信息化环境及企业员工信息化的认识水平影响，公司信息化没有进行科学的整体规划，面向全局的计算机网络也还没有形成，信息化应用处于零星应用状态。但在这一阶段末期，企业高层已经开始意识到信息化的重要价值，尤其在设计领域所发挥的重要作用。因此，企业成立了信息部门，组织了一个由专业人士组成的信息化团队，并给予足够的重视和必要的资金投入，企业领导的重视和支持为企业后续的信息化建设奠定了坚实的基础。

第二阶段（2000—2005 年）：企业信息化开始走上了正规化、专业化发展的道路，开展了技术信息化和管理信息化的综合应用，并初步实现了系统集成。

制定了企业信息化总体规划，建设完成了覆盖整个企业所有业务部门的计算机网络，组织应用了设计、管理领域的核心软件系统。

建设、完善了设计信息化；升级改造了二维 CAD 设计系统，并进行了 CAPP、PDM 系统的选型和应用实施。CAPP 系统围绕产品工艺设计过程提供一个适用性强的工艺信息管理解决方案，通过加强工艺卡片设计、工艺数据管理、工艺文件自动生成等方面的功能，来满足企业日益增强的设计需求。PDM 系统不仅具有很好的产品数据管理能力，还具有产品开发的任务管理功能，可对产品设计任务安排、跟踪、审签等流程进行管理。设计部门信息化的初步完成，大大提高了设计部门的设计效率，提升了设计信息化的应用效果，缩短了新产品的研发周期，提升了产品质量和性能，并积累了大量产品工艺数据，为 ERP 系统的成功实施奠定了良好的基础。

建立覆盖企业所有关键业务部门的 ERP 系统。系统以经营管理为龙头，以技术管理为基础，以交货期控制、质量控制和成本控制为中心，主要包括经营销售管理、制造资源数据管理、生产管理、物资管理、财务管理、质量管理、人力资源管理等子系统。整个 ERP 系统以产品销售订单为驱动，根据技术配置零件清单和企业生产资源，编制各个层次的制造计划，并按计划组织生产、采购、转交、入库、结算等。

建立了 CAD、CAPP、PDM 与 ERP 的接口程序，初步实现了信息流、物流、资金流的集成应用。

第三阶段（2006 年至今）：继续信息化进程，对技术系统进行了应用升级，并结合企业发展对 ERP 系统进行集团化改造。

C 齿轮箱公司通过对技术信息化发展现状的分析，决定以实施产品优化设计、分析为工作方向，全面提升企业的产品设计水平和开发响应能力，根据不同层次设计人员的需要，购置并应用了部分中端、高端三维设计软件；开展了设计分析 CAE 的应用，配置了有限元分析、齿轮箱专业瞬态响应分析、优化设计分析、多体耦合动力学分析等系统。通过有针对性的配置产品设计分析工具，力争使企业产品设计优化分析工作取得较大进步。

对 ERP 系统进行升级改造，以满足企业精细化管理的需要。进行生产管理系统的升级改造，改进主生产计划编制的方法，通过提高计划的科学性和适用性，缩短产品生产周期；通过提高需求预测的可靠性，关键资源负荷冲突校验，提高解决瓶颈问题的能力和计划的可执行性；深化车间层面的信息化应用，定制并实施 MES 系统，为车间层提供不同生产组织模式下的作业计划编制方式，提高系统的适用性；通过参数自定义、参数取值精确定义等方式，优化 MRP 计算方法和过程，提高物料需求计划编制的科学性；开发生产准备模块，通过专人配送的方式，解决停工待料等问题，大大提高企业生产效率；细化成本核算内容，增加成本核算参数和核算流程的自定义功能，提高系统的灵活性和个性化需求；增加对供应商订单执行状态的监控功能，提高供货的及时性；建立基于 Internet 的 CRM 系统，提高市场响应速度，增加客户评价、市场项目跟踪等功能，提高企业对市场的精确掌控能力。

7.2.3　公司信息系统核心功能介绍

1. C 齿轮箱公司信息系统整体框架

制造业信息化是一项庞大的系统工程，是企业核心竞争能力的重要体现。企业坚持“总体规划、分步实施、效益驱动、重点突破”的原则，全面规划、统筹安排、分阶段完成信息化目标，通过系统集成最后形成覆盖整个企业的信息化网络系统。

从企业的实际需求和未来发展要求出发，充分利用现代化信息技术，建设企业的信息化网络系统。将 CAD/CAPP/PDM 和 ERP 系统集成运用，实现从基础管理数据采集到后台应用服务的整合，完成企业从市场需求到产品设计、制造直至产品销售的信息一体化管理。C 齿轮箱公司信息系统整体框架如图 7-2 所示。

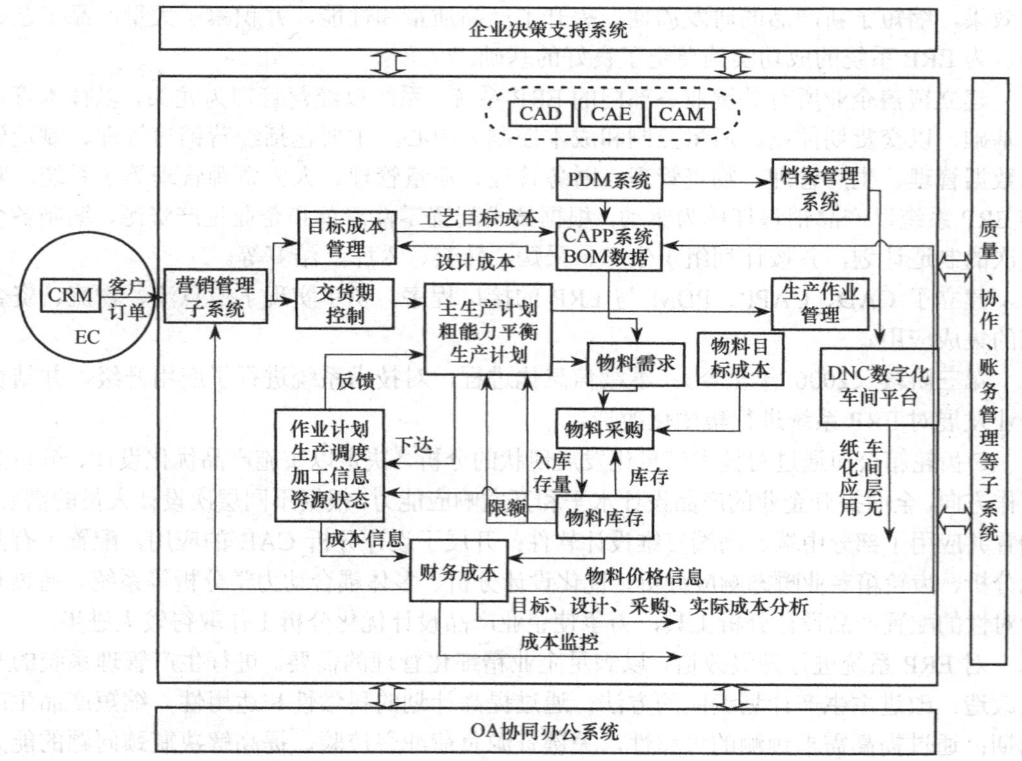

图 7-2　C 齿轮箱公司信息系统整体框架

采用 CAD/CAPP/PDM 技术，全面提高新产品的研发和创新能力，提高企业核心技术的持续发展；制定 CAM 系统应用规划，在现有数字化设备的基础上构建完善的 CAM 框架，为企业全面实施 CAM 打下坚实的基础；集成 PDM 和 CAD 系统，建立标准件通用件库和产品零件特征库，普及三维 CAD 的应用；实施 CAE，培训尖端设计人员，开展设计优化分析和模块设计，建立企业技术开发知识库，保持企业核心技术竞争力持续发展和增强；深入实施和完善 ERP 系统，优化企业资源配置，形成以客户为中心，对市场快速反应的整个企业管理信息中枢；实施企业办公自动化（OA）系统，实现无纸化办公；以 PDM/ERP/OA 为基础，建立企业决策支持系统，及时提供企业运行的各类综合性指标，为管理决策提供支持。

2．CAD/CAPP/PDM 系统核心功能介绍

1）CAD 系统

（1）图形绘制与设计：在设计思想上遵循画法几何的原理，能够直接模仿工程技术人员手工绘图时的思维模式和绘图方法，提供常用的绘图工具、尺寸标注工具、对象成组操作工具、剖面工具等；支持全约束、过约束、欠约束驱动的尺寸分析与驱动模块，满足各类产品设计需求；提供灵活的零件标注与明细栏设计功能，为设计人员提供各种明细类型与尺寸标注方法，并支持中英文明细标注；提供灵活的自定义尺寸样式、零件标注样式、智能导航工具等功能。

（2）标准工程图库：提供常用结构件库、原理图库、多视图系列件库；提供符合国家标准的轴承库和紧固件库、符号库等。基于数据库的图库技术使用简单、高效、快捷，在图形库中的图形还可以进行参数化操作，用户可将库中的图形调出，修改参数后复制到正在设计的图中。

（3）图形输出：具有拼图打印输出功能，能自动进行绘图仪页面设置；支持彩色打印方式与黑白打印方式；支持 OLE（可以自由地在当前图形中插入 BMP、GIF 等图片文件）；可在 A0 或 A1 幅面的绘图仪上一次输出若干 CAD 图形和工艺文件。

（4）图形文件格式兼容与转换：因为企业的图纸来源多样，图纸格式不尽相同，所以 CAD 软件要能直接打开 DWG 或 DXF 等格式文件进行修改或设计，而且在保存时也可以自由选择文件格式，满足企业对各种 CAD 文件格式的需求。另外，还提供文件转换模块，来进行文件格式转换，可以在 DWG、DXF、IGES 文件格式之间进行单个文件或批量文件的格式转换。

（5）工程软件开发平台：提供语言级开发工具，可用 Visual C++语言进行功能开发，支持企业的二次开发，也可以由软件公司根据企业需求开发个性化的专用功能。

（6）CAD 图形浏览器：CAD 能够被 PDM 直接调用，支持在 PDM 环境下的绘图、圈阅等功能，与 CAPP 无缝集成，支持 BOM 汇总；提供 CAD 图形浏览器，可方便地将其集成到其他软件中。

2）CAPP 系统

（1）工艺 BOM 管理：针对产品工艺设计的需求，系统可对 PDM 产品结构数据进行全面集成，实现产品数据的高度共享，方便地把设计 BOM 转化为工艺 BOM。

（2）工艺路线管理：支持车间、工序多级路线体系，工艺路线中各工序关联不同工

艺卡片；可建立典型零部件的工艺路线库，实现工艺路线的快速复用。

（3）工艺分工管理：根据工艺路线进行车间工艺分工，支持工艺编制任务的自动分派。

（4）工艺编辑：提供基本的工艺卡片模板，可以定制企业各类工艺卡片，定义卡片与基础库及卡片间的相互关系，工艺卡片格式标准的变化不影响其工艺数据的关联性；支持图文混排、所见即所得的可视化工艺设计环境，工艺卡片编辑直观、方便；支持特殊符号和公差的输入；编辑工艺时能方便地引用基础库和工艺参数。

（5）工艺简图：提供工艺简图设计模块，能够在工艺卡片上进行简单的图形设计；能够直接读取 CAD 的图形信息并可方便地完成对 CAD 图形的裁剪；支持 OLE 方式提供多种 CAD 软件的简图插入功能。

（6）工艺基础库：提供专用化工具，实现工艺资源信息（机床、工艺装备、典型工序、切削参数、材料等）的管理；提供基础的国家机械标准资源库；支持基础库结构自由定义和数据自由扩充，实现与工艺卡片的自定义关联、自动引用；可实现与外部数据库（如 ERP）的信息关联，可以方便地从第三方文件导入企业已有的基础数据。

（7）工时定额和材料定额：能方便地编辑工时定额和材料定额，并提供公式自动计算功能，根据相关设计和工艺参数按一定规则计算工时定额和材料定额。

（8）工艺信息管理：以结构化、模型化数据实体为存储单元，工艺数据保持唯一的数据源；可定制工艺与其他系统之间的信息集成接口，实现工艺信息集成和共享。

（9）工艺复用：能根据典型工艺或参考已有工艺快速编制新的工艺；不同产品/部件之间相同零件代号工艺自动借用，并保持工艺的唯一性。

（10）工艺文档管理：基于产品结构的工艺数据和工艺文件一体化管理和查询，并可将工艺文件提交 PDM 系统统一管理；工艺文档与产品结构相关联，支持方便的工艺检索；支持工艺文件的签审；与 PDM 系统集成，实现电子化流程的工艺文档签审。

（11）工艺更改及版本管理：能与 PDM 的更改管理结合，实现工作流程控制下的工艺更改，并能够有效管理工艺文件版本。

（12）工具工装管理：能够对新设计的工具工装根据给定的规则，按类自动编号；能够按类、名称、主要参数等对工具工装进行查询和检索，并能够浏览工装图纸。

（13）工艺报表：能够根据企业的需求由用户自定义工艺报表；能够和 PDM 系统集成，并生成工艺所需的各类汇总表，包括材料定额明细表、工装明细表等。

（14）工艺卡片打印输出：可对所有工艺进行成册编页打印。

3）PDM 系统

（1）图文档管理：建立统一的图文档资料库，解决图文档的集中归档管理和版本管理问题；能够把与产品相关的所有数据组织起来，对图文档进行归类管理，并按照产品结构树的方式将所有工程数据和技术文档联系起来，保证各类图文档的一致性、唯一性、准确性和完整性；通过权限控制图文档的安全和保密性。

（2）零部件库管理：建立零部件库和材料库，保证产品、零部件、外购件和原材料信息的完整、有效、规范，方便、快速地查询和重复利用零部件、外购件和原材料信息，达到减少和优化零部件、外购件和原材料规格品种，提高工作效率，降低生产成本的目的。

（3）产品结构管理：以图形化或树状 BOM 方式，实现 BOM 的手工建立和修改；建立产品结构过程中能方便地查询零部件库中已有零部件，包括标准件借用，方便设计复用或参考；能从 Excel 表格等格式文件中导入产品结构树，PDM 中的产品结构数据能够自动生成各种 BOM 清单输出；具有产品结构整体复制修改、BOM 比较等功能，支持产品派生设计；能够反查零部件被使用于哪些产品或部件。

（4）更改与版本管理：提供图纸更改的全过程管理。编辑更改单并按照流程定义，进行更改单的评审，在评审时可以浏览设计图纸，对不合理处提出修订意见，并及时反馈到设计更改者；在更改确认后建立新的版本，并对更改的地方进行标识，以方便进行更改前后的对比；可以按照设计员、产品、零件等方便地进行更改单各类信息的查询。

（5）项目管理：以项目的方式对设计过程进行管理，根据业务需要建立项目，并提供新建项目模板功能；可以通过建立项目文件夹的方式来划分项目的结构层次（给项目进行分类）；图文档文件在批准后，自动进行文件归档操作；归档后的图文档自动转入资料中心，项目归档操作必须在项目中的所有图文档文件被批准后才可以进行。

3．ERP 系统核心功能介绍

C 齿轮箱公司 ERP 系统由经营销售管理、制造资源数据管理、生产管理、物资管理、财务成本管理、质量管理和人力资源管理等子系统组成。

1）经营销售管理子系统

经营销售管理子系统包括需求预测、销售管理、经营计划、应收账款管理、售后服务管理及统计分析等功能。

（1）需求预测：收集市场需求信息，进行市场需求跟踪和任务指派，从产品生命周期、市场占有率、销售地区、销售量、市场细分等方面进行产品需求分析；根据历史资料、企业生产能力、原材料资源、竞争对手等信息，通过预测模型预测各种产品的市场占有率，确定企业发展方向。

（2）销售管理：包括客户管理、经营报价管理、合同管理和目标成本管理。建立客户及竞争对手档案，以实现对客户情况的查询和对潜在市场的分析预测；根据典型产品、历史产品零部件的工艺资料，参考厂内实际成本、物资价格、市场情况，结合付款方式等影响产品报价的因素及产品的材料、工时及费用做出正确的估价，在综合历史资料的基础上，给出准确、及时的报价；建立订货合同数据库，实现对合同信息的管理，并根据生产进度及资金回笼情况分析合同履行情况；在经营报价的基础上根据厂内实际成本及产品的组成结构，分解生成目标成本并及时传递到相关部门，并与生产过程中的设计成本、采购成本和实际成本对比分析，不断修正目标成本，并指导报价。

（3）经营计划：根据销售合同和市场分析，编制经营年、季、月经营计划，并具体落实到人员、部门、产品、销售地区和客户。

（4）应收账款管理：根据发货、开票、资金回笼记录，对应收账款实行动态管理，反映货款回笼情况。

（5）售后服务管理：根据合同条款，编制产品售后服务计划，记录服务信息，结算服务费用，根据服务内容分析产品质量信息并反馈。

（6）统计分析：按要求对合同、销售及资金回笼情况进行统计分析，并通过对报价、目标成本、设计成本和实际成本的管理和分析，为下次报价提供依据，输出相应的统计报表。

2）制造资源数据管理子系统

制造资源数据主要包括三个方面的数据，一是设计过程形成的产品结构、工艺信息；二是企业生产设施、人力等资源的能力信息；三是系统使用过程逐步积累形成的一些标准和经验数据。

（1）产品结构信息：通过与 PDM 的集成接收并查询产品的结构信息，包括产品结构、零部件消耗表等。

（2）产品工艺信息：通过与CAPP/PDM的集成，接收并查询产品的工艺信息，包括产品零部件工艺线路、工时定额等。

（3）制造资源管理：维护企业设备设施的技术参数、数量、分布及能力等数据，企业生产工人的工种、等级、能力等数据。

（4）制造标准管理：主要包括各个层次的计划标准，零部件的加工标准、工时物料消耗标准定额等。

（5）其他：主要包括对工厂日历及标准信息分类的维护，如客户、供应商、物料、部门和工程等。

3）生产管理子系统

生产管理子系统主要从企业全局角度进行生产计划安排和调度，主要功能包括主生产计划管理、物料需求计划管理、生产任务下达、外协管理和生产统计及状态监控。

（1）主生产计划管理：主生产计划是用来协调生产与销售环节供需关系的重要工具。它根据客户订单和市场预测进行分析，得出产品或主要部件级的节点计划，并进行企业关键生产资源的能力需求平衡，从而帮助企业确定适合销售需求的产品级及零部件级的生产计划，协调产销关系。

（2）物料需求计划管理：物料需求计划是对主生产计划的各个项目所需的全部制造件和全部采购件的网络支持计划和时间进度计划。通过 MRP 计算解决如下五个问题：要生产什么（来源于MPS）、要用到什么（根据BOM展开可知）、已经有了什么（根据物品库存信息、即将到货信息或产出信息获得）、还缺什么（根据计算出结果可知）、何时安排（根据计算出结果可知）。

（3）生产任务下达：为保证产品能够按时保质完成，以主生产计划和物料需求计划为依据，结合各车间生产资源、生产任务及产品加工工艺资料，进行生产计划编制，并以生产任务单的形式下达到各加工部门。

（4）外协管理：综合企业生产能力和生产任务状况，编制外协计划，监控、协调外协生产进度和质量，并进行结算管理。

（5）生产统计及状态监控：根据加工部门生产执行反馈进行各类生产统计分析，并结合计划安排形成过程监控。

4）物资管理子系统

物资管理子系统包括采购计划管理、采购管理、库存管理、资金管理和统计分析等功能。

（1）采购计划管理：根据物料需求清单及各种生产计划，制订物资采购计划（数量、时间），并将采购计划分解到各采购员；根据物资采购计划编制资金需求计划；根据库存状况及各种生产计划编制物资准备状况表。

（2）采购管理：根据采购任务表，执行采购；建立供应客户档案，录入供货合同的基本信息，并对合同的履行情况进行跟踪。

（3）收发存管理：根据运单、发票、采购合同、采购计划，验收物资入库；根据生产分厂领料单，按物料需求清单限额发料；根据物资入出库单生成物资库存账。

（4）资金管理：根据采购合同付款条款、采购发票、验收入库单，编制付款计划；根据付款计划付款，记录付款情况；根据采购合同、发票、入库单，生成客户往来明细；根据采购计划、应付款，编制资金需求计划。

（5）统计分析：根据物资入出库单、库存信息编制各种统计报表；根据目标成本控制物资采购成本；根据物资消耗情况分析控制材料实际成本；根据物资库存信息分析库存物资结构、积压情况。

5）财务成本管理子系统

财务成本管理子系统以账务处理为中心，以核算为基础，以管理为目标，含账务处理、核算及管理分析三个层次七大功能。

（1）账务处理：根据原始凭证编制记账凭证，将凭证审核记账后生成各类账簿；根据输入的银行存款对账单与机内生成的银行存款日记账，依据余额和票据号进行银行对账处理，并自动产生银行存款余额调节表；根据已生成的总账、明细账编制会计报表。月末，自动编制转账凭证，及时生成各种跨月份跨年度的分类汇总账表，以供查询。

（2）固定资产核算：根据固定资产调拨通知单、内部迁移单、验收单、报废单进行固定资产增减核算；每月按固定资产的折旧率计提折旧基金和大修理基金；然后进行归类，编制固定资产增减汇总表、折旧分配表、大修理基金计提分配表，再根据分配表进行转账，产生记账凭证。

（3）薪资核算：根据企业人员的增、减、变动，工资项目和数据变更，分配标准的变更等进行工资计算处理，输出工资结算表、汇总表、个人工资发放单等。

（4）材料核算：作为账务处理子系统与物资管理子系统的一个接口，通过调用物资管理系统的入出库单，反映和控制材料资金的周转，进行入出库材料的报销、转账、材料费用的归结和分配。在进行材料的收、发核算时，调用由物资管理子系统输入的发票及料单数据，经财务人员审核确认后入账，自动生成材料采购凭证、材料成本差异凭证、材料入库凭证、发料发出凭证、差异结转凭证，并可生成物资收发存明细表、出入库汇总表、费用结转汇总表。

（5）成本核算：根据生产管理系统的工时统计资料，结合定额资料，根据材料核算、薪资核算、固定资产核算的各项数据及其他各项费用账户数据，期末根据实动工时辅助生产实物量消耗，对各项要素费用进行分配，产生各项费用分配，形成产品成本计算单。

（6）销售核算：核算产品的收、发、存，核算企业的销售收入、销售费用、销售税金及销售利润的完成情况。

（7）财务管理分析：对工业企业通行的十大经济指标进行分析，模拟指标数据，动态控制目标系统相关的指标，动态反映并控制目标成本、利润，打印输出各种图表。

6）质量管理子系统

质量管理子系统主要包括质量检验管理、质量分析管理及质量追溯管理等功能。

（1）质量检验管理：质量检验主要分为进货检验、工序检验与产品检验三种基本检验类型，对产品从原材料进厂、加工过程到最后的产品检验实现全过程的管理，并对不合格品按照质量体系管理要求进行闭环管理。

（2）质量分析管理：利用数学模型构建各类质量控制图形，分析判断质量的稳定性，为各相关部门的质量管理与控制提供预警和决策支持。

（3）质量追溯管理：以产品或零部件为组织对象，对原材料、中间产品及产成品的质量检验信息进行全过程跟踪和追溯。

7）人力资源管理子系统

人力资源管理主要实现对职工基本信息、变更信息、工资及劳动保险的管理。

（1）职工基本信息管理：对职工的基本信息进行管理，反映职工某一时点的状态。

（2）变更信息管理：对职工的工作经历、学历、职称、工资、奖惩情况进行动态反映与跟踪，与基本信息一起全面、综合地反映职工的情况。

（3）工资管理：对职工工资基本信息进行管理。

（4）劳动保险管理：对职工的社会养老保险、医疗保险、住房公积金等进行动态管理。

4．MES 系统核心功能介绍

作为面向车间层生产管理核心的 MES 系统，其主要功能包括车间作业计划管理、工序调度管理、车间人力资源管理、车间设备资源管理、数据采集与设备运行监控、质量管理和文档管理等。

（1）车间作业计划管理：根据生产任务单、产品加工工艺编制车间作业计划，并进行能力平衡，下达生产工票，同时生成相关机台计划和班组计划。

（2）工序调度管理：根据车间生产资源任务安排和资源运行状态，结合生产实际需要进行工序级生产任务调度，以优化生产组织。

（3）车间人力资源管理：维护车间生产工人基本信息，包括工种、技术等级等，及时更新员工状态信息，为车间计划安排和调度提供数据支持。

（4）车间设备资源管理：维护车间加工设备基本信息，包括设备类型、加工能力等，及时更新设备状态信息及设备保养、维修计划，为车间计划安排和调度提供数据支持。

（5）数据采集与设备运行监控：收集各个生产设备的运行数据，实现对设备的运行状态监控。

（6）质量管理：记录、跟踪和分析产品加工过程的质量检验信息，加强过程质量控制，保证产品质量目标的实现。

（7）文档管理：管理和分发生产计划、产品结构设计、工艺设计、生产工票和生产指令信息。

5．CRM 系统核心功能介绍

CRM 系统的基本功能主要包括客户管理、联系人管理、时间管理、潜在客户管理、销售管理、电话销售、营销管理、电话营销、客户服务等，有的系统还包括呼叫中心、合作伙伴关系管理、商业智能、知识管理、电子商务等。

1）客户管理

主要功能包括：客户基本信息管理，与此客户相关的基本活动和活动历史管理，联系人的选择，订单的输入和跟踪，建议书和销售合同的生成。

2）联系人管理

主要作用包括：联系人基本信息的记录、存储和检索；跟踪同客户的联系，如时间、类型、简单的描述、任务等，并可以把相关的文件作为附件；了解客户内部机构的设置概况。

3）时间管理

主要功能包括：日历，设计约会、活动计划，有冲突时，系统会提示；进行事件安排，如 To-dos、约会、会议、电话、电子邮件、传真；备忘录；进行团队事件安排；查看团队中其他人的安排，以免发生冲突；把事件的安排通知相关的人；任务表；预告/提示；记事本；电子邮件；传真。

4）潜在客户管理

主要功能包括：业务线索的记录、升级和分配，销售机会的升级和分配，潜在客户的跟踪。

5）销售管理

主要功能包括：组织和浏览销售信息，如客户、业务描述、联系人、时间、销售阶段、业务额、可能结束时间等；产生各销售业务的阶段报告，并给出业务所处阶段、还需的时间、成功的可能性、历史销售状况评价等信息；对销售业务给出战术、策略上的支持；对地域（省市、邮编、地区、行业、相关客户、联系人等）进行维护；把销售员归入某一地域并授权；地域的重新设置；根据利润、领域、优先级、时间、状态等标准，用户可定制关于将要进行的活动、业务、客户、联系人、约会等方面的报告；提供类似 BBS 的功能，用户可把销售秘诀贴在系统上，还可以进行某一方面销售技能的查询；销售费用管理；销售佣金管理。

6）电话营销和电话销售

主要功能包括：电话本；生成电话列表，并把它们与客户、联系人和业务建立关联；把电话号码分配到销售员；记录电话细节，并安排回电；电话营销内容草稿；电话录音，同时给出书写器，用户可作记录；电话统计和报告；自动拨号。

7）营销管理

主要功能包括：产品和价格配置器；在进行营销活动（如广告、邮件、研讨会、网站、展览会等）时，能获得预先定制的信息支持；把营销活动与业务、客户、联系人建立关联；显示任务完成进度；提供类似公告板的功能，可张贴、查找、更新营销资料，从而实现营销文件、分析报告等的共享；跟踪特定事件；安排新事件，如研讨会、会议等，并加入合同、客户和销售代表等信息；信函书写、批量邮件，并与合同、客户、联系人、业务等建立关联；邮件合并；生成标签和信封。

8）客户服务

主要功能包括：服务项目的快速录入，服务项目的安排、调度和重新分配，事件的升级，搜索和跟踪与某一业务相关的事件，生成事件报告，服务协议和合同，订单管理和跟踪，问题及其解决方法的数据库。

6. OA 系统核心功能介绍

（1）个人事务管理：主要功能包括电子邮件、电话簿、日程安排、待办事宜、工作计划、代理工作、网络硬盘、名片管理、个人考勤管理、短信中心等个人事务的管理。

（2）信息中心：主要功能包括电子通告、电子论坛、规章制度中心、新闻信息、期刊信息、在线调查等的发布和查阅功能。

（3）日常工作管理：主要实现对企业的车辆管理、会议室管理、申请审批管理、工作简报、大事记、合同文档等的日常性工作的管理。

（4）行政工作管理：包括收发文管理、文书档案管理、文件管理、督办催办管理、印章管理、档案管理等，并支持电子印章。

7. 决策支持系统核心功能介绍

企业决策支持系统是对各业务管理系统信息的进一步挖掘和发现。在相关人、财、物、产、供、销等业务相继完成信息化后，积累了企业的运营数据，系统以可视化的方式向企业管理层综合反映企业运营绩效，为管理决策提供支持。

（1）企业总体运营状况分析：在企业业务部门信息化的基础上，通过数据挖掘和分析，反映企业总体概况，形成支持企业领导决策的综合信息。主要包括各合同承接、资金回笼、资产负债、应收应付、生产统计、库存资金占用、劳动力资源统计、关键生产资源利用效率等。

（2）经营销售统计分析：主要反映企业经营指标完成情况、销售趋势、应标合同跟踪情况、新接订单统计、手持订单统计、交付订单统计、合同变更统计、资金回笼统计分析及应收账款统计等。

（3）物资采购统计分析：主要反映关键物资的采购任务执行情况、物资到货及检验情况、生产物资准备情况、供应商供货质量分析、库存资金占用分析、物资周转率分析、采购资金需求分析等。

（4）生产统计分析：主要关注各层次各部门的生产计划、计划执行反馈分析、企业生产准备状况、生产进度分析、完工统计分析、关键资源负荷分析、劳动力资源保障分析等。

（5）企业关键资源使用状况分析：对企业关键资源的利用状况及企业人力资源的负荷和平衡状况进行分析，以对企业生产能力和生产效率进行准确的掌控。

（6）质量分析：对采购、生产、外协等的质量检验情况进行分析，形成不合格原因统计分析、报废原因统计分析、质量成本统计分析、责任考核追踪统计等。

（7）成本分析：对产品目标成本、实际成本进行对比分析，进行实际成本组成分析、成本差异分析等。

（8）财务指标分析：对企业资金流动状况、资产负债状况、利润状况、应收应付控制状况等的统计分析。

7.3　C 齿轮箱公司信息系统的日常运维

7.3.1　日常运维的内容

信息系统日常运维的对象是信息系统所涉及的相关基础设施，包括硬件设备、网络设备、基础软件及各类应用软件等。C 齿轮箱公司根据运维内容的特点将日常运维分为硬件维护和软件维护两类主要业务。

1．硬件日常运维

企业硬件日常运维内容主要包括硬件设备的使用情况检查，定期保养检测，故障的诊断与维修，易耗品的更换与安装，工作环境的管理等。硬件设备分布物理范围广，设备种类繁多，管理难度大，使用不当或维护管理不到位容易造成设备故障，导致企业信息系统无法正常运行等。硬件设备不仅是信息系统运行的基础载体，也是价值昂贵的固定资产，企业在严格执行设备管理制度的基础上，专门建立了硬件维护制度，具体如下。

1）使用操作规范

企业针对不同设备建立了不同的使用操作规范，细化了各类设备的启用、关停条件和流程，明确了各类设备的运行参数，并且规定关键设备，如服务器、存储设备、防火墙等未经授权不得随意接触，不得随意修改和调整系统运行参数，不得随意安装或卸载软件。

2）例行检查制度

企业针对不同设备建立不同的例行检查制度，要求设备运维人员必须严格按照制度要求开展周期性、预定义的运维管理活动。详细记录设备运行状态，并与前续记录数据进行对比分析，结合故障预防性检查，及时发现问题，避免灾难性事故的发生。另外，还需要对设备进行日常保养、配置备份、易损件更换等维护，保证设备稳定运行。

3）故障诊断与维修

硬件设备由于连续性工作的性质或产品质量原因，发生突发性故障往往是不可避免的，如果不能及时发现和解决，会直接影响企业业务，甚至造成巨大的经济损失。企业详细规定了故障诊断与维修制度，一旦故障发生，设备运维人员必须按照特定产品故障诊断处理流程对设备故障进行诊断和维修活动，必要时及时进行部件或设备更换，并将发生故障的设备送硬件提供商或服务商进行维修。

对该企业来说，硬件维护制度比较全面和规范，处理流程也已经标准化和程序化，设备运维人员的工作内容基本为重复性劳动，维护技术成熟且维护目的明确，因此，硬件设备日常运维只要根据建立的相关制度严格执行即可。

【硬件突发性故障维护案例】：备份设备故障。

企业设计系统数据库存放了整个企业 CAD、CAPP 及 PDM 的所有数据，其服务器采用的是磁盘镜像同步备份方式，这种方式能保证两个磁盘同时读/写相同的数据，一旦某个硬盘驱动器出现物理故障不能正常运转，另一个硬盘驱动器便能立即提供数据服务工作。但是，有一天该服务器的操作系统运行异常，引发主硬盘故障，而此时设备运维人员发现另一个硬盘也无法正常运转，导致企业整个设计系统瘫痪，设计工作无法进行。信息管理部门经过研究，决定采用网络附加存储方式进行系统备份，由于该方式的数据存储不再是服务器的附属，从而大大降低了应用风险。

2. 软件日常运维

软件日常运维的目标是保证软件系统的正常运转。企业将软件的日常运维划分为例行运维、正确性运维、适应性运维和安全性运维四种类型，并针对上述运维类型建立了相应的管理制度和措施。

1）例行运维

软件例行运维工作主要包括软件的日常性巡检，软件运行状态的监控，软件异常事件的报告和处理等。

企业针对例行运维的工作内容建立了相应的规范化维护措施，主要包括：第一，制定了信息系统使用操作程序、信息管理制度及各模块子系统的具体操作规范，及时跟踪、发现和解决系统运行中存在的问题，确保信息系统按照规定的程序、制度和操作规范持续稳定运行；第二，建立周期性（每天）系统运行记录，尤其是对于系统运行不正常或无法运行的情况，将异常现象、发生时间和可能的原因做出详细记录，以便问题的解决和为后续维护提供参考；第三，由专人负责做好软件、数据的备份及系统的安全性检查工作；第四，配备专业人员负责处理信息系统运行中的突发事件及对软件的修改完善工作，必要时协同软件供应商共同解决。

2）正确性运维

正确性运维主要是针对系统运行过程中发现的潜在的程序错误进行代码修改。

企业要求代码修改必须做好详细的记录，包括修改日期、修改人员、系统名称、功能名称、错误描述、原因分析、原代码、修改后代码、代码检查人、审核人等。另外，企业规定除非严重程序错误一般不允许修改核心代码这一原则。对于必须进行核心代码修改的情况需要经过多人讨论，共同确定修改方案，修改完成后必须经过严格的测试才允许发布。

3）适应性运维

适应性运维主要是针对系统运行的环境发生变化、需求发生变更或针对功能的优化完善等所进行的软件功能的调整。维护内容包括系统运行环境的变更、系统参数的调整、代码的修改和新功能的开发等。

企业规定维护人员不得擅自改变软件系统的环境配置，不得随意对系统参数进行调整。环境配置改变和系统参数调整的需求必须要有详细的申请报告，并需经过审批后方可执行。

企业针对需求变更制定了更加严格的申请、审批、执行、测试、发布的处理程序，以杜绝随意变更或变更后的效果达不到预期目标。主要措施包括：第一，建立标准流程来实施和记录系统变更。要求变更必须由业务部门提出变更申请并得到部门领导确认，信息部门针对变更申请组织讨论和分析，最终确定是否有必要进行处理。无须处理的给出解释或变通解决方案；需要处理的必须制订详细的解决方案，指定专人负责，并对变更成本与进度进行预估。第二，制定严格的测试程序和要求。系统变更需要遵循与新系统开发项目同样的验证和测试程序，必要时还应当进行额外测试。第三，制定变更发布后的跟踪与管理细则，包括系统访问授权的控制、数据转换的控制、用户培训及应用效果评价等。

4）安全性运维

安全性运维的目标是保障信息系统安全，信息系统安全是指信息系统包含的硬件、软件和数据受到保护，不因偶然和恶意的原因而遭到破坏、更改和泄露，信息系统能够连续正常运行。由于企业部分产品涉及军品，因此，企业整个的安全保密管理制度非常严格，企业专门针对信息系统的安全性问题进行详细的分析研究，确定风险主要表现在如下四个方面：第一，业务部门信息安全意识薄弱，对系统和信息安全缺乏有效的监管手段，少数员工可能恶意或非恶意滥用系统资源，造成系统运行效率降低；第二，对系统程序的缺陷或漏洞安全防护不够，导致遭受黑客攻击，造成信息泄露；第三，对各种计算机病毒防范清理不力，导致系统运行不稳定甚至瘫痪；第四，缺乏对信息系统操作人员的严密监控，可能导致舞弊和利用计算机犯罪。

针对上述风险，企业制定了详细的控制措施，主要包括：第一，企业成立了专门的信息系统安全管理机构，由企业主要领导负总责，对企业的信息安全做出总体规划和全方位严格管理，具体实施工作由信息部门负责。通过培训、宣传强化全体员工的安全保密意识，针对重要岗位员工进行特别的信息系统安全保密培训，并签署了安全保密协议；建立了信息系统安全保密制度和泄密责任追究制度。第二，企业按照国家相关法律法规及信息安全技术标准，制定了信息系统安全实施细则。根据业务性质、重要程度、涉密情况等确定信息系统的安全等级，建立不同等级信息的授权使用制度，采用相应技术手段保证信息系统运行安全有序。第三，企业利用 IT 技术手段，对硬件配置调整、软件参数修改进行了严格控制。例如，企业利用操作系统、数据库系统、应用系统提供的安全机制，设置安全参数，保证系统访问安全；对于重要的计算机设备，企业通过技术手段防止员工擅自安装、卸载软件或改变软件系统配置，并定期对上述情况进行检查。第四，企业安装了各类安全软件，防止信息系统受到病毒等恶意软件的感染和破坏。企业特别加强了对服务器等关键部位的防护，并综合利用防火墙、路由器等网络设备，采用内容过滤、漏洞扫描、入侵检测等软件技术加强网络安全，严密防范来自互联网的黑客攻击和非法侵入。第五，企业建立了系统数据定期备份制度，明确备份范围、频度、方法、责任人、存放地点、有效性检查等内容。系统首次上线运行时进行完全备份，然后根据业务频率和数据重要性程度，定期做好增量备份。数据正本与备份分别存放于不同地点，防止因火灾、水灾、地震等事故产生不利影响。

【适应性运维案例】：编码规则的扩充优化。

企业 ERP 系统物资管理子系统在实施需求调研阶段确定物资入库单的编码规则为“入库类型（LXR）+年份+5 位流水号”，如 LXR-2003-00001 代表 2003 年零星入库第一份单据。在系统运行初期，5 位流水号所包含的十万条单据容量能够满足企业的要求，但随着企业规模的急剧扩大，各类单据的数量级快速增长，导致单据容量不足，系统出现了两份流水号为“00001”的不同内容的单据，造成数据紊乱。业务人员发现此问题后及时向系统分析人员进行报告，经过分析后，对系统中各类编码规则进行了全面优化，并确定了相应的程序修改和实施方案。

【安全性运维案例】：用户密码加密。

企业 ERP 系统初始版本中所有用户密码在数据库中存放的是明码，虽然数据库本身有密码设置，但由于较多系统维护人员都知道数据库密码，因此，系统维护人员可以轻松地掌握 ERP 系统用户的用户名称和密码，容易形成信息泄露，或被别有用心的人利用，造成系统安全性隐患。在企业安全认证过程中检查发现了此问题，企业及时制订了整改措施，对系统用户密码进行了加密处理。

7.3.2 日常运维的流程

高效的信息系统运维团队是有效提高企业信息系统运行的重要保障，企业通过外部引进和内部培养相结合的方式，建立了一支满足企业需要，支撑企业信息化持续发展的运维团队。根据信息化维护的内容将企业信息系统运维团队分为硬件组和软件组。

硬件组的主要职责是保证各类软件系统赖以运行的硬件环境的稳定运转，按照硬件管理的制度进行设备的日常运行维护和升级扩容，发现和解决突发故障等，管理流程相对标准和完善，执行简单、有效。

软件组的工作职能相对于硬件组要复杂得多，主要是因为企业应用的业务系统多，涉及部门、人员较广，一些处于应用初期的系统程序错误多，与业务部门需求差异大，相对成熟的系统会随着应用的深入或业务部门职能的变化需求不断变化，软件的变更需求多。因此，软件组其主要职能是指导用户正确地使用各类软件，通过检查、监控保证软件系统的正常运行，解决系统运行过程中出现的程序错误，针对需求变更进行系统的更新、完善或升级等。

企业软件系统的运维人员主要分为三类：业务分析员、系统分析员和程序员。业务分析员主要负责对系统应用过程中与业务相关的问题进行收集和整理，并从业务角度提出修改或优化意见，此类人员由系统具体使用的业务部门业务骨干或部门领导兼任，他们同时负责维护组织的协调工作；系统分析员主要负责收集所有维护需求申请和程序优化意见，系统分析员是软件组的技术主管，其熟悉整个系统的流程和数据库设计；程序员由熟悉计算机编程的软件组技术人员担任，主要负责按照系统分析员的要求修改程序，完善文档，相互测试，完成软件系统的维护工作。部分系统由于其专业性和源程序不开放等原因，系统分析员和程序员由软件提供方人员担任。

软件系统日常运维的核心工作流程如下：系统分析员收集维护申请以后，按照紧急程度或维护类型分别进行整理，对正确性的维护，提出修改意见后可直接交给程序修改员进行修改，对涉及业务不明确或新增的业务需求提交给业务分析员，由其对问题描述准确化、详细化。对确应完善的功能由系统分析员和相关业务人员进行讨论，形成完善方案，交程序修改员完成，并安排好修改和测试计划，完善好相应文档。对小的完善性维护，修改完成后可直接下发；对比较大的修改，先内部测试，再交给应用部门进行现场测试或试运行，发现问题后再经过一个反复，最后将程序和文档一起下发。对修改后的问题定期进行评审，总结问题出现的原因，并由此决定是否要进行预防性维护。C 齿轮箱公司软件日常运维流程如图 7-3 所示。

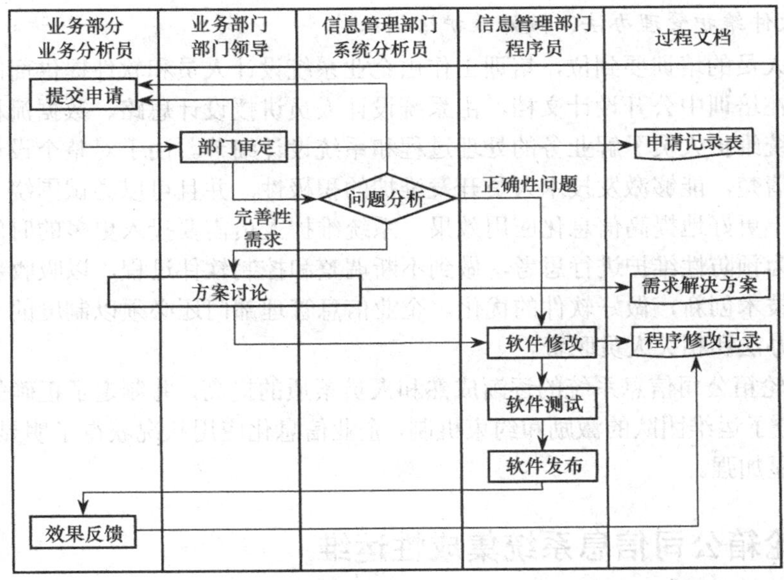

图 7-3 C 齿轮箱公司软件日常运维流程

7.3.3 日常运维的机制

C 齿轮箱公司应用的信息系统涉及公司几乎所有部门、所有业务，信息系统的运行状况将直接影响企业生产经营的正常开展，因此，为保证信息系统的正常运行，企业加强了信息管理部门运维人员的技术创新和人才培养，并结合企业应用系统的特点建立相应的日常维护机制。

1）建立多级问题反馈机制，及时发现软件存在的问题

系统正式上线运行后的维护质量的好坏是系统能否得到成功应用的重要因素，企业信息管理部门对此高度重视。由于各个部门的业务处理及部门间协作信息都通过系统完成，任何一个环节的故障都会直接影响正常的生产运营，因此，大部分的系统问题要求必须及时解决。基于以上原因，企业建立了多级问题反馈机制，充分发挥基层业务部门使用人员的作用，选择业务骨干或部门领导兼任业务分析员，使得大部分问题能够被及时发现，并能够记录、分析，及时提交系统分析员进行原因分析，拟定解决方案，由程序修改员进行程序修改，测试无误后下发使用。

2）健全问题反馈考核制度，及时解决系统使用问题

制度的顺利执行，还需附之以监督考核。企业建立了系统应用问题定期反馈制度，要求各业务部门及时收集应用过程中的问题，编制问题反馈单，上报信息管理部门，没有问题的也可上报好的使用经验和下一步完善建议，并将问题反馈制度列为年终考核的重要指标。企业信息管理部门将软件维护的任务指派到人，做到小问题或直接影响业务处理的紧急问题及时下发并当天修改完成，提交应用；中等或不紧急的问题一周内修改完毕提交应用；对涉及业务处理方法或新增的功能需求经过研讨，确定解决方案后进行完善修改。

3）建立软件维护管理办法，做好维护培训工作

系统维护人员的培训要到位，培训工作由企业系统设计人员和软件提供商的系统设计人员讲授。在培训中公开设计文档，由系统设计人员讲授设计思路、数据流程和数据库结构，使系统维护人员了解业务的处理过程和系统设计细节。由于对整个设计思路和数据库表比较清楚，能够激发技术人员开发维护的积极性，并且可以尝试围绕主干程序做边缘性开发，更好地提高信息化应用效果。系统维护人员需要投入更多的时间和精力研究新技术，为预防性维护进行思考，做到不断调整和控制软件过程，以吸收新技术和新思想，进行技术创新，做好软件的优化。企业信息管理部门还必须以制度的方式规定软件维护管理办法和相关人员职责。

随着 C 齿轮箱公司信息系统的逐渐成熟和人员素质的提高，并制定了正确的方法和制度，建立健全了运维团队的激励和约束机制，企业信息化应用状况获得了明显的改善，应用深度也明显加强。

7.4 C 齿轮箱公司信息系统集成性运维

7.4.1 集成性运维的应用需求

随着 C 齿轮箱公司计算机应用的快速拓展，面向不同职能部门的信息系统已日益丰富和成熟，但各个系统都自成体系，彼此之间缺少有效的信息沟通与协调，形成了“信息孤岛”，信息难以共享。随着信息化应用的深入，集成的需求越来越迫切，企业希望通过系统的集成应用，实现产品设计、生产组织和经营管理等方面的信息资源共享，全面提升企业的生产经营管理水平和核心竞争力。

“信息孤岛”的存在导致系统的优越性无法得到较好的发挥，各个部门之间的信息没有能够较好地共享，造成资源的严重浪费，并且严重影响到各个部门业务人员系统使用的积极性。C 齿轮箱公司系统间割裂的问题主要表现在如下几个方面：

（1）设计部门与工艺部门使用不同的 CAD 软件，设计部门使用的是 KMCAD，工艺部门使用的是 InterCAD，尽管两种软件都具有数据导入、导出的功能，但从实际应用效果来看，两者的数据共享仍然无法实现，这样设计部门的图纸到了工艺部门又不得不重新录入，造成大量的人力资源浪费，严重影响设计部门和工艺部门的工作效率和协作。

（2）由于系统间的割裂，造成设计和工艺部门设计形成的产品结构数据（BOM）、工艺文件等生产部门不得不重新进行维护。而且由于工艺部门形成的工艺与具体生产加工部门设备资源的结合不够紧密，生产部门会沿用自己所习惯的方式修改生产工艺，而这些修改又无法反馈到工艺部门，严重影响了系统使用的效率和效果。

（3）ERP 系统的生产管理系统在解决车间层面的计划和调度问题时灵活性不够，计划的指导性差，而且随着企业建立了多个加工中心，购置了大量的数字化设备，很多实时运行数据得不到有效利用，仍然需要一线业务人员通过手工的方式录入 ERP 系统，数据的及时性和准确性都无法令人满意。

因此，企业经过调研和论证，认为需要通过引入 PDM 系统作为中间桥梁，解决 CAD、CAPP 之间，以及 CAD/CAPP 与 ERP 之间的信息资源共享与传递问题，避免信息孤岛和

数据重复输入，提升信息资源的价值，提高技术人员的工作效率。同时，解决产品设计和工艺设计标准化不足，设计资料管理散乱等问题。通过定制 MES 系统来解决车间层计划、调度的及时性和有效性，并解决生产实时数据的自动收集问题，通过自动化的数据收集、整理与传输，为 ERP 系统提供实时、准确的生产数据。

信息资源的集成应用、业务流程的整合与优化大大提高了部门间的协作效率和效益，企业信息系统应用向纵深方向发展，效用得到了更大的发挥。

7.4.2　集成性运维的内容

1．CAD 与 PDM 的集成

CAD 系统的信息是产品信息的源头，信息量大、类型多，因而，CAD 系统与 PDM 的集成是企业最关心，也是 CAX 与 PDM 集成中难度最大的环节。PDM 与 CAD 集成的关键在于保证两个系统数据变化的同步或异步一致。

C 齿轮箱公司在 CAD 与 PDM 集成过程中主要解决的是 PDM 系统中产品结构树的数据结构一致性问题。PDM 系统需要从 CAD 系统生成的装配树中获取零部件的描述信息和层次结构关系，建立 PDM 系统的产品结构树。企业利用 CAD 系统的开发工具和 PDM 系统的对象服务功能构建接口程序，实现数据的双向异步交换，设计人员根据 CAD 软件的装配树自动生成和修改 PDM 系统的结构树，同时可以编辑修改 PDM 系统和产品结构树，使 CAD 软件的装配树与 PDM 系统和产品结构树保持一致。CAD 与 PDM 集成内容如图 7-4 所示。

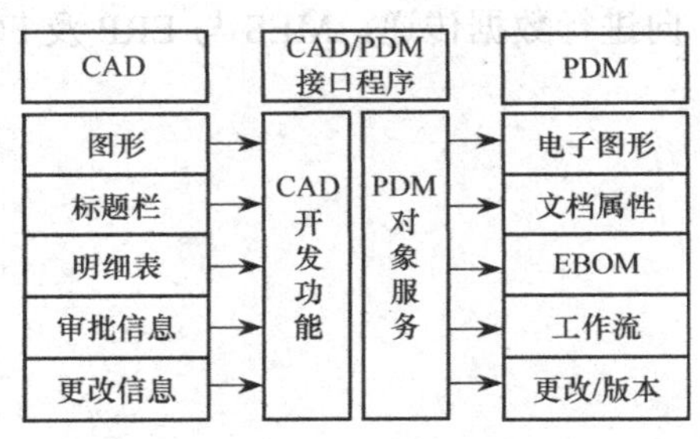

图 7-4　CAD 与 PDM 集成内容

2．PDM 与 CAPP 的集成

PDM 系统与 CAPP 系统之间除了文档交流外，CAPP 系统的运行还需要从 PDM 系统中获取包括设备资源、原材料等方面的信息。另外，CAPP 系统产生的工艺信息是 PDM 系统与 ERP 系统集成的主要内容。

CAPP 系统提供了规范企业工艺方法的手段，使工艺设计规范、科学和标准。典型工艺库的建立充分继承了成熟工艺的宝贵经验，有利于不断提高企业的工艺水平，使工艺设计更科学、更标准。CAPP 需要从 CAD 系统得到的数据主要有：对象的特征代码（如成组代码、装配代码）、对象的基本属性（如材料、数量、加工方法）、几何数据（如毛坯尺寸、下料切口）及对象的形状（CAD 图形）等。在 PDM 系统中，这些数据都可以被定义为 CAD 文件的基本属性，而且都和相应的 CAD 图形紧密联系在一起。CAPP 系统只要找到指定的零部件对象，就可以通过接口从 PDM 系统中调用该对象的相应数据。通过接口，CAPP 系统能够根据零部件的成组代码，利用 PDM 系统提供的各种查询功能，快速找到相应的典型工艺和其他的关键数据，编辑出该对象的合理工艺。其中，对象的版本号、工作状态、有效性由 PDM 系统自动调整。

3．PDM 与 ERP 的集成

PDM 与 ERP 的集成主要有三种方式：内部函数调用、直接数据库访问和中间文件交换。前两种方式都需要程序开发，并且技术难度大，集成成本高，但数据交换自动化程度高，应用效果好。中间文件交换通过各个系统的数据导入/导出接口进行实现，此方式难度小，集成成本低，但是数据交换过程需要人工参与，数据质量难以保证。

企业采用直接数据库访问的方式构建接口程序。其基本处理过程是：设计部门在产品或部件设计完成提交时，接口程序提取 PDM 中的工程设计物料清单（EBOM）、工艺物料清单（PBOM）、工艺路线信息，并转换成制造物料清单（MBOM）导入 ERP 系统；同时，ERP 系统中相关生产用基础数据（如材料、设备等）一旦发生变化或调整，接口程序自动将其变化信息同步到 PDM 系统，保证两者基础数据信息的一致性。PDM 与 ERP 的集成内容如图 7-5 所示。

4．MES 与 ERP 及 FCS 的集成

为了加强对车间层生产管理状态的掌控，提高企业先进设备的产出能力，C 齿轮箱公司在 ERP 系统生产管理子系统的基础上，改造研发了 MES 系统。作为上层 ERP 系统与底层控制系统（Final Control System，FCS）之间的一个中间层，MES 分别从两个方向进行数据传递，MES 与 ERP 及 FCS 的集成内容如图 7-6 所示。

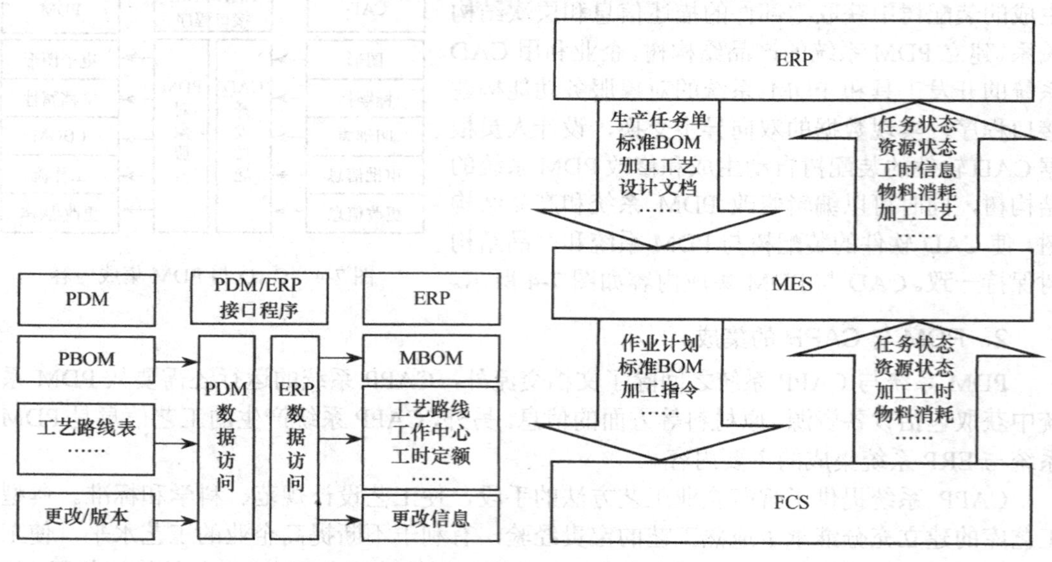

图 7-5　PDM 与 ERP 的集成内容　　　图 7-6　MES 与 ERP 及 FCS 的集成内容

（1）自顶而下的信息传递：ERP 的生产管理子系统将自制件的生产任务单下达到 MES 系统，生产任务单中包含了零部件名称、生产数量、完工日期等信息，以及标准 BOM 清单、加工工艺、设计文档等，根据这些信息 MES 产生更为详细的资源分配、工序和生产调度，并形成工作指令下达给控制层的工人、设备或控制系统，同时将控制系统需要的控制参数发送给控制层。

（2）自底而上的信息反馈：底层控制系统 FCS 根据 MES 系统下达的工作指令完成相应的操作，MES 系统实时地收集 FCS 的加工信息，主要包括实时生产信息，如起止时间、装配时间、等待时间、排队时间、实际加工时间、完成数量、废品数量，以及作业状态及底层设备、人工状态等；MES 系统对上述信息进行加工处理并及时反馈给 ERP

系统，反馈信息主要包括：生产任务单状态、完成情况、起止时间、资源状态（物料、人工、设备）、工时信息、实际执行物料 BOM、实际的加工工艺、废品信息、库存状态等。这些反馈信息是 ERP 系统对物料 BOM、加工工艺进行精确调整的依据，并且实时信息的反馈使成本计算、资源状态、库存状态信息更加准确，实时的闭环 MRP 计算才能准确、有效。

7.5　C 齿轮箱公司信息系统的升级改造

7.5.1　升级改造背景

C 齿轮箱公司在“十一五”规划中提出了以“精细管理、精确设计、精益制造、精准交付和精心服务”为主题的“五精工程”，深化管理信息系统建设，统一企业物流、资金流、信息流，实现企业资源的优化配置和综合利用，强化制度管理、任务管理、流程管理，逐步实现“数字化企业”。

2009 年，C 齿轮箱公司完成经济总量 36.7 亿元，同比增长 53.0%。随着企业规模和管理模式的不断改变，企业对组织架构和业务职能不断进行调整，对业务流程进行了重新梳理和定义，对企业资源进行了重新调配，现有信息系统中的部分模块已无法满足企业精细化管理的要求，各系统原有的僵化的流程设置模式和薄弱的柔性配置功能也已无法适应生产模式快速转变造成的业务变化需要。

另外，生产、销售的业务数据量迅速增加，使设计系统、ERP 系统数据存储量比系统刚上线时的增长都超过了 50%，业务数据量规模的扩大使系统对网络设备、服务器及存储设备等硬件平台提出了更高的要求，虽然企业曾经对局部硬件设施进行了扩容，但仍然难以满足快速发展的要求。

鉴于上述原因，企业信息管理部门认为信息系统升级改造势在必行。信息管理部门通过对当前企业信息系统运行现状的分析，结合业务部门需求和企业远景规划，参考当前先进信息系统的设计理念，2010 年制订了符合企业实际的信息系统升级改造方案。

7.5.2　升级改造内容

公司整体信息系统升级改造分两个部分。

1．硬件升级改造

2010 年开始，公司联合原有的软硬件设备供应商、服务商对企业现状进行了分析，对将来要达到的效果进行了明确，共同确定企业软硬件系统升级改造方案，并制定详细的实施步骤和落实责任方。

本阶段中主要完成企业硬件系统的升级改造，主要是对系统的各类服务器及存储设备进行升级和扩容，为下一步软件系统的升级打下基础。

信息部门对企业整个硬件系统进行了全面的检查与分析，发现系统响应速度变慢是由于业务量的增大，系统服务器和存储平台造成了瓶颈。系统主服务器的 CPU 峰值利用率超过了 90%，内存利用率也很高，I/O 更是瓶颈，利用率高达 95%；另外，存储系统容量也不足，部分数据库存储区间访问过于繁忙，造成 I/O 瓶颈。部分自行开发的应用系统没有充分优化，耗费资源较大，这些系统资源不足直接影响到了系统的响应速度。

针对上述问题，企业根据技术、管理、生产的布局和信息处理、传递、存储的要求，制订了硬件系统升级改造方案；重新设计了计算机网络拓扑关系，通过优化网络结构和运用网络新技术提升网络能力和技术性能，对不适应发展要求的机房、网络设备、服务器、存储设备、安全保密设备、计算机等进行更新改造。

企业在确定最终升级方案时主要考虑了如下三个因素：一是不能有太长的实施周期和太多的停机时间；二是投资要合理；三是可用，保证服务器和存储设备能满足两年的需求，例如，升级后数据库服务器 CPU 的平均利用率要在 20%～30%，系统平均 I/O 和磁盘利用率不超过 30%，考虑到三年的业务增长，CPU 利用率不能超过 70%。

经过慎重选择，企业采用了某计算机网络工程公司的最终升级改造方案，并与该公司的专家共同组成项目组进行实施工作，完成了升级改造，升级后的网络拓扑、数据备份方案如图 7-7～图 7-9 所示。

- 立足当前，兼顾未来发展的企业网络。
- 网络进一步延伸至车间作业单元，为数字化车间和数字化制造服务。
- 充分考虑容灾的数据服务及异地备份结构。

2. 软件升级改造

首先，充分借鉴国内外先进的企业管理思想，对企业的计划、生产、销售、采购、库存等关键业务系统进行升级，并着重对生产计划、物资采购、成本核算、销售管理等模块进行优化。

然后，结合企业现有生产资源，定制研发了面向车间管理层的 MES 系统，实现车间层的精细化管理和生产数据的实时自动收集。

企业拟通过本次信息系统升级改造优化工作流程，充分挖掘现有资源能力，进而实现精细化管理，提升效益。

1）CAD 系统的升级与改造

C 齿轮箱公司的二维 CAD 系统最初仅仅解决了绘图功能，功能简单，应用也不够深入。随着计算机信息技术的快速发展，CAD 系统的功能不断加强，产品辅助设计、辅助分析、辅助技术管理等能力有了较大提升，三维设计、有限元分析、仿真分析、仿真加工、模拟装配、人机工程等工具的技术水平不断快速进步，使大规模设计分析从高端研究机构普及到大中型企业。

（1）推进三维设计 CAD 的应用。企业经过充分的调研分析，购置并逐步实施了中端三维设计软件（SolidWorks），部分人员配置了高端三维设计软件（UG）。在推进过程中采用“老产品老系统，逐步淘汰；新产品新系统，全新开发”的策略，逐步减少老系统的应用范围和频度，当前主打产品、新产品全部采用新系统进行设计，在提高产品性能的同时，丰富企业设计资源库。

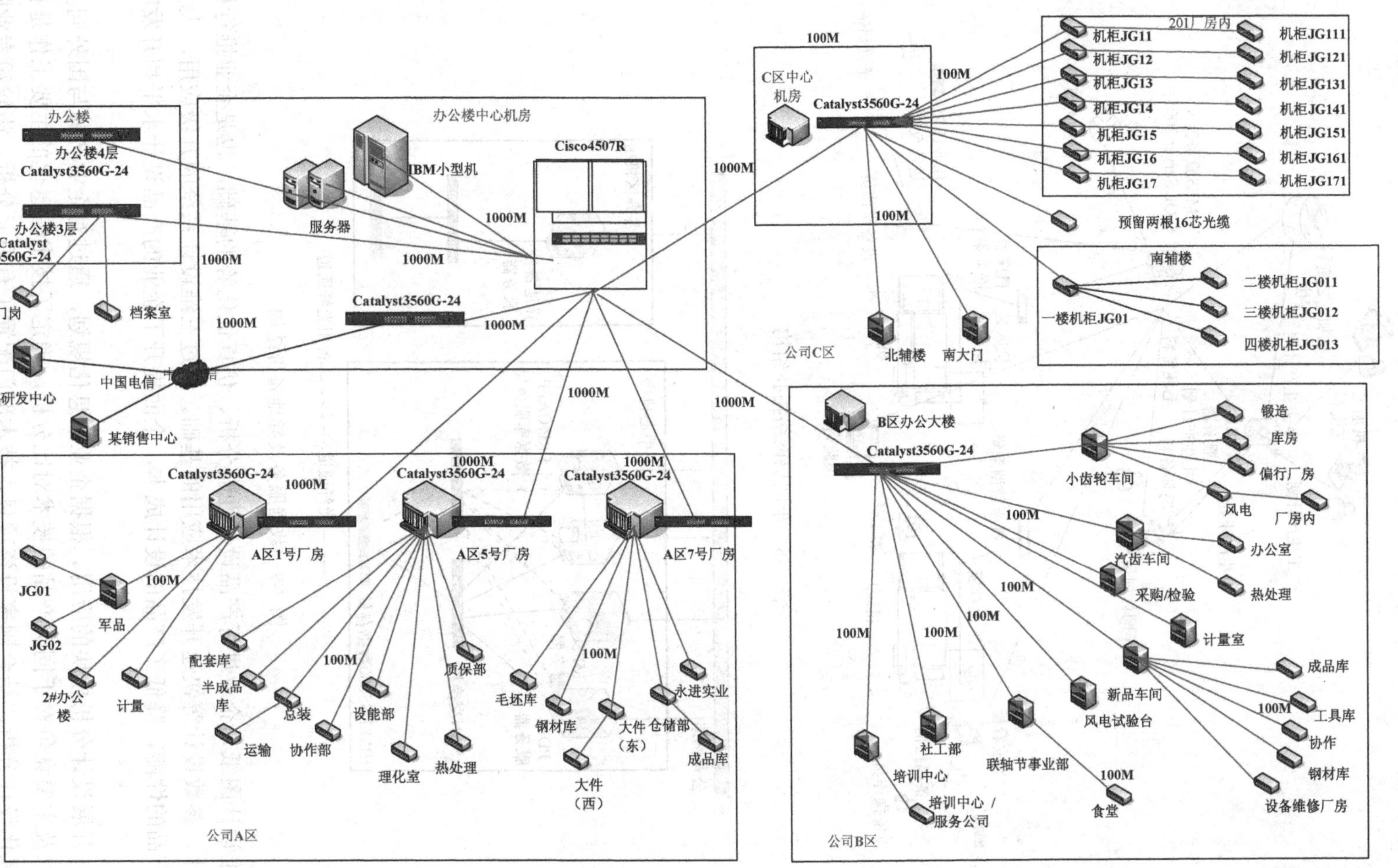

图 7-7 企业网络拓扑结构

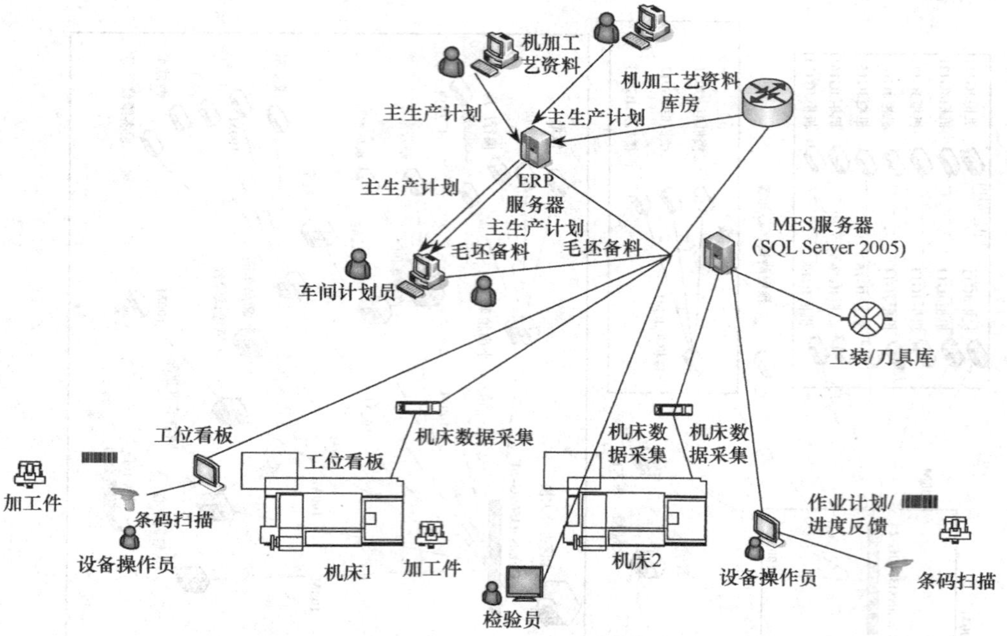

图 7-8　车间层网络拓扑结构

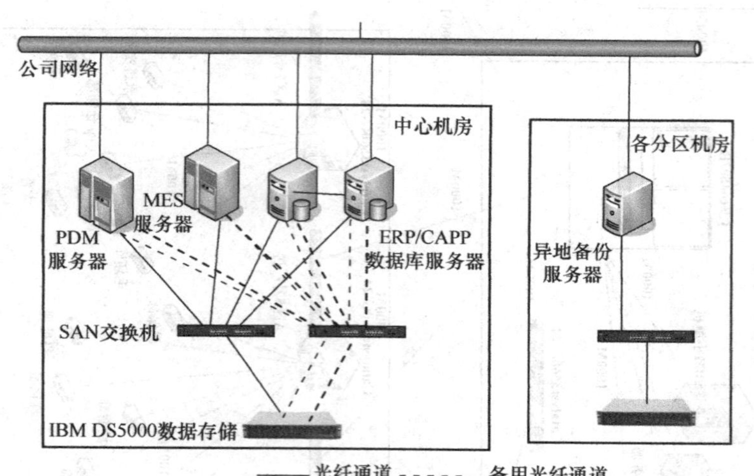

图 7-9　数据服务及异地备份结构

三维设计图纸是企业进行产品设计性能分析、仿真优化等的基础，也是企业推行模块化设计、参数设计等快速开发技术应用的基础。通过三维设计系统的升级应用，大大提升了产品的性能，降低了产品的设计成本，全面提升了企业的产品设计水平和开发响应能力。

（2）开展设计分析模块的应用。根据企业信息化规划，通过对企业产品与国外同类产品，以及主要竞争对手同类产品的技术对比分析，确定了技术信息化的主要工作是推进产品优化设计分析。结合国家投资项目，技术部门配置了有限元分析、齿轮箱专业瞬态响应分析、优化设计分析、多体耦合动力学分析等系统，通过有针对性地配置产品设计分析工具，使企业产品设计优化分析工作起了步，并取得了较大进步。

2）ERP 系统的升级与改造

在 ERP 系统升级与改造方面，企业要求在全面继承和发扬现有系统成功运行的功能和经验的基础上进行系统升级改造。针对目前存在的问题和需求，以现有系统为基本框架，结合精益生产和约束理论，从体系结构、管理模式、管理流程、系统功能、系统性能各个方面构建新一代企业管理信息系统，提高系统的先进性和适用性，为企业长远战略目标服务。

（1）主生产计划管理升级改进方案。主生产计划（MPS）是根据销售订单和市场预测编制的产品排产计划，是指导整个企业生产运营的纲领性计划。在生产均衡连续的思想指导下，尽量使主生产计划项目的产出时间与实际装配计划一致，这样可以进一步压缩零件制造和采购提前期；现在预测生产的产品放在独立需求中，但如果预测产品的 BOM 能基本保留原产品的结构，则删除那些客户个性化的需求和需求频次低的零件。这样当形成实际订单时，用订单代替预测，用订单 BOM 代替预测 BOM，提高计划安排的准确性，减少计划调整；MPS 编制以后，应用约束理论进行瓶颈资源的分析。对于制约生产的瓶颈资源采取加班、外协或调整产品生产进度的方式，降低或消除瓶颈资源对整个计划的影响，使关键资源能力负荷平衡，以保证计划有效可行。

（2）物料需求计划的细化。物料需求计划编制是整个计划体系的核心，是根据主生产计划、独立需求和零部件销售订单编制零部件的生产计划和采购计划。MRP 计算过程需要大量的参数设置和经验数据的支持，现有系统中计算过程和方法相对比较简单，计算结果准确性不够。重新对 MRP 计算过程进行优化，丰富计算参数，提高参数的取值准确度，是提高计划可行性的重要途径。

（3）车间作业计划动态重排与优化。由于 ERP 系统中车间作业计划的编排模式是统一的，而企业实际情况是由于各个车间生产内容的不同，生产组织模式有很大差异，通过定制开发面向各个车间的 MES 系统，将车间作业计划编制功能下放到各个车间，并提供个性化计划编制功能，提高计划的适用性；车间作业计划要增加动态重排的功能，按照工序的实际进度不断重排，如果时间不够，压缩工序间隔时间；增加车间层生产资源的负荷冲突校验，以提高车间作业计划的有效性。对瓶颈资源按照优先级进行有限能力排序，最大限度地发挥瓶颈资源的能力。

（4）开发生产准备模块。企业针对生产过程的效率问题进行专门的研究，经过统计发现产品生产过程中加工时间仅占整个生产周期的 10%左右，另外 90%的时间，产品处于工序周转、等待加工即管理的过程中。为达到精益生产的目的，开发生产准备管理模块，设置专门的生产配套人员，根据车间生产任务进行生产准备图纸、工艺线表、毛坯、原辅材料、工装模具、刀具、量仪等的准备，并在恰当的时间送到准确的地点。

（5）成本核算的细化处理。由于管理水平及管理手段的限制，现有系统的成本核算参数简单，价值差距巨大的工作中心采用统一的小时单价，不同处理阶段的油漆件采用相同的成本计算方式，造成实际成本核算不准确。增加成本核算参数的自定义功能和核算流程的自定义功能，提高系统的灵活性，满足核算过程的个性化要求。

（6）提高供货及时率的采购管理。需要增加供应商管理及评价体系管理功能。为了提高供货及时率，企业需要将管理范围延伸到供应商内部，提供供应商生产执行状况的反馈平台，从而精确掌控供应商合同执行进度，提高供货及时率；建立合格供应商库，包括供应商预选、供应商评价体系、供应商审定、供应商供货情况评估等。

（7）销售管理的整合与细分。随着市场规模的扩大，C 齿轮箱公司在全国多地建立了分销机构，为了快速响应市场，以及及时、准确地将市场需求信息反馈回企业以组织生产，企业需要建立基于 Internet 的数字化营销管理平台 CRM；保留并优化了客户信息的收集和管理功能，增加了客户评价、市场项目跟踪、接丢单分析、客户关怀、客户意见反馈等功能；对原有销售管理系统的合同管理、应收账款管理、售后服务管理等进行了优化；对合同执行跟踪、销售统计分析等进行了完善。

7.6 C 齿轮箱公司信息系统云化迁移方案

7.6.1 方案提出的背景

产业方面，制造业信息化已成为我国实现新型工业化道路的重要组成部分，制造业信息化的研究在计算机集成制造、并行工程、敏捷制造、虚拟制造、网络化制造方面取得了一系列成果，实现了制造业的“集成化、协同化”，在此基础上，“敏捷化、服务化、绿色化”及“知识/技术创新”正成为当前制造业核心竞争力的关键因素和制造业信息化发展的要点。

技术方面，云计算是信息技术的新一轮革命，国家“十二五”规划将云计算作为新一代 IT 产业研发与应用的重要领域之一。它为企业提供了无缝的信息技术服务，提高了效率和资源利用率，让业务人员能够直接利用强大的 IT 资源，并将 IT 从大量占用资金的模式转变为按使用付费模式，减轻了企业信息化的负担，提高了数据中心的效率。当前，全球“云计算”市场呈现出强劲的增长势头，制造业“云化迁移”已成为趋势，云计算技术可以更好地满足企业信息化建设过程中的个性化、多样化、灵活性需求。

技术与产业的结合方面，“云制造”被认为是云计算技术在制造企业落地的开端，利用云计算技术能够实现制造过程的资源整合和制造能力共享与协同，提高资源利用率，降低能源消耗。云计算将重新打造产业链，通过资源整合与优化，推动制造模式的转变和产业升级。

在公司执行系统升级改造期间，尤其是 2011 年以来，“云计算”的兴起引起了公司领导层的关注，加之 C 齿轮箱公司正步入高速发展的快车道，迫切需要相应手段帮助企业实现资源的高效利用和实现更低的成本。为适应产业和技术环境的变化，促进公司长远发展，公司先后开展私有云–公有云的混合部署，对信息系统进行有节奏、分层次的云化迁移，通过云计算促进企业信息化环境绿色化、敏捷化和服务化，推动企业创新、高效、敏捷发展。

7.6.2　企业云化迁移需求分析

1．现行 C 齿轮箱公司信息化的局限性

经过十多年的信息化建设，C 齿轮箱公司已建成信息中心和全厂网络，现行 C 齿轮箱公司的信息系统采用的是购买专业软件和实施服务的形式，存在以下局限：

（1）响应能力：信息化建设对业务需求变革的响应较慢。

（2）服务能力：企业信息部门服务压力大，对业务需求的规模服务能力和专业服务能力有待提高。

（3）服务与复杂度的匹配程度：随着信息化的深入，信息系统复杂性增大及信息量快速增加，IT 预算快速增长，服务能力与响应速度与复杂度的增长不相匹配。

2．C 齿轮箱公司信息化云化迁移的优势

云计算具有资源池化、按需自助服务、快速伸缩性、按照使用量付费等特点。从外部看，云计算就是将传统存储在企业数据中心的计算和存储资源迁移到公共云或企业私有云中，利用虚拟化技术将物理资源进行分割实现资源的按需分配和动态增长。因此，用户可以在虚拟环境中根据业务需求部署、管理应用程序并可进行动态调整，同时可以定义资源（计算、网络、带宽等）进行虚拟组装。对企业来说，云计算能给信息化带来以下优势。

1）具有好的敏捷性和扩展性，效率提升

通过云计算企业的业务需求能够快速部署，通过灵活扩展应用应对快速变化的市场，提升企业的市场应对能力及顾客响应速度。

2）降低建设成本，减小投资风险

支持虚拟化的动态 IT 架构，使不同的操作系统和应用程序可以共享服务器，按需配置计算资源，提高 IT 资产的有效使用率，降低信息化建设成本和投资风险。

3）降低运维成本，优化 IT 服务质量

通过专业运营减少运维支出，降低服务运行成本。具体而言，第一，能够避免单点故障，有效保障业务的持续运行，提高运维质量；第二，能使信息系统部署效率大幅提高；第三，企业信息服务人员可以专注于根据信息系统业务运维数据分析 IT 业务的使用率和状态，辅助进行 IT 服务优化。

4）提高信息人才业务专业水平

从信息化人才的使用角度，公司目前拥有自己的信息中心成员，但希望以更加高效的方式来为这些运维人员分配工作，虽然他们在技术方面都非常熟练，但工作烦琐且负荷太大，而公司更希望这些技术人才偏重于业务（应用），而不是基础设施运作。

5）提升企业创新性

能够支持企业以业务为核心，促进商业模式创新。

7.6.3　企业云化迁移方案

企业将通过云化迁移，打造可靠的企业混合云环境。一方面，将企业目前的信息化

资源搭建为内部专有云；另一方面，将超出企业自身计算能力的部分选用公有云提供，这样既能满足企业需求又节约成本。未来希望能够与政府云、公共服务云及行业云集成，促进公共服务业务（如金融、保险、支付等）与政务服务（工商、税务等），实现业务协同。

1. 云化迁移步骤

企业进行云化迁移的过程分为以下几个步骤：

（1）业务流程分析。重新梳理业务流程，结合企业的战略目标，分析信息化需求，了解企业信息化需要实现哪些目标，信息化系统有哪些要求，需具备哪些功能，哪些功能是必需的，哪些是可有可无的，等等。

（2）初选云服务产品。根据前期的分析，将各提供商的服务产品特点与企业信息系统的要求进行对比，初步遴选出若干个合适的候选服务。

（3）客户化定制及定向培训。通过各服务供应商所提供的文档了解云服务产品。

（4）用户免费试用。通过试用了解自己的信息化需求和应用效果，在减少信息化的盲目性同时，也大大降低企业的 IT 投资风险。

（5）确定租用意向。通过前期的试用了解，企业通过应用效果，结合企业自身的信息化现状进行分析，确定使用意向。

（6）签订 SLA 协议。企业跟云服务提供商之间签订服务使用合同，提供商按照合同提供服务，用户则支付相应的租赁费用。一般 SLA 主要规定了服务内容、计费方式及费用、存储、安全服务和违约责任等方面的内容。

（7）结合企业需求深度定制。云计算服务商根据企业的实际情况和试用后所需的功能扩展等需求，在原标准服务的基础上横向拓展和纵向延伸，进行深度定制，从而满足企业的个性化需求。

（8）系统后期维护升级。企业在使用过程中遇到任何问题，均可以通过 Internet 向服务提供商进行在线咨询。用户不用考虑软件的更新维护，因为云计算的一个重要特点就是用户无须关心系统的维护升级等工作，这些工作均由供应商负责实施以确保系统正常、有效地运行。

2. 云化迁移策略

企业决定是否将服务迁移至云计算应从两个方面考虑：一是企业数据的敏感性；二是业务的关键性。数据敏感性是指对数据的安全性要求，敏感度越高对数据的安全性要求也越高。云计算的安全性较高，可以满足一般企业的要求。若企业数据敏感度高，在选用云计算时就需慎重，应注意与供应商签订的服务水平协议，注明数据的相关保护等级。业务的关键性是指业务对企业的重要程度，业务关键性越高对企业就越重要，相应对资源、平台及安全性的要求就越高。

企业的业务系统可以分为核心业务系统和辅助支持系统，核心业务系统与企业生产运营相关，涉及企业一些专有的关键任务，包含大量企业的核心数据，如果企业规模不大，并且迁移到云计算平台中有较高的安全风险，则不建议迁移。对于非专有但涉及关键任务的次核心系统，可以考虑基于 PaaS 平台开发系统，而运营维护由公司内部管理。对于辅助支持系统，如邮箱系统、OA 系统、内容管理系统等，具有标准的功能和统一的接口，可以选择直接使用 SaaS 解决方案，这样所有的维护升级都可以交给服务提供商，企业可以将更多的资金和精力投入到核心业务上，提高其核心竞争力。

C 齿轮箱公司的云化迁移建议分为以下几个阶段。

第一阶段：标准应用 SaaS 阶段，对辅助支持系统，如 OA 系统、邮箱系统等，选用 SaaS，辅助提高工作效率；同时让用户熟悉云计算环境，意识到云计算的好处，逐步带动周围的人一起使用云应用。

第二阶段：基础 IaaS 阶段。选择 IaaS 云服务提供商，在原有信息化设施基础上构建私有云平台。

第三阶段：次核心业务 PaaS 阶段。根据企业需求，针对次核心系统，利用 PaaS 定制满足企业个性需求的可扩展信息化产品，并培养出既了解业务知识又熟悉云环境的复合型人才。

第四阶段：培训整合云应用能力，实现业务协同和数据挖掘阶段。整合企业云应用，将云计算的应用拓展到辅助企业决策，通过云计算实现跨组织的供应链信息化协同开发及辅助决策的数据挖掘和商务智能。

由于云计算在企业的应用尚处于尝试阶段，因此在整个云化迁移过程中，注意要循序渐进，首先应明确解决方案是否适合、供应商是否值得合作，进而从不重要的数据开始，随着更多数据的添加，逐步判断数据与云的匹配程度，这样可以有计划地看到每个系统的运转情况，如果没有正确运行，则采取修正措施进行修补，或改变应用方案。

本章要点

本章主要介绍制造企业信息化的内涵，并结合 C 齿轮箱公司的信息化进程对制造企业信息化的日常运维、集成性运维和升级改造的具体内容进行了介绍。要点如下：

1. 制造企业信息化的内涵及主要内容；
2. 制造企业信息系统日常运维的内容及流程；
3. 制造企业信息系统集成性运维的主要内容；
4. 制造企业信息系统升级改造的主要内容；
5. 制造企业信息系统云化迁移方案。

思考题

1. 制造企业设计信息化、管理信息化的主要内容有哪些？
2. 制造企业信息化的基本进程有何规律？
3. 制造企业信息系统硬件、软件日常运维的内容主要有哪些？
4. CAD/CAPP/PDM/ERP/MES 系统间集成的主要内容主要有哪些？
5. 制造企业在升级改造过程中主要考虑的因素有哪些？
6. 制造企业信息化进行云化迁移的优势有哪些？
7. 企业进行信息化云化迁移分哪些步骤？

第8章 银行信息系统运维

银行信息系统是现代商业银行核心竞争力的重要组成部分，具有实时数据处理、大规模数据并发、数据集中管理、安全性要求高等特点。银行信息系统的安全和稳定运行是银行生存和发展的前提，银行信息系统的运维是保障其安全和稳定运行的基础性工作。

本章首先介绍银行信息系统的目标、功能和结构，然后分别以自动柜员机、网上银行和银行信息系统的灾难备份与恢复为例，阐述银行信息系统运维的技术、流程和工作规则。

8.1 银行信息系统

银行是通过存款、贷款、汇兑、储蓄等业务，承担信用中介的金融机构。银行信息系统是银行生存和发展的必要条件，没有先进的信息系统，就不可能有现代化的银行服务和种类繁多的金融产品。信息系统的广泛应用，一方面降低了银行业的运营成本，促进了多种金融产品和金融工具的产生、推广和应用；另一方面也使银行运营突破了时间和空间上的限制，实现了银行服务和产品的网络化与全球化。

8.1.1 银行信息系统目标

从信息和信息处理的角度来看，银行最核心和最本质的内容是信息，银行就是靠信息技术来传递信息、积累资金，又利用信息系统来进行信息存储和处理的。与制造业相比，银行业的生存和发展对信息系统的依赖也更强，信息系统的安全和稳定运行对银行服务具有至关重要的作用。具体而言，银行信息系统要实现以下目标。

1. 数据实时处理

银行信息系统实时处理与反馈信息，同时为多个用户提供多种服务，要求数据处理必须在规定的时间内处理完成并返回结果，其处理结果能立即作用或影响正在被处理的过程本身。在这种处理方式中，时间的限制与系统服务的对象和具体物理过程紧密相关，如果超出限定时间就可能丢失信息或影响到下一批信息的处理。这对信息系统的正确性、可靠性要求极高。

2. 支持对大规模数据的并发处理

由于银行覆盖范围广、网点众多、业务类型多样，导致银行数据量巨大，而且增长速度快。有统计数据表明，银行的数据量每隔 12～18 个月就会翻倍。因此，银行业信息系统需要能够处理和存储规模巨大的数据量，而且要支持对大规模数据的并发处理。

3. 数据集中管理

在银行大集中的背景下，银行信息系统大多采用数据集中存放、集中处理的模式代替多分区、多数据中心的数据分散存储和处理的模式。数据的集中管理可以有效降低银行的运营成本，提高银行的集约化管理水平，也有助于信息共享、新产品开发和运行维护费用的降低。然而，数据的集中管理模式对银行信息系统的稳定性也提出了更高的要求，如何化解数据集中管理模式带来的高运营风险，确保业务连续稳定，是对银行信息系统提出的重要目标之一。

4. 高度安全性

银行信息系统存储的不仅有客户的大量存款和各种账务信息，还有涉及国家机密的大量数据，因此要求银行信息系统必须具有高度的安全性。为提高银行信息系统的安全性，必须综合应用防火墙技术、加密型网络安全技术、漏洞扫描技术和入侵检测技术等手段，确保人民和国家的财产安全。

8.1.2　银行信息系统功能

银行信息系统是通过多种渠道，以核心模块和应用程序对客户信息和账户信息进行输入、处理、传输、存储和输出的系统的总称，银行信息系统的功能结构如图 8-1 所示。银行信息系统的处理对象是客户资料和业务资料；核心模块包括会计核算、账户管理和客户信息等；应用服务系统包括存款业务系统、贷款业务系统、结算业务系统、卡业务系统、中间业务系统、投资业务系统、产品管理系统、费率管理系统、利率管理系统等；服务渠道涵盖柜面、ATM、POS、自助银行、网上银行和管理终端等。

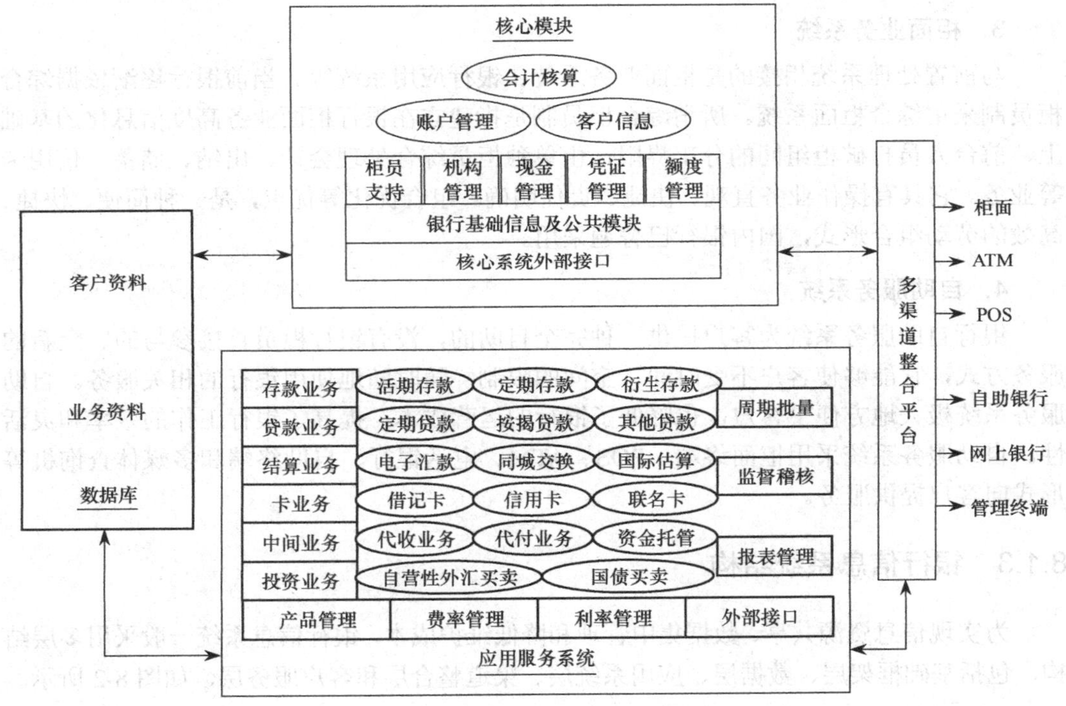

图 8-1　银行信息系统的功能结构

目前，银行信息系统的功能已较为完善，根据其业务性质可分为后台处理系统、前置处理系统、柜面业务系统和自助服务系统四大类。

1．后台处理系统

后台处理系统是指银行为及时、全面地掌握营业状况，防范和控制金融犯罪，方便地保存和查阅业务档案，分析和挖掘潜在的客户数据等而建立的系统，是银行系统中一个重要的处理环节。目前，银行已经形成了以各省市分行或区域为数据处理中心，来承担所辖全行所有营业网点的业务处理任务，形成了以核心账务系统为同一后台运行的全行账务处理系统。核心后台是业务数据大集中后的银行数据处理中心，该数据处理中心包括了银行所有的客户信息和账务信息，是银行业务运行的关键和应用服务系统运行的基础。后台处理系统的硬件设备主要以大型主机为核心，连接海量存储器、各类通信设备、高速打印机等外部设备。

2. 前置处理系统

前置处理系统是面向各业务应用系统进行统一接入管理、判断的转发系统，它将核心账务系统有效屏蔽，一方面减轻了核心账务系统的负荷，另一方面也简化了系统开发和维护的投入。根据银行业务柜面的不同，前置处理系统可以配置为一台前置机，也可以配置为相同结构的多台前置机，分别承担不同区域的业务接入请求。前置处理系统的硬件设备一般采用小型机，一些业务规模较小的前置处理系统也可以选择 PC 服务器做前置机。

3. 柜面业务系统

与前置处理系统相接的是柜面业务系统、银行应用系统等。当前银行逐渐依据综合柜员制采用综合柜面系统。所谓综合柜员制是指建立在银行柜面业务高度信息化的基础上，前台人员打破柜组间的分工界限，由单独柜员综合处理会计、出纳、储蓄、信用卡等业务。它具有操作业务直观、快捷、责任明确、组合优化等优点，是一种简便、快捷、高效的劳动组合形式，国内银行已普遍采用。

4. 自助服务系统

银行自助服务系统为客户提供一种完全自助的，没有银行柜员直接参与的、全新的服务方式，它能够使客户不受时间、空间的限制，随时随地使用银行的相关服务。自助服务系统极大地方便了客户，也降低了银行的运营成本，提高了银行工作的效率和灵活性。自助服务系统采用柜面终端、POS、ATM、电话银行、自助终端和多媒体查询机等形式向客户提供服务。

8.1.3　银行信息系统结构

为实现信息资源共享、数据集中管理和降低维护成本，银行信息系统一般采用多层结构，包括基础框架层、数据层、应用系统层、渠道整合层和客户服务层，如图 8-2 所示。

1. 基础框架层

基础框架层规定了银行信息系统开发、运行和维护的基本规范和规章制度，包括存储服务、容灾备份策略、安全体系架构、标准管理、运维体系和系统管理等。

2. 数据层

数据层主要包括银行信息系统的处理对象——客户数据和账务数据。当前，银行普遍采用总行数据大集中的管理模式。为了充分发挥数据大集中管理和综合前置平台的功能，需要对数据分布进行合理规划，明确哪些数据放置在总行数据大集中服务器，哪些数据放置在分行前置平台。银行信息系统中的数据包括：

（1）客户信息数据。包括授信客户的各种风险评估资料和经营状况资料在内的客户信息数据存放在总行数据大集中服务器上，便于全行集中式风险控制和数据仓库技术的应用。

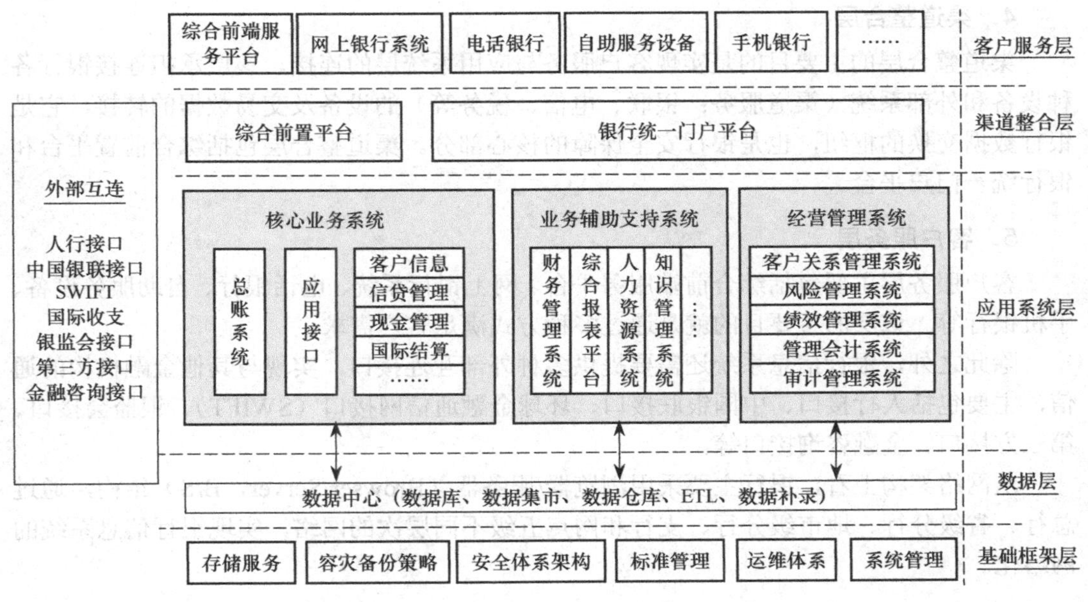

图 8-2　银行信息系统结构

（2）综合账务数据。包括对公、对私账务数据，由于账务系统是运行在总行数据大集中服务器上的，所以这些数据全部应存放在总行数据大集中服务器上。

（3）信用卡账务数据。信用卡系统也运行在总行数据大集中服务器上，所以这些数据也应存放在总行数据大集中服务器上。

（4）中间业务的客户数据。由于中间业务是本地化特色很强的金融业务，所以中间业务的客户资料数据在不同分行会有不同的表述，很难由总行统一实现，这些数据主要存储在各地分行的前置平台上。

（5）清算和对账数据。在金融交易中，银行会与金卡、券商等银行客户进行对账，并与本地网上支付网关进行对账。在对账时，分支行负责和所有的清算单位（金卡、电信等）对账，主要通过勾对流水的方式来进行处理，然后与总行统一勾对账务信息。因此，在下属分行的前置平台应存放清算与对账的交易流水信息。

（6）地方性安全认证数据。出于对各地安全措施千差万别的考虑，如各地分行对公同城通兑方式不同，IC 卡安全论证方式不同等，对交易进行合法性校验的安全认证信息最好应存放在下属分行的前置平台，由下属分行负责这些数据的安全。

3．应用系统层

应用系统层是指对银行数据进行处理的应用程序，主要包括核心业务系统、业务辅助支持系统和经营管理系统。其中核心业务系统包括总账系统、客户信息系统、信贷管理系统、现金管理系统等；业务辅助支持系统包括财务管理系统、综合报表平台、人力资源系统、知识管理系统等；经营管理系统是指支持银行经营管理的相关系统，包括客户关系管理系统、风险管理系统、绩效管理系统、管理会计系统、审计管理系统等。

4．渠道整合层

渠道整合层的主要目的是实现客户服务与应用系统层的连接，该层承担连接银行各种设备和外部系统（渠道服务：银联、电信、税务等）的设备及交易数据的转接，它是银行数据交换的枢纽，也是银行安全保障的核心部分。渠道整合层包括综合前置平台和银行统一门户平台。

5．客户服务层

客户服务层主要包括综合前端服务平台、网上银行系统、电话银行、自助服务设备、手机银行等。该层的主要目的就是通过多种方式满足客户需求。

除此之外，银行信息系统还需要提供多种外部互连接口，实现与其他金融机构的通信，主要包括人行接口、中国银联接口、环球金融通信网接口（SWIFT）、银监会接口、第三方接口、金融咨询接口等。

从网络架构上看，银行主要采用浏览器/服务器（Browser/Server，B/S）结构，通过总行、省级分行、地市级分行、支行和网点五级不同层次的网络，实现银行信息系统的网络化。

8.2　自动柜员机安全运维

8.2.1　自动柜员机简介

自动柜员机（Automatic Teller Machine，ATM）如图 8-3 所示，是银行在不同地点设置的一种小型机器。它是集计算机技术、网络技术、机电技术、自动控制技术于一体的高技术产品，是银行实现自助服务的关键设备。ATM 可以完成读卡、上传、校验、检测、查询、吸钞、吐钞、转账、打印等一系列复杂的动作，客户可以通过记录客户基本资料的银行卡在 ATM 上进行提款、存款、转账等银行柜台服务。ATM 按安装方式可分为大堂式和穿墙式两种，前者主要安装在室内，直接分流柜台业务量，减轻柜面压力；后者主要安装在户外，24 小时对外服务。ATM 按功能可分为带存款功能的和不带存款功能的 ATM。随着我国银行信息系统应用的不断深入和客户对银行服务质量要求的提高，ATM 在银行业的应用越来越广泛。

图 8-3　ATM

ATM 的稳定运行是保证其发挥作用的前提，ATM 的故障，以及发生错账、吞卡，或利用 ATM 进行诈骗和盗窃活动等均会影响 ATM 的使用。

8.2.2　影响 ATM 安全运行的因素

影响 ATM 安全运行的因素主要有安装环境、电源系统、空气环境、系统部件、软件因素、网络故障及其他影响因素。

1．安装环境

银行应根据业务量、客户需求和本行的发展规划选择合适的 ATM，ATM 选址应遵循“弥补网点不足、延长服务时间”两项基本原则，同时要选择合适的环境安装 ATM，保证有稳定的电源环境，良好的接地系统，适宜的温湿度和清洁度，安全的防雷保护措施，稳定的通信线路，防雨淋、防日晒、防鼠害，另外还要避免 ATM 附近有大功率的强干扰性用电设备。为便于设备管理和系统维护，应尽量选择同一品牌的主流 ATM，而且机型和操作系统、开发环境应尽量保持一致和稳定。

2．电源系统

电源系统是影响 ATM 正常运行的首要因素，对 ATM 影响较大的电源因素主要有：电源系统的接地质量、电压稳定程度、电源掉电情况、电源瞬变、电源噪声、周围环境噪声等。异常的电源环境会影响 ATM 部件的正常运转，影响信息的读写、处理、传输、显示，造成程序无法正常执行，甚至破坏元器件、损坏信息。减少电源系统故障的方法一是提高接地的质量，二是通过稳压器、滤波器、UPS 等电源保护装置来改善电源质量，三是避免频繁地开关 ATM。

3．空气环境

温湿度、清洁度是影响 ATM 正常运行的重要因素。当温度过高或过低时，会破坏橡胶传动部件的物理特性，直接影响 ATM 的工作。当环境过于潮湿时，会使金属接插件接触面及接触点表面雾化，发生化学反应导致接触不良，同时在此环境下长时间停机会使腐蚀加重，引起出钞模块及部分元器件锈蚀等；如果环境过于干燥，易使器件发热并产生大量的静电而损坏芯片。

清洁度将直接影响 ATM 器件的寿命，ATM 一般都临街摆放，外界灰尘较大，显示器和各控制板在工作中产生的热量和静电也会吸附灰尘。灰尘会使器件表面与外界隔绝，导致散热不畅，自身温度提高，从而加速老化；灰尘会使机械传动部分干涩、运转不畅、加大运转阻力，使驱动电流过大；灰尘还会使 ATM 中众多的传感器灵敏度下降，所反映的定性值和定量值失真，容易引起 ATM 故障。

4．系统部件

ATM 部件自身的生命周期和使用次数极限也是影响 ATM 的因素。一方面，因长期运转，造成零部件损坏而引起故障，如传感器灵敏度下降，皮带磨损老化，弹簧失效，齿轮磨损等；另一方面，由于 ATM 的机械动作较多，加上不断积聚的灰尘的侵蚀，导致 ATM 出现机械偏移，如微动开关不能灵活弹开和闭合，金属接插件松动，摩擦轮压力不足，磁卡读写器失灵等。这些都会影响 ATM 的正常工作，需要适时更换损坏件来保证 ATM 的正常运行。

5．软件因素

软件在设计上可能存在的缺陷和漏洞，会影响自动柜员机的正常使用，如系统不能自动清理运行日志，导致日志文件不断增多，甚至引起进程或消息队列堵塞；软件对器件的伪错误状态不能纠正或复位，导致发生吞卡或死机现象；操作界面和操作提示友好程度不够或者频繁改变操作界面，导致客户操作不方便甚至引起误操作；此外，测试盘、升级盘等查杀病毒不及时同样也会引起 ATM 运行故障。

6．网络故障

由于现在的 ATM 几乎都是联网使用，因此通信网络质量的高低对 ATM 也有着举足轻重的影响。通信链路是否稳定，丢包率是否在正常范围，带宽能否满足业务需求，数据交换是否及时，主机响应速度能否适应业务高峰，ATM、前置机、主机之间及与网络的参数配置是否匹配，组网方式是否统一，这些都会直接影响 ATM 的正常运行。

7．其他影响因素

长时间停机会损坏 ATM 的机械部件和电子部件，停机后重开机时传送皮带、滚轮及齿轮摩擦力加大，引起启动电流过大，会冲击和损坏电源模块及打印机控制板，特别是在雨季由于湿度加大这种现象更严重。长时间停机还会引起加密模块密钥丢失。此外，ATM 本身的设计如摩擦出钞还是真空吸钞，散热方式的选择，部件材料的选择，制作工艺的高低等，也是影响 ATM 正常运行的因素。

另外，完善的管理制度也是确保 ATM 安全运行的重要保证。银行应该成立专门的部门负责 ATM 的规划、选型、安装、运行、维护、保养、故障排除、升级、考核等各个工作环节，并根据实际情况制定科学、系统、完善的管理办法和具体的操作规程、考核办法，内容涵盖 ATM 规划、运行、维护、培训、考核等各个方面，做到有章可循，有章必循。

8.2.3　自动柜员机的运维

由于 ATM 的运维专业性较强，大多数银行都将此工作外包给专业的 ATM 技术服务公司，由这些专业的 ATM 技术服务公司承担 ATM 运维的工作。专业的 ATM 技术服务公司主要对自动柜员机提供故障维修、设备保养、操作培训、账目分析等运维工作。

1．故障维修

在进行 ATM 故障检测之前，首先需要明确机器状态，是未开机、开机、主管状态还是服务状态；然后检测电源是否处于正常状态；接着依次检测出钞模块、送钞模块、磁卡读写模块、流水打印机模块、收据打印机模块、存款模块、显示器模块、主控制模块、运行指示模块、直流电源模块、交流电源模块、保险柜门、操作员面板、客户键盘等是否正常；找到故障模块，并进行维修；维修结束后填写 ATM 维护报告。

ATM 主要故障及其解决方法如表 8-1 所示。

表 8-1　ATM 主要故障及其解决办法

故障名称	故障表现	解决办法
流水打印机硬件故障	屏幕会显示暂停服务画面	切换到操作员模式，看有无卡纸，做初始化，如果仍然有错，应与硬件工程师联系
凭条打印机硬件故障	ATM 能提供正常服务，但是每次交易会提示没有凭条	切换到操作员模式，看有无卡纸，做初始化，如果仍然有错，应与硬件工程师联系
缺钞	顾客做交易时，没有取款项	按会计周期流程加钞
出钞模块故障	顾客做交易时，没有取款项	插入技术操作员卡，输入正确的操作员代码和密码，并选择设备自检。如果显示有故障，应与硬件工程师联系
通信故障	无法通信	检查网络是否畅通，如果 Ping 通不过：网线或路由问题；如果 Ping 通过：联系技术人员查找 ATM 的配置（ATM 号、申请密钥）
长款	ATM 钱箱（包括废钞箱）内钞票金额比 ATM 统计数据多	检查是否客户未取走钞票，或取款模块故障，或取款冲正不成功
短款	ATM 钱箱（包括废钞箱）内钞票金额比 ATM 统计数据少	首先检查废钞箱里是否有钞票，然后检查钞票是否粘连在皮带上，如没有，可能是硬件问题，应马上联系 ATM 管理人员并汇报
操作员密码丢失	操作员密码忘记，无法进入主菜单	插入操作员卡，输入操作员代码，并连续输入三次错误的密码后系统自动将密码置为初始密码
加钞时提示失败	插入操作员卡进行加钞操作时提示失败请重试	选择重试几次后仍提示失败，应联系维护工程师查找故障原因。等通信恢复后再重新加钞
运行期间出现通信超时	主机停止、网络故障，或通信繁忙时会引起通信超时	运行一段时间后遇到通信故障，请查询主机是否正常运行，然后检查线路。一切正常后可以查询日志，并比对主机允许的交易，进而判断问题所在
运行时发现取款交易被封	取款交易不可用	钱箱故障（比如废钞箱没装好）引起的取款交易不可用，请重上各钞箱，并执行设备自检，如果问题依旧，应向 ATM 硬件工程师求助
屏幕提示暂停服务	通信故障引起的暂停服务	系统检测到 MAC 错，并且 RQK 交易一直失败，此时请查询主机运行情况。处于逻辑关闭状态，请发监控管理命令——逻辑开。接受监控管理命令处于执行状态，请等待系统执行。检查是否流水打印机和读卡器硬件故障引起暂停服务，进入维护模式进行自检，如果问题依旧应向 ATM 硬件工程师求助
退客户卡	客户插卡时一直退卡	如果系统未初始化 CDK，则系统对客户插入的卡自动退卡，初始化 CDK 即可
退操作员卡	操作员卡插入后一直退卡	确认操作员卡号，或者换一张卡
其他常见故障	最常见的故障是纸少、钱箱没装上、废钞箱没装好	遇到机器故障时检查流水，并留意是否为这些故障，如果问题比较复杂应向硬件工程师求助

2. 设备保养

为了维持 ATM 处于良好的工作状态，需要定期对 ATM 进行保养，保养周期一般为一个季度。设备保养是对出钞模块、送钞模块、磁卡读写器模块、流水打印机模块、收据打印机模块、存款模块、显示器模块、主控制模块、运行指示模块、直流电源模块、交流电源模块、保险柜门、操作员面板、客户键盘等进行除尘、润滑、调整校验和功能检测，并对外界稳压设备、电源左零右火、电源地线、避雷措施、防鼠情况等外部环境进行环境检测；最后进行整机调试和检测，保证 ATM 处于良好的运行状态。

3．操作培训

根据需要，对银行 ATM 操作员进行培训，让他们熟练掌握 ATM 的日常操作。主要培训内容包括 ATM 简介、ATM 的运行与操作、ATM 主管态的操作、ATM 的运输与存放、ATM 的场地及安装准备工作、ATM 的日常业务流程、ATM 的硬件维护和其他注意事项等。

4．账目分析

ATM 有时会发生长短款的现象。找出长短款原因，包括流水账分析、机器测试等。

（1）如果是 ATM 统计数据和后台尾箱数据不符应属于账务问题，应与上级主管部门联系，账平而客户来索要钱，可能是跨行交易不成功，应先查流水记录和报表，确认后报告上级主管部门。

（2）多次清点钞票张数，确认不是因为点错而造成长短款。

（3）检查在出钞器和出钞门附近是否有残钞，检查保险柜内部是否有遗落的钞票。

（4）确认扎账和加钞过程。

（5）提供长短款会计周期、柜台尾箱统计余额、钞箱余额、废钞箱内金额、实际加钞金额、后台交易明细给前来查账的服务工程师。

（6）有的长短款是因为账目延时造成的，所以有时等几天后账目会自动抹平。

8.3　网上银行安全运维

8.3.1　网上银行

网上银行（Internet Bank 或 E-bank）也称在线银行、网络银行，是指利用 Internet、Intranet 及相关技术处理传统的非现金类银行业务，完成网上支付等电子商务中介服务的新型银行。网上银行实现银行与客户之间安全、便捷、实时、友好的对接，为银行客户提供开户、销户、查询、转账、对账、网上证券、投资理财等全方位的银行服务。

网上银行依托信息技术和互联网络，很大程度上突破了银行传统的业务模式，摒弃了由门店、前台到柜面的传统银行服务流程。网络银行不受时间和空间限制，可以在任何时间、任何地点，以任何方式为客户提供金融服务，可以针对客户的具体需要制定个性化服务。交易成本低廉和服务响应速度快是网上银行的主要特点。

网上银行目前存在两种发展模式。一种是完全依赖于互联网的电子银行，也称“虚拟银行”。所谓虚拟银行是指没有实际的物理柜台作为支持的网上银行，这种网上银行一般只有一个办公地址，既没有分支机构，又没有营业网点，采用先进的信息技术和强大的 Internet 与客户建立直接亲密的联系，提供全方位的金融服务。美国第一家网上银行成立于 1995 年 10 月，是在美国成立的第一家没有营业网点的虚拟网上银行，营业厅就是公司的网站，整个银行员工 19 人，主要工作就是对网络进行维护与管理。另一种是在现有传统银行的基础上，利用互联网开展传统银行业务，即传统银行利用互联网作为新的服务手段为客户提供在线服务，其实质是传统银行服务在互联网上的延伸。这是目前网上银行存在的主要形式，也是绝大多数商业银行采取的网上银行发展模式。

8.3.2　网上银行的安全技术

网上银行使银行内部网络向互联网敞开了大门，如何保证网上银行交易系统的安全，关系到银行内部整个金融网络的安全。网上银行的主要安全技术包括交易服务器保护技术、身份识别和 CA 认证、数字证书、公开密钥算法等。

1. 交易服务器保护技术

为防止交易服务器受到攻击，银行主要采用以下三个方面的技术措施：

（1）设立防火墙，隔离相关网络。一般采用多重防火墙方案，其作用是分隔互联网与交易服务器，防止互联网用户的非法入侵，有效保护银行内部网络，同时防止内部网络对交易服务器的入侵。

（2）高安全级的 Web 应用服务器。服务器使用可信的专用操作系统，凭借其独特的体系结构和安全检查，保证只有合法用户的交易请求才能通过特定的代理程序送至应用服务器进行后续处理。网上银行的安全结构如图 8-4 所示。

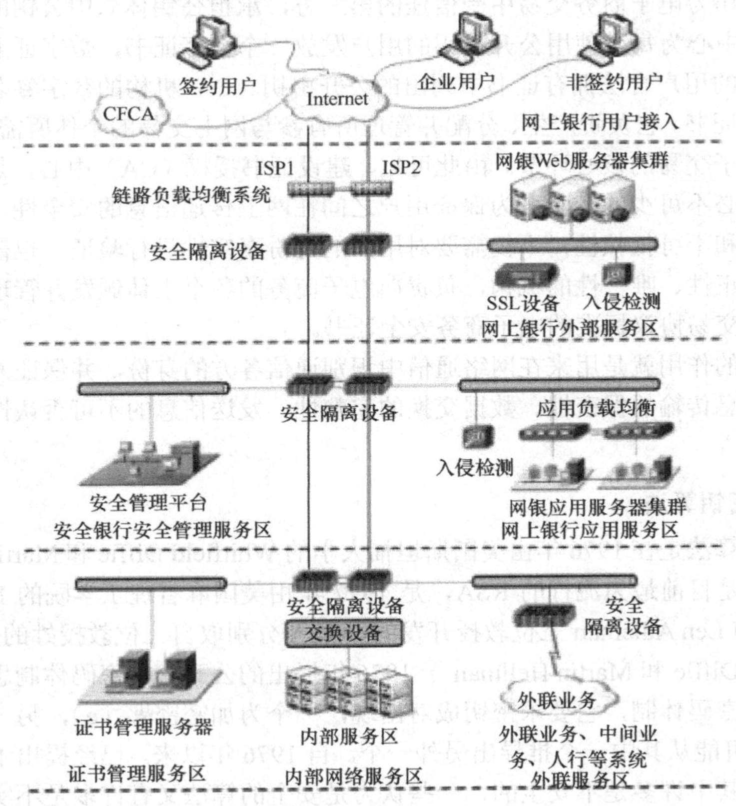

图 8-4　网上银行的安全结构

（3）24 小时实时安全监控。比如，使用 ISS 网络动态监控产品进行系统漏洞扫描和实时入侵检测。在2000年2月Yahoo等大型网站遭到黑客入侵破坏时，使用ISS安全产品的网站均幸免于难。

2. 数字证书

数字证书就是互联网通信中标志通信各方身份信息的一系列数据，提供了一种在Internet上验证身份的方式，其作用类似于司机的驾驶执照或日常生活中的身份证。它是由一个权威机构——CA机构，又称为证书授权（Certificate Authority）中心发行的，人们可以在网上用它来识别对方的身份。数字证书是一个经证书授权中心数字签名的包含公开密钥拥有者信息及公开密钥的文件。最简单的证书包含一个公开密钥、名称及证书授权中心的数字签名。

数字证书颁发过程一般为：用户首先产生自己的密钥对，并将公共密钥及部分个人身份信息传送给认证中心。认证中心在核实身份后，将执行一些必要的步骤，以确认请求确实由用户发送而来，然后，认证中心将发给用户一个数字证书，该证书内包含用户的个人信息和他的公钥信息，同时还附有认证中心的签名信息。之后，用户就可以使用自己的数字证书进行相关的各种活动。数字证书由独立的证书发行机构发布。数字证书各不相同，每种证书可提供不同级别的可信度。

CA机构作为电子商务交易中受信任的第三方，承担公钥体系中公钥的合法性检验的责任。CA中心为每个使用公开密钥的用户发放一个数字证书，数字证书的作用是证明证书中列出的用户合法拥有证书中列出的公开密钥。CA机构的数字签名使攻击者不能伪造和篡改证书。它负责产生、分配并管理所有参与网上交易的个体所需的数字证书，因此是安全电子交易的核心环节。由此可见，建设证书授权（CA）中心，是开拓和规范电子商务市场必不可少的一步。为保证用户之间在网上传递信息的安全性、真实性、可靠性、完整性和不可抵赖性，不仅需要对用户的身份真实性进行验证，也需要有一个具有权威性、公正性、唯一性的机构，负责向电子商务的各个主体颁发并管理符合国内、国际安全电子交易协议标准的电子商务安全证书。

数字证书的作用就是用来在网络通信中识别通信各方的身份，并保证网络安全的四大要素，即信息传输的保密性、数据交换的完整性、发送信息的不可否认性、交易者身份的确定性。

3. 公开密钥算法

公开密钥算法是在1976年由美国斯坦福大学的Whitfield Diffie和Martin Hellman首先提出的，但是目前最为流行的RSA，是1977年由美国麻省理工学院的Ron Rivest、Adi Shamirh和Len Adleman三位教授开发的，RSA分别取自三位教授姓的第一个字母。

Whitfield Diffie和Martin Hellman于1976年提出的公开密钥密码体制思想不同于传统的对称密钥密码体制，它要求密钥成对出现，一个为加密密匙（e），另一个为解密密匙（d），且不可能从其中一个推导出另外一个。自1976年以来，已经提出了多种公开密钥密码算法，其中许多是不安全的，一些认为是安全的算法又有许多是不实用的，它们要么是密钥太大，要么密文扩展十分严重。多数密码算法的安全基础是基于一些数学难题，但这些数学难题短期内难以解决。

公开密钥算法又称非对称密钥算法，使用两对密钥，即公共密钥和专用密钥。用户要保障专用密钥的安全，公共密钥则可以发布出去。公共密钥和专用密钥是有紧密关系的，用公共密钥加密的信息只能用专用密钥解密，反之亦然。由于公钥算法不需要联机密钥服务器，密钥分配协议简单，所以极大地简化了密钥管理。除了加密功能之外，公钥系统还可以提供数字签名。

网上银行的交易方式是点对点的，即客户对银行。客户浏览器端装有客户证书，银行服务器端装有服务器证书。当客户上网访问银行服务器时，银行端首先要验证客户端证书，检查客户的真实身份，确认是否为银行真实客户；同时服务器还要到 CA 的目录服务器，通过 LDAP 协议，查询该客户证书的有效期，并检查客户是否进入“黑名单”；认证通过后，客户端还要验证银行服务器端证书，如上所述，此为双向认证。双向认证通过以后，建立起安全通道。客户端提交交易信息，经过客户的数字签名并加密后传送到银行服务器，网关转换后，送到银行后台信息系统进行划账，并将结果进行数字签名返回客户端。这样就做到了支付信息的保密和完整，交易双方的不可否认性。可以说，公开密钥算法与网上银行的安全要求进行了完美的结合。

8.3.3　网上银行安全的运维保障体系

网上银行的安全体系包括安全策略、安全管理制度和流程、定期安全评估、安全技术措施、业务安全措施和安全审计。

1．安全策略

安全策略的重要性在于其他所有安全管理制度和措施都要根据安全策略来制定，在制定网上银行安全措施时，可以遵循以下原则：在银行可以承受的安全风险范围内，尽可能地考虑成本和效率。

网上银行系统设置安全主管一名，指导管理员工作并协调其他安全事宜。在管理员的设置方面，网上银行中心管理员分成网上银行系统操作员、网上银行系统管理员、网上银行账户管理员、网上银行安全审计员和网上银行客户资料管理员。

上述管理员承担的工作不同，拥有的权限也不同。在权限分配时，遵照最小权限原则，即完成管理工作必需哪些权限，就只分配这些必要权限，不分配其他任何额外权限，即使会影响操作的方便性。

2．安全管理制度和流程

网上银行安全问题不仅是技术问题，还包括许多管理上的因素，制定安全管理制度是保证系统安全的关键因素。网上银行安全管理制度包括：系统机房使用规定、管理员的安全职责、网上操作安全规程、网上银行系统安全审计制度、网上银行系统监控制度、网上银行外来攻击处理办法、网上银行系统失灵处理办法、网上银行防卫技术更新规则。这些网上银行安全管理制度由网上银行制度建设小组制定。

3．定期安全评估

为保证网上银行安全管理策略和管理制度能够适应新形势，有必要定期对网上银行安全管理策略和管理制度进行重新评估。除此之外，为准确地查明安全管理制度和安全措施的具体执行情况，还需要定期对现有安全设施进行安全评估，以找出安全隐患，制定防范措施，尽可能地减小安全威胁。一般而言，每四个月由网上银行中心安全主管牵头组织进行一次内部评估，每一年邀请银行外部专业安全专家进行一次外部专家评估。

安全评估和策略分析工作包括：

（1）针对网上银行信息技术基础设施的关键部分进行易攻击性分析，分析内容包括物理安全、PC 安全、网上访问、UNIX 和数据库系统、应用开发和基础设施、安全制度、安全管理结构和流程。

（2）撰写安全评估报告。

（3）进行安全需求分析。

（4）提出安全改进措施建议，制定安全规范。

4．安全技术措施

从技术角度而言，网上银行系统的安全包括主机系统安全、网络链路安全和应用程序安全，其中主机系统包括网银中心交易服务器、网银中心数据库服务器及 PC。网络链路包括网上银行服务器和客户端之间的广域网链路、网银中心各系统之间的局域网链路、网上银行服务器与信息交换平台之间的网上链路。

1）主机系统的安全

主机系统的安全又分为操作系统的安全、网上服务的安全和中间件的安全。

美国可信计算机安全评价标准（Trusted Computer System Evaluation Criteria，TCSEC）将计算机系统的安全划分为四个等级、七个级别，其中 A 级为最高安全级别，D 级为最低安全级别。现在市面上的商用操作系统都是 C2 和 B1 级别的。

为便于计算机之间的通信和资源共享，操作系统一般都提供一些网上服务程序，如 FTP、Telnet 等，但这些网上服务程序的漏洞经常被黑客利用，作为攻击网上银行主机系统的突破口。取消不必要的网上服务，并实时对网上服务进行安全检测，是提高主机系统安全性的主要措施。

中间件安全包括 WWW 服务器软件、数据库系统等应用平台软件的安全。通常，这些软件都有相应的安全机制，如 Netscape Enterprise Server 和 DB2 软件都提供了认证和授权机制。

2）网上银行中心交易服务器的安全

网上银行中心交易服务器需要满足以下要求：

（1）基于 B1 级别的操作系统。B1 级别满足下列要求：系统对网络控制下的每个对象都进行灵敏度标记；系统使用灵敏度标记作为所有强迫访问控制的基础；系统在把导入的、非标记的对象放入系统前标记它们；灵敏度标记必须准确地表示其所联系的对象的安全级别；当系统管理员创建系统或增加新的通信通道或 I/O 设备时，管理员必须指定每个通信通道和 I/O 设备是单级还是多级，并且管理员只能手工改变指定；单级设备并不保持传输信息的灵敏度级别；所有直接面向用户位置的输出（无论是虚拟的还是物理的）都必须产生标记来指示关于输出对象的灵敏度；系统必须使用用户的口令或证明来决定用户的安全访问级别；系统必须通过审计来记录未授权访问的企图。

（2）取消不必要的网络服务，如 FTP、Telnet 等。

（3）运行的 WWW 服务器、JVM 和 WebLogic 软件都经过详细的安全审查。

3）网上银行中心数据库服务器的安全

网上银行中心数据库服务器需要满足以下要求：

（1）基于 C2 级别的操作系统。C1 系统的可信任运算基础体制（Trusted Computing Base，TCB）通过将用户和数据分开来达到安全的目的。在 C1 系统中，所有的用户以同样的灵敏度来处理数据，即用户认为 C1 系统中的所有文档都具有相同的机密性。C2 系统比 C1 系统加强了可调的审慎控制。在连接到网络上时，C2 系统的用户分别对各自的行为负责。C2 系统通过登录过程、安全事件和资源隔离来增强这种控制。

（2）取消不必要的网络服务，必需的网上服务将由 ISS 安全监控软件进行实时监控。

（3）使用满足 C2 安全级别要求的数据库管理系统。

4）网上银行中心 PC 的安全

为实现网上银行的安全，在网上银行中心 PC 上实行局域网和互联网的物理隔离，每位网上银行中心客户服务代表配置两台 PC，一台 PC 用于收发电子邮件等基于互联网的操作，另一台 PC 用于查询网上银行中心数据库等局域网操作，利用光盘、磁盘等中介传递交换数据。除此之外，网上银行中心使用的 PC 都将强制删除服务器类型程序，以免 PC 成为黑客攻击网上银行信息交易服务器和数据库服务器的突破口。

5）网络链路的安全

网络链路的安全，即网上银行交易数据在网上传输时的安全问题，主要考虑身份认证、信息传输的私密性及信息传输的完整性。网上银行服务器与客户端之间的广域网链路，一般通过 SSL3.0 协议实现公开密钥加密技术，目前流行的浏览器和 WWW 服务器应用程序都支持 SSL 协议。网上银行中心交易服务器和客户所使用的浏览器都装有由中国人民银行 CFCA 发放的数字证书，以实现身份认证、信息传输的私密性和信息传输的完整性。客户申请使用网上银行系统时，必须书面确认同意认可 SSL 及公开密钥加密技术。

除此之外，网上银行中心还配备过滤路由器。过滤路由器除了具有 Internet 和网银中心之间路由选择功能外，还会对流入网银中心的数据流进行过滤。数据流分为两大类，第一类是将送交至网上银行交易服务器的对安全性要求特别高的交易数据流，如 https 数据流；第二类是安全性要求不是特别高的非交易数据流，如访问外部 Web 信息服务器和电子邮件。除此之外，所有的数据都将由过滤路由器挡回去，这样做一方面可以降低交易服务器的处理负荷，提高其性能；另一方面是尽量减少黑客攻击网上银行系统的机会，增强网上银行系统的安全性。网上银行中心各系统之间的局域网链路通过 ISS 安全监控软件进行实时监控，局域网链路不加密。网上银行服务器和信息交换中心之间的局域网链路也不加密。

6）应用系统的安全

应用系统也需要采取相应的措施，进一步保证网上银行系统的安全性，主要措施包括通报系统访问次数，检测证书 UID，核对登录密码，设置交易密码，首次登录强制性要求修改密码，密码以乱码形式存放并进行 DAC 校验，设置会话密码，审核用户交易请求等。

5．业务安全措施

在技术方案实现自由转账的前提下，有必要从业务制度方面对网上银行交易进行一些限制，进一步降低安全风险，主要措施包括：

（1）设立每笔交易限额和当日累计交易限额。

（2）对转账类交易加以限制，规定交易账户都需事先签约或约定，并且收款方只能是信誉较好的单位或客户事先明确书面约定的个人。

（3）所有转账类交易所涉及的账户都必须是同一城域网的账户。

（4）网上银行中心和城域网每日核对交易流水。

6. 安全审计

良好的安全审计能显著提升网上银行的整体安全。网上银行系统安全审计包括两部分内容，一部分是交易服务器等主机系统提供的针对应用访问情况的审计日志，其作用在于了解哪些人访问了网上银行系统，使用了哪些服务，有没有人试图突破系统限制等；另一部分是针对交易内容的应用程序所记的审计日志，其作用在于了解用户交易不成功的原因是什么，交易金额为多少，有没有人在频繁大规模转账等。前者日志由系统自动生成，后者日志由后台管理功能模块生成。重点交易的关键数据，一般不包含查询类的交易，如 UID、交易日期时间、交易代码、币别、交易金额及执行不成功的原因都将写入后者日志。

8.3.4 网上银行安全的运维流程

网上银行系统运行维护工作流程主要包含系统监控流程、用户问题响应流程、网上银行系统巡检流程、用户密码维护流程、用户管理流程、数据提取流程、安全策略及应急预案制定流程、数据备份流程、系统变更流程等。

1. 系统监控流程

系统监控流程用于及时了解网银系统运行状况并针对各种情况做出响应，包含监控实施、记录系统运行日志、异常调查处理、日志分析、制定系统警戒阈值、启动应急预案等，详细流程如图 8-5 所示。

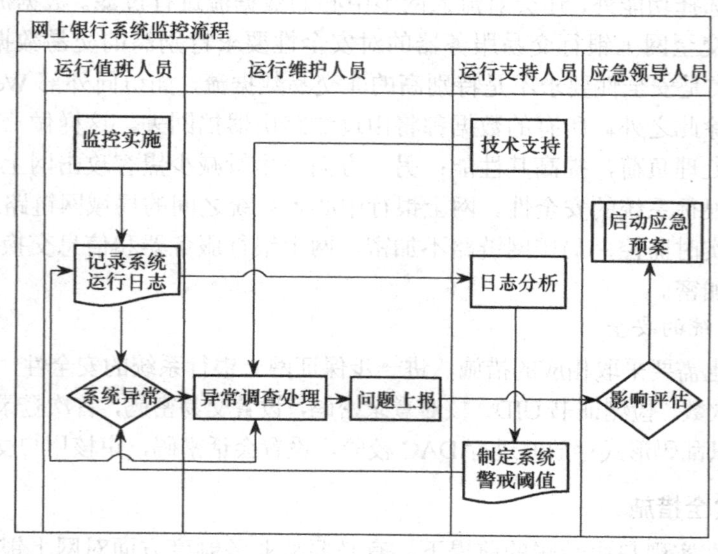

图 8-5　系统监控流程

2. 数据备份流程

数据备份流程用于对网上银行数据进行备份，包括数据备份清单报备、准备数据备份清单、准备数据备份操作手册、执行数据备份、记录备份日志、移交备份介质等，详细流程如图 8-6 所示。

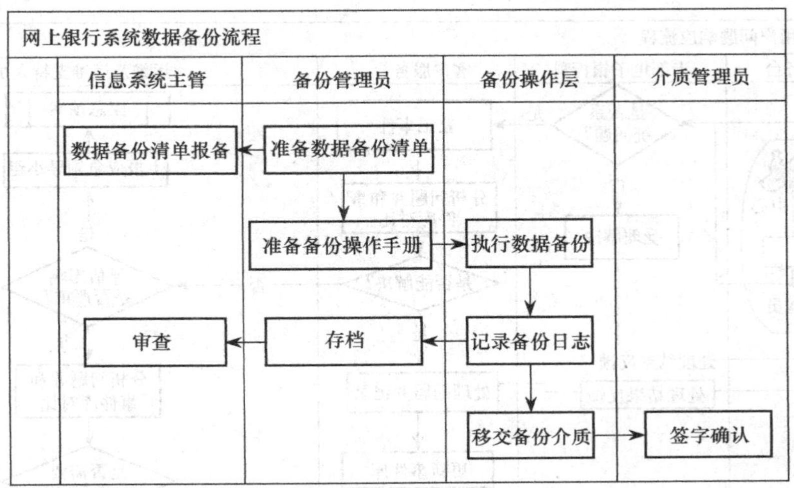

图 8-6　数据备份流程

3. 系统变更流程

系统变更流程用于对变更对象实施变更操作，包括但不限于信息系统软硬件的新增、升级、配置参数和物理属性的修改。它包括系统变更申请、变更受理、变更规划、变更评估、变更审批和实施等验证环节，详细流程如图 8-7 所示。

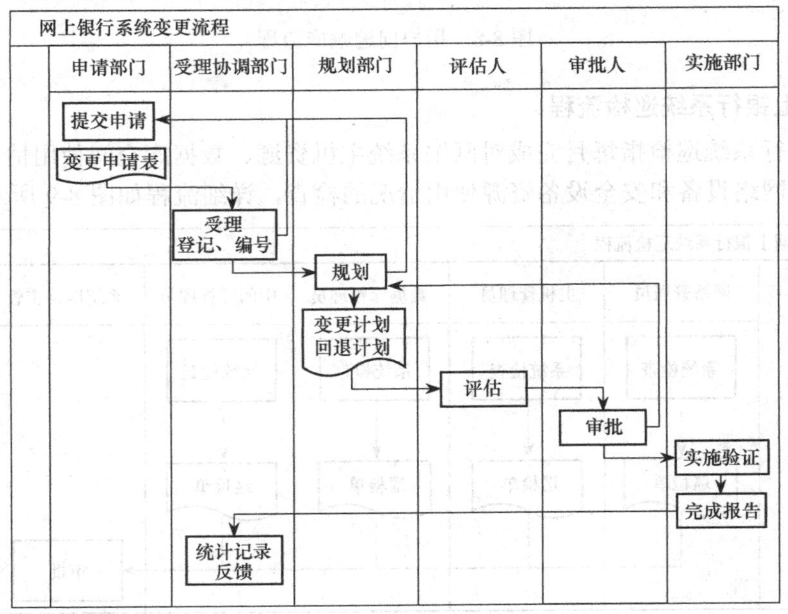

图 8-7　系统变更流程

4. 用户问题响应流程

用户问题响应流程用于解决用户疑问、受理客户问题和及时调查解决，包含登记事件、分析问题并和事件库对比、处理问题并记录、更新事件库、评估影响是否严重、处理结果反馈等环节，详细流程如图 8-8 所示。

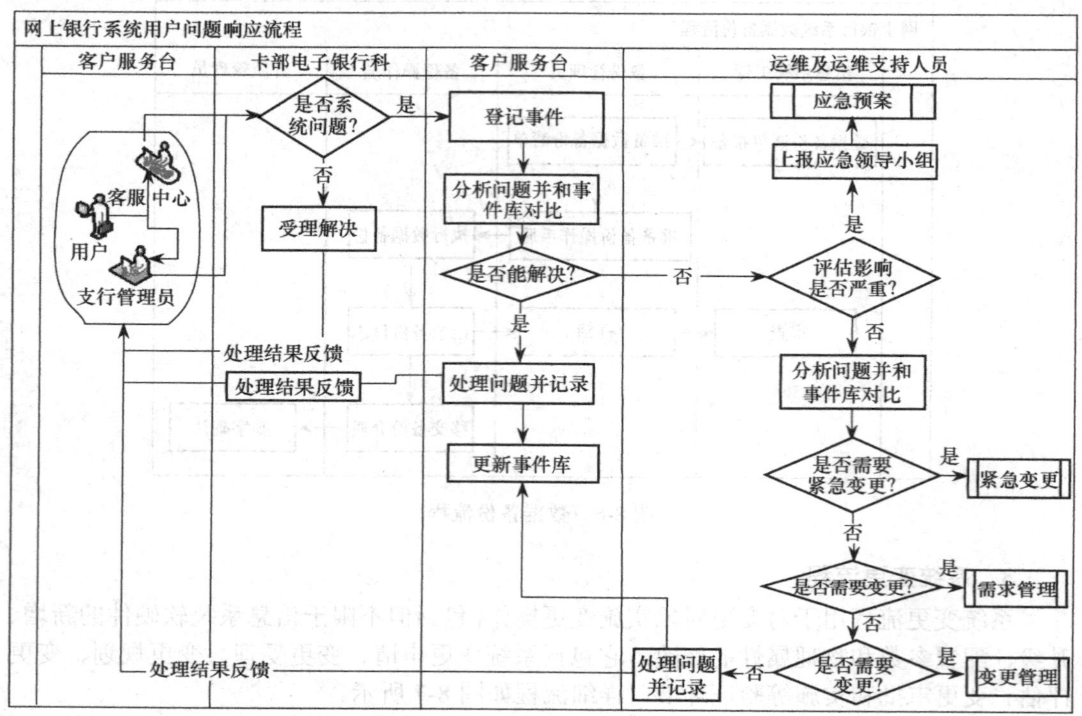

图 8-8　用户问题响应流程

5. 网上银行系统巡检流程

网上银行系统巡检指每月完成对网银系统主机资源、数据库空间使用情况、中间件使用情况、网络设备和安全设备资源使用情况的检查，详细流程如图 8-9 所示。

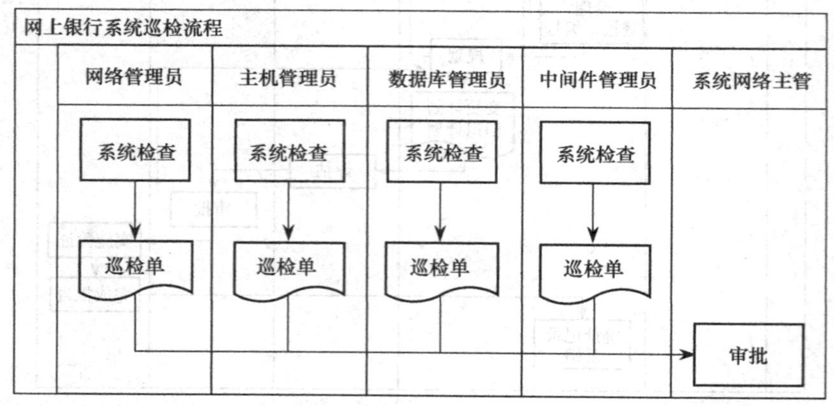

图 8-9　网上银行系统巡检流程

6. 用户密码维护流程

用户密码维护指主机管理员对网银系统用户密码或数据库管理员对网银系统数据库用户密码的维护，详细流程如图 8-10 所示。

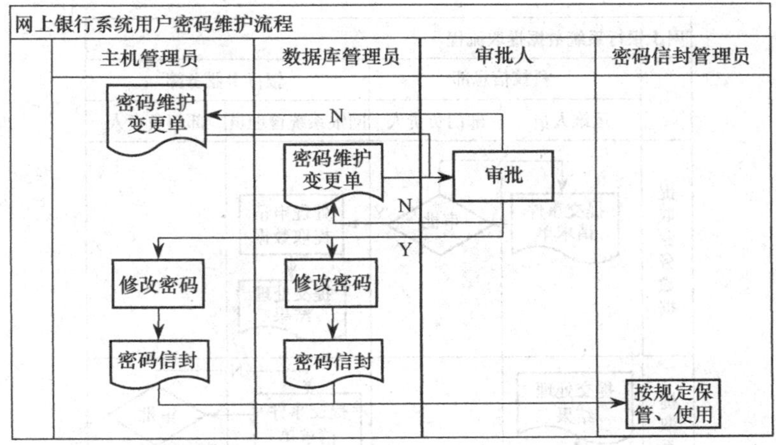

图 8-10 用户密码维护流程

7. 用户管理流程

用户管理流程用于管理网银操作员、授权员的权限，包含提交用户/权限变更申请单、审批、处理申请、更新用户/权限登记册、通知申请人等环节，详细流程如图 8-11 所示。

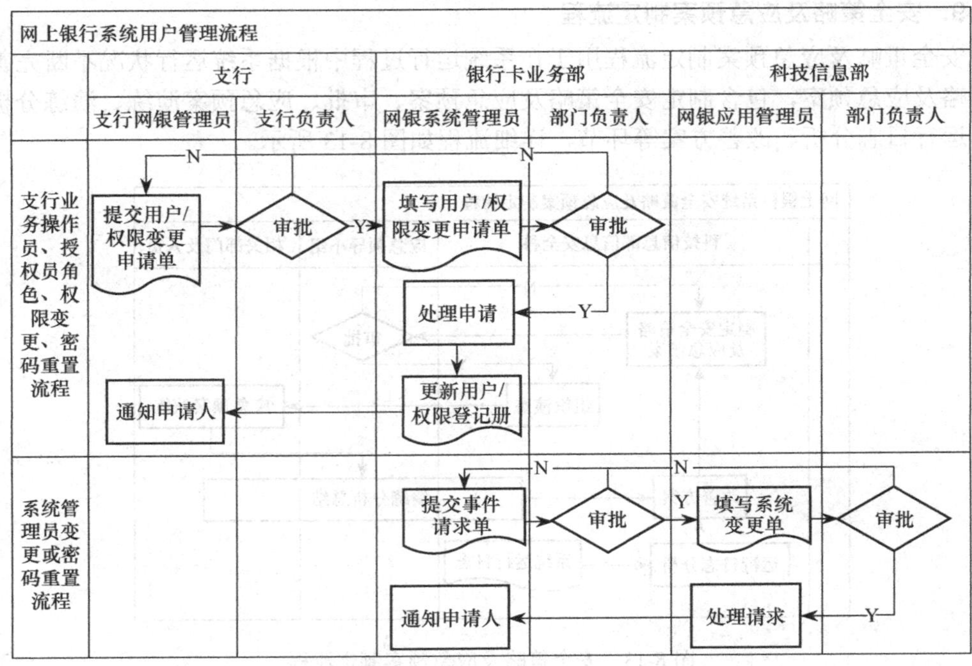

图 8-11 用户管理流程

8. 数据提取流程

数据提取流程用于提取业务数据和系统数据，包含提交事件请求单、审批、处理申请提取数据、提交处理结果等环节，详细流程如图8-12所示。

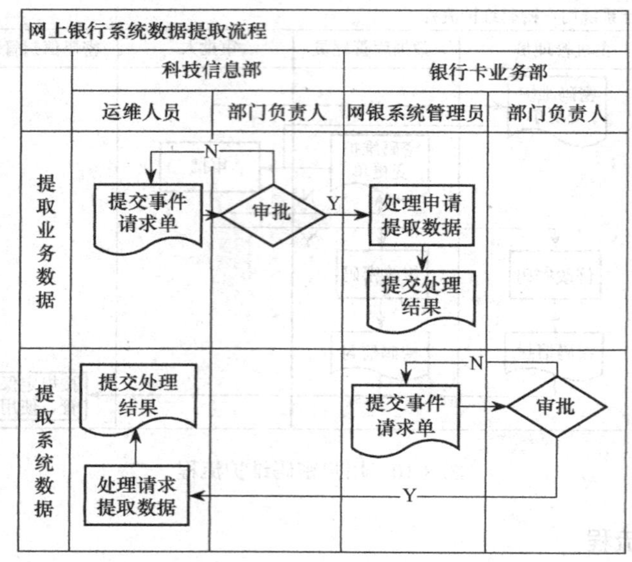

图8-12　数据提取流程

9. 安全策略及应急预案制定流程

安全策略及应急预案制定流程用于在系统运行过程中根据系统运行状况不断完善安全策略及应急预案，包含制定安全策略及应急预案、审批、应急预案演练、演练分析总结、运行日志分析、改善方案等环节，详细流程如图8-13所示。

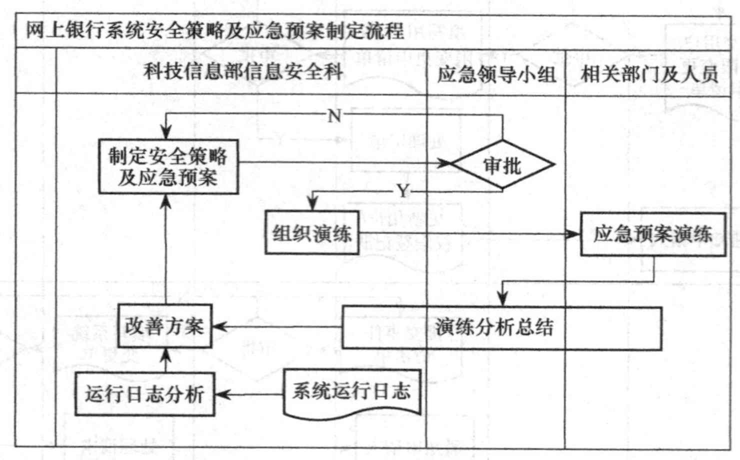

图8-13　安全策略及应急预案制定流程

8.3.5　网上银行安全监控的工作规则

网上银行监控的目标是在系统故障、资源不足预警、安全威胁、安全攻击等事件发生后一小时内发现问题，并启动相应事件处理流程，记录系统运行日志，供分析改善系统配置及安全策略。监控是网上银行安全运维的重要工作，是保证网上银行安全、稳定运行的重要措施。

1．网上银行监控的内容

网上银行监控包括主机监控、网络监控、应用服务监控、安全监控，监控记录内容如下。

（1）主机监控：包括交易服务器和数据服务器的 CPU 空闲率、内存空闲率、数据库剩余空间、文件系统使用率。

（2）网络监控：包括交易服务器和数据服务器 CPU 使用率、内存使用率、链接数。

（3）应用服务监控：包括交易服务器和数据服务器连接状态、系统并发数、系统会话数、有无报警日志、与交易服务器和数据服务器通信并发数、系统空闲内存比例。

（4）安全监控：包括交易服务器和数据服务器吞吐量、负载均衡 A/B 机、连通性检查。

2．网上银行监控的工作要求

（1）运行值班人员全天每隔一小时对网银系统进行一次监控。

（2）运行值班人员按照《网银系统运行监控日志记录表》记录监控数据。

（3）网上银行运维人员对最近一个月的网银系统监控记录进行整理归档后交由系统网络科、软件开发科、信息安全科、网银项目组相关人员组成的运维支持小组进行分析评估。

（4）运维支持小组根据系统设计性能、安全管理相关要求及网银业务开展状况对比监控数据记录确定下一个监控周期中的系统警戒阈值。

（5）运行值班人员参照新的系统警戒阈值进行下一个周期的网银系统监控。

（6）运行值班人员如果发现监控到的系统数据超过了系统警戒阈值，应立即向相关人员报告异常情况，并按照信息科技服务管理办法、信息科技服务规程、信息系统安全事件管理办法、网上银行应急处置管理办法、网银系统安全事件应急处置计划相关规定启动事件处置流程。

(7)运行维护人员在查明监控数据异常原因并处理解决完问题后进行事件处理记录，并反馈各相关人员。

3．网上银行监控实施方法

（1）系统主机监控通过 IT 运行监控台界面进行。

（2）网络监控及安全监控通过登录各设备控制管理界面实施。

（3）安全监控的连通性检查由运行值班人员负责实施。要求每小时通过银行主站登录银行个人网银，确认网站连接是否正确，密码控件是否生效，各功能菜单页面是否正常，账户查询结果是否异常，客户端防毒杀毒软件是否报警；每小时通过银行主站登录银行企业网银，确认企业网银首页连接是否正确，密码控件是否生效，客户端防毒杀毒软件是否报警。

8.4　银行信息系统的灾难备份与恢复

目前，银行信息系统大多采用数据集中存放、集中处理的大集中模式，这种大集中模式在给银行数据的处理和分析带来极大方便的同时，也带来了巨大的潜在风险。一方面，大量数据的集中存储对数据中心的持续稳定运行提出了更高的要求；另一方面，多点的分散风险也集中到了数据中心这一点上，一旦出现技术故障，如硬件故障、人为操作失误、病毒侵袭等，都会对全局造成影响，如果遭遇重大灾害事件，如地震、火灾、恐怖袭击等，其后果将是灾难性的。因此，对银行信息系统而言，预防灾难的发生，充分考虑灾难发生后的快速恢复，是银行信息系统运维工作中极为重要的一环，也是银行信息系统安全保障体系的基础工作。

8.4.1　银行信息系统灾难备份与恢复的技术要求

从用户需求的角度分析，一般其对灾难备份与恢复的主要需求是：

（1）在中心发生灾难的时候，能够在异地完成业务的切换。

（2）切换的时间在 DRP/BCP（灾难恢复与业务持续性计划）规定的时间范围内 RTO。

（3）灾难所丢失的数据在 DRP/BCP 规定的时间范围内 RPO。

（4）异地备份和复制数据是可用的。

（5）支持远距离的灾难备份。

（6）备份站点的数据和系统可以用于数据挖掘和灾备演练、系统开发等工作。

（7）网络切换的时间必须在 DRP/BCP 规定的时间范围内。

除了满足上述要求之外，银行信息系统的灾难备份与恢复还要考虑许多细节问题，例如，异地灾备中心判断和确认业务中心是否发生灾难；由谁负责启动和指挥灾备系统开始工作；按照计划快速恢复被破坏的业务系统信息技术基础架构；恢复备份中心与业务中心之间的通信。银行灾备中心按照计划逐个恢复业务系统的数据，被灾难破坏的业务系统重新开始运行等。

8.4.2　银行信息系统灾难备份与恢复的流程

银行信息系统灾难备份建设流程包括建立灾难备份专门机构，分析灾难备份需求，制订灾难备份方案，实施灾难备份方案，制订灾难恢复计划及保持灾难恢复计划持续可用六个方面。

1．建立灾难备份专门机构

灾难备份应该由银行董事会或高级管理层，指定高层管理人员组织实施。由科技信息、业务、财务和后勤支持等灾难备份相关部门组成专门机构，该机构分为决策层、管理层和执行层。

（1）决策层。主要由单位高层管理者组成，决策灾难恢复的重大事宜。主要职责包括：确定灾难恢复战略，审核批准灾难恢复策略，审核批准灾难恢复经费预算，审核批准灾难备份设施建设，审核批准灾难恢复预案，批准启动灾难恢复预案，决策应急响应与恢复重大事宜，审核批准对外情况通报和信息发布，批准生产中心的重建与回退等。

（2）管理层。主要由单位的业务、技术、后勤等相关部门负责人组成，在决策层领导下开展工作，负责管理和协调信息系统灾难恢复工作。主要职责包括：组织制定灾难恢复策略，编制灾难恢复经费预算，组织灾难备份中心建设，管理灾难备份中心，组织制定灾难恢复预案，组织实施灾难恢复预案的演练，协调内外部灾难恢复资源，指挥和协调应急响应与恢复工作，指挥和协调生产中心的重建与回退工作，负责内部信息通报和沟通，组织和管理媒体公关工作，监督、检查和总结灾难恢复工作等。

（3）执行层。主要由单位的业务、技术、后勤等相关部门工作人员和外部机构人员组成，在管理层的领导下，负责灾难恢复的具体实施工作。主要职责包括：提出灾难恢复需求和策略建议，实施灾难备份中心建设，运行维护灾难备份中心，提供灾难恢复的专业技术支持，开发、测试、培训、演练和维护灾难恢复预案，实施应急响应和恢复工作，实施生产中心的重建和回退工作，负责灾难恢复过程的记录、报告和通信联络，承担灾难抢修、拯救和损害评估，负责资源保障和供应，负责灾难发生后的外部协作，分析和总结灾难恢复工作等。

2．分析灾难备份需求

银行信息系统的灾难备份需求分析包括对数据处理中心的风险分析，银行信息系统风险对银行业务的影响分析，以确定灾难恢复目标。对数据处理中心的风险分析要点包括：分析数据处理中心的风险，如物理安全、数据安全、人为因素、已有的备份和恢复系统、基础设施的脆弱点、数据处理中心位置、关键技术点等；明确防范风险的技术与管理手段；确定需要采用灾难恢复的类型，如灾备中心距离、数据备份方式和频率等。

1）风险分析

银行信息系统常用的风险分析方法包括：资产识别、威胁识别、脆弱性识别和风险计算等。

（1）资产识别。资产是具有价值的信息或资源，是单位风险分析所要保护的对象，它以无形或有形的形式存在，主要包括基础设施、硬件、软件、数据、文档、服务和声誉等。单位应对资产进行分类以区分资产的不同重要程度并确定重要资产的范围，应对资产进行标识以区分资产对业务正常运作的不同影响程度，据此确定资产的等级。

（2）威胁识别。威胁指对信息资产构成潜在破坏的可能因素。灾难风险的威胁来自多方面，主要分为：自然或人为，无意或有意，内部、外部或内外勾结，在控制能力之内或超出控制能力之外，可先期预警或不可先期预警。

（3）脆弱性识别。脆弱性是可能被威胁利用的信息资产的弱点。脆弱性识别主要从技术和管理两个方面进行，技术脆弱性涉及物理层、网络层、系统层、应用层等各个层面的安全问题。管理脆弱性可分为技术管理脆弱性和组织管理脆弱性两个方面，前者与具体技术活动相关，后者与管理环境相关。脆弱性识别的依据可以是国际或国家的安全标准，也可以是行业规范、应用流程的安全要求。对应用在不同环境中的相同弱点，其脆弱性严重程度是不同的。信息系统所采用的协议、应用流程的完备与否，与其他网络的互连等也应考虑在内。

（4）风险计算。风险计算是采用适当的方法与工具确定信息系统灾难发生的可能性，主要包括：根据威胁出现的频率及脆弱性状况，计算威胁利用脆弱性导致灾难发生的可能性；根据资产重要程度及脆弱性严重程度，计算灾难发生后的损失；根据计算出的灾难发生的可能性及灾难的损失，计算风险值，并进行风险等级划分。银行应评估现有安全策略和措施的有效性，确定信息系统仍然可能存在的风险，即残余风险；根据资产等级及残余风险发生的概率、可能造成的损失和风险防范成本，评估风险可接受的程度，确定可接受的风险。针对不可接受的风险，按照灾难恢复资源的成本与风险可能造成损失之间取得平衡的原则，确定风险防范措施，并定期评估残余风险。

2）业务影响分析

首先通过业务功能分析，确定业务功能的关键程度，分析的内容如下。

（1）政策性：业务功能的政策要求。

（2）业务性质：核心业务或非核心业务。

（3）业务服务范围：涉及的内外部机构、用户等范围。

（4）数据集中程度：业务数据的集中与处理的集中、地域分布。

（5）业务时间敏感性：实时与非实时业务、业务运行时段和用户使用频度。

（6）业务功能的关联性：与本单位其他业务功能及其他机构业务功能之间的关联程度。

在分析银行业务功能关键程度的基础上，以量化的方法，评估业务功能中断可能造成的直接经济损失，如资产损失、收入损失、额外费用增加、财务处罚等，以及间接经济损失，如预期收益损失、商业机会损失、市场份额损失等；以非量化的方法，评估业务功能终端可能造成的影响，主要包括社会影响、法律影响、品牌影响和信用影响。

3）确定灾难恢复目标

银行根据风险分析、业务功能分析和业务中断影响分析的结论，将信息系统按时间敏感性分成三类需求等级：第一类，短时间中断将对国家、外部机构和社会产生重大影响的系统，短时间中断将严重影响单位关键业务功能并造成重大经济损失的系统，单位和用户对系统短时间中断不能容忍的系统；第二类，短时间中断将影响单位部分关键业务功能并造成较大经济损失的系统，单位和用户对系统短时间中断具有一定容忍度的系统；第三类，短时间中断将影响单位非关键业务功能并造成一定经济损失的系统，业务功能容许一段时间中断的系统。

根据信息系统的时间敏感性，确定信息系统灾难恢复目标的最低要求如下。

第一类：RTO<6 小时，RPO<15 分钟。

第二类：RTO<24 小时，RPO<120 分钟。

第三类：RTO<7 天。

根据业务功能分析、业务中断影响分析并综合考虑系统间的依赖性，确定信息系统的恢复优先级。同时，银行确定灾难恢复所需的七个方面的资源要素，包括数据备份系统、备用数据处理系统、备用网络系统、备用基础设施、技术支持能力、运行维护管理能力、灾难恢复预案。

3．制订灾难备份方案

1）成本风险分析和策略的确定

按照成本风险平衡原则，确定每项关键业务功能的灾难恢复策略，不同的业务功能可采用不同的灾难恢复策略。灾难恢复策略是银行为了达到灾难恢复目标而制定的规划、方法和措施，主要包括灾难恢复建设计划、灾难恢复能力等级、灾难恢复建设模式、灾难备份中心布局。

2）灾难恢复能力等级

银行应根据信息系统的 RTO 和 RPO 要求，确定信息系统的灾难恢复能力等级，如表 8-2 所示。

表 8-2　RTO/RPO 与灾难恢复能力等级的关系

灾难恢复能力等级	RTO	RPO
1	2 天以上	1～7 天
2	24 小时以上	1～7 天
3	12 小时以上	数小时～1 天
4	数小时～2 天	数小时～1 天
5	数分钟～2 天	0～30 分钟
6	数分钟	0

信息系统根据灾难恢复需求等级，最低应达到以下灾难恢复能力等级：

（1）第一类：5 级。

（2）第二类：3 级。

（3）第三类：2 级。

4．实施灾难备份方案

实施灾难备份方案的主要目的是按照所规定的灾难备份方案，完成灾难备份工作。在实施过程中，要严格按照灾难备份方案的要求和内容进行，落实相应的规章制度，应用灾难备份方案，建设和运行灾难备份中心。其主要内容包括基础设施建设、灾难备份系统建设和项目监理。

（1）基础设施建设。基础设施建设包括机房和辅助设施建设等。灾难备份中心的选址、规划、设计、建设和验收，应符合国家和金融行业有关标准和规范的要求。机房可用性应至少达到 99.9%。

（2）灾难备份系统建设。根据灾难恢复策略制定灾难备份系统技术方案，包含数据备份系统、备用数据处理系统和备用网络系统。技术方案中所涉及的系统应获得同生产系统相当的安全防护水平且具有可扩展性。为满足灾难恢复策略的要求，应对技术方案中关键技术应用的可行性进行验证测试，并记录和保存验证测试的结果。应制订灾难备份系统集成与测试计划并组织实施。通过技术和业务测试，确认灾难备份系统的功能与性能达到设计指标要求。

（3）项目监理。银行可委托专业的第三方监理机构，对灾难备份中心工程实施进行有效的监督管理，保证工程进度、质量和资金管理目标的完成。

5．制订灾难恢复计划

制订灾难恢复计划的主要目的是规范灾难恢复流程，使银行信息系统在灾难发生之后能够快速地恢复数据处理系统运行和业务运作；同时银行信息系统可以根据灾难恢复计划对其数据中心的灾难恢复能力进行测试，并将灾难恢复计划作为相关人员的培训资料之一。

灾难恢复计划的目标包括恢复时间、恢复范围和恢复优先级三个方面内容。恢复时间目标包括灾难备份中心接替数据处理中心恢复运行时间和服务恢复时间。灾难恢复范围可以分为业务恢复范围、网点恢复范围和渠道恢复范围，在灾难恢复过程中，仅有在灾难恢复计划中列明的业务、网点和渠道才会恢复，未在灾难恢复计划中列出的业务、网点和渠道将不会进行恢复。恢复优先级是指在灾难恢复计划中列明业务、网点和服务渠道恢复的优先次序。

数据处理系统的恢复包括对硬件、软件、数据、网络等的恢复。灾难恢复计划中应列明详细的数据处理中心和灾难备份中心数据处理系统配置清单，并制定详细的切换规程和相应的操作手册、文档资料。对灾难备份切换中所涉及的各项应用必须考虑所需的硬件配置、软件配置、存储要求、网络链路及带宽、网络设备及人员的技术支持。在灾难恢复队伍按照预先制定的恢复规程恢复银行信息系统之后，技术组与应用业务组人员对恢复的业务完整性、数据及时性、网点和服务渠道范围进行审核，确定具备条件后进行业务运作。灾难恢复计划中应指明工作流程、负责部门及相应职责。灾后重建的步骤应该包括灾难结束宣告、数据处理中心重建、制订和实施灾难计划等。

1）灾难恢复预案的制定

灾难恢复预案包括应急预案和信息系统灾难恢复预案。其中应急预案内容包括：灾难场景定义、目标和范围；应急管理组织机构；应急恢复决策及授权，包括应急恢复条件、权限、处置策略及强制决策点等；应急响应工作规程，包括紧急事件初始响应、损害评估、指挥中心成立和人员召集、灾难预警、灾难宣告、启动灾难切换流程等；应急管理工作中使用的各项文档，包括通讯录、工作文档、应急工具等。

信息系统灾难恢复预案至少应包含以下内容：灾难恢复范围和目标、灾难切换规程、灾后重续运行操作指引、各系统灾难切换操作手册。

2）灾难恢复预案的制定原则

（1）完整性：预案应涵盖灾难恢复工作的各个环节，以及灾难恢复所需的尽可能全面的数据和资料。

（2）易用性：预案应采用易于理解的语言和图表，适合在紧急情况下使用。

（3）明确性：预案应采用清晰的结构，对资源及工作内容和步骤进行明确的描述，每项工作应有明确的责任人。

（4）有效性：预案应尽可能满足灾难发生时进行恢复的实际需要，并保持与实际系统和人员组织的同步更新。

（5）兼容性：预案应与其他应急预案体系有机结合。

3）灾难恢复预案的制定过程

（1）初稿的制定：按照风险分析和业务影响分析所确定的灾难恢复内容，根据灾难恢复能力等级的要求，结合单位其他相关的应急预案，撰写灾难恢复预案的初稿。

（2）初稿的评审：应对灾难恢复预案初稿的完整性、易用性、明确性、有效性和兼容性进行评审。

（3）初稿的修订：根据评审结果，对预案进行修订，纠正在初稿评审过程中发现的问题和缺陷，形成预案的修订稿。

（4）预案的测试和验证：制定测试用例，进行基本单元测试、关联测试和整体测试，验证预案的合理性和有效性，测试的整个过程应有详细的记录，并形成测试报告。

（5）预案的审查和批准：根据测试的记录和报告，对预案的修订稿进行进一步完善，形成预案的报批稿，并由单位决策层对经过测试和验证的灾难恢复预案进行审查和批准，确定为预案的执行稿。

6. 保持灾难恢复计划持续可用

在灾难恢复计划制订之后，应保证计划的可用性和完整性，需要制定变更管理流程、定期审核制度和定期演练制度。

银行信息系统应建立变更机制以控制数据处理中心和灾难备份中心的变更，所有的变更对灾难恢复计划的影响均应得到评估。这些变更包括操作系统变化、新增应用软件、硬件配置更改、网络配置或路由更改等。因此，需要制定完善的变更管理流程，保证灾难恢复计划的修改与变更事项同步进行。

灾难恢复计划需要由相关部门定期进行审核和更新以保证其完整和有效，包括内部审核和外部审核，灾难应变小组负责人负责组织审核工作，各相关部门参与。内部审核工作应至少每六个月进行一次，审核的结果应报主管领导，并对不足之处加以改善。外部审计机构可以接受主管部门的委托，对银行信息系统的内部控制进行审计，也可以接受银行信息系统的聘任对其内部控制做出审计评价；外部审计机构发现银行信息系统内部控制的问题和缺陷，应当及时向主管部门报告。计划实施前进行审计，审计由主管部门或主管部门认可的外部审计机构进行，审计结果报主管部门备案。在审计中需要注意设备、系统、软件、人员、地址、通信方式、备份策略、地点、基础设施、资源、法律法规要求、承包商、供应商和关键客户等易发生变化的因素。

灾难恢复预案演练是为了验证灾难恢复预案的完整性、易用性、明确性、有效性和兼容性，提高预案执行能力。演练包括事前通告相关参加演练人员和非事前通告两种方式。演练的主要形式包括桌面演练、模拟演练和实战演练三种方式。银行应根据演练工作涉及的范围，开展多层次的演练工作，主要包括以指挥协调为主的指挥演练、以技术操作为主的技术演练和以业务恢复为主的业务演练。

银行每年应至少组织一次实战演练，可根据银行实际情况不定期地组织各种形式、层次与范围的演练，逐年提高演练的难度和复杂性。在演练前，应制订演练方案，明确演练目标、涉及的形式、层次和范围，设定灾难情境、演练流程、操作内容、业务验证测试、应急资源、演练的风险及其应对措施。演练应尽量减少对正常业务和生产的影响。

银行根据演练评估结论对灾难恢复预案进行维护和更新。在下次演练中应加强对更新部分的演练，验证更新部分的有效性。

在灾难恢复预案的更新维护方面，主要工作要求包括灾难恢复预案涉及的内容发生变更后应立即更新灾难恢复预案；灾难恢复预案涉及的机构、人员有义务向预案管理人员提供变更信息；演练后应根据演练评估结论立即更新灾难恢复预案；灾难恢复预案若发生重大变更，应由管理层进行必要的审查。同时，银行定期组织灾难恢复预案的教育和培训，确保相关人员熟知预案。培训后保留培训的记录。

8.4.3 银行信息系统灾难备份中心的建设和管理

1. 银行信息系统灾难备份中心的建设

1）灾难备份中心的布局

银行信息系统灾难备份中心的建设布局应遵循以下原则：灾难备份中心应设置在中华人民共和国境内；灾难备份中心与生产中心之间距离合理，应避免灾难备份中心与生产中心同时遭受同类风险；灾难备份中心的选址应服从国家战略安全要求，并综合考虑生产中心与灾难备份中心交通和电信的便利性与多样性，以及灾难备份中心当地的业务与技术支持能力、电信资源、地理地质环境、公共资源与服务配套能力等外部支持条件。

2）布局模式

银行应根据成本风险平衡原则及运行管理要求，采用以下多种布局模式。

（1）一主一备：一个生产中心，一个备份中心。

（2）一主多备：一个生产中心，多个备份中心。

（3）互为备份：两个生产中心互相备份。

（4）多主一备：多个生产中心共享一个备份中心。

（5）混合方式：以上方式的混合。

3）资源、服务的获取和保障

银行信息系统资源获取包括基础设施，数据备份系统、备用数据处理系统和通信网络的获取，不同资源的获取方式不同。

灾难恢复的基础设施包括机房和其他辅助设施，其获取方式包括自行建设和共享两种方式；数据备份系统、备用数据处理系统是指用于灾难恢复的数据备份系统和备用数据处理系统设备，其获取方式包括自行采购、与供应商签订紧急供货协议、租赁和外包；通信网络是指用于灾难恢复的通信网络，包括生产中心和灾难备份中心间的备份网络及最终用户访问灾难备份中心的网络，通信线路应至少有两种以上不同的物理线路，其获取方式包括自行架设和租用运营商线路两种。

在包括自建在内的各种灾难备份中心建设模式下，灾难备份中心的日常运行维护、应急响应和灾难恢复均可引入专业外包服务机制，包括灾难备份咨询服务、灾难备份技术支持服务和灾难备份运营管理服务等。

同时，银行应加强灾难备份服务外包管理，与服务外包提供商签订安全保密、服务水平等协议，明确服务外包提供商的职责和应承担的法律责任，并定期验证服务外包提供商的服务水平和能力，通过采取各种管控措施，保障服务外包的安全可控和服务质量。

对于涉及国家秘密信息的系统，单位应遵从国家有关政策、法规，从保障国家信息安全角度慎重选择服务外包提供商。灾难恢复服务外包提供商应符合国家和行业的相关服务资质要求，并至少满足以下要求：

（1）熟悉银行业信息系统架构和业务流程，具有灾难恢复外包服务的成功案例和实践经验。

（2）具有完备的信息安全管理体系和服务质量保证体系，并通过 ISO 27001、ISO 9001 等认证。

（3）独立运营管理灾难备份中心，且机房的可用性应至少达到 99.9%，其所能提供的灾难恢复能力等级应达到 5 级以上（含 5 级）。

2. 银行信息系统灾难备份中心的管理

为保证灾难备份中心的有效性，应建立完善的运行维护管理制度和操作规程，明确岗位职责。主要内容包括灾难备份系统运维管理、灾难备份中心保障管理和灾难备份中心可用性管理。其中，灾难备份系统运维管理包括问题管理、事件管理、变更管理、配置管理、安全管理、服务水平管理、介质与文档管理等规程；灾难备份中心保障管理包括机房管理、环境设施管理、后勤保障管理等制度；灾难备份中心可用性管理包括人员管理制度、灾难备份系统基准维护管理制度（定期对灾难备份系统面向生产系统的符合性检查维护制度）、功能性子系统验证和演练规程（针对灾难备份系统中的部分子系统进行测试验证及演练制度）、灾难恢复预案及相关操作手册的管理制度、应急处理工作规程等。银行灾难备份中心的运行维护工作内容包括：

（1）基础设施。应定期维护基础设施，保证灾难备份中心工作设施（电力、通信、机房环境、安防监控设施等）、辅助设施和生活设施等的可用性。

（2）数据备份系统。应定期检测维护数据备份系统，保证数据备份系统软硬件的可用性，并确保数据备份系统的备份数据与生产系统相一致。生产系统的各种补丁、更新及变化应及时更新到数据备份系统中。

（3）备用数据处理系统。应定期检测维护备用数据处理系统，包括硬件系统、系统软件和应用软件检测。生产系统的各种补丁、更新及变化应及时更新到备用数据处理系统中。

（4）备用网络系统。应定期检测维护备用网络系统，包括数据网络、存储网络和语音通信系统等。生产系统的各种补丁、更新及变化应及时更新到备用网络系统中。

（5）运行维护的资源保障。灾难备份中心应配备一定数量具有灾难恢复专业素质的人员，必要的工作与生活等设施，保障足够的运维资金投入，确保灾难备份中心的正常运作。

8.5 案例

【案例 1】 银行故障案例及分析

【事故回顾】

1）事故 1：H 国 N 银行，2011 年 4 月，3 天部分恢复

2011 年 4 月 12 日下午，H 国 N 银行的电脑网络出现故障，导致客户无法提款、转

账、使用信用卡和贷款。系统故障一直持续了 3 天，直到 4 月 15 日才恢复部分服务，而有些服务直到 4 月 18 日仍然没有恢复。

本次事件源于其中一部联网计算机被黑客控制，恰巧在这台计算机里拥有操作数据库的最高权限，导致系统服务器数据被删除（甚至包括了备份数据库的对应数据），造成系统瘫痪和数据丢失，大约 540 万名信用卡客户的交易记录被删除，以至于银行不得不采用传统手写交易单的方式进行服务。

2）事故 2：C 国 Z 银行，2012 年 12 月，4 小时恢复

2012 年 12 月 15 日，C 国 Z 银行 IBM 大型机出现故障，导致信用卡支付业务受到影响。故障持续 4 小时后才恢复业务。

此次事故由 IBM 大型机宕机导致。

【业内对事故的经验和总结】

1）必须采用严格的应急处理流程处理机制保障，并不断总结优化

银行信息系统运维是一个复杂的系统工程，除了环境保障中包含的网络环境、硬件资源、存储设备、操作系统数据库等基础软件环境以外，应用运行、系统间互操作等事件都可能产生重大影响。无论是 ITIL、各级监管机构，还是内部风险机构，对于银行应急处理的流程均有严格的要求，应根据不同的系统类别、不同等级重要性提出不同的风险要求。

事实上，风险是无法完全避免的，需要建设完备的灾备体系和完善的应急预案，最大限度地降低风险暴露后的影响是验证应急体系有效性的重要指标。灾备体系和应急预案需要大量前期工作和定期优化维护，并且进行验证，每次处理之后通过仔细的分析、审计、故障报告等方式探讨不足，不断地优化和改进。

2）高度重视应急预案中实际环境的演练

对于重要系统的应急保障机制，监管和内部审计需通过严格的演练进行确认，这里所指演练并非模拟实际环境的演练，而是在实际的环境（实际后台、实际渠道系统等）中进行的模拟灾难，各机构对演练的频度和内容均有严格的要求。此外，为了控制演练造成的二次风险，一般会限定范围，如关闭网银入口，使用户无法直接登录等。在重大演练时，监管官员都将进行现场检查。外界通过各银行每年发出的停业公告可以看到银行的相关演练信息。

3）非常强调运维工作的制度性和规范性

由于银行涉及大量资金和重要隐私，在制度规范上有着较为严格的规定，包括业务、研发人员与实际系统严格分离，运维人员完全无法接触实际数据，在检查分析时需通过严格的审批流程；而研发软件下发到实际环境也必须进行严格的内容审查和审批，操作步骤必须清晰描述。运维要求对审批结果严格精确执行，不能自行进行任何改动，而且执行过程被记录，可被审计。此外，在风险发生时，则应依照预案进行各项操作。运维人员对于应急预案的制定和维护，需要基于大量运维经验，并且通过不断优化进行验证。

4）需系统考虑银行关键业务系统的备份、人员组织的备份

银行系统备份方式对于重要系统需多方面考虑，如某关键系统，在运行时就使用应用集群的方式确保可用性，通信接入则采用端口和地址复用进行多重备份。对运行体系基本需要确保无单点故障，即单一功能点有 2 个或以上并行运行的节点。其他设备可采

用热备或冷备方式。数据库备份基于数据库引擎和高端引擎一般进行远程灾备同步的功能，为单数据源热备份。数据备份保存方面，对于非监管要求数据，根据内部管理规定确定备份保存时间，备份至专用数据平台；对于监管要求的数据，在一定时间内在线保存至数据平台，长时间后转磁带长期保存。

人员组织的架构在银行来说有着明确的规定。首先对于每个系统对应的负责人员需要报送管理，并且做到 A、B 角等多角定义，在系统故障和重大事件保障时均遵循流程对应具体人员。日常工作时，大家对 A、B 角等也应有一定的规定，例如，某集体全体不宜同一趟飞机出行等来降低风险。

【案例 2】 银行运维监控系统改造方案案例

【背景简介】

经过多年的信息化建设，N 银行已在数据大集中下，相继完成了财务管理系统建设、数据仓库&报表系统建设、网银系统建设、信贷管理系统建设等多个重要信息系统的建设工作。截至 2013 年 9 月，已投入运行的信息系统达 40 余个，业务开展对 IT 信息系统的依赖性越来越大。IT 信息系统的正常、高效、有序运行已成为业务发展的基本保障。

科技信息部作为 IT 信息系统的运行维护和系统建设的第一责任人，承担着 N 银行所有 IT 信息系统的建设、运行、维护工作。从部门职责来看，同时承担着信息系统运维和新系统开发双重身份。

随着 IT 信息系统建设和投产，运维人力资源与现有系统维护需求间的不匹配日益突出，急需自动化运维平台等技术手段作为补充，降低运行维护工作对运维人力资源的依赖，以实现信息系统不间断安全运维的目标。

【痛点难点】

多年的信息化建设，N 银行已经拥有多个信息系统，业务的开展都是在信息系统正常运行的基础上才得以实现，这就对本次运维监控系统改造提出了几点要求：①实现主动监控；②实现按需分类监控预警；③故障处理制度需完善；④实现自动定期巡检；⑤支持持续优化的报表机制。这些都提高了建设自动化运维平台的难度，具体的痛点难点体现在：

（1）要求高，任务重：需要达到主动监控、自动巡检及报表预警等功能，对运营管理平台的自动化要求大大提高；信息技术部门不仅需要继续运维已有的系统，并且该平台建设后，针对该平台的故障处理及监控值班仍需安排人力进行。

（2）系统多，整合难度大：N 银行已经拥有多套信息系统，对应不同的业务需求。建立一个在这些系统之上的综合运维管理平台，数据来源多，各系统之间的关系复杂、逻辑不清晰，需要监控的运维管理指标确定及指标数据获得都存在一定的难度。

【实施路径】

为了更好地改造自动化运维监控系统，工作组制订了周密的实施计划，具体流程如图 8-14 所示。

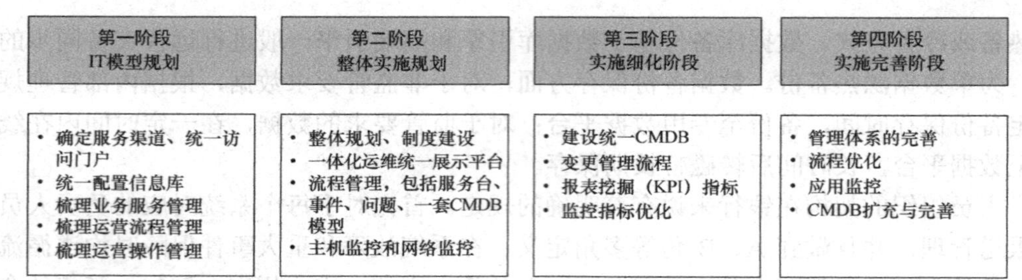

图 8-14　N 银行改造自动化运维监控系统具体流程

【实施效果】

（1）通过建设自动化运维平台，实现了对多个系统的统一监管，构建起不同的监控指标，收集系统性能数据，及时发现系统可能存在的潜在问题，并且推行自动定期巡检，降低了信息技术部分运维人员日常巡检压力和监控的工作量。

（2）制定了完善的故障处理流程和监控值班制度，明确运维责任，推动运维管理。

（3）智能报表的使用，可以对监控数据进行深度挖掘，为业务发展和系统调整提供可靠依据，帮助系统更好地适应业务变化，随时调整系统应用，更好地利用现有资源。

N 银行 IT 服务管理工具的规划模型如图 8-15 所示。

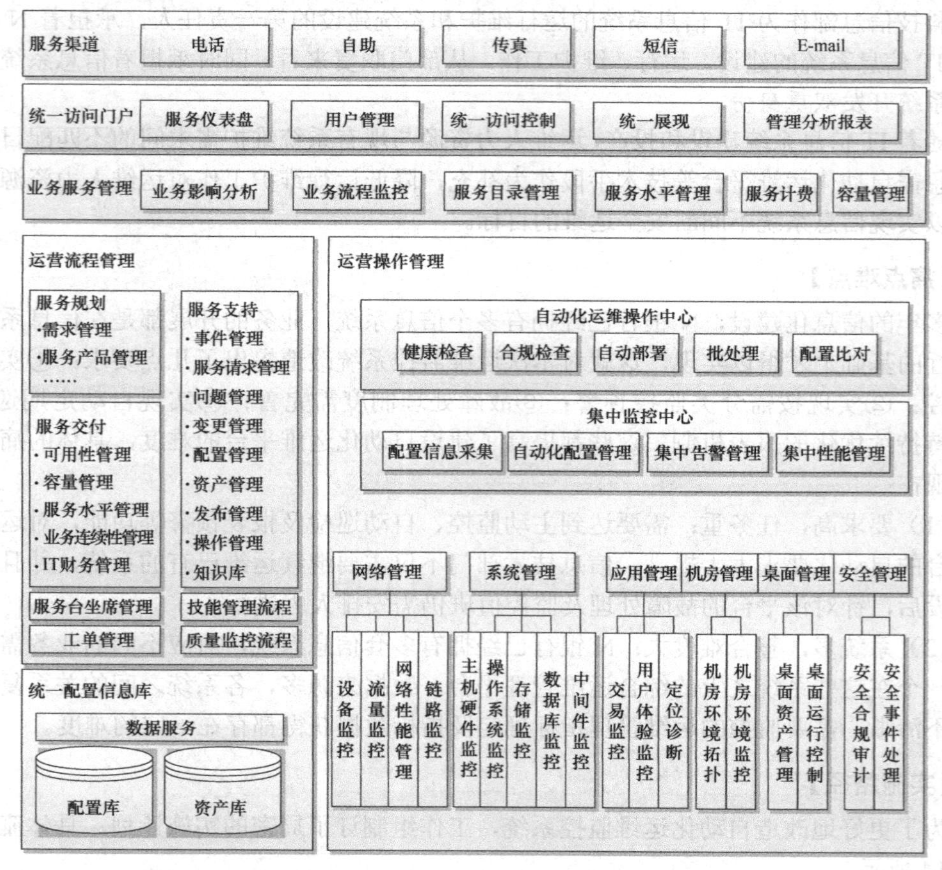

图 8-15　N 银行 IT 服务管理工具的规划模型

【收获】

随着信息系统数量增加，银行系统监控和故障预警的需求越来越大。因此，建立自动化的运维平台，帮助运维人员监控多个信息系统，是银行信息化过程中新的挑战。自动化运维平台不仅可以有效地降低运维人员的工作压力，更重要的是，可以按需而动，更符合业务需求，可以提前预警，帮助银行规避故障的发生；提供更加全面、客观的性能数据，给运维人员分析、改进系统提供更加便利的条件。

本章要点

本章主要介绍银行信息系统的目标、功能和结构，然后分别以自动柜员机、网上银行和银行信息系统的灾难备份与恢复为例，阐述银行信息系统运维的技术、流程和工作规则。要点如下：

1. 银行信息系统的目标、功能和结构；
2. 自动柜员机安全运行的影响因素和运维流程；
3. 网上银行的安全技术、运维保障体系、运维流程和工作规则；
4. 银行信息系统灾难备份与恢复的技术和流程。

思考题

1. 银行信息系统的主要特点有哪些？
2. 按照业务性质，银行信息系统可以分成哪几类？
3. 银行信息系统可以分成几层？每个层次的主要功能是什么？
4. 影响 ATM 安全运行的因素有哪些？
5. ATM 有哪些主要故障？如何解决这些故障？
6. 网上银行安全的运维保障体系的主要构成有哪些？
7. 网上银行安全性的运维流程有哪些？
8. 银行信息系统灾难备份与恢复的基本流程是什么？
9. 银行信息系统灾难备份中心布局应符合哪些基本原则？

第 9 章 大型网站运维

互联网的高速发展，网络流量的日益增大和网络服务的不断发展，使互联网行业对网站系统运维有了更高的要求，看上去色彩纷呈的网站和服务的背后，是成百上千台服务器 24 小时不停地运转，是无数行代码织就的应用程序时时刻刻响应着各种请求。

本章对大型网站系统的运维从共性到个性进行案例分析，阐述大型网站运维的现状，明晰网站运维的目标和主要职责，根据网站技术架构，分析典型大型网站运维的体系框架和技术关键。以典型的交易类、社交类及游戏类网站为案例，分析运维的职责、体系架构、重点及关键机制等，最后结合案例分析了大型网站自动化运维的机制、数据运维策略选择、故障响应机制等。

9.1　大型网站概述

本书所述的大型网站是基于运维复杂性角度，即网站运维相关的指标，如网站规模、知名度、服务器规模、页面浏览量（Page View，PV）等达到一定量级，这里大型网站的量级界定为服务器规模大于千台，日 PV 量上千万。

任何一个大型网站的用户和数据规模都不是与生俱来的，而是有一个逐步积累的过程。在这一过程中，性能和数据正日益成为其最核心的价值体现，前者将成为一个新兴的互联网产业方向——网站性能优化（Web Performance Optimization，WPO）；数据方面，大型网站越来越多地由数据驱动，用户产生和消费的数据比以往更加推动了信息技术的创新，如淘宝的产品销售数据、腾讯的社交网络数据、百度的网络爬虫数据、高德地图的地图数据等。

互联网技术的创新正不断进化和升级，这给互联网产业的发展带来了颠覆性的变革。不难发现，目前跻身“大型网站”行列的都无一例外地将核心放在了“用户体验”上，即力求通过友好的界面、好用的功能，让网站足够有黏度，足够不可或缺，网站力图通过功能需求引领网站技术创新为客户需求服务。技术升级又推动网站的发展，如新浪凭借微博走向社区型互动服务而超越了老门户网站，成为全国首屈一指的 SNS（Social Network Site）网站。

9.1.1　大型网站的分类

1．按发展阶段划分

按照网站的发展阶段，分为 Web 1.0、Web 2.0 及云计算时代的 Web 3.0 网站，如表 9-1 所示。

表 9-1　网站的发展阶段

分　　类	内　　涵	典型应用
Web 1.0	“阅读式互联网”，针对阅读的网上发布平台，用户通过浏览器获取信息。网站主要用于装载数据，其核心是网站内容（数据）	大部分传统网站
Web 2.0	“可读可写式互联网”，用户既是网站内容的浏览者，也是网站内容的制造者，用户在网站系统内拥有自己的数据，不再和网站页面混粘在一起，网站的核心是“人”，其本质是利用人的集体智慧，将互联网调试为一种“全球的大脑”	博客（Blog）、RSS、百科全书（Wiki）、网摘（Tag）、即时信息（IM）等
Web 3.0	“无处不联网，智慧的互联网”，有社交网络、移动、搜索等元素，强调通过云计算、移动互联等技术，任何人、任何地点都可以创新，不断积累的丰富数据能够使得互联网更大、更智慧。智慧的元素则体现在智能网络（智能主体）和智能应用（智能个体）两个方面，包括机器学习、推理和自主代理，智能个体的个性化等一系列变化。Web 3.0 将是全球经济的推动力	垂直搜索、智能推荐、微信等

2．按应用类型划分

按照应用类型，网站分为资讯类网站、交易类网站、社会性网站、游戏类网站、功能类网站等。

（1）资讯类网站（新闻门户）：以提供信息资讯为主要目的，是目前最普遍的网站形式之一。这类网站信息量大，访问群体广，功能相对简单，如新华网、凤凰网等。

（2）交易类网站（电子商务）：以实现交易为目的的网站，交易对象可以是企业、政府、个人消费者等，该类网站功能相对复杂，因为涉及交易和支付，数据精确性要求高，如淘宝网、京东网、当当网等。

（3）社会性网站（SNS）：指基于社会网络关系的网站，目前很多 Web 2.0 的应用都属于 SNS，该类网站支持用户的高频输入，因此要求网站能支持高并发写入，相对而言对数据一致性要求较弱，如网络聊天（IM）、交友、视频分享、博客、网络社区、音乐共享等方面的应用。比较典型的 SNS 网站有腾讯网、豆瓣网、新浪微博、开心网、人人网（校内网）、Facebook、Twitter 等。

（4）游戏类网站：一种相对比较新的网站类型，该网站的投入由其承载游戏的复杂度决定，有的已经形成了独立的网络世界（虚拟现实），如盛大游戏网、17173 网等。

（5）功能类网站：将一个广泛需求的功能扩展，开发一套强大的支撑体系，将该功能的实现推向极致的网站，如搜索引擎类的 Google、百度。

9.1.2　大型网站的特点

大型网站都经历了规模迅速扩大的过程，一方面，基础设施不断增多，网站应用不断增加，业务数据量也随之快速增长；另一方面，由于网站运营特有的“用户体验为先”的特点，网站的技术架构往往采取了小步快跑的策略，经常会在一天内开发上线 1～5 个升级版本，而这样的开发模式与传统软件开发完全不同。由此，大型网站呈现出基础设施复杂、技术范围广且更新频繁、业务数据量大、业务数据变更频繁等特点。

网站由于应用类型的不同，特点也各不相同，典型应用类网站的特点如表 9-2 所示。

表 9-2　典型应用类网站的特点

类　型	基 础 设 施	业务数据	用户操作	业 务 流 量
资讯类	规模逐渐扩大，基础设施庞大复杂	数据形式要求多样化，能支持图片视频等	读压力大，无写操作	流量大，有突发流量
交易类		90%浏览量是图片，图片质量要求高，数据一致性要求高	读/写压力大，提交操作并发要求高	流量大，有突发流量
微博类		数据粒度小，高数据交换、高数据流动 数据具有时效性，部分业务数据会快速失效	读操作访问压力大，写操作密集，读/写比高； 数据操作高并发	流量大，有突发流量
搜索引擎类	规模逐渐扩大，基础设施庞大复杂	数据多为网页抓取器抓取，并存放分析数据	业务简单，提交操作比较少，对搜索速度要求高	有突发流量
游戏类		数据多为非结构化数据，交互性强，数据一致性要求高	写比读多	流量大，有突发流量
……				

9.1.3　大型网站的架构

网站的架构是运维的基石，网站运维人员一定要了解上线的应用系统架构，否则，一旦发生问题则“救火不及”，其后果可能是网站大面积瘫痪，进而导致用户流失。此外，一个好的、清晰的架构设计能辅助运维工作达到良好的自恢复能力，并有助于运维过程中复杂事件的处理。因此，有必要先对网站架构进行阐述。

简单而言，网站架构就是如何恰到好处地利用各项技术构建网站，如分层、组件化、服务化、标准化、缓存、分离、队列、复制、冗余、代理等。当网站架构师在架构一个亿万人同时在线的大规模网站时，会发现无法从一开始就提供最完善的解决方案，它往往是随着用户的增长而可扩展的。另外，网站的需求变化相当快，适应多种需求的架构也是不存在的，因此大型网站系统的架构总是“演进式”的，即在架构形成过程中不断地对已有架构进行修改和补充。不同规模的网站其架构策略不同，运维内涵也不同，网站容量与网站架构策略的关系如表 9-3 所示。

表 9-3　网站容量与网站架构策略的关系

	百　万　级	千　万　级	亿　　级
架构	一般信息系统架构	开始重视架构设计，有专门技术架构师	架构更细分，或增加数据架构师、Cache 架构师、分布式架构师
程序部署	一般单机房部署，前端、后端在一起，根据业务拆分，每个业务可分配不同数量的服务器	需跨机房部署，前端在远程增加反向代理加速，后端拆分出来，系统内部需要远程调用，内部需远程调用协议	所有服务需要地理多机房分布，具备 IDC 容灾设计，服务可降级
存储策略	数据库和 Cache 单独部署服务器，数据库或按业务进行拆分；Cache 一般使用一致性 hash 扩展	数据库在异地机房使用 slave 数据库副本	数据库拆分难胜任，考虑分布式数据服务，如云计算中心存储服务。数据访问需要根据业务特点细分
其他	—	—	开发、运维、测量、调优等各项具备自己的专有工具

1. 大型网站的基础体系架构

目前，大型网站的基本架构大都采取了负载均衡+数据库主从+缓存+分布式存储+队列的形式，经过简化的大型网站架构核心体系如图 9-1 所示，分为负载均衡层、应用层、数据库层及分布式共享文件系统三层（数据库和共享文件可看成同一个层次）。

这样的架构体系使网站具有高可用、高可靠、可扩展和负载均衡能力，能够应对不断增长的业务需求，体系中需要监控系统、共享存储系统等予以辅助。该体系架构各层的作用如下：

（1）负载均衡层：负责负载转发或失败切换。通常由两个服务器组成一组，一个充当主服务器，另一个充当备用服务器。用户的请求首先到达负载均衡层，然后负载均衡器根据指定的算法将负载转发到第二层的某个应用服务器，应用服务器响应这个请求并进行相应的处理，如进行数据库连接、读写文件操作等，然后将数据直接返还给用户，或者先返还给负载均衡器，封包后再返还用户。一个完整的负载均衡项目一般由虚拟服务器、故障隔离及失败切换三个功能组成。此外，架构层的负载均衡应具备对后面真实应用服务器进行健康检查/存活检查，一旦真实应用服务器的某个主机失效，负载均衡器能自动地将故障隔离，当这个故障排除后，再加入先前的转发队列。

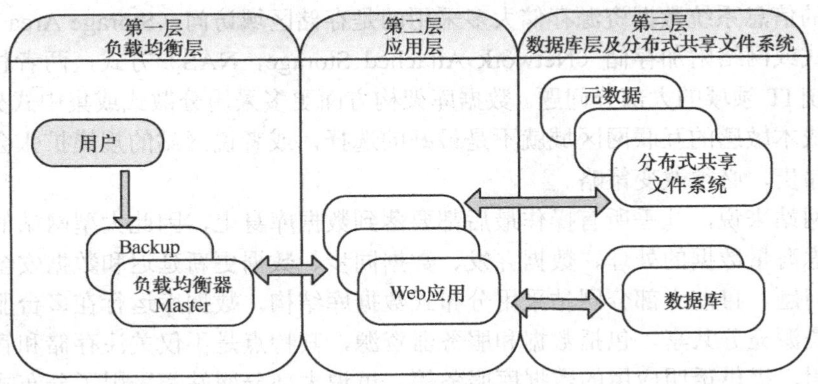

图 9-1　经过简化的大型网站架构核心体系

（2）应用层：一般由两个或两个以上的物理服务器组成，在这些物理服务器上，运行相同的应用，但物理服务器的配置可以不相同，当然为求得一致的性能，可以使用硬件配置完全相同的服务器。应用层的难点是数据同步，对于大型网站系统类的集群服务，最合适的方式是分布式共享文件系统，即所有服务器共享同一份数据，因此不存在数据同步的问题，既保证了数据的一致性，又有较好的速度和性能。

（3）数据库层及分布式共享文件系统：既可以本地存储，也可以使用分布式共享文件系统。后者能大大提高大型网站的性能和速度。

2．大型网站架构的关键问题

1）架构体系

大型网站通过一些针对性的架构策略来满足大型网站的各项要求，如通过冗余架构实现网站高可用性，通过可扩展架构满足网站高可扩展性，从发展趋势的角度，很多网站则开始采用应用引擎容器。

（1）高可用——冗余架构：是指网站中组件有冗余设计，包括任何硬件及软件，使网站中任何单点故障，即使是关键节点，都不影响系统正常运行。系统中其他部分也要求具备基本的应急措施或功能，因为大型网站面对的是成千上万台机器的超多集群，硬件故障概率是非常大的，如死机、硬盘损坏、电源故障、交换机故障等，具备良好冗余机制的网站能够规避风险，给工程师足够宽裕的处理时间，如 Google 可做到最多 800 台服务器死机时服务不受影响。

（2）高可扩展——可扩展架构：是指当请求量增大到服务器无法承载时能够对应用服务器及数据库等进行切分。目前，大型网站系统都采用了可扩展架构形式，这也是网站架构优化的核心，如网站持久化数据存取规则、缓存的存取规则等。

（3）趋势——应用引擎容器：是网站架构的演进趋势之一，通过应用引擎容器可以承载上千万用户访问量的大型网站，网站运行在应用引擎容器上，依靠容器自身具有的可扩展性、容错性、负载均衡、就近访问等特性来满足网站可用性、可扩展、高性能及负载均衡的要求。

2）数据存储

传统的信息系统数据资源存储大多采用的是存储区域访问（Storage Area Network，SAN）方式或网络附加存储（Network Attached Storage，NAS）方式，两者相对成熟，能解决传统 IT 领域的大部分问题。数据库架构方面更多采用分散式或集中式架构，但这些用在对成本敏感的互联网区域就不是最好的选择，或者说网站的规模扩张会使存储变得越来越昂贵，必须改变策略。

对于网站来说，几乎所有操作最后都要落到数据库身上，因此大型网站的数据库架构主要考虑海量数据的处理、数据并发、数据同步、数据更新延迟和数据安全等问题。针对这些问题，目前大部分网站采用分布式数据库结构，数据库运行在多台服务器上，使数据库资源充分共享，包括数据和服务器资源，其特点是不仅关注存储和管理，而且还关注应用，提供透明应用的数据库服务等。虽说大部分网站都采用了分布式数据库结构，但数据库的存储与扩展仍然是其架构的难点和关键，常见的扩展方法有复制和分片，还要考虑复制延迟、主从数据库数据一致性等问题。

（1）简单海量数据的处理问题——NoSQL 技术。NoSQL 技术被称为“非传统关系型数据库”，它并不是传统关系型数据库的替代，而是一种补充，填补了关系数据库与缓存之间的空隙。NoSQL 产品特别是分布式 NoSQL 能够很好地解决扩展性问题，不用停机就可以增加服务器和其他设备。NoSQL 与传统关系型数据库是相辅相成的关系，二者的区别与联系如表 9-4 所示。互联网行业 NoSQL 的应用是走在前列的，其中单机方案以新浪的 Redis 和 MongoDB 最为典型，Redis 适用于需要高速读写访问的网站，如微博、搜索引擎等，因其能够容忍短期的不可用，没有成熟的失败切换方案，这点显然是电子商务类网站所不能容忍的；而分布式则以 Cassandra 和 HBase 为代表。

表 9-4　传统关系型数据库与 NoSQL 的关系

	传统关系型数据库	NoSQL（非传统关系型数据库）
存储模式	关系数据库	文档化存储
适用情况	数据结构复杂，要求有事务处理，数据一致性要求高	相对不复杂但数据量超大的业务，高密集的 IO、密集的写操作（有的每秒达到至少万次的写操作，内存型的甚至 5 万次以上）、大量简单数据的查询、数据的扩展
优点	处理事务的数据，能保障数据具有良好的一致性	原子更新支持好，能提供高效的数据查询，几句配置就可以组建一个复制+自动分片+失败切换（failover）的环境，具有良好的扩展性和分布式特性
典型方案	MySQL	Memlink、Mongodb、Redis、Memcachedb、TC&TT
典型案例	大部分网站	Twitter 网站 2011 年开始由 MySQL 向 NoSQL 迁移，百度也在尝试部分迁移

（2）数据安全性问题——Https 等。对于网站的 Http 协议来说，数据包都是明文传输的，或者通过简单的解密即可变成明文，当具备一定规模和影响力时，就会有所谓外挂程序威胁数据安全，如 QQ 农场、淘宝等。很多大型网站采用了一定的安全架构策略或 Https 来实现安全防御，但因此会影响网站的效率，在架构时需要协调二者之间的关系。

3）文件存储

当网站文件，特别是图片、视频等多媒体文件剧增时，为了满足网站性能要求，必须要考虑文件该如何被存储并且有效被索引的问题。常见方案是按照日期和类型存储，但是由于文件数量过大，网站服务器硬盘 I/O 负载会越来越高，磁盘损坏率变得非常大，因此适合采用分布式共享文件系统。

分布式共享文件系统采用分布式文件存储方式，即以文件为存储单位的非结构化数据存储解决方案，能支持海量非结构化用户数据存取，解决扩展、负载均衡、复制、数据一致性等问题。此外，通过分布式文件存储，不需要手工编写代码即可解决数据过大后的分表问题，并支持高并发操作和动态扩展，具有高可靠性，能避免数据丢失和单点故障，存储成本可控，具体实现上支持数据在集群中复制和迁移，支持文件级别的数据去重。目前，很多互联网公司都是借鉴了 Google 公司的分布式文件存储 GFS 来开发自己的分布式存储产品，相关产品还有 MogileFS、Taobao TFS 等。

4）缓存（Cache）

为了提高网站的访问速度，Cache 越来越被广泛使用，已经成为网站应用的一个中心元素，有人甚至说“需要把一切数据都放在内存里面才能满足新的应用需求”，但随之而来是越来越多的问题出在了 Cache 方案中。大型网站的架构中对 Cache 存储的使用策略尤为关键，要考虑好缓存对象的粒度，便于缓存的更新和删除；要考虑缓存的序列化和反序列化对 CPU 和网络开销的影响等，以减少缓存的不必要调用。

9.2　大型网站运维概述

近几年，很多网站迅速完成规模化，如新浪微博上线后短短一年时间内从零发展到五千万用户，每秒发表微博 3000 多条。如果说开始时网站的运维工作还只是装系统、上架上线、故障修复，那么随着规模的扩大，网站基础设施不断增加，运维需要考虑的工作则应包括规划、成本、资源分配、部门配合、故障快速处理、系统高可用可扩展性等。运维复杂度大大提高，各种运维问题，如新产品模式对现有架构及技术不断带来冲击、产品高频度的升级带来线上漏洞隐患、运维自动化管理程度不高导致人为失误、互联网行业追求的高效率导致流程执行上的缺失、用户数增长带来性能及架构上的压力等，造成网站状况不断，包括各种性能降低、不稳定、数据丢失、网页被篡改等，进而影响网站用户的忠诚度和黏度。据统计，以日盈利 100 万元的网站为例，网站加载速度每慢 1 秒，将降低 7%的转化率，损失 11%的 PV，减少 16%的商业机会，一年大约将减少 2500 万元的收益。对于云服务而言，其故障会直接造成其支撑的多家网站出现问题。

（1）稳定性问题：2011 年 5 月，Twitter 发布了一个状态报告：“我们现在正遇到了一些影响站点稳定的问题，这些问题可能发生在加载 Twitter.com 页面和 Twitter 客户端时，我们将尽快修复这些问题。”这就是著名的 5 小时服务宕机事件。2011 年 10 月，互联网业界最有名也是最具价值的地理位置服务网站 FourSquare 经历了两次宕机事件，第一次长达 11 小时，第二次也有 6 小时。2012 年 6 月，在 Amazon 网络服务（AWS）基础设施上运行的 LiveFamily 受到了两次宕机事件的影响，这两次事件都是由电气故障引起的。第二次停用事件源于东海岸发生的大规模雷电天气所引发的电气备用系统发生不可预见的故障。受此影响，在 6 月 29 日至 6 月 30 日晚上的几个小时中，诸如 Pinterest、Netflix 及 Instagram 等大量的大型网站都不可用。2014 年 1 月，云存储服务商 Dropbox 在内部信息安全例行维护期间，官网遭到非法入侵而出现宕机。2015 年 5 月 28 日 11 时，携程网瘫痪，主页和手机 App 均不能正常使用，几个小时后，携程新近入主的艺龙网也出现短暂宕机，当天晚上 19 时许，离宕机过去近 8 个小时后，携程旅行网手机 App 首先恢复，但提交订单仍不稳定。

（2）网站数据丢失：2011 年 5 月，Google 网站在周三晚上预定的维护工作中数据被损坏，影响了 Blogger 的正常工作。解决过程中 Google 将 Blogger 服务回滚到维护前的状态，网站在解决该问题的过程中不得不将服务置为只读模式，导致那段时间用户不能在 Blogger 上发表文章。2012 年，雅虎日本旗下子公司“First Server”运营的出租服务器发生系统故障，导致 5 698 家企业的网页等数据丢失，“数据无法恢复，也无法进行系统重装”。2019 年 6 月，“宝贝回家”寻亲公益论坛被破坏，导致部分数据丢失，长达十几个小时，网站一直处于闭站维护状态，用户只能通过公众号查看最新动态。

（3）网页数据篡改：2010 年 1 月 12 日上午 7 时开始，全球最大的中文搜索引擎“百度”遭到黑客攻击，长时间无法正常访问，主要表现为跳转到雅虎出错页面、其他图片，出现“天外符号”等，范围涉及四川、福建、江苏、吉林、浙江、北京、广东等国内绝大部分省市。这次攻击利用了 DNS 记录篡改的方式，这是自百度建立以来，所遭遇的持续时间最长、影响最严重的黑客攻击。2016 年，微软的“不安全 dll 加载”漏洞涉及 Windows XP 至 Windows 7 等多个版本的操作系统，由于 Windows 存在加载未指名完整路径的 dll 文件的机制，致使用户使用第三方软件、玩游戏、听音乐时，加载由木马病毒伪装的界面。2019 年 3 月 5 日，网警在日常网络巡查中发现湘潭县某培训学校网页被恶意篡改，嵌入了“涉黄”类非法链接，造成严重不良后果。

（4）安全性问题及漏洞：2010 年 6 月，由于 iPhone、iPad 主题论坛威锋网广告页面中内嵌了木马页面，导致整个论坛页面全部“挂马”；2012 年 10 月 30 日晚 22 点 30 分左右，京东商城充值系统出现重大漏洞，用户可以用京东积分无限制充值 Q 币和话费，同时充值未成功的积分则会被双倍退回账户，该漏洞被网友发现后，在网络上被大量转发，导致网站遭受经济损失。2020 年 9 月 15 日，斯特拉车联网系统出现安全漏洞，导致“串车”故障，车主定位不到自己的车辆，却能远程操控他人车辆控制充电、空调、通风、开锁等功能，甚至能召唤选装了 FSD 完全自动驾驶的车辆。2020 年 2 月，Apache Tomcat 文件出现漏洞（CNVD-2020-10487，对应 CVE-2020-1938），攻击者利用该漏洞，可从受影响 Apache Tomcat 服务器上非法读取 Web 目录文件，甚至进一步执行任意代码，威胁信息安全。这些问题对于以网站为运营主体的互联网组织来说，很可能带来巨额损失。网络性能和运维能力早些时候只是那些大型互联网公司成为精英的秘密武器，而在现今的竞争态势下则成了所有互联网公司在线战略的重要组成部分，被视作网站的核心竞争力。

网站运维的工作主要包括升级版本上线工作、服务监控、应用状态统计、日常服务状态巡检、突发故障处理、服务日常变更调整、集群管理、服务性能评估优化、数据库管理优化（大于 50 台）等。

9.2.1　大型网站运维的现状

大型网站基础设施越来越复杂，应用更新频繁，业务数据增长迅速，使得其在应对市场时难免有失从容，功能堆积、服务耦合增加，运维工作难度陡然上升，各种运维问题困扰着各大网站的运营商。下面将从基础运维、数据运维、应用运维及运维管理四个层面分析目前网站运维的现状。

1）基础运维方面

由于基础设施越来越庞大且复杂，基础设施环境整体性能并不理想，抗压能力弱，故障恢复慢；网站应用对网络、CPU、内存、磁盘的需求不同，很难从硬件上为应用做合理的优化以达到性能的最优。

2）数据运维方面

业务量增大带来海量数据，网站数据存储性能下降，数据一致性得不到保证。

（1）高活跃用户带来的数据快速失效问题，如微博。

（2）用户体验要求快速被前端感知。

（3）数据负载难以预测，会出现突发的流量变化。

3）应用运维方面

网站应用更新频繁，代码分支多，软件更新速度快。

（1）对现有架构和技术带来冲击，网站性能难以线性提高。

（2）系统高耦合，网站的复杂度和依赖关系趋向失控，应用更新一旦不充分考虑其关联应用就会造成出错。

（3）好的用户体验必然形成快速迭代的开发模式，高频度的更新带来线上的漏洞隐患。

（4）网站问题定位慢，系统运维容易顾此失彼。

4）运维管理方面

网站没有形成体系化的理念、技术。

（1）运维效率、运维质量、成本之间难以权衡。

（2）没有成熟的运维体系，技术层次较低，运维还处于初期发展阶段，理念和经验都比较零散，没有成熟的知识体系，很多针对网站运维的分析都局限于具体技术细节。

（3）运维核心技术和人才过于集中，规模大小决定了运维的难易，运维经验都掌握在大公司手中，如百度可怕的流量、Facebook 的海量数据等因素决定了它们遇到的问题都是其他网站还没有遇到的，运维人才基本是靠大公司自己培养，运维人才和经验是公司的核心竞争力，业内先进运维技术和人才难以流通，限制了运维的发展。

（4）网站运维人员的工作深入不够：大部分大型网站系统都有专职运维人员，但往往受重视程度不高，可替代性强，或由其他岗位兼职，整体来说运维工作做得不够深入。

（5）网站行业宽松的技术管理文化增加了运维的难度：开源软件被高度认同，技术更新快，给运维技术的体系化带来了一定的困难。

（6）互联网环境问题：如我们常说的“南北互通”问题、网通和电信之间的访问慢，此外，还有 IDC 灾难、机房检修、机房掉电等。

9.2.2 大型网站运维的目标

网站运维的核心是要“确保线上稳定高效”，即保证网站的速度、效率和质量，考虑企业运营，则还需考虑成本。随着互联网朝着规模化、多元化和平台化方向发展，应用复杂度越来越高，网站运维越来越受到重视，对网站运维的要求也就越来越高。

（1）行业角度：随着互联网的高速发展，网站规模越来越大、架构越来越复杂，运维的重要性越来越突显。

（2）技术角度：对技术的要求越来越高，运维是一种融网络、系统、开发、安全、应用架构、存储等多技术的综合性工作，开源软件被高度认同，最新技术往往被率先应用，如虚拟化、分布式、自动化、云服务等。而自动化、模块化、集群化、一致化是运维的根本要求。

（3）运维模式角度：需要通过加强积累和沟通，逐步将运维工作标准化和体系化，融合运维制度、流程和技术，形成适合互联网环境的运维管理体系。

由于网站是基于互联网运营环境的，网站运维的目标与其他信息系统有所不同，其核心运维目标是高可用、可扩展、高性能、负载均衡和其他要求五个方面，在应用中要注意权衡高可用性与可扩展之间的矛盾，针对不同的应用，处理好高并发承载、低延迟等特殊要求。

1. 高可用性（High Availability）

高可用性是指组成系统的某些设备或部件失效，并不会影响系统的正常服务，高可用性能够降低网站运营压力和减轻由此带来的负面影响，保证业务的持续、稳定，使网站可靠而健壮。网站可用性的量化解释是网站正常运行时间的百分比，这是运营团队最主要的关键业绩指标（Key Performance Indicators，KPI），也是服务水平协议（Service Level Agreement，SLA）中的一个重要指标，目前普遍采用 N 个 9 来量化可用性，含义如表 9-5 所示。

表 9-5　网站可用性指标

描　　述	通俗叫法	可用性级别	年度停机时间
基本可用性	2 个 9	99%	87.6 小时
较高可用性	3 个 9	99.90%	8.8 小时
具有故障自动恢复能力的可用性	4 个 9	99.99%	53 分钟
极高可用性	5 个 9	99.999%	5 分钟

网站的应用类型决定了其对可用性的依赖程度是不同的。对很多网站来说，4 个 9 的可用性实际上是很难实现的目标，事实上也不存在 100%可靠的网站。可用性也并非越高就越成功，还要求网站的足够友好，足够有黏度，足够不可或缺。例如，大型网站 Twitter，2008 年前四个月的可用性只有 98.72%，有 37 小时 16 分钟不能提供服务，连 2 个 9 都达不到，但凭借其卓越的用户体验在 2009 年取得了最为迅猛的发展，Twitter 网的可用性也已经有了很大提升。

提高网站可用性的常用策略是硬件冗余，要实现更高的可用性，比如 4 个 9 甚至 5

个 9，就不是简单靠硬件就能做到的，还需要建立完善的流程，提升事故响应速度，做好高可用性与成本间的平衡等。

2．可扩展性（Scalability）

可扩展性对于高速发展期的网站非常重要。任何一个物理设备，其负载都有一个极限，为了应对访问量突增，网站需要不断扩容。网站对可扩展性的基本要求是在保持系统服务不终止的情况下，透明地扩充容量，即用户不知道扩容的存在，或者说是扩容不对现有的服务产生任何负面作用，只要能保证在线扩展，就可以认为网站具有好的可扩展性。可扩展性主要包括硬件设施的可扩展性及应用本身的可扩展性。

（1）硬件设施的可扩展性：主要包括带宽扩展、服务器扩展、存储容量扩展、硬件内存扩展等。硬件设施的可扩展性的关键在于网络架构设计，网络架构设计要求层次分明、扁平、简单，网络冗余不存在故障点，按业务类型划分网络结构（同时考虑 PV 大小、优先级）以防止互扰。

（2）应用本身的可扩展性：应尽量保证应用的层次化，采用高性能的中间件，逻辑复杂及大数据量交互的功能尽量做成独立模块/后台，不能简单地直接将功能全部揉进前端，影响可扩展性。

3．高性能（Performance）

高性能已成为大型网站的一项战略，“快比慢好”已成为 Google 网站十大价值观之一，Facebook 从创立至今一直将提升页面访问速度作为其主要关注点。事实表明，高性能网站能降低运营开销，提升访问量，进而提升竞争力，如 Amazon 增加 100 毫秒延迟会导致收入下降 1%; Google 一旦发生 400 毫秒延迟将导致每个用户搜索请求下降 0.59%；Shopzilla 将页面载入时间从 7 秒缩减到 2 秒，转化率提升了 7%～12%，页面请求增加了 25%。

高性能的程度主要由最终用户需求决定，需要运维团队综合考虑如何在保证网站高可用性和可扩展性的同时，尽可能提高网站性能，并在速度与成本之间取得平衡。

4．负载均衡（Load Balancing）

负载均衡是通过一定的控制策略，让用户的访问负载分摊到不同的物理服务器，从而保持每个物理服务器有比较合理的负载。严格地说，负载均衡也是网站可用的一个部分，是解决高负荷访问和大并发请求的最有效方法。通过负载均衡能增强总体吞吐能力，并具备故障隔离和失败切换的功能。

5．其他要求

运维伴随着网站的发展而发展，网站类型不同，对运维的要求也不尽相同，大型网站对运维的要求如表 9-6 所示。

表 9-6 大型网站对运维的要求

网 站 类 型	大型网站运维要求
交易类	用户角度：图片质量和浏览性能要求高，数据一致性要求高，业务高度安全； 数据角度：核心是图片存储的效率

续表

网 站 类 型	大型网站运维要求
微博类	用户角度：要求高性能访问，具备高并发承载能力，低延迟，对数据一致性要求相对较弱； 数据角度：高频度小数据，数据分区管理，对数据清洗要求高
搜索引擎类	用户角度：要求高性能访问，对一致性要求相对较弱； 数据角度：对数据的二次处理要求高，数据结构化存储要求不高，可部分采用 NoSQL 技术
游戏类	用户角度：网站交互性强，性能要求高，要求强一致性、高可用及低延迟； 数据角度：对标准数据存储要求不高

9.2.3 大型网站运维的典型框架

对于传统的信息系统，同时连接上千个客户端就是高负载了，而大型网站经常是同时连接上百万个客户端，且负载不均衡，因而对运维的要求相当高。由于大型网站流量庞大，数据海量，应用复杂，发展速度快，至今尚未形成普适性的标准运维框架，典型运维框架如图 9-2 所示。

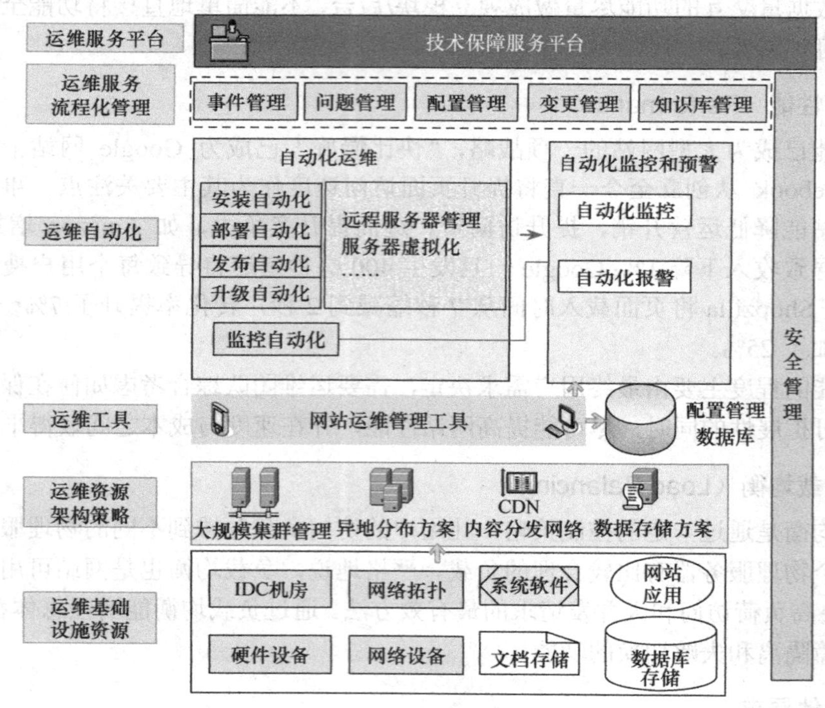

图 9-2 大型网站典型运维框架

运维的基础职责是最大限度地发挥基础设施的作用，通过一定的策略共享基础设施往往比代码优化更为重要，因此，框架的底层是运维基础设施资源，以及在此基础上的集群、存储策略等；如何避免人海战术，实现主动运维，靠自动化运维技术和自动化监控和预警机制；通过标准化的运维管理流程并辅之运维平台与工具提供运维服务。

下面从运维资源和架构策略、运维工具、运维自动化、运维服务流程化管理及安全管理五个层面阐述大型网站运维的框架。

1. 运维资源和架构策略

基础资源运维的目的是保证网站的高可用、可扩展、高性能等要求，要做到这一点，仅仅依靠好的设施是不够的，还取决于架构和策略。本节重点介绍大规模集群管理、互联网数据中心、内容分发网络服务等策略。

1）大规模集群管理

集群不是泛指各功能服务器的总和，而是指达到某一目的或功能服务器、硬盘资源的整合（机器数大于两台）。对于应用来说，它就是一个整体。目前，互联网行业主要基于三种类型，分别是高可用性集群、负载均衡集群、分布式存储/计算存储集群。

高可用性集群（又称为高并发响应集群）和负载均衡集群主要应用于业务简单、应用上提交操作比较少的情况，如采用四层交换机达到服务高可用/负载均衡的作用，如 Google 和百度；对于资源紧张的公司会采用开源解决办法如 LVS（一种开源的软负载均衡方案）+ha，但对于大流量、实时性要求高的网站应用还不成熟。分布式存储/计算存储集群主要应用于海量数据应用，如邮件、搜索等，特别是搜索，除了存储业务数据，还包括数据挖掘、用户行为分析数据等，如 Yahoo 保存分析近一年的用户记录数据，这些数据对于搜索准备性及用户体验是至关重要的。

大型网站在规模化的过程中往往会发现商用集群的扩展成本呈几何级增加且未必能针对性解决问题，不少大型网站转向开源。对于集群的管理关键在于监控、故障管理、自动化等，其中集群的监控主要包括故障监控和性能、流量、负载等状态监控，这些监控关系到集群的健康运行及潜在问题的及时发现与干预。

（1）服务故障、状态监控：主要是对服务器自身、上层应用、关联服务数据交互的监控，如针对前端网页服务器，就可以有很多种类型的监控，包括应用端口状态监控；ICMP 包探测服务器健康状态监控；对重点页面签名，以防网站被篡改（报警，并自动恢复被篡改数据）等。

（2）集群状态类的监控或统计：为合理管理调优集群提供数据参考，包括服务瓶颈、性能问题、异常流量、攻击等问题。

2）互联网数据中心

近年来以互联网数据中心（Internet Data Center，IDC）作为一种“资源外包”的网络服务方式被大型网站所使用。为满足高可用性要求，大多大型网站的 IDC 服务要求异地多机房部署，以提高可用性和访问性能。要处理好公网传输不稳定、服务器远程维护等多机房特有问题。

3）内容分发网络服务

内容分发网络（Content Delivery Network，CDN）服务是在不同地点缓存内容，通过负载均衡等技术将用户请求定向到最合适的缓存服务器上，提高用户访问网站的响应速度。CDN 服务使网站具有良好的可扩展性，提高了网站的访问性能及稳定性，保障了网站服务品质。CDN 服务的基本特点是内容缓存、就近访问及根据用户来源访问网站。

（1）内容缓存：缓存服务器从源站取得所需数据，然后暂存在本地的硬盘或内存，使内容能够自动更新，不会面临多个服务器数据同步问题。

（2）就近访问：让用户的访问请求转向离用户最近或最易于访问的缓存服务器。

（3）根据用户来源访问网站：以 DNS 视图方式根据用户来源确定其访问位置，以解决南北互通问题，也就是说让电信的用户访问电信的缓存服务器，网通的用户访问网通的缓存服务器。技术适用性方面，CDN 对于静态对象的加速和发布具有很好的效果，但对于动态网站效果不佳，通过动态内容静态化、静态内容分离（如动态站点里的图片）等方式，来加速访问和增强用户体验。

CDN 服务的作用如下：

（1）提高网站的可用性。源站的访问量变得很小，这意味着源站系统有更低的负载、更低的 I/O 吞吐量，故障的概率大大降低，对于缓存服务器、多个服务器做成集群，保证了整个系统的高可用性。

（2）提高网站的可扩展性。解决网站高流量、大并发的问题。

（3）解决南北互连问题。使用 CDN 技术，通过让电信的用户访问电信的内容缓存服务器，网通的用户访问网通的内容缓存服务器，绕开了网络运营商之间的障碍。

（4）提高网站性能。采用缓存技术，将访问对象缓存起来（去掉或缓存到内存），提高访问速度。

（5）降低总体运营成本。在一些互联互通比较好的机房，其带宽费高达 300～400 元/兆月，而二三线城市单线接入的带宽 100MB 一年的费用才 5 万元左右。使用 CDN 运营方案，可以将源站放在高速机房，而把缓存服务器放置在带宽费用较低的其他地方，大幅降低运营成本。

（6）防分布式拒绝服务攻击。攻击负载被分配到不同的物理服务器，客观上起到了防分布式拒绝服务（Distributed Denial of Service，DDoS）攻击的作用。

2. 运维工具

网站运维工具主要包括一体化运维系统及运维辅助工具。

（1）一体化运维系统：涉及监控、调度、容错容灾等方面，核心是尽可能实现网站运维服务的模块化、集群化、一致化；能主动探测故障服务器并自动卸载、自动上线健康的机器，从而达到主动运维的目标。

（2）运维辅助工具：一般是借助大量的开源工具来实现监控、操作、分析和部署等工作。Cacti、Nagios、Hyperic、Smokeping 是运维人员监控、分析的必备工具。其中，Cacti 能够监控服务器各项资源的使用情况，并保存历史记录、观察流量和各项资源使用的关系；Hyperic 是开源监控工具，有比较合理的报警机制；Smokeping 能够监控机房到运营商的链路质量。此外，有些网站还以 Func、Cfengine 为基础平台，开发、扩展日常操作管理模块。

3. 运维自动化

对于一个发展中的网站，运维自动化是节省维护成本，避免人海战术，减少人为差错，提升运维成熟度的利器。而对于规模化的大型网站，做不到运维自动化就难以维持网站的正常运营，因此，运维自动化水平决定了网站的整体运维能力。

运维自动化是将日常运维程序化工作通过运维工具、运维系统来完成，使运维尽可能少地人工操作干预。例如，通过运维工具批量发布系统软件补丁，实现服务监控，进行应用状态统计等。此外，通过自动化工具使系统具备一定的专家系统能力，能做一些简单的是非判断、优化选择等。运维自动化的基础是标准化。

实现运维自动化要基于以下理念：

（1）适用性。自动化要解决的问题是 N 次循环的过程，如果 N 不具备延续性，那么就没有必要实现自动化，如某个过程可能只是短时间内需要临时进行几次，是否有必要自动化则有待商榷；若自动化过程的成本远高于非自动化成本，那么自动化的必要性就要严格论证。

（2）持续改进的过程。自动化建设过程一般要有个生命周期，定期升级、优化也是有必要的，对不同的应用场景应分别研究如何提升自动化水平。

（3）自动化难度大。对于大型网站运维而言，运维自动化有一定的难度，主要是业务变更快、不规范的应用设计、网络架构、IDC、规范变更等，所以需要模块化、接口化、变参数化等。

（4）存在风险。必须要承认的是自动化有时容易带来一些风险，比如“冲掉”原有配置文件信息，不恰当的自动化脚本给系统带来额外负载等。

此外，运维自动化还包括网站的自动化监控和自动化报警机制。

（1）自动化监控：监控机制是保障网站持续改进的基石，“如果你不能监控它就不能改进它”。网站监控针对网站的各个层面进行，即软件、硬件、环境等，主要包括网络监控、IDC 机房监控、网络设备监控、服务器监控、用户操作监控、网站程序监控、备份监控、网站在线状态监控、用户访问质量监控等。要避免监控死角，并实时了解应用的运转情况，同时加强对监控本身的监控。

在监控管理制度方面，网站发布一般要求跟踪监控一定时间后才算发布结束。运维团队按固定周期对关键应用指标监控记录进行检查，对监控指标进行巡查。成功的大型网站通过监控能发现 85%的故障。

（2）自动化报警机制：仅有自动化监控而无报警机制，监控就形同虚设。报警信息发送途径主要有邮件、即时信息和短信三种。其中，邮件报警实现最简单，但由于邮件服务器的延时问题，很难让运维人员及时得知信息，因此，比较严重的报警信息必须考虑其他实时性高的方法；至于发送即时信息，主要取决于信息平台提供商的开放程度，其可靠性并不能得到完全的保证；短信是目前大家都比较倾向的一种方式，只需电信服务提供商提供基于 Web 的调用接口即可。

值得注意的是，报警服务器本身也需要监控，建议定期发送测试邮件、测试短信来验证报警服务器是否处于正常状态，尤其是在节假日来临前。

4．运维服务流程化管理

对于正规的网站维护工作，网站的所有变更必须能做到有记录、可回溯，要实现这一点，必须依赖规范来约束。

目前还没有统一的互联网行业运维规范，主要是因为运维还没有体系化，加上网站环境各不相同，在某网站可用的规范对于另一网站未必适用，因此大部分大型网站的运维规范是在参考行业经验的基础上，逐渐抽象并着手推进的，如 Web 服务器配置规范、主机配置规范、SAN 存储系统测试规范等。在此基础上，网站运维会针对具体操作规定具体运维工作的步骤，如一台服务器上线，至少要经过前期的选型规划、基准测试、压力测试等步骤，跳过某个环节而直接上线，遇到问题时就会因为缺乏对比数据而走弯路。

对于大型网站，随着其业务和技术的日益复杂，网站运维要求逐步提高，业界开始实践 ITIL 的理念，从人员、服务、技术、流程等方面着手，提升管理能力。

（1）人员方面：调整组织结构，以适应业务和流程的需求，并实现量化考核。

（2）服务方面：以服务导向取代技术导向。

（3）技术方面：通过合适的技术，固化流程，以及提升自动化程度。

（4）流程方面：参考业界最佳实践，建设规范化流程。

流程上大多开发实施了事件管理、问题管理、变更管理、配置管理等，如图 9-3 所示，通过运维平台，配合相应管理制度，使服务日趋稳定和成熟。与此同时，逐步配合知识库建立，提供经验、技能的沉淀模式，从而促进运维人员的培养。

需要强调的是，在服务流程化管理机制形成过程中，往往容易陷入为了规范而规范的误区，或是生搬硬套 ITIL。在运维团队发展的某个阶段，推行“流程规范”而引入 ITIL 等事物是一把双刃剑，运用得当会很好地促进团队成长，运用不好则会阻碍一部分激进成员的积极性。进一步地，流程规范的推进也应是逐步推进的过程，必须具备不断反馈、改进、进化的能力，网站运维团队也应该定期修正流程规范的有关内容，既遵守流程又不拘泥于流程。

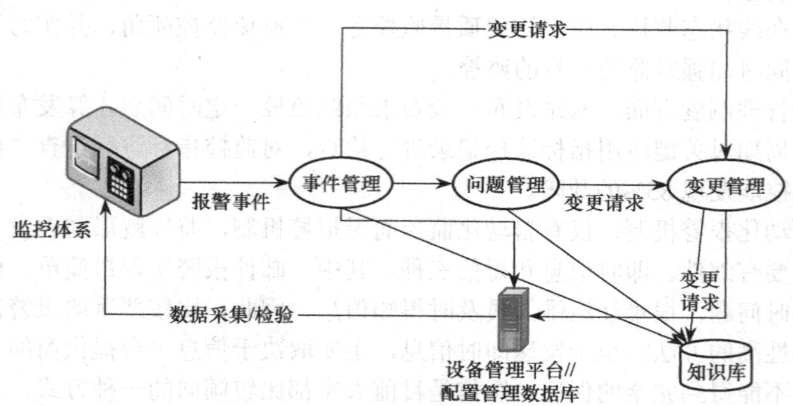

图 9-3　网站运维服务管理流程

5. 安全管理

网站安全是一个系统性工作，影响安全的因素有很多，如 DDoS（最常见的）、应用漏洞、系统层面漏洞、内部安全流程漏洞等（人为失误），网络环境下最常用的安全策略主要包括数据传送加密、IP 访问控制、失败切换机制等。

安全性一般会从防和治两个角度考虑，因此从运维角度的网络安全，包括架构阶段和运行阶段，从网络层、系统层和应用层三个层面进行。

（1）网络层：运维团队要对网络设计的安全负责，在主干出口处屏蔽非业务端口，限速非常规数据包，如 ICMP、UDP 等，同时要考虑保证主干设备性能，不能因为安全限制导致设备性能明显下降；主干带宽要足够富余，做到冗余互备。

在运行阶段要做好主干数据镜像分析，对于一些有规律的攻击定位到特征，甚至是攻击源；进行针对性的防御，对于网站重点业务可以在网络层进行物理隔离，增强关键业务的健壮性。

（2）系统层：主要是操作系统安全加固，系统安全漏洞解决，屏蔽非业务端口，清除非业务软件，跟踪系统工具软件最新动态并做到及时更新；直接对外提供服务的服务器，要做到定期进行安全审查评估，一台针对外网机器的攻击可能会导致整个内网的全暴露。

（3）应用层：主要是开发细节上不留逻辑漏洞，包括对上传接口的严格控制、越界检查、SQL 安全性等，特别是对用户具备上传接口的应用，如邮件、博客、云计算等的相关检查。系统应用，如中间件也应做好相应的安全配置，此外，网站漏洞随着开发的复杂度提高也会不断呈现。

运维人员要在发现问题后第一时间修复，并对同类业务进行全面排查；对于重点页面可以进行监控，并采用程序自动恢复主要页面，或者显示正在升级，以免应用被攻破后对网站形象造成影响。

此外，应用层安全管理还应包括安全巡查，以避免偶尔由于人为失误导致漏洞的出现，如由于工作需要临时变更了某些安全参数，但修改参数后忘记开启。

9.2.4　大型网站运维的容量规划与知识管理

大型网站运维工作主要包括实现网站各层面的实时状态监控、统计；尽量通过自动化运维提高效率；不断提升网站应用的可靠性与健壮性，进行性能优化及安全提升；通过架构优化等技术手段节省硬件开支，提升硬件效率；不断沉淀运维知识，总结经验形成知识体系。

在网站实际运维工作中，最为困扰的是网站并发安全问题，网页的缓存和超时是网站一直关注的核心，运维人员经常面临的具体问题主要包括单点故障、雪崩效应、缓存失效、数据库复制中断、队列写入错误等。因此，除典型框架中的基础设施架构、自动化、监控和预警策略，以及运维管理流程策略之外，随着网站的逐步规模化，网站的容量规划和运维知识管理尤为重要。

1．容量规划

有效的监控能够避免问题的扩大化，但还是做不到防患于未然，除实施监控和报警机制外，还要做好容量规划，通过容量规划使运维不但能较好地解决现在的问题，而且还能较好地解决将来的问题。

所谓容量规划，是网站为了满足其商业目标的实现而决定生产能力的过程，对应到运维工作，一方面是根据自身商业目标带来的容量需求，即网站业务发展的前景进行评估，另一方面是对相关历史数据的分析。容量规划主要包括应用服务器容量规划、数据库容量规划、主机容量规划、存储容量规划等。

容量规划所依据的历史数据分析工具有网站数据保存和图表生成，大多采用

RRDtool 工具，RRDtool 已成为业界事实上的标准。但 RRDtool 只能算是一套引擎，而规模化的数据管理工作则需要求助其他工具。例如，通过工具得到一段时间内某项数据指标的变化趋势，如网络流量的增长趋势、服务器负载的趋势等，这是运维过程中最主要的参考数据之一。

某服务器上的进程数量半年内的增长趋势如图 9-4 所示，在 2 月份间的进程数并不高（春节期间），随后的几个月突破 4 000 个进程，对于普通的服务器来说，这是比较危险的，尽管当前系统运行可能比较平稳，但运维人员绝对有必要考虑中期解决方案。

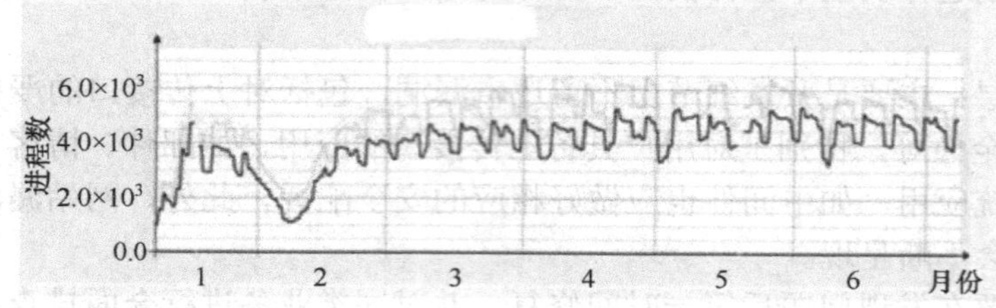

图 9-4　某服务器上的进程数量半年内的增长趋势

容量规划的另外一个重要参考维度是网站访问日志的趋势图。

最后，容量规划中还应包括运维团队的“容量规划”，运维团队的成长如果跟不上网站的发展，也极易成为网站的瓶颈。

2．运维知识管理

在运维过程中需要重视对运维知识的积累与沉淀，要重视运维文档的管理。

（1）运维文档：运维文档分为运维技术文档和运维报告两种，前者主要包括技术心得、配置文档、软硬件信息及最佳实践等，在运维技术领域，写一份好的文档比写一大段好的代码更重要，网站运维的技术文档一般采用基于 HTML 的 Wiki 页面，它在版本控制、可搜索性方面相比 Word 有绝对的优势；而运维报告则可以采用 Word 编写。

（2）知识管理：知识管理是将信息沉淀下来并传递给更多的人使用。对于运维团队来讲，一个人写的文档，团队其他的人要能看明白，要理解，要能参考文档辅助工作。没有知识管理意识的团队，可能会在人员的使用上存在很多瓶颈，遇到一点技术上的小事情，原来负责的人不在场，其他人可能就无法解决。积累是一件长期的事情，任何运维文档都应该贯穿网站建设的始终，并逐渐丰富完善。

9.3　大型电子商务网站 T 网运维的案例分析

本节以某大型电子商务网站 T 网为例，分析其网站运维面临的主要挑战，结合其特点解析网站运维体系的构建。

9.3.1　T 网运维概述

由于网站特有的商务特性，要想吸引用户，除了依靠网站功能与应用外，在运维方面，对网站稳定、可靠、高性能和成本可控等也提出了更高的要求，如要求交易和支付数据 100%准确，运维成本低。

1．T 网运维的挑战

T 网是国内首屈一指的大型电子商务网站，已几乎成为很多人心目中电子商务的代名词，发展迅猛、业务量巨大。网站为了保证高可用性不断投入高端硬件，但稳定性还是难以得到保证，性能随着业务量增大也很难线性扩展，运维压力大，具体体现在如下四个方面。

（1）业务量带来的挑战：100%的年增长率、亿级在线商品数、百万级别的成交量、TB 级的 DB 数据量、PB 级的文件数据量、TB 级的商品搜索引擎索引量、十亿数量级的前端日 PV，造成基础设施不断增长，基础设施类型也在不断增多，运维成本不可避免地持续增加，如图 9-5、图 9-6 所示。

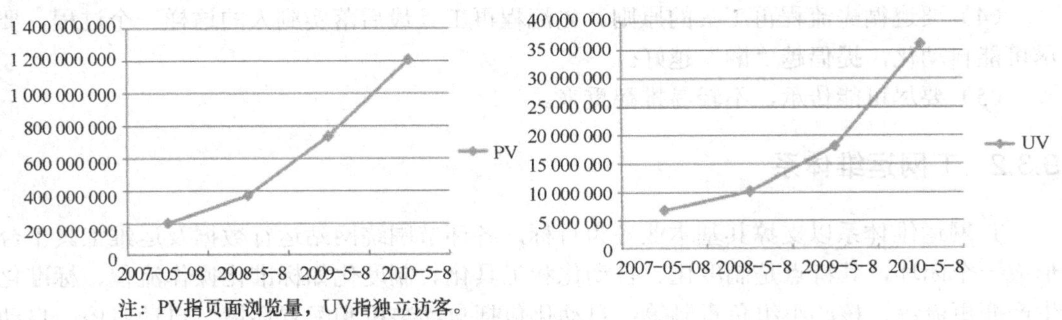

图 9-5　业务量增长示意

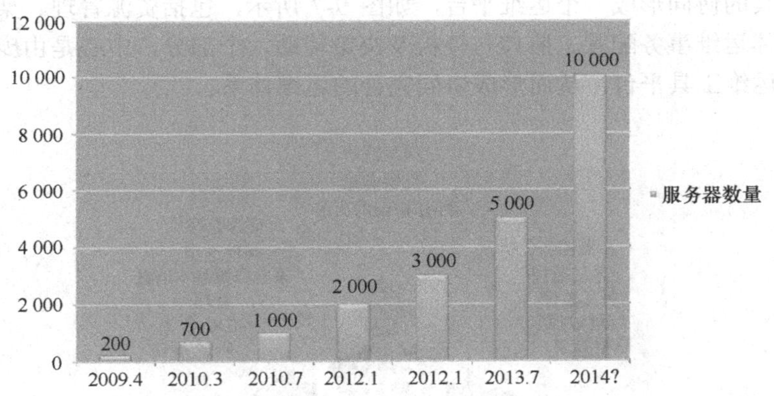

图 9-6　大业务量造成的基础设施（服务器）的增长

（2）产品改进带来的挑战：用户需求至上，应用高频度更新，代码库中有上千个分支，周均几百次应用发布与线上变更、上百次的系统变更，每月有超过一个新产品上线，更新最少十万行代码。

（3）性能稳定的挑战：系统稳定性不够，服务能力低；高频度的更新使架构的冗余设计无法应对，系统耦合度偏高，易顾此失彼；对于突发事件的处理，问题定位慢；高频度的更新带来网站环境稳定性风险；无法满足业务数据稳定、实时的要求，如商品支付，卖家商品管理要求数据实时，商品搜索和交易数据分析要求数据准确。

（4）运维体系的挑战：T 网多年的野蛮式生长，造就了不同部门之间存在多种应用管理和运维模式，如同“开着飞机修飞机 ”一样，在高速增长的同时应考虑如何整合好运维管理体系，支持多种不同的模式，同时也满足决策层的要求。

2. T 网运维的基本思路

（1）运维核心理念是服务至上。包括对外部用户的服务和对内产品经理、财务及决策层的服务。

（2）对运维对象资源变更保持高度的敏感，保障运维对象的完整性和真实性。

（3）将运维与网站应用协同，整个网站的运维是附属于网站应用的，网站运维与网站应用直接挂钩。

（4）要遵循先流程再工具的原则。先流程再工具最后落实到人的这样一个过程，要尽可能自动化，提倡越“懒”越好。

（5）要尽可能传承，不轻易推翻重来。

9.3.2　T 网运维体系

T 网运维体系以支撑其基本业务为目标，各环节围绕网站运行数据及运维工具平台形成一个闭环，其特点是制度化、自动化和工具化。制度化如标准化操作流程、标准化生产变更流程、核心小组负责制等；自动化包括自动装机和配置环境、自动监控、自动扩容/缩容、自动发布、自动上下线等；工具化是指用工具来协调和支撑整个网站的运维，通过众多工具的协同形成一个运维平台，如图 9-7 所示，包括资源管理、架构方案、集群部署、具体运维事务配置、监控与分析及决策辅助六个部分，中心是由庞大的运维工具群构成的运维工具平台，从而形成协同完善的运维体系。

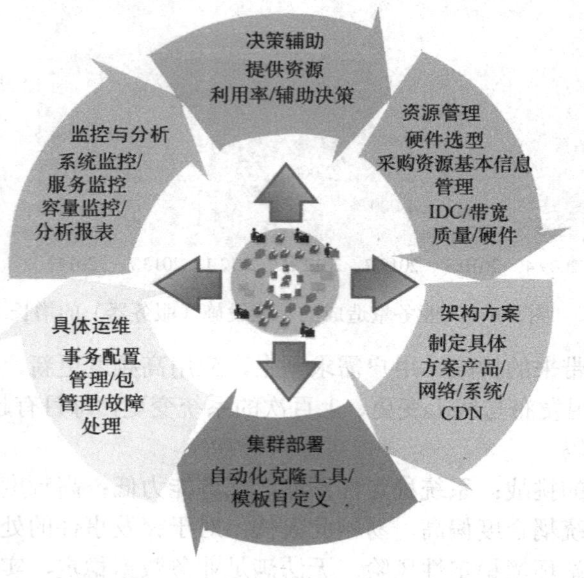

图 9-7　T 网运维体系

1. 运维工具平台架构

T网运维工具平台架构如图9-8所示。整个运维工具平台的核心基础是网站运行的数据，平台服务于系统运维、应用运维、设施运维三个方面，同时也服务于产品和决策。从产品角度看，平台提供的数据能够支持分析用户行为、访问喜好、用户感受等，通过业务指标等数据能支持决策分析，进行同比、环比、基比、定比等分析，因此平台在支持运维的同时也能够支持网站的持续改善。

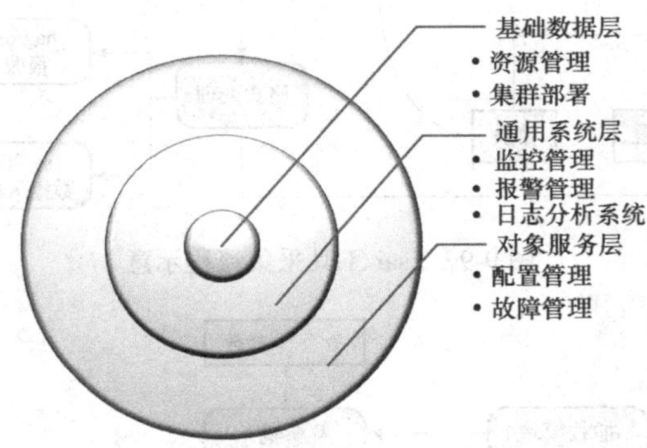

图9-8 T网运维工具平台架构

T网的运维工具平台通过不同的维度实现对整个网站的“望闻问切”，包括自行研发的运维产品体系工具及其他开源的运维工具。网站通过预警工具实现运维事前控制，通过监控和报警工具实现运维事中控制，通过报警的故障自动修复、日志和分析工具实现运维事后控制。

2. 基础数据层

（1）资源管理：网站需要掌握最新的资源和分布情况，了解当前负载、存储、带宽、端口使用等资源数据，形成运维业务数据资源，如网站PV、活跃用户等。对资源还要考虑持续优化，包括系统层面和应用层面。资源管理中的资产管理是将资产虚拟化并提供虚拟资产管理，管理粒度精细，能具体到个体，采用统一的命名规则，具有详细的历史信息和相应的审计策略等。

（2）集群部署：T网有相应的部署工具，采用半自动的方式进行部署，部署前需要经过审批，由于前期经过不断总结抽象出部署模板，部署时可以根据不同的应用调用不同的部署模板，部署后相应的更新则进入对象服务层的配置管理。

3. 通用系统层（监控与分析）

（1）监控管理：主要包括系统监控、服务监控和容量监控。其中，系统监控是指对单机、系统层面及设备层面的监控；服务监控则是对集群、CDN服务、用户感受、服务质量及行业排名等方面进行监控，支持服务改善；容量监控则是针对应用、集群进行容量监控和规划，如图9-9、图9-10所示，涉及的监控工具包括网站自行开发的开源系统监控工具Tsar（Taobao System Activity Reporter）和服务器日志分析工具Syslog等。

（2）报警管理：主要通过工具集实现，分预警、报警、故障自动修复三类，能实现准实时的预警、报警，让运维人员在第一时间内掌握服务的健康状况，从数据采集到发出报警仅需要 5 秒钟。

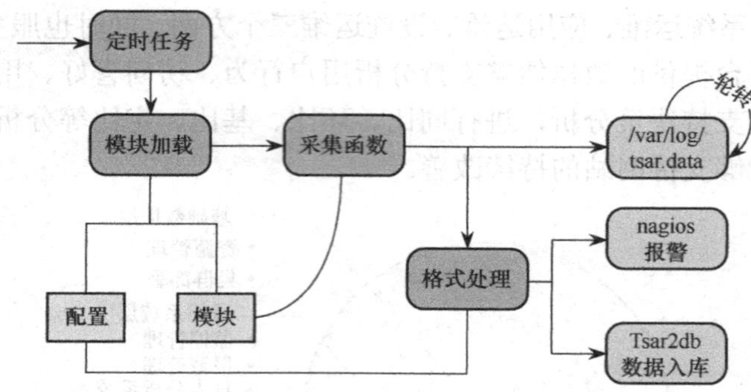

图 9-9　Tsar 工具采集流程示意

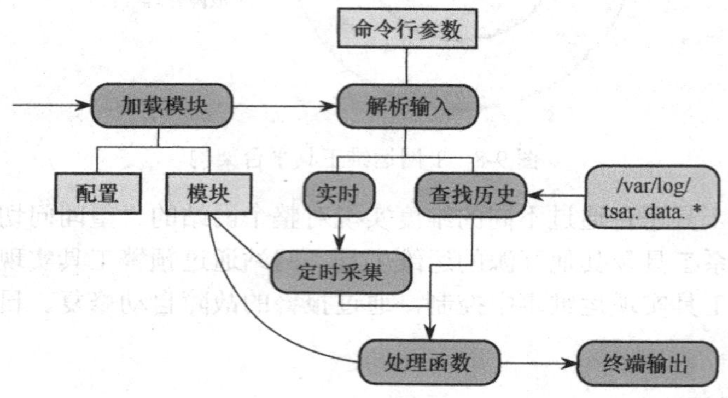

图 9-10　Tsar 工具展现流程示意

故障预测及发现包括采集项报警、集群内报警，以及跨集群、跨机房、跨应用的报警。预警报警计算方法包括阈值报警和趋势报警等，报警形式有短信、旺旺、邮件、CallCenter 等，报警中心能对报警信息进行智能聚合，提高通知内容的可读性和有效性。

（3）日志分析系统：提供统一的日志收集和灵活的分析模型，为多数系统提供日志数据，根据模型分析相关日志，日志分析运行模式示意如图 9-11 所示。

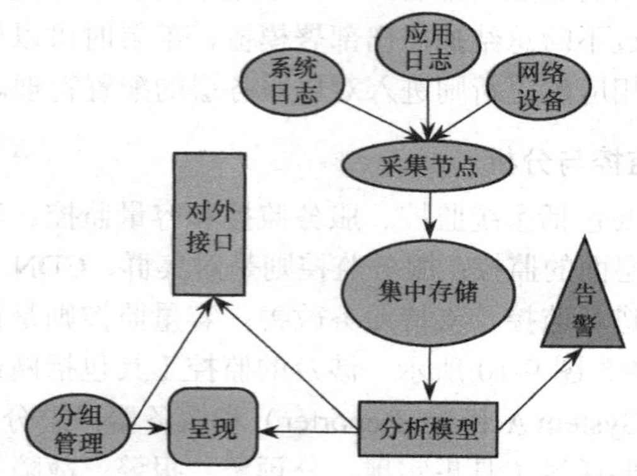

图 9-11　日志分析运行模式示意

4. 对象服务层（具体运维事务）

（1）配置管理：T 网运维配置管理的核心是文件管理，文件管理就是要将正确的文件放到正确的位置并赋予正确的权限，以便正确地执行，这里涉及服务器自动推送工具，如 Puppet、Cfengine、负责管理 IP 网段的工具 IPDB 等。

（2）故障管理：T 网对于可自动化、重复性的故障处理过程使用工具进行处理，对于单机故障则采用热备设备的方式，当服务器出现故障时，自动将热备替换，机器的修理基本每周集中进行一次。

9.3.3 T 网运维关键

1. 性能跟踪机制

传统信息系统研发模式中性能测试及优化一般在产品发布之前，对于发布之后（线上环境）的性能无法跟踪，而对于 T 网更加重要的是对线上环境高峰期的性能跟踪和优化，如图 9-12 所示。

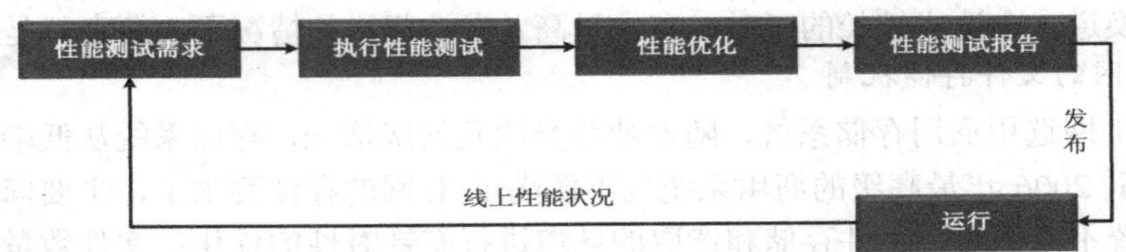

图 9-12　T 网性能跟踪体系

（1）性能跟踪机制的目标：改变以往测试与线上环境脱节的状况，将线下性能测试与线上性能跟踪形成闭环，综合评估各项性能指标，最终实现线上线下测试、评估、优化、运行的协同一致。

（2）性能跟踪机制的特点：为有效评估性能，提出性能健康指数，进行性能评分；为实现线下测试结果和线上性能之间的换算，提出线上线下换算系数；实现精准推送，引导用户逐步查找性能瓶颈；实现优化跟踪，推动线上性能问题的优化工作。

（3）性能跟踪机制的体系架构：T 网性能跟踪机制的体系架构如图 9-13 所示。

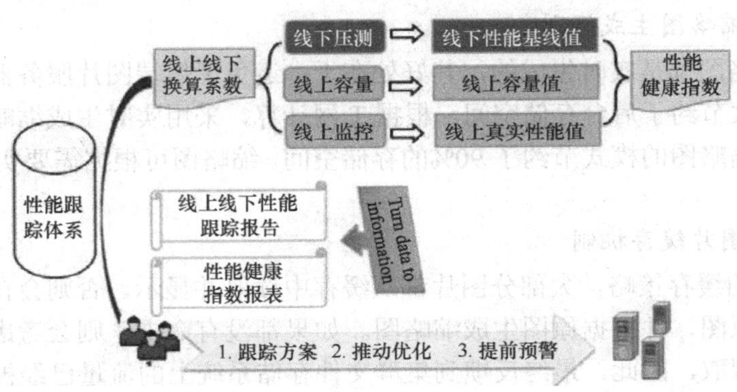

图 9-13　T 网性能跟踪机制的体系架构

2. 图片处理机制

T 网的整体图片存储系统容量已经达到 1 800TB(1.8PB)，占用空间 990TB(约 1PB)，保存的图片文件数量达到 286 亿多个。这些图片文件包括根据原图生成的缩略图，平均图片大小是 17.45KB，8KB 以下图片占图片数总量的 61%，占存储容量的 11%。此外，T 网整体流量中，图片的访问流量要占到 90%以上，网页的访问只占到 10%。

对于 T 网的商铺卖家来说，图片远胜于文字描述，因此图片的显示质量格外重要，但绝大多数商铺店主都不懂 Web 相关技术，有的首页上动辄放置几百个没有经过优化处理的图片，一个网页甚至超过 10MB，用户访问速度可想而知，这样无疑会严重影响用户体验与购买欲望。此外，对于 T 网这种访问量极高的电子交易网站来说，与其他照片分享网站有所不同，日常照片分享往往集中在有限的亲朋好友之间，访问量不会特别高，而 T 网商铺中的商品照片，尤其是热门商品，图片的访问流量是非常大的，再加上这些图片的存储与读取可能还有其特别的要求：如要求某些图片根据不同的应用位置，生成不同大小规格的缩略图，一张原图甚至有可能要生成 20 多个不同尺寸规格的缩略图。

这些大规模的小图片文件存储与读取给 T 网带来了巨大的挑战，因为磁头需要频繁地寻道和换道，会造成较长的延时，在大量高并发访问量的情况下，简直就是噩梦。

1）T 网的文件存储机制

早期 T 网选用商用存储系统，随着业务量的几何级增长，存储系统从低端到高端不断迁移，至 2006 年最高级的商用系统也不能满足 T 网的存储要求了，主要问题在于商用存储系统不能针对小文件存储和读取的环境进行有针对性的优化；文件数量大，网络存储设备无法支撑；整个系统所连接的服务器越来越多，网络连接数已经到达了网络存储设备的极限；商用存储系统扩容成本高，10TB 的存储容量需要几百万元人民币，且存在单点故障，容灾和安全性无法得到很好的保证。

2007 年 T 网自己的文件系统正式上线，并一直使用至今。该系统将一部分元数据隐藏到图片的保存文件名上，即将图片的大小、时间、访问频次等信息及所在的逻辑块号都包含在了文件名上，从而大大简化了元数据，仅通过一个 File ID 就能够定位图片，消除了管理节点对整体系统性能的制约。该思路与目前的“对象存储”有类似之处，数据组织上抛弃传统的文件系统目录结构，采用扁平化的数据组织；采用跨机架及 IDC 负载均衡和冗余安全策略，能支持完全平滑的扩容。

2）T 网的缩略图生成规则

T 网的缩略图都是实时生成的，其好处在于：避免了后端图片服务器上存储的图片数量过多，大大节约了后台存储空间。根据 T 网计算，采用实时生成缩略图的模式比提前全部生成好缩略图的模式节约了 90%的存储空间。缩略图可根据需要实时生成，灵活、方便。

3）T 网的图片缓存机制

根据 T 网的缓存策略，大部分图片都从缓存中读取并显示，否则会在本地服务器上查找是否存有原图，并根据原图生成缩略图。如果都没有命中，则会考虑去后台集群文件存储系统上调取，因此，最终反馈到集群文件存储系统上的流量已经被大大优化了。

此外，T 网的图片服务器前端有一级和二级缓存服务器，目前 T 网在各个运营商的中心点设有二级缓存，整体系统中心点设有一级缓存，尽量做到让图片在缓存中命中，最大限度地避免图片热点，加上全局负载均衡，传递到后端分布式文件系统的流量就已经非常均衡和分散了，对前端的响应性能也大大提高。

3. 运维监控机制

1）T 网运维监控体系

T 网的运维监控体系分为基础层、应用层和业务层。

基础层是基础设施，主要包括网络、硬件、基础软件等，如网络方面的监控交换机、DNS 服务，操作系统方面的监控磁盘、内存空间占用情况等。

应用层主要监控系统容器（JVM），例如，JVM 是否有频繁的垃圾回收（GC），网站流量是多少，每秒的请求量（QPS）是多少，QPS 是不是有抖动，反馈时间（RT）是多少，如平时的反馈时间都是 100 毫秒，是不是有突然的变化，比如超过了 200 毫秒就要报警，因为这表明服务质量下降。

业务层主要监控 T 网的线上业务，例如，对创建订单的监控，即每秒创建多少笔，可以通过业务数据的监控曲线发现业务异常，而基础运维和应用运维监控均无法做到这一点。

2）T 网运维监控数据的业务分析

在 T 网的监控体系中，通过对积累的运维数据进行业务分析，可以起到至关重要的作用。

（1）实时 BI：有时不是为了排查故障，而是为了确认没有问题。

（2）确定故障范围：不同的业务特征，代表了不同的故障影响范围；不同的影响范围，应急人员有不同的策略。

（3）业务与合作伙伴：比如银行，如果单个银行监控指标异常，可能是银行的问题；但如果是所有银行下跌，可能是关联银行的 T 网支付平台的问题。

（4）业务与应用的关系：通过监控不同的业务，可以快速定位故障。

（5）业务与业务的关系：虽然没有系统间的直接关系，但业务之间确实有可能会存在相互影响。

（6）业务与运维策略的关系：例如，确定机房引流、流量的分配。

（7）业务与管控策略的关系：管控策略有很多，比如分组、降级、限流和引流，管控策略的制定和业务是息息相关的。

很多公司都会采用在系统中埋点的做法进行监控，而 T 网则采用了业务分析结合现象分析的做法来进行实时故障应急处理。因为埋点需要对所有服务器做埋点检查，而故障的原因是无穷的，往往可以从现象症状上来判断故障的原因。

3）基于日志的监控方案

T 网内部基于日志的监控解决方案叫做 XFlush，借鉴了 Percolator、Storm、Spark、HayStack、GFS 和 RDDS 的很多思想。XFlush 追求的是低侵入性、增量计算、不保存原始数据、保证时效性、保证数据准确性、保证可扩展性、避免冗余计算和计算逻辑可扩展性。为了实现上述内容，甚至还实现了一套定制的分布式文件系统 XStore，它的特点是能够无限扩展，纯粹为周期统计计算和固话监控点常见而定制，能做到极低的 I/O 吞吐量，提供高速、无 I/O 的元数据检索。

4．峰值运维机制

由于 T 网线上环境存在业务高峰期，造成交易数据可能在某个时段突然达到临界，据不完全统计，在 T 网著名购物节当天高峰，访问流量最巅峰超过 800Gbps。这个数字意味着需要近 200 万个 4Mbps 带宽的家庭宽带才能负担得起，也完全有能力拖垮一个中小城市的全部互联网带宽。因此，需要针对这种情况进行针对性运维，包括基础运维和应用运维两个层面。

线上容量规划包括系统规划容量和成本测算、系统扩容。使容量规划针对交易相关的核心应用按照层级来进行实施，运维人员采集每天的 PV 作为数据源，消除异常数据噪声，通过一定运算模式以月为周期进行成本测算，寻找变化规律并提供扩容建议。

9.4 大型 SNS 网站 F 网运维的案例分析

F 网是以微博应用为主体的网站。本节以 F 网为原型分析其运维的体系和关键机制。

9.4.1 F 网运维概述

SNS 网站的核心在于通过应用吸引用户，同时形成在线的朋友圈吸引更多的用户加入，一起为系统贡献相关数据，实现网站价值。

F 网以微博为主体，在短短一年时间内 F 网从零发展到五千万名用户，最高每秒发表 3 000 多条微博，一个明星用户发表的微博会被几百万用户同时读到，因此网站必须要保证高访问量、海量数据情况下的透明扩展、低延迟和高可用。此外，在运维方面 F 网需考虑与 Twitter 等国外 SNS 网站的差异，Twitter 站点对故障的容忍度相对较大，而国内对服务故障通常更敏感，因此架构师和运维人员在设计方案时尽量以简单可靠、稳定服务为目标。

1．F 网运维面临的挑战

目前，F 网面临的主要运维问题大多是业务量迅速增大所带来的，具体表现在以下五个方面。

（1）海量存储问题：每天近亿条新记录，大部分记录变更需要即时反映到业务系统，网站所要求的数据及时性和一致性难以保障。

（2）容量规划方面：没有做好容量规划，没能有效监控现有系统；对于网站突然变慢等现象，难以有效定位；业务迅速增长给容量规划带来挑战。

（3）大量使用缓存：由于大量使用缓存，而可用的缓存放不下所有的热点数据，数据加载日益趋缓。

（4）数据实时性和一致性难以协调：明星粉丝动辄上百万，数据难以实时投递，数据实时性和一致性难以兼顾和协调。

（5）大规模的 DDoS 攻击：DDoS 攻击网站的多个层面，防御难度大。

2. F 网的运维特点

（1）高频度小数据，数据写操作密集读压力大。由于微博数据存储量大，快速增长前提下读写性能不能下降，而 F 网数据读写比高，高频度小数据，数据写入密集，读访问压力大。

（2）实时性要求高。微博发表是异步处理，但要求高实时性、低延迟，在异步队列处理中 1 毫秒的处理时间延长都可能会引起连锁反应，因此在监控机制中要注意对性能指标的监控。

（3）良好的并发支持，同时高频率查询的性能消耗也不能过大。

（4）数据清洗要求高。高活跃用户使很多数据快速失效，数据时效性高使得对数据清洗的要求增加。

（5）用户体验需求要求能尽快被网站感知、改进。

9.4.2　F 网技术架构

F 网架构的业务逻辑与社会关系数据密切相关，架构策略方面，为了适应海量存储，选择了 MySQL 数据库，以支持不断拆分的扩展。

F 网的发展体现在业务数据的几何级增长上，从架构上也迅速呈现三个发展阶段，F 网前期架构及内涵如表 9-7 所示。

表 9-7　F 网前期架构及内涵

	第一阶段架构	第二阶段架构
核心目标	解决发布规模的问题	解决数据规模的问题
模式与架构	推信息模式，数据存储采用单库单表模式（发布微博时，将其复制，一对一“推”到其所有粉丝中），采用典型的 LAMP 架构，使用 Myisam 搜索引擎，并通过 MPSS 将多个端口布置在服务器上	优化投递模式，将用户分成有效和无效的用户，将当天登录过的用户列为有效用户，只需立刻推送给当天登录过的用户，其他人异步推送；在基础层做数据拆分和微博发表的异步处理；在服务层将基础单元设计为一个一个模块，以改进推模式
优点	速度快；分布式部署，有效解决负载均衡和单点故障问题	优化投递模式，减小投递延迟；通过数据拆分减轻数据压力；通过异步处理提高发布速度
瓶颈	发表延迟；数据量随着用户的增加到了亿级别，原先的单库单表模式已不能满足需要，锁表问题突出；信息发布过慢	单点故障导致雪崩；网络环境复杂，图片访问速度及 JS 访问部分地区不理想；数据压力和峰值，MySQL 复制延迟，查询慢；热门事件造成信息涌入，如世界杯
瓶颈解决途径	延迟——改变推模式；数据量——数据拆分；锁表问题——更改引擎；发表过慢——异步模式	单点故障雪崩——允许任意模块失败；图片访问慢——用 CDN 加速；数据压力和峰值——数据、功能、部署尽可能拆分；热门事件信息涌入——容量规划

1. 架构基本思路及优化因素

现阶段 F 网架构的核心目标是解决服务优化的问题。基本思路是采用服务→接口→应用的形式，先有服务才有接口最后才有应用，积木式支撑整个网站。其中，服务层面分为基础服务、平台服务、应用服务及第三方 API 层。

（1）基础服务：包括如分布式的存储、分层及中心化、自动化的操作等。

（2）平台服务：在基础服务之上有平台服务，将微博常用的应用做成各种小的服务。

（3）应用服务：专门考虑平台各种应用的需求。

（4）第三方 API 层：第三方应用的容器层。

架构的优化主要基于如下因素：

（1）平台服务和应用服务分开，实现了模块隔离，即使应用服务访问量过大，平台服务也不会首先被影响。

（2）用户的关注关系改成多维度的索引结构，极大地提高性能。

（3）根据业务需求采用不同的数据拆分方案，基础服务数据库实现冷热分离多维度拆分，拆分的基本思路是按时间拆分，但会根据业务需要有不同的考虑，如私信就不能按照时间来拆分，而是按照 ID 来拆分。

（4）存储实现中心化，极大地提高用户上传图片的速度和查看其他用户图片的速度。

（5）动态内容支持多 IDC 同时更新。

（6）对于名人动态采用基于缓冲区的异步写入，加快速度。

2．架构关键技术

1）*数据拆分*

数据拆分是互联网产品最常用的方法，F 网数据拆分策略方案如下。

（1）按照时间拆分：考虑到 F 网微博数据是按照时间发布的，因此数据拆分的首选是按时间进行的，如一个月份一张表，实现了不同的时间维度可以有不同的拆分方式。

（2）将内容和索引分开存放：以微博发表的地址作为索引数据，微博内容是内容数据，分开存放使内容成为一种 key-value，而 key-value 是最容易扩展的一种数据。

2）*异步处理*

微博的发表要经过入库、统计索引、进入后台三个步骤，若将所有的索引都统计完，用户需要在前端等待很长的时间，一旦某个环节失败，用户得到的提示是发表失败，但是入库已经成功。解决方式是采用异步操作，微博发表时将信息放到消息队列，用户端立刻提示成功，然后在后台的消息队列慢慢执行。

3）*推送架构支持实时*

微博在网站发布之后，被放入一个消息队列中，经由消息队列处理程序处理完成后放入数据库。然后就是实现持久化，整个推送流程可在 100～200 毫秒内完成。

9.4.3　F 网运维关键

SNS 网站运维有个熵增定律，即随着系统的持续运行，运维量将趋于无限增长。运维的职责就是持续对抗增长（称为熵增），并尽可能降低运维量。

1．监控和报警机制

F 网的监控与报警机制如图 9-14 所示。通过监控机制跟踪记录网络软硬件及程序状态；将这些量化的数据经过一定的数据处理，如复杂计算、阈值判别或智能分析，得到结果；将结果与报警机制中的报警策略、联动处理策略进行对应，触发系统中的事件，进行报警或相应的联动处理；通过报警跟踪机制进行后续处理；最后通过问题管理消除引起事故的深层次根源问题以预防问题和事故的再次发生，并将未能解决的事故影响降到最小。

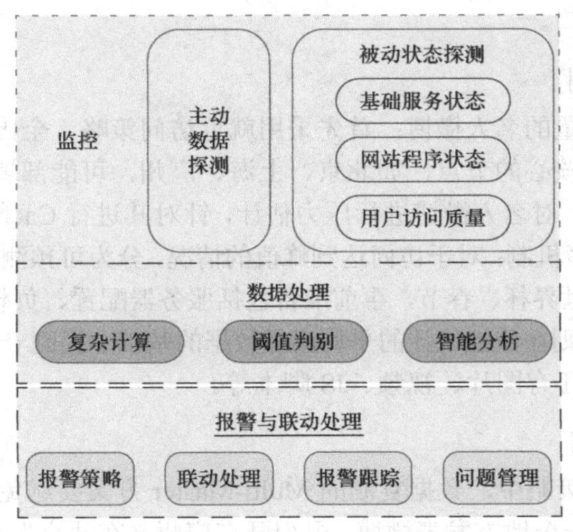

图 9-14　F 网的监控与报警机制

1）监控机制

F 网强调监控的指标尽量量化，比如说延迟 30 秒是小问题，延迟 10 分钟就要立即采取措施。F 网采用了多视角及多类型的监控方法。所谓“多视角”是指从用户和系统两个层面对服务进行监控。

（1）用户层面：通过模拟用户行为对服务的访问速度、流量变化、页面内容等进行监控，这样可以定位对用户的影响，但缺点在于不知道问题是由哪个部分导致的。

（2）系统层面：使用覆盖各层级、各部分的多种监控方法，对其运行状态进行全面监控。优点是可以定位哪个地方出现了问题，但缺点是不知道对用户的影响。

通过两种视角的结合，能够快速定位问题，并通过日志和图形工具监控接口的响应速度及消息处理速度，使网站具有快速定位能力。

F 网监控机制涵盖了基础服务状态监控、网站程序状态监控和用户访问质量监控。其中，基础服务状态监控包括基础监控、端口监控、结构体监控、模块监控、日志监控、自定义监控等；网站程序状态监控包括域名监控、流量监控、语义监控；用户访问质量监控包括用户质量监控和访问速度监控，用户质量监控主要是对网站的可用性、结果完整性和数据正确性进行检验，而访问速度监控则针对地域展开，包括各地流量、机房带宽及 DNS 速度等，便于有针对性地采用不同的策略。

2）报警机制

报警机制方面，通过报警能够主动报告网站的潜在异常，通过提供用户访问的质量报告，为用户行为分析、预警提供基础。

自动化监控的另一个重点是智能分析，包括异常根源分析及波动性预警。对于日常运维来说，智能分析之后，紧接着要做的事情就是处理异常。F 网使用三个有效手段进行故障自动处理，分别如下。

（1）联动处理：涉及流量切换预案、磁盘数据清理、系统重启及执行预设命令等。

（2）报警去重：主要分为服务器维度、策略维度及多维度。

（3）滑动时间窗口。

2．性能保障机制

（1）针对高访问量的名人微博：首先采用就近访问策略，全国大部分省份都有服务器，特别是一些比较核心的节点，如北京、上海、广州，可能部署了更多的服务器；其次是在程序优化方面，对名人微博进行压力估计，针对其进行 Cache 和数据库访问优化。

（2）访问峰值保障机制：对于访问达到峰值的情况，分为可预测和不可预测事件两种，对可预测的事件，如世界杯、春节，事前准备包括服务器配置、负载均衡设置等；对不可预测的事件，如地震，则在监控统计的平均流量数据的基础上提高一定级别的方法去应对。

其他方面的优化还有图片、视频、JS 脚本等。

3．异地分布策略

在运维异地分布策略中，数据复制的 Multi-Master 方案要避免冲突，而对于 F 网来说，用户通常只会在一个地方发表微博，很少既在广州又在北京发表或修改自己的资料，因此，F 网一般不会造成冲突，这样 Multi-Master 就是最为成熟的策略。

F 网的多机房同步的方案通过前端应用将数据写到数据库，再通过一个消息代理，将数据广播到多个机房。具体的方式就是通过消息广播方式将数据多点分布，网站的应用无须关心数据是怎样同步的。

4．针对冷热数据高实时性的 Cache 设计

将经常访问的数据称为热数据，过几天访问的数据称为冷数据，对冷热数据分别进行合并和分片，按层次性进行 Cache 设计。对于一些经常访问的数据，如明星发表微博的内容体本地化，即第 0 层 Cache，然后第一层 Cache 里面存放最近发表的；对于冷数据，通常用第二层 Cache 存放就可以了。

5．单点故障的 Cache 策略

采用一致性哈希算法，业务可以用多个 Cache 服务器来完成，当一个 Cache 崩溃之后，它的请求可以分散到其他的 Cache 来完成，总体振荡不大。也就是说，这个 Cache 崩溃带来的延迟会分散，使用户访问时感觉不到。

6．应用接口和内容安全策略

微博平台需要为用户提供安全及良好的体验应用，以及为开发者营造一个公平的环境。平台安全主要包括两个维度，一个是接口安全，另一个是内容安全。

网站接口是全开放的，因此要防范很多恶意行为，接口要有清晰安全的规则。

网站内容安全方面，首先是实时处理，比如说根据频度、内容的相似性来判断用户所发的是不是广告或垃圾内容；如果只是实时拦截，有些行为很难防止，因此，采用离线纠正模块，根据行为特征进行离线纠正、事后清除，保证平台的健康，如某用户潜伏几个月后开始发广告了，就可以通过离线纠正模块予以清除；其次是通过监控的维度来保证内容的安全。目前内容安全的架构大概是 541 的体系，即网站的实时拦截可以做到

50%的防止，离线分析可以做到 40%的防止，剩余的 10%无法防止。

9.5 大型游戏网站 S 网运维的案例分析

S 网包含的游戏主要有在线休闲、网络对战及角色扮演三类。游戏网站的核心技术是游戏程序，是高要求的应用构造。游戏网站客户端处理的程序较多，承载大部分的计算，只要有可能数据就存放在客户端，如地理信息、规则集等；服务器的重点任务是保持共享世界的真实状态，尽可能少地进行计算。

9.5.1 S 网运维概述

游戏网站的核心是游戏应用，技术人员主要考虑的是游戏的艺术设计、玩家交互模式等，即如何让游戏更好玩——这也迎合了网站以用户体验为先的核心理念。由于游戏应用的特殊要求，运维的关键是保证其强一致、高可用、低延迟和高伸缩性。游戏网站竞争的焦点在于游戏本身。游戏网站服务器大多是针对特定的游戏而定制的，搭建自己的分布式和多线程基础设施，服务器组件通常不通用，这给游戏网站的运维带来了一定的难度。

游戏网站运维的特殊性，主要体现在：

（1）交互性强。要求系统能够随时伸缩，而网站的逻辑不受伸缩的影响。游戏类网站中几乎所有时间都在与他人交互，系统并行程度高，交互之间相互依赖少，因此游戏网站应能动态地响应负载。

（2）速度要求高。游戏网站要想吸引用户，就要在支持伸缩性的同时系统尽可能小地延迟，即使以牺牲吞吐量为代价也在所不惜。

（3）数据一致性要求高。要求高度容错，可靠性好。玩家自身的状态数据是玩家的财富，因此要想留住玩家，就不允许出现用户数据丢失，网站运维要关注容错，对数据一致性要求高。

（4）数据关系简单：网站包括大量非结构化数据，存储对象之间的静态关系少，且不存在复杂的查询，对数据存储要求不高。

S 网作为游戏网站运维管理的代表，在运维过程中遇到的最大问题是集群规模的限制及代码复杂度的挑战。S 网底层采用分布式存储架构，遵循的是分布式系统的 CAP 原理，即一致性（Consistency）、可用性（Availability）和分区容忍性（Partition tolerance）。要求在这三者之间做到取舍平衡，而游戏网站特有的强一致性、高可用、低延迟的要求导致分区容忍性下降，从而限制了网站集群的规模。此外，网站数据高度一致的要求导致网站在处理缓存一致性时需要非常复杂的代码设计。

9.5.2 S 网运维体系

1. S 网运维体系的发展历程

S 网的运维体系经历了运维可操作到运维可控制再到运维可管理的三个过程。

（1）发展前期——运维可操作：凭借一个优秀的大型网络游戏，S 网开始高速发展，服务器数量快速增长。随着 S 网的快速发展，面临的问题首先是硬件数量越来越多，数据读写和并发增长迅速，网站整体性能下降，缺乏有效的监控机制等，因此开始优化网站架构，建立报警和监控系统，建立游戏远程操作平台，力争使运维摆脱依赖人海战术的模式，提高运维效率。

（2）业务高速稳定发展——运维可控制：随着业务高速发展，促进管理体系逐步完善，运维进入自动化阶段，建立了完善的报警和监控系统，能快速、准确地发现和定位故障，提高了运维稳定性。该阶段主要面临的问题首先是网站暴增的业务需求，急需依靠规范化制度应对变化；其次是早期基础运维体系建设存在的缺陷导致后期规范化、自动化的难度加大。

（3）业务协调发展，管理逐步完善——运维可管理：为了更好地支持快速发展的业务，运维工作必须朝着规范化、标准化、可管理的方向发展，S 网逐步引入 ITIL、安全标准等理念，打造 S 网模式的运维体系。逐步推进基础运维体系建设，并建立事件驱动响应、审核审计流程及在线知识积累等管理机制来辅助运维管理。

2．S 网运维体系

S 网运维体系如图 9-15 所示。S 网的运维体系包括自动化管理、自动化监控、安全管理和流程管理，其中流程管理按照 ITIL3.0 标准执行。

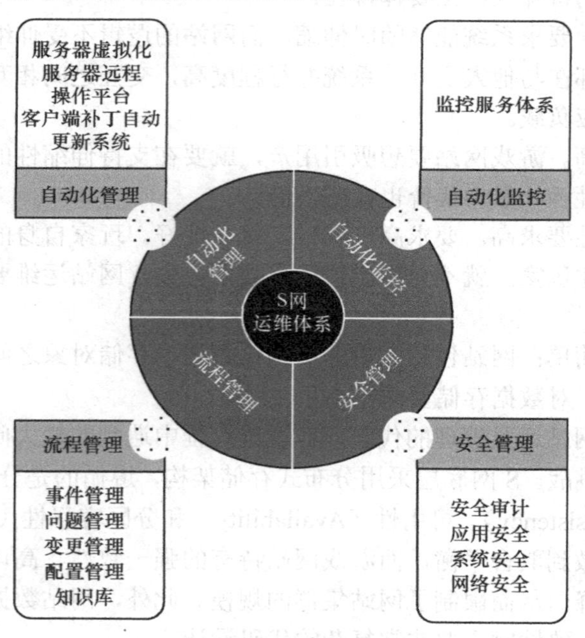

图 9-15　S 网运维体系

1）自动化管理

S 网的自动化运维技术主要有服务器虚拟化和服务器远程操作平台。

（1）服务器虚拟化：采用自主研发的虚拟化操作系统，将目前一个主流服务器虚拟成独立的多台不等的服务器，通过虚拟化管理系统和服务器管理系统的无缝整合，提高硬件和运维效率。服务器虚拟化示意如图 9-16 所示。

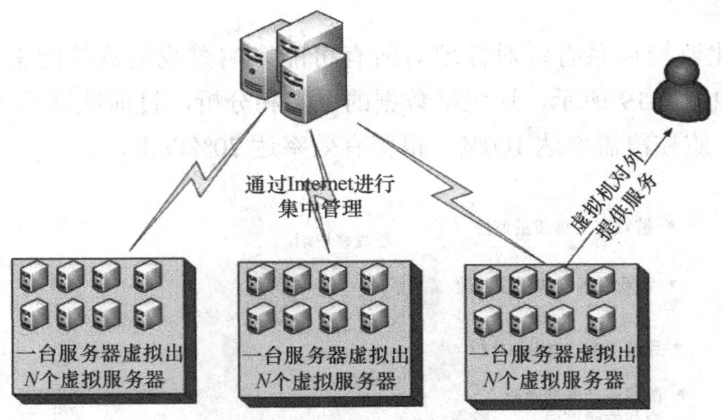

图 9-16 服务器虚拟化示意

通过虚拟化软件系统，提高服务器的部署效率，节约服务器和机柜数量，降低电力消耗，从而降低整个运维成本。

（2）服务器远程操作平台：通过服务器远程操作平台，系统管理员无须在服务器现场即可完成所有对服务器的操作，主要包括远程桌面、用户管理、信息管理、操作管理、补丁管理、日志管理及游戏管理，如图 9-17 所示。

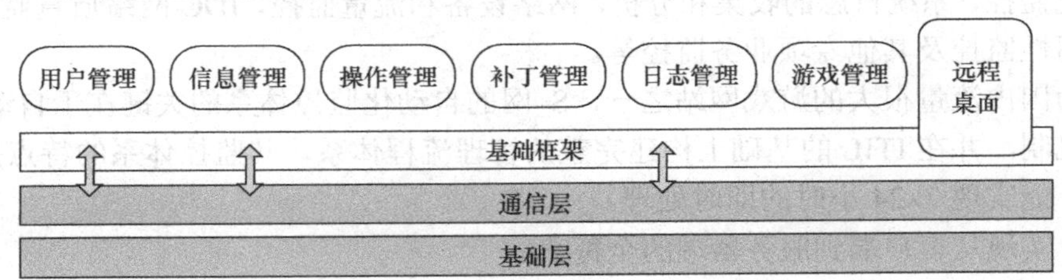

图 9-17 服务器远程操作平台框架

（3）客户端补丁自动更新系统：通过客户端补丁自动更新系统可以实现对客户端软件补丁的自动更新，主要包括用户管理、版本更新、补丁上传下发及校验等功能。客户端补丁自动更新系统运行过程如图 9-18 所示。

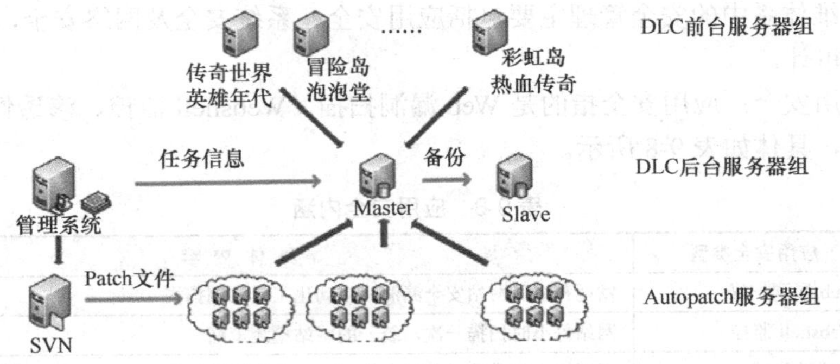

图 9-18 客户端补丁自动更新系统运行过程

2）自动化监控

S 网自动化监控体系有针对性地对所有可能影响游戏运营的因素进行全方位的监控，监控体系如图 9-19 所示，还包括数据的采集和分析，目前能展示 10 万多条在线人数和性能曲线，监控覆盖率达 100%，报警有效率达 70%以上。

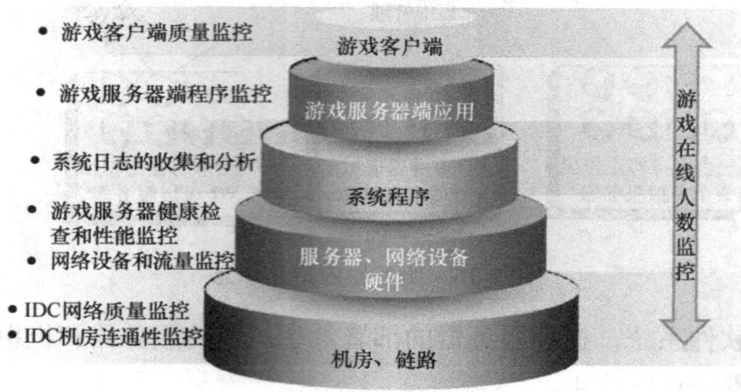

图 9-19　S 网的运维监控体系

其监控的范围包括游戏在线人数监控，游戏服务器端程序监控，游戏服务器健康检查和性能监控，系统日志的收集和分析，网络设备和流量监控，IDC 网络质量监控，IDC 机房连通性监控及其他专项业务监控等。

作为国内流量很大的游戏网站之一，S 网的自动化监控体系的关键在于自动化和监控预警机制，并在 ITIL 的基础上构建完整的管理流程体系，其监控体系的特点是：

（1）能实现 7×24 小时的即时处理。

（2）实现从客户端到服务器端的全覆盖。

（3）支持统一的监控策略配置和完整性检查。

（4）具有丰富的监控曲线展示界面。

（5）能有效关联和过滤海量报警信息。

（6）能与 ITIL 事件管理紧密结合，实现报警自动转化为应急响应工作平台的事件单。

3）安全管理

S 网运维体系中的安全管理主要包括应用安全、系统安全及网络安全，并在此基础上进行安全审计。

（1）应用安全：应用安全指的是 Web 漏洞扫描、Webshell 监控、渗透性测试、Web 代码审计等，具体如表 9-8 所示。

表 9-8　应用安全内涵

序　号	应用安全类型	具 体 内 容
1	Web 漏洞扫描	发现和消除网站安全漏洞，自动化工具定期扫描
2	Webshell 监控	网站每小时扫描一次，统一的网站检测策略
3	渗透性测试	定期对内部系统进行安全性测试、查找权限问题、SQL 注入、跨站脚本
4	Web 代码审计	通过网站上站前的代码检查机制，及时处理网站存在的安全漏洞
……	……	……

（2）系统安全：系统安全指的是补丁分发管理、主机访问控制、病毒扫描、漏洞跟踪等，如表 9-9 所示。

表 9-9　系统安全内涵

序　号	系统安全类型	具 体 内 容
1	补丁分发管理	基于服务器远程管理系统进行，能实现万台服务器补丁的快速分发安装与检查
2	主机访问控制	访问控制策略根据客户机操作系统的不同而不同，对 UNIX/Linux 操作系统采用 IpTables 实现控制，对 Windows 操作系统则采用 Ipsec 实施控制
3	病毒扫描	统一的病毒库升级策略、统一的全网扫描策略、统一的事件上报应急响应平台策略
4	漏洞跟踪	根据国外安全机构最新漏洞，根据黑客群体最新动向，及时预警采取应对方案
……	……	……

（3）网络安全：网络安全包含 ARP 攻击测试、DDoS 攻击防御、网络访问控制、网络流量分析等，如表 9-10 所示。

表 9-10　网络安全内涵

序　号	网络安全类型	具 体 内 容
1	ARP 攻击测试	ARP 攻击监控报警，每 3 分钟检测一次，发现攻击及时上报到应急响应平台
2	DDoS 攻击防御	通过千兆位级 DDoS 设备+ACL 过滤常见攻击，实现旁路式全局 DDoS 流量清洗
3	网络访问控制	实现防火墙及交换机的 ACL
4	网络流量分析	网络流量分析则基于 Netflow 开发流量分析工具，能够快速分析异常流量，并迅速定位攻击类型并及时响应
……	……	……

（4）安全审计：包括内部用户登录审计、外部用户权限审计、内部用户操作行为审计三个方面，如表 9-11 所示。

表 9-11　安全审计内涵

序　号	安全审计类型	具 体 内 容
1	内部用户登录审计	实现对服务器登录日志的审计，内部应用系统登录日志的审计，审计登录中存在的异常行为
2	外部用户权限审计	实现对用户访问服务器权限的审计，实现对用户访问内部系统的审计，审计出不合理的权限，消除安全隐患
3	内部用户操作行为审计	实现对 Windows 图形屏幕录像审计，实现对远程服务器管理系统的操作日志审计，实现内部应用系统操作行为的审计，审计异常和违规的操作行为

9.6　案例

【案例 1】　某大型社区网站的数据运维之路

【背景简介】

随着互联网和社区网站的发展，每天上千万条的数据海量增加，对系统的架构、工具都提出了进一步的要求。网站现今有 2 个数据中心、1 个主机房、1 个分时数据备份、千台服务器规模，近 10GB 的流量、日 PV 亿级、每秒用户会话几千。

【架构&工具】

随着运维的不断开展，提出的运维架构演化了很多，同时工具也在逐步发展，如图 9-20 所示。

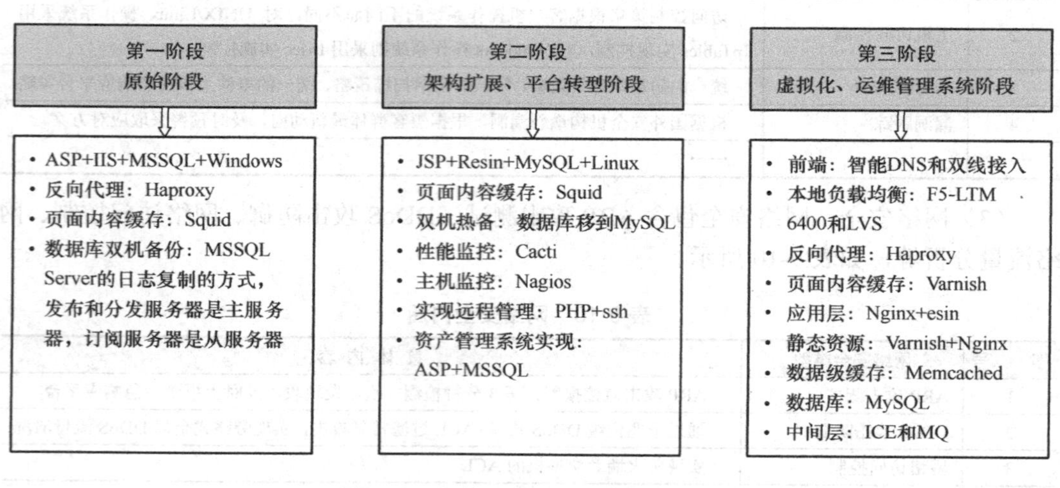

第一阶段
原始阶段
• ASP+IIS+MSSQL+Windows
• 反向代理：Haproxy
• 页面内容缓存：Squid
• 数据库双机备份：MSSQL Server的日志复制的方式，发布和分发服务器是主服务器，订阅服务器是从服务器
第二阶段
架构扩展、平台转型阶段
• JSP+Resin+MySQL+Linux
• 页面内容缓存：Squid
• 双机热备：数据库移到MySQL
• 性能监控：Cacti
• 主机监控：Nagios
• 实现远程管理：PHP+ssh
• 资产管理系统实现：ASP+MSSQL
第三阶段
虚拟化、运维管理系统阶段
• 前端：智能DNS和双线接入
• 本地负载均衡：F5-LTM 6400和LVS
• 反向代理：Haproxy
• 页面内容缓存：Varnish
• 应用层：Nginx+esin
• 静态资源：Varnish+Nginx
• 数据级缓存：Memcached
• 数据库：MySQL
• 中间层：ICE和MQ

图 9-20　架构&工具运维的发展历程

【数据运维】

数据运维的发展历程如图 9-21 所示。

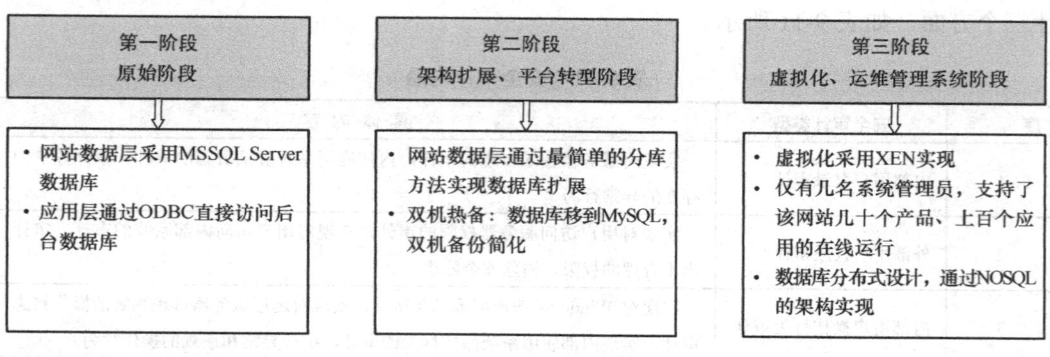

第一阶段
原始阶段
• 网站数据层采用MSSQL Server数据库
• 应用层通过ODBC直接访问后台数据库
第二阶段
架构扩展、平台转型阶段
• 网站数据层通过最简单的分库方法实现数据库扩展
• 双机热备：数据库移到MySQL，双机备份简化
第三阶段
虚拟化、运维管理系统阶段
• 虚拟化采用XEN实现
• 仅有几名系统管理员，支持了该网站几十个产品、上百个应用的在线运行
• 数据库分布式设计，通过NOSQL的架构实现

图 9-21　数据运维的发展历程

第一阶段：人员稀少，运维工作只是运维团队工作的一小部分，其核心任务是做项目创收，包括承接系统集成、网站开发和托管、机房建设等工程。

网站数据层采用 MSSQL Server 数据库，应用层通过 ODBC 直接访问后台数据库。由于应用层无搜索产品，搜索采用 SQL 语句的 like 实现，访问量大时数据库会拥堵，网站崩溃。数据库双机备份采用 MSSQL Server 的日志复制的方式，发布和分发服务器是主服务器，订阅服务器是从服务器。

第二阶段：运维人员按职能组建成3个组，分别负责系统、网络和数据库。每个组由各组主管负责本组工作。简单的运维流程和管理规范也随之成熟规范。

网站数据层原来的版块是一张表，分库后每一个版块是一个独立的库，访问量大的版块甚至由一组独立的数据库服务器承载。数据库移到MySQL，双机备份简化，一组服务器由一台/二台主机和多台从机组成。主机负责写，从机负责读。

第三阶段：运维开发组将早期零散的运维工具和资源统一起来，重新开发一套平台化的运维系统，目前运维管理系统功能包括资源中心、监控中心、数据库信息管理、网络设备管理、性能监控、容量规划、远程操作、应用发布、LVS管理、Puppet配置管理、虚拟机管理、Haproxy 管理等功能模块。正在开发及计划开发的有软件包管理、应用和业务监控、流程管理、工单管理、数据库管理等功能模块。

数据库分布式设计方面，架构设计考虑通过 NOSQL 的架构重新将所有版块库组成一个更大的，支持更高水平扩展的分布式虚拟数据库。

【未来展望】

架构方向：重点在公司私有云的技术实现和运维上，这需要在云计算方面投入研发资源，同时在开源平台上进行二次开发。

运维工程师要求：运维工程师要达到 DevOps 境界，并且只有更深入地理解私有云架构才能实现对私有云的运维能力。

资料来源：根据专业开发者社区（https://blog.csdn.net/weixin_34072159/article/details/85195540/）资料整理。

【案例2】 某大型购物网站的故障定级及响应机制

该网站将故障分为P1～P4四个等级的故障级别。P1是最严重的故障，P4是最轻微的故障。每个定级是根据每个产品、每个业务来指定的，网站中没有一个统一的标准。

【定级依据】

对于 P1、P2 的定级，该网站将交易业务确定为核心指标，对一个购物网站来说用户不能购物算是其最核心的故障，网站会根据影响用户的范围，来判定是P1还是P2。

对于 P3、P4 的定级，一般是跟用户体验相关的。例如，有用户投诉，当用户投诉量达到一定数量的时候，将被定级为P4。

将故障定级的原因在于运维人员可以根据不同的P级明确不同的响应措施，例如，P4 会直接到技术支持层面，运维人员会联系投诉的用户，分析判断问题。P1 的故障就很紧急，需要通报到副总裁。

【故障升级】

网站故障的升级将落实到深度和广度两个方面，深度体现在行政层面，广度则是让更大范围的相关人员知道，让更多的人来协助处理。

对于P1级的故障，要求一定要升级到副总裁，要在最短的时间内处理掉；P2级的故障要到总监层面，P3级的故障到经理层，他们会为一线工程师处理故障提供合适的帮助。因为如果将 P1 级故障停留在某个一线员工手上，他可能无法最快解决故障。这个员工可能不知道公司有哪些资源可以帮助他处理问题，或者即使知道也不知道该找谁。这是一个现实的状况。

【升级情境】

一线运维工程师非常熟悉系统，一般有能力解决问题，但通过将故障信息透明，能为其他部门和管理人员提供帮助，提升故障处理速度。例如，开始处理一个 P3 级别的故障，一线经理指挥运维人员处理，但是处理了一小段时间（如 20 分钟），发现仍不能解决，则会将此故障升级到 P2 级别，通知上级主管（总监），并向其说明目前处理的过程，此时总监需要参与调度相关资源协助处理整个故障。

【变更引起的故障处理】

导致网站故障 70%～80%来源于变更，引起故障的原因有三个方面：第一方面是发起变更，程序的变化，不管是什么样的变化，包括网络结构的变化等，都是网站发起的变化；第二方面是用户行为的变化，用户行为的变化也可能导致故障，比如说突然间有一个大的流量，已经超过了网站服务的处理能力，这个时候就会出现故障；第三方面就是网站和用户都没有异常，但基础设施出故障了。

网站对变更引起的故障处理首先是优先回滚，然后线下分析，即根据日志、监控历史数据、故障时间点、故障发生时的状态指标等进行分析。

资料来源：根据专业开发者社区（https://blog.csdn.net/lijunen2008/article/details/8455792/）资料整理。

本章要点

本章主要介绍大型网站及其运维，结合大型电子商务网站、大型社会性网站和大型游戏网站的典型实例，介绍三类大型网站的运维现状、运维特点、运维要求和运维体系。要点如下：

1. 大型网站的概念、分类、特点与架构；
2. 大型网站运维的概念、现状、目标、典型架构、容量规划与知识积累；
3. 大型电子商务网站运维的概念、要求、特点、体系和关键技术；
4. 大型社会性网站运维的概念、要求、特点、体系和关键技术；
5. 大型游戏运维的概念、特点、体系和关键技术；
6. 用案例展示大型网站的自动化运维、数据运维及故障响应机制。

思考题

1. 本书所述大型网站是指什么？简述大型网站的分类及特点。
2. 何为体系架构？简述大型网站体系架构及其特点。
3. 简述大型网站运维的现状、目标和典型框架。

4. 简述T网运维的问题、特点、体系和关键技术。

5. 简述F网运维的问题、特点、体系和关键技术。

6. 简述S网运维的问题、特点、体系和关键技术。

7. 结合案例阐述不同类型、规模大型网站的自动化运维、数据运维的关键机制与技术。

8. 试结合具体大型网站特征设计相应的网站故障响应机制。

附录 A

灾难恢复等级划分

据国际标准 SHARE 78 的定义，灾难恢复解决方案可根据以下的主要方面所达到的程度而分为七级，即从低到高有七种不同层次的灾难恢复解决方案。分层主要依据以下八个方面：

备份/恢复的范围；

灾难恢复计划的状态；

应用站点与灾难备份站点之间的距离；

应用站点与灾难备份站点之间是如何相互连接的；

数据是怎样在两个站点之间传送的；

允许有多少数据被丢失；

怎样保证更新的数据在灾难备份站点被更新；

灾难备份站点可以开始灾难备份工作的能力。

Tier 0：没有异地数据（No off-site Data）

Tier 0 被定义为没有存储信息和建立备份硬件平台的需求，也没有发展应急计划的需求。数据仅在本地进行备份恢复，没有数据送往异地，这种方式是最低成本的灾难恢复解决方案。事实上这种灾难恢复并没有真正灾难恢复的能力，因为它的数据并没有送往远离本地的地方，而数据的恢复也是利用的本地的记录。

Tier 1：PTAM（Pickup Truck Access Method）卡车运送访问方式

Tier 1 的灾难恢复方案必须设计一个应急方案，能够备份所需要的信息并将它存储在异地，然后根据恢复的具体需求，有选择地建立备份平台，但不提供数据处理的硬件。

PTAM 是一种被用于许多中心的备份的标准方式，数据在完成写操作的一段时间后，将会被送到远离本地的地方，同时准备有数据恢复的程序。在灾难发生后，完整的安装需要在一台未开启的计算机上重新完成。系统和数据可以被恢复并重新与网络相连。这种灾难恢复方案相对来说成本较低（仅仅需要传输工具的消耗及存储设备的消耗）。但同时有难以管理的问题，即很难知道什么样的数据在什么样的地方。

Tier 2：PTAM 卡车运送访问方式+热备份中心（PTAM+Hot 中心）

Tier 2 相当于 Tier 1 再加上热备份中心能力的进一步的灾难恢复。热备份中心拥有足够的硬件和网络设备去支持关键应用的安装需求，这样的应用十分关键，它必须在灾难发生的同时，在异地有正运行着的硬件提供支持。这种灾难恢复的方式依赖于 PTAM 方法去将日常数据放入仓库，当灾难发生时，数据再被移动到一个热备份中心。虽然移动数据到一个热备份中心增加了成本，但却明显降低了灾难恢复时间。

Tier 3：电子链接（Electronic Vaulting）

Tier 3 是在 Tier 2 的基础上用电子链接取代了卡车进行数据传送的进一步的灾难恢复。接收方的硬件必须与主中心物理地相分离，在灾难发生后，存储的数据用于灾难恢复。由于热备份中心要保持持续运行，增加了成本，但消除了传输工具的需要，提高了灾难恢复速度。

Tier 4：活动状态的备份中心（Active Secondary 中心）

Tier4 灾难恢复允许两个中心同时处于活动状态并管理彼此的备份数据，允许备份行动在任何一方发生。接收方硬件必须保证与另一方平台物理地分离。在这种情况下，工作负载可能在两个中心之间分享，中心 1 成为中心 2 的备份，反之亦然。在两个中心之间，彼此的在线关键数据的复制不停地相互传送着。在灾难发生时，需要的关键数据通过网络可迅速恢复，通过网络的切换，关键应用的恢复也可降低到小时级或分钟级。

Tier 5：异地两个数据中心两阶段提交（Two-Site Two-Phase Commit）

Tier 5 在 Tier 4 的基础上管理着被选择的数据（根据单一 Commit 的范围在本地和远程数据库中同时更新数据），也就是说，在更新请求被认为是满意之前，Tier 5 需要生产中心与备份中心的数据都被更新。我们可以想象这样一种情景，数据在两个中心之间相互映像，由远程 Two-Phase Commit 来同步。Tier 5 为关键应用使用了双重在线存储，在灾难发生时，仅传送中的数据被丢失，恢复时间被降低到分钟级。

Tier 6：零数据丢失（Zero Data Loss）

Tier 6 可以实现零数据丢失率，同时保证数据立即自动地被传输到恢复中心。Tier 6 被认为是灾难恢复的最高级别，在本地和远程的所有数据被更新的同时，利用了双重在线存储和完全的网络切换能力。Tier 6 是灾难恢复中最昂贵的方式，但也是速度最快的恢复方式。

附录 B

灾难恢复能力等级划分

（摘自：GB/T 20988—2007《信息安全技术信息系统灾难恢复规范》）

灾难恢复能力是指在灾难发生后利用灾难恢复资源和灾难恢复预案及时恢复和继续运作的能力。各个级别的灾难恢复能力应具有技术和管理支持，分别如附表 B-1～附表 B-6 所示。

附表 B-1　第 1 级——基本支持

要　素	要　求
数据备份系统	（1）完全数据备份至少每周一次； （2）备份介质场外存放
备用数据处理系统	—
备用网络系统	—
备用基础设施	有符合介质存放条件的场地
专业技术支持能力	—
运行维护管理能力	（1）有介质存取、验证和转储管理制度； （2）按介质特性对备份数据进行定期的有效性验证
灾难恢复预案	有相应的经过完整测试和演练的灾难恢复预案
注："—"表示不作要求	

附表 B-2　第 2 级——备用场地支持

要　素	要　求
数据备份系统	（1）完全数据备份至少每周一次； （2）备份介质场外存放
备用数据处理系统	配备灾难恢复所需的部分数据处理设备，或灾难发生后能在预定时间内调配所需的数据处理设备到备用场地
备用网络系统	配备部分通信线路和相应的网络设备，或灾难发生后能在预定时间内调配所需的通信线路和网络设备到备用场地
备用基础设施	（1）有符合介质存放条件的场地； （2）有满足信息系统和关键业务功能恢复运作要求的场地
专业技术支持能力	—
运行维护管理能力	（1）有介质存取、验证和转储管理制度； （2）按介质特性对备份数据进行定期的有效性验证； （3）有备用站点管理制度； （4）与相关厂商有符合灾难恢复时间要求的紧急供货协议； （5）与相关运营商有符合灾难恢复时间要求的备用通信线路协议
灾难恢复预案	有相应的经过完整测试和演练的灾难恢复预案
注："—"表示不作要求	

附表 B-3　第 3 级——电子传输和部分设备支持

要　素	要　求
数据备份系统	（1）完全数据备份至少每天一次； （2）备份介质场外存放； （3）每天多次利用通信网络将关键数据定时批量传送至备用场地

续表

要　素	要　求
备用数据处理系统	配备灾难恢复所需的部分数据处理设备
备用网络系统	配备部分通信线路和相应的网络设备
备用基础设施	（1）有符合介质存放条件的场地； （2）有满足信息系统和关键业务功能恢复运作要求的场地
专业技术支持能力	在灾难备份中心有专职的计算机机房运行管理人员
运行维护管理能力	（1）按介质特性对备份数据进行定期的有效性验证； （2）有介质存取、验证和转储管理制度； （3）有备用计算机机房管理制度； （4）有备用数据处理设备硬件维护管理制度； （5）有电子传输数据备份系统运行管理制度
灾难恢复预案	有相应的经过完整测试和演练的灾难恢复预案

附表 B-4　第 4 级——电子传输及完整设备支持

要　素	要　求
数据备份系统	（1）完全数据备份至少每天一次； （2）备份介质场外存放； （3）每天多次利用通信网络将关键数据定时批量传送至备用场地
备用数据处理系统	配备灾难恢复所需的全部数据处理设备，并处于就绪状态或运行状态
备用网络系统	（1）配备灾难恢复所需的通信线路； （2）配备灾难恢复所需的网络设备，并处于就绪状态
备用基础设施	（1）有符合介质存放条件的场地； （2）有符合备用数据处理系统和备用网络设备运行要求的场地； （3）有满足关键业务功能恢复运作要求的场地； （4）以上场地应保持 7×24 小时运作
专业技术支持能力	在灾难备份中心有： （1）7×24 小时专职计算机机房管理人员； （2）专职数据备份技术支持人员； （3）专职硬件、网络技术支持人员
运行维护管理能力	（1）有介质存取、验证和转储管理制度； （2）按介质特性对备份数据进行定期的有效性验证； （3）有备用计算机机房运行管理制度； （4）有硬件和网络运行管理制度； （5）有电子传输数据备份系统运行管理制度
灾难恢复预案	有相应的经过完整测试和演练的灾难恢复预案

附表 B-5　第 5 级——实时数据传输及完整设备支持

要　素	要　求
数据备份系统	（1）完全数据备份至少每天一次； （2）备份介质场外存放； （3）采用远程数据复制技术，并利用通信网络将关键数据实时复制到备用场地

续表

要　素	要　求
备用数据处理系统	配备灾难恢复所需的全部数据处理设备，并处于就绪或运行状态
备用网络系统	（1）配备灾难恢复所需的通信线路； （2）配备灾难恢复所需的网络设备，并处于就绪状态； （3）具备通信网络自动或集中切换能力
备用基础设施	（1）有符合介质存放条件的场地； （2）有符合备用数据处理系统和备用网络设备运行要求的场地； （3）有满足关键业务功能恢复运作要求的场地； （4）以上场地应保持 7×24 小时运作
专业技术支持能力	在灾难备份中心 7×24 小时有专职的： （1）计算机机房管理人员； （2）数据备份技术支持人员； （3）硬件、网络技术支持人员
运行维护管理能力	（1）有介质存取、验证和转储管理制度； （2）按介质特性对备份数据进行定期的有效性验证； （3）有备用计算机机房运行管理制度； （4）有硬件和网络运行管理制度； （5）有实时数据备份系统运行管理制度
灾难恢复预案	有相应的经过完整测试和演练的灾难恢复预案

附表 B-6　第 6 级——数据零丢失和远程集群支持

要　素	要　求
数据备份系统	（1）完全数据备份至少每天一次； （2）备份介质场外存放； （3）远程实时备份，实现数据零丢失
备用数据处理系统	（1）备用数据处理系统具备与生产数据处理系统一致的处理能力并完全兼容； （2）应用软件是“集群的”，可实时无缝切换； （3）具备远程集群系统的实时监控和自动切换能力
备用网络系统	（1）配备与主系统相同等级的通信线路和网络设备； （2）备用网络处于运行状态； （3）最终用户可通过网络同时接入主、备中心
备用基础设施	（1）有符合介质存放条件的场地； （2）有符合备用数据处理系统和备用网络设备运行要求的场地； （3）有满足关键业务功能恢复运作要求的场地； （4）以上场地应保持 7×24 小时运作
专业技术支持能力	在灾难备份中心 7×24 小时有专职的： （1）计算机机房管理人员； （2）专职数据备份技术支持人员； （3）专职硬件、网络技术支持人员； （4）专职操作系统、数据库和应用软件技术支持人员

续表

要　素	要　求
运行维护管理能力	（1）有介质存取、验证和转储管理制度； （2）按介质特性对备份数据进行定期的有效性验证； （3）有备用计算机机房运行管理制度； （4）有硬件和网络运行管理制度； （5）有实时数据备份系统运行管理制度； （6）有操作系统、数据库和应用软件运行管理制度
灾难恢复预案	有相应的经过完整测试和演练的灾难恢复预案

注：1．如要达到某个灾难恢复能力等级，应同时满足该等级中七个要素的相应要求。

2．灾难备份中心等级等于其可支持的灾难恢复最高等级，如支持1～5级的灾难备份中心级别为5级。

参 考 文 献

[1] HAN J W, KAMBER M, PEI J. 数据挖掘[M]. 范明，孟小峰，译. 北京：机械工业出版社，2001.

[2] 贺蓉. 数据备份与恢复技术在金融电子化建设中的地位和作用[J]. 电脑与信息技术，2001，9（1）：57-60.

[3] 黄雪梅. 几种数据备份的方法[J]. 情报杂志，2001（9）：39-40.

[4] 刘政权. 新一代银行信息系统架构及其实施策略[J]. 中国金融电脑，2001（11）：17-21.

[5] 吴澄. 现代集成制造系统导论——概念、方法、技术和应用[M]. 北京：清华大学出版社，2002.

[6] 吴洁明，张正. 实用软件维护策略[J]. 北方工业大学学报，2002（3）：61-66.

[7] 潘爱民，阳振坤. 关于灾难恢复计划的研究[J]. 网络安全技术与应用，2003，3（2）：23-26.

[8] 唐志鸿，陈金国，赵学伟. ERP 软件系统信息安全问题探讨与实现[J]. 计算机与现代化，2003（6）：60-63.

[9] 杨海成. 制造业信息化工程——背景、内容与案例[M]. 北京：机械工业出版社，2003.

[10] SHELLY G B, CASHMAN T J, ROSENBLATT H J. 系统分析与设计[M]. 5 版. 李芳，朱群雄，陈轶群，译. 北京：机械工业出版社，2004.

[11] 陈敏. 医院信息系统软件的维护方法[J]. 医学信息，2004（11）：697-699.

[12] 樊月华. 管理信息系统与案例分析[M]. 北京：北京人民邮电出版社，2004.

[13] 康春荣，苏武荣. 数据安全项目案例：存储与备份・SAN 与 NAS・容错与容灾[M]. 北京：科学出版社，2004.

[14] 辛后居，肖开郝，柏林，等. 信息系统数据安全研究[J]. 教育信息化，2004（9）：21-22.

[15] 张瑞萍. 信息灾难恢复规划[M]. 北京：清华大学出版社，2004.

[16] 张枢，杨兆楠. 网络信息系统中软件方面安全漏洞与防范[J]. 煤矿机械，2004（10）：72-74.

[17] 陈国青，李一军. 管理信息系统[M]. 北京：高等教育出版社，2005.

[18] 国家信息安全中心编委会. 信息安全等级保护技术标准规范与信息安全监管防范调查处理实用手册[M]. 银川：宁夏大地音像出版社，2005.

[19] 谢宝森，刘玉峰. 企业信息系统数据安全方案分析[J]. 当代化工，2005，34（2）：

139-141.

[20] 周敬利，余胜生. 网络存储原理与技术[M]. 北京：清华大学出版社，2005.

[21] 葛世伦，潘燕华. 大型单件小批制造企业信息模型[M]. 北京：科学出版社，2006.

[22] 顾浩，胡乃静，董建寅. 银行计算机系统[M]. 北京：清华大学出版社，2006.

[23] 姜传菊. 灾难备份和容灾技术探析[J]. 科技情报开发与经济，2006（16）：224-225.

[24] 岳友宝，张艳，李舟军. 金融行业的灾难备份与恢复[J]. 计算机应用研究，2006（2）：104-106.

[25] 陈京民. 管理信息系统[M]. 北京：清华大学出版社，2006.

[26] 全国信息安全标准化技术委员会. 信息安全技术信息系统灾难恢复规范：GB/T 20988—2007 [S]. 北京：中国标准出版社，2007.

[27] 吴亚非，李新友，禄凯. 信息安全风险评估[M]. 北京：清华大学出版社，2007.

[28] 薛华成. 管理信息系统[M]. 5 版. 北京：清华大学出版社，2007.

[29] 冯登国，张阳. 信息安全体系结构[M]. 北京：清华大学出版社，2008.

[30] 刘宇熹，陈尹立. 计算机系统服务外包及运行维护管理[M]. 北京：清华大学出版社，2008.

[31] 张昊，屈晔，杨春晖. Web 应用系统软件信息安全技术研究[J]. 网络安全与系统可靠性，2008，26（1）：45-47.

[32] 张建中，陈松乔，方正，等. 一种基于 SAN 架构的存储网络系统的设计与实现[J]. 中南大学学报（自然科学版），2008，39（2）：350-355.

[33] 顾景民，郭利波，姜进成. 企业信息软件系统安全运行探讨[J]. 山东煤炭科技，2009（3）：132-134.

[34] 胡俊敏. 如何做好软件维护[J]. 廊坊师范学院学报（自然科学版），2009（4）：48-49.

[35] 牛新庄. 循序渐进 DB2-DBA 系统管理、运维与应用案例[M]. 北京：清华大学出版社，2009.

[36] 沈志超. 软件产品平滑升级的设计实现[J]. 计算机与现代化，2009（8）：157-160.

[37] ADAM T. 架构之美[M]. 王海鹏，蔡黄辉，徐锋，译. 北京：机械工业出版社，2009.

[38] TURBAN E, LEIDNER D, MCLEAN E, et al. 管理信息技术[M]. 赵苹，曹晓玮，译. 北京：中国人民大学出版社，2009.

[39] 魏红. 基于 ERP 软件系统的信息安全问题研究[J]. 农业网络信息，2009（6）：70-73.

[40] 虚拟化与云计算小组. 虚拟化与云计算[M]. 北京：电子工业出版社，2009.

[41] 白云，张凤鸣，黄浩，等. 信息系统安全体系结构发展研究[J]. 空军工程大学学报（自然科学版），2010，11（5）：75-80.

[42] 付沙. 信息系统安全模型的分析与设计[J]. 计算机安全，2010（10）：51-53.

[43] 葛世伦. 企业管理信息系统——理论、方法、模型[M]. 北京：科学出版社，2010.

[44] 侯丽波. 基于信息系统安全等级保护的物理安全的研究[J]. 网络安全技术与应用，2010（12）：31-33.

[45] 黄胜召，赵辉，鲍忠贵. 军事信息系统网间安全隔离新思路[J]. 飞行器测控学报，2010，25（9）：64-68.

[46] 吕志军，杨建国，张军军，等. 基于 PDM 的企业信息集成技术的研究与应用[J]. 机械设计与制造，2010（5）：252-254.
[47] 邵波. 企业信息网络安全管理系统建设与安全策略[J]. 经济研究导刊，2010（30）：15-16.
[48] 帅青红. 银行信息系统管理概论[M]. 北京：中国金融出版社，2010.
[49] 田逸. 互联网运营智慧——高可用可扩展网站技术实战[M]. 北京：清华大学出版社，2010.
[50] 佟鑫，张利，妖轶斩. 信息系统安全保障评估标准综述[J]. 信息技术与标准化，2010（8）：41-45.
[51] 王朝阳，李云. 基于云安全的指挥信息系统网络防病毒模型[J]. 指挥控制与仿真，2010，32（6）：24-26.
[52] 王小林. 数据备份策略解析[J]. 数字与缩微影像，2010（4）：14-16.
[53] 吴晓东，王晓燕，陈飞. 信息系统安全加固实战技术之网络设备篇[J]. 道路交通管理，2010（10）：46-47.
[54] 张映海，刘洋. 初探网络信息系统安全与防范[J]. 科技创新导报，2010（29）：27.
[55] ALLSPAW J，ROBBINS J. Web Operations: Keeping the Data on Time[M]. Sebastopol，CA：Oreilly, 2010.
[56] 雷万云. 云计算：企业信息化建设策略与实践[M]. 北京：清华大学出版社，2010.
[57] 胡平. 基于云计算技术的运营商运维体系探究[J]. 电信科学，2011，27（12）：97-102.
[58] 郝文江. 保障重要信息系统信息内容安全的几点建议[J]. 警察技术，2011（1）：52-54.
[59] 杰瑟曾，瓦拉季奇. 数字时代的信息系统：技术、管理、挑战及对策[M]. 3 版. 陈炜，李鹏，林冬梅，等，译. 北京：人民邮电出版社，2011.
[60] 李大为，刘飞飞，李薇薇. 信息系统运行维护的八大意识[J]. 中国信息界，2011（3）：56-57.
[61] 刘继全. 信息系统运行安全综合管理监控平台的设计与实现[J]. 铁路计算机应用，2011，20（1）：26-29.
[62] 罗顿. 云计算：企业实施手册[M]. 朱丽，姜怡华，等，译. 北京：机械工业出版社，2011.
[63] 聂元铭，吴晓明，贾磊雷. 重要信息系统数据销毁/恢复技术及其安全措施研究[J]. 信息网络安全，2011（1）：12-14.
[64] 王欢. 涉密信息系统安全产品技术发展趋势探究[J]. 信息网络安全，2011（1）：34-35.
[65] 雷万云. 云计算技术、平台及应用案例[M]. 北京：清华大学出版社，2011.
[66] 柏强，许译文，王应求.云计算环境下的数据安全应对策略研究[J].信息系统工程，2012（7）：72-73.
[67] 胡艳. 云计算数据安全与隐私保护[J]. 科技通报，2013（2）：212-214.
[68] 白秀杰，李汝鑫，刘新春，等. 云安全防护体系架构研究[J]. 信息安全与技术，2013，4（5）：46-48.

[69] 中国电子工业标准化技术协会信息技术服务分会，ITSS 白皮书 2.0[EB/OL] [2014-09-29]. http://www.itss.cn/itssNew_webmap/itssNew_Bookreport.

[70] 陈鄂湘，裴俊豪，项晖. 云计算环境下信息安全体系架构研究[J]. 电信工程技术与标准化，2016，29（12）：72-77.

[71] 中国 IT 运维能力建设指南[M]. 北京：清华大学出版社，2016.

[72] 钟湘琼. 基于云计算的大数据智能运维系统设计[J]. 信息通信，2016（2）：146-147.

[73] 吴凯. 国家电网大数据运维体系与模式研究[J]. 电子技术与软件工程，2016（17）：194-196，214.

[74] 余前佳，李佳临，李正，等. 自然资源部国家级云数据中心运维管理探讨[J].国土资源信息化，2018（3）：8-11.

[75] 崔乃栋，潘磊，冯志鹏. 全业务数据中心运维探讨[C]//中国电机工程学会电力信息化专业委员会. 生态互联 数字电力——2019 电力行业信息化年会论文集，中国电机工程学会电力信息化专业委员会：人民邮电出版社电信科学编辑部，2019：3.

[76] 北京海思科网御信息技术有限公司. 信息系统安全运营监控平台建设方案[EB/OL]. http://wenku.baidu.com/view/b140ca946bec0975f465e201.html.

[77] cacti+nagios 网络服务器监控系统[EB/OL]. http://www.oschina.net/p/yunweiw.

[78] Puppet 和 DevOp 是数据中心扩张的关键[EB/OL].http://www.searchsv.com.cn/show-content_46675. htm.

[79] 从敏捷开发、敏捷运维到敏捷基础设施[EB/OL]. http://os.51cto/art/201009/223199.htm.

[80] 摩卡 IT 运维管理（Mocha ITOM）解决方案[EB/OL]. https://www.jianshu.com/p/e05b28e3f146.

[81] 阿里 Hbase 的自动化运维及容灾方案[EB/OL]. http://wenku.it168.com/ d_001226957.shtml.

[82] 天涯的运维之路[EB/OL]. http://millerzhou.blog.51cto.com/5275815/896938.

[83] 特斯拉 App 又串车[EB/OL]. https://m.weibo.cn/status/4550071397911753?sourceType=qq&from=10AA395010&wm=9006_2001&featurecode=newtitle.

[84] 澎湃新闻：还原携程 8 小时宕机事件：“不明攻击”连备份也黑了[EB/OL]. https://m.thepaper.cn/newsDetail_forward_1336172.

[85] 新浪微博：腾讯电脑管家[EB/OL]. https://m.weibo.cn/status/4474366069092633?sourceType=qq&from=10AA395010&wm=9006_2001&featurecode=newtitle.

[86] 全国信息技术标准化技术委员会. 信息技术服务　运行维护　第 1 部分：通用要求：GB/T 28827.1—2012 [S]. 北京：中国标准出版社，2012.

[87] 全国信息技术标准化技术委员会. 信息技术服务　运行维护　第 2 部分：交付规范：GB/T 28827.2—2012 [S]. 北京：中国标准出版社，2012.

[88] 全国信息技术标准化技术委员会. 信息技术服务　运行维护　第 3 部分：应急响应规范：GB/T 28827.3—2012 [S]. 北京：中国标准出版社，2012.

[89] 全国信息技术标准化技术委员会. 信息技术服务　运行维护　第 4 部分：数据中心

服务要求：GB/T 28827.4—2012 [S]. 北京：中国标准出版社，2012.

[90] 中华人民共和国工业和信息化部. 信息技术服务　运行维护　第 5 部分：桌面及外围设备规范：中国人民共和国工业和信息化部 [S/OL]. [2017-04-12]. http://std.samr.gov.cn/hb/search/stdHBDetailed?id=8B1827F23597BB19E05397BE0A0AB44A.

[91] 全国信息技术标准化技术委员会. 信息技术服务　运行维护　第 6 部分：应用系统服务要求：GB/T 28827.6—2019 [S]. 北京：中国标准出版社，2019.

[92] 中华人民共和国国家质量监督检验检疫总局. 信息安全技术 信息系统安全运维管理指南：GB/T 36626—2018 [S]. 北京：中国标准出版社，2018.

[93] 国家市场监督管理总局 国家标准化管理委员会. 信息技术　大数据　系统运维和管理功能要求：GB/T 38633—2020 [S]. 北京：中国标准出版社，2020.